문제풀이와 성경공부를 동시에

SPEEDY & DEEP 성경문제집

신약

마태복음~요한계시록

문제풀이와 성경공부를 동시에

SPEEDY & DEEP 성경문제집

순복음영산신학원 지음

교회성장연구소

추천사

하나님의 사람은 말씀을 통해 하나님을 더욱 깊이 알아가고, 말씀을 통해 성령의 인도하심을 받아야 합니다. 디모데후서 3장 16-17절은 "모든 성경은 하나님의 감동으로 된 것으로 교훈과 책망과 바르게 함과 의로 교육하기에 유익하니 이는 하나님의 사람으로 온전하게 하며 모든 선한 일을 행할 능력을 갖추게 하려 함이라"고 말씀합니다. 하나님의 말씀인 성경을 읽고 기도할 때 하나님의 말씀이 우리를 변화시키고 우리 삶을 이끌어 감으로 하나님께 영광 돌리는 삶을 살아가게 되는 것입니다.

제가 지난 1986년에 설립한 순복음영산신학원은 오순절신학에 기초를 둔 성경 교육을 철저하게 실시하고 있는데, 그에 따른 일환으로 이번에 성경문제집을 출간하게 되었습니다. 특별히 이 책은 기존의 성경문제집들과는 달리 문제마다 각주에 해답을 표기하고 필요에 따라 주석을 곁들였기 때문에 누구나 쉽고 편리하게 효과적으로 성경을 공부할 수 있을 것입니다.

따라서 본서가 신학생들은 물론 성도님들에게도 많은 도움이 될 것이라 생각하며 기쁘게 추천하는 바입니다. 이 책을 통해 많은 분들이 하나님의 말씀을 더욱 가까이하고 하나님의 마음을 깊이 알아가게 되시기를 바랍니다.

2017년 7월

여의도순복음교회 원로 목사 조용기

추천사

오늘날 교회가 직면한 큰 문제 중 하나는 성경을 왜곡하여 사람들을 현혹하는 이단과 사설의 도전입니다. 이단은 하나님의 말씀을 자의적으로 해석하여 성경에 대해 깊은 지식이 없는 일반 성도들을 유혹합니다. 심지어 목회자나 교회가 성경의 진리 위에 굳게 서지 못한 결과로 이단의 유혹에 적절하게 대처하지 못하고 넘어가기도 합니다.

이러한 상황에서 신학생과 목회자들이 올바른 성경 지식을 쌓고 그것을 기초로 성령의 감동하심을 받아 하나님의 말씀을 선포하는 것은 매우 중요한 과제가 아닐 수 없습니다. 그러므로 부름 받은 신학생과 목회자들은 늘 말씀을 읽고, 말씀을 사랑하고, 주야로 말씀을 묵상하고, 언제나 말씀과 함께해야 합니다. 그리하여 하나님의 진리의 말씀을 강단에서 명확하게 선포할 때, 교회는 말씀에 굳게 선 건강한 교회가 되어 세상에서 빛과 소금의 역할을 감당할 수 있을 것입니다.

이러한 소중한 사명을 감당하기 위해 이번에 순복음영산신학원에서 『성경문제집』을 새롭게 출간한 것은 매우 고무적인 일입니다. 무엇보다 본서는 문제마다 각주에 답을 제시하고 필요에 따라 해석을 곁들였기 때문에 성경을 공부하고자 하는 평신도들에게도 매우 유익한 책이 될 것입니다. 이 책을 통해 하나님의 말씀을 바로 알고 새로운 깨달음과 유익을 얻으시기 바랍니다.

2017년 7월

여의도순복음교회 담임 목사 이영훈

머리말

성경은 헬라어로 '카논'Κανών이라고 하며 이는 표준, 기준, 규범이라는 뜻을 지니고 있습니다. 이처럼 성경은 선과 악을 가리는 표준이 되고, 진리와 비진리를 분별하는 기준이 되며 축복과 저주, 구원과 멸망의 길을 깨닫게 하는 규범이 됩니다. 다윗은 "주의 말씀은 내 발에 등이요 내 길에 빛이니이다"시 119:105라고 고백함으로 성경 말씀이 우리 삶의 기준과 지침이 된다는 것을 말하고 있습니다. 그러므로 우리가 하나님의 뜻을 따라 올바른 삶을 살기 위해서는 성경 말씀을 읽고, 듣고, 묵상하고, 공부하고, 암송하는 데 힘써야 합니다.

목회자는 무엇보다 성경 말씀을 잘 알아야 합니다. 디모데는 어려서부터 그의 외조모 로이스와 어머니 유니게를 통해 성경 말씀을 잘 배워 초대 교회의 모범적인 목회자가 되었습니다딤후 1:5. 이처럼 오늘날도 목회자가 성경 말씀을 잘 알아야 목회 현장에서 성도들을 하나님의 말씀으로 올바르게 양육할 수 있습니다. 그렇기 때문에 우리 학교는 성경 말씀을 철저하게 교육하는 데 힘쓰고 있습니다. 저는 이것이 다른 신학교들과 차별화되는 우리 학교의 강점이라고 자부하고 있습니다.

성경 말씀을 잘 알기 위해서 성경을 읽거나 강의를 듣는 것도 좋지만, 성경 문제를 하나하나 풀어 가며 공부하는 것 역시 놀라운 효과가 있습니다. 이런 취지에서 금번 우리

학교에서는 신학생들뿐만 아니라 성경에 대하여 알고자 하는 모든 성도가 보다 효과적으로 공부하는 데 도움을 드리고자 심혈을 기울여 본서를 발간하게 되었습니다.

특별히 본서는 시중에 나와 있는 성경 문제집들과는 확연하게 다른 특징을 가지고 있는데, 그것은 문제에 대한 답을 찾는 데 번거롭지 않도록 해당 성경 본문을 문제와 같은 페이지에 실었으며 그에 대한 주석을 각주로 처리하였다는 것입니다. 따라서 성경책과 주석책이 없이 본 문제집만 가지고도 성경을 편리하고 쉽게 공부할 수 있기 때문에 본서는 지금까지 발간된 어느 성경 문제집보다 더 유익하고 뛰어난 책이라고 확신합니다.

아무쪼록 이 책이 성경 말씀을 공부하고자 하는 모든 분에게 큰 도움이 되기를 바랍니다. 아울러 본 문제집의 출간을 위해 수고를 아끼지 않으신 이에스더 교수님을 비롯한 본교 교수님들, 그리고 교회성장연구소 식구들에게 깊이 감사드립니다.

2015년 8월

순복음영산신학원

특징 및 활용

I. 특징

1. 해답을 찾는 데 번거롭지 않도록 각주로 처리하였다.
2. 해답에 해당되는 성구를 각주에 실었다.
3. 문제집만 가지고도 성경을 쉽고 편리하게 공부할 수 있도록 하였다.
4. 성경 각 권의 개론을 한눈에 살펴볼 수 있게 하였다.
5. 문제를 쉽게 알아볼 수 있도록 문장을 간략하게 표현하였다.
6. 필요한 경우 각주에 표를 만들어 성경을 공부하는 데 도움이 되도록 하였다.
7. 풍성한 성경 공부를 위해 비교적 많은 문제를 출제하였다.

II. 활용

1. 성경 시험 대비
2. 신학교의 성경 시험 문제 출제
3. 각 교회의 교역자 시험 문제 출제
4. 각 교단의 목사 및 장로 고시 문제 출제
5. 각종 성경 퀴즈 문제 출제
6. 각 교회 평신도 성경 교육 과정에서 공부하시는 분들
7. 신약성경의 요지를 쉽고 편리하게 공부하고자 하는 분들

* 본서는 개역개정 성경을 인용하였습니다.

* '여호와'와 '세례'는 각각 '야훼'와 '침례'로 표기하였습니다.

CONTENTS 신약

사복음서

마태복음 13

마가복음 81

누가복음 119

요한복음 177

역사서

사도행전 227

바울서신

로마서 279

고린도전서 305

고린도후서 327

갈라디아서 343

에베소서 355

빌립보서 365

골로새서 373

데살로니가전서 381

데살로니가후서 387

디모데전서 391

디모데후서 403

디도서 413

빌레몬서 419

CONTENTS 신약

공동서신

히브리서 427

야고보서 445

베드로전서 453

베드로후서 461

요한1서 467

요한2서 477

요한3서 481

유다서 485

예언서

요한계시록 491

사복음서

마태복음

마가복음

누가복음

요한복음

마태복음 Matthew

연대 및 저자

A.D. 58-68년경 마태가 기록한 것으로 추정된다.

중심 내용

본서는 하나님의 아들이신 예수 그리스도가 온 인류를 구속하기 위해 왕으로 오신 것을 다루고 있다.

특징

1. 예수님이 '왕으로 오신 분'이심을 강조하고 있다.
2. 유대적 성향이 강하며 복음서 중 구약을 가장 많이 인용했다.
3. '하나님의 나라' 대신 '천국'이란 표현을 많이 사용하고 있다.

내용 분해

1. 왕으로 오신 예수님(1:1-25:46)

1) 예수님의 탄생과 유아기(1:1-2:23)
2) 예수님의 공생애를 위한 준비(3:1-4:11)
3) 예수님의 사역(4:12-25:46)

2. 왕 되신 예수님의 고난과 죽음과 부활(26:1-28:20)

memo

객관식

1. 4복음서에 해당되지 않는 책은?
① 마태복음 ② 마가복음 ③ 누가복음 ④ 로마서

2. 공관복음서에 해당되지 않는 책은?
① 마태복음 ② 마가복음 ③ 누가복음 ④ 요한복음

3. 마태복음과 관계없는 것은?
① 예수님이 '왕으로 오신 분'이심을 강조하고 있다
② 예수님이 '종으로 오신 분'이심을 강조하고 있다
③ 유대적 성향이 강하며 복음서 중 구약을 가장 많이 인용했다
④ '하나님의 나라' 대신 '천국'이란 표현을 많이 사용하고 있다

4. 마태복음이 기록된 연대로 추정되는 때는?
① A.D. 38–48년경 ② A.D. 48–58년경
③ A.D. 58–68년경 ④ A.D. 68–78년경

5. 다음 ( ) 안에 들어갈 말은?
"( )과 ( )의 자손 예수 그리스도의 계보라"
① 아담, 하와 ② 아브라함, 다윗
③ 이삭, 야곱 ④ 다윗, 솔로몬

1. ④ 4복음서는 마태복음, 마가복음, 누가복음, 요한복음이다.
2. ④ 공관복음서는 마태복음, 마가복음, 누가복음이다.
3. ② 마태복음은 예수님이 '왕으로 오신 분'이심을 강조하고 있으며, 유대적 성향이 강하고 복음서 중 구약을 가장 많이 인용했다. 또한 '하나님의 나라' 대신 '천국'이란 표현을 많이 사용하고 있다.
4. ③ 마태복음은 A.D. 58–68년경 기록된 것으로 추정된다.
5. ② (마 1:1 참조)
 * 마태복음에 기록된 예수 그리스도의 계보는 아브라함부터 그리스도까지 42대(마 1:1–17 참조)인 반면, 누가복음에는 55대로 기록되어 있는데(눅 3:23–38 참조), 이는 마태가 유대인의 계보 기록 관습에 따라 많은 사람을 생략했기 때문인 것으로 보인다.

memo

6. 마태복음에 기록된 예수님의 계보는 누구로부터 시작하는가?
   ① 아담 ② 하와 ③ 아브라함 ④ 이삭

7. 마태복음에서, 예수님의 계보에 기록되지 않은 여인은?
   ① 다말 ② 라합 ③ 룻 ④ 엘리사벳

8. 마태복음에서, 예수님의 계보는 몇 대씩 나뉘어져 있는가?
   ① 12대 ② 14대 ③ 16대 ④ 18대

9. 마태복음에서, 꿈에 주의 사자로부터 예수님의 탄생에 대하여 예고를 받은 사람은?
   ① 요셉 ② 마리아 ③ 헤롯 왕 ④ 박사들

6. ③ (마 1:2) 아브라함이 이삭을 낳고 이삭은 야곱을 낳고 야곱은 유다와 그의 형제들을 낳고
7. ④

마태복음의 예수님 계보에 기록된 여인들

다말	마 1:3	우리야의 아내(밧세바)	마 1:6
라합	마 1:5		
룻	마 1:5	마리아	마 1:16

8. ② (마 1:17) 그런즉 모든 대 수가 아브라함부터 다윗까지 열네 대요 다윗부터 바벨론으로 사로잡혀 갈 때까지 열네 대요 바벨론으로 사로잡혀 간 후부터 그리스도까지 열네 대더라
9. ① (마 1:18-20) 예수 그리스도의 나심은 이러하니라 … 주의 사자가 현몽하여 이르되 다윗의 자손 요셉아 네 아내 마리아 데려오기를 무서워하지 말라 그에게 잉태된 자는 성령으로 된 것이라

memo

10. 마태복음에서, 주의 사자가 요셉의 꿈에 나타나 한 말이 아닌 것은?
① 그(마리아)에게 잉태된 자는 성령으로 된 것이다
② 아기와 그의 어머니를 데리고 모압으로 피하라
③ 아기와 그의 어머니를 데리고 이스라엘 땅으로 가라
④ 갈릴리 지방으로 떠나라

11. '처녀가 잉태하여 아들을 낳을 것'을 예언한 선지자는?
① 이사야 ② 예레미야 ③ 에스겔 ④ 다니엘

12. 예수께서 태어나실 당시 유대 왕은?
① 벨릭스 ② 아그립바 ③ 헤롯 ④ 아켈라오

13. 예수님이 태어나실 곳을 예언한 선지자는?
① 이사야 ② 호세아 ③ 미가 ④ 나훔

10. ②

주의 사자가 요셉의 꿈에 나타나 한 말

그(마리아)에게 잉태된 자는 성령으로 된 것이다	마 1:20
아기와 그의 어머니를 데리고 애굽으로 피하라	마 2:13
아기와 그의 어머니를 데리고 이스라엘 땅으로 가라	마 2:20
갈릴리 지방으로 떠나라	마 2:22

11. ① (마 1:22-23) 이 모든 일이 된 것은 주께서 선지자로 하신 말씀을 이루려 하심이니 이르시되 보라 처녀가 잉태하여 아들을 낳을 것이요
* 여기서 '선지자'는 이사야를 가리킨다(사 7:14 참조).

12. ③ (마 2:1) 헤롯 왕 때에 예수께서 유대 베들레헴에서 나시매 동방으로부터 박사들이 예루살렘에 이르러 말하되

13. ③ (마 2:5-6) 이르되 유대 베들레헴이오니 이는 선지자로 이렇게 기록된 바 또 유대 땅 베들레헴아 너는 유대 고을 중에서 가장 작지 아니하도다 네게서 한 다스리는 자가 나와서 내 백성 이스라엘의 목자가 되리라 하였음이니이다
* 여기서 '선지자'는 미가를 가리킨다(미 5:2 참조).

memo

14. 동방 박사들을 아기 예수께로 인도한 것은?

① 해 ② 달 ③ 별 ④ 바람

15. 동방 박사들이 아기 예수께 드린 예물이 아닌 것은?

① 황금 ② 나드 ③ 유향 ④ 몰약

16. 헤롯이 죽기까지 요셉이 아기 예수와 그의 어머니를 데리고 피해 있던 곳은?

① 애굽 ② 모압 ③ 암몬 ④ 다메섹

17. 마태복음에서, 요셉이 애굽에서 돌아온 후 꿈에 지시하심을 받아 가서 산 곳은?

① 사마리아 ② 예루살렘 ③ 나사렛 ④ 베다니

14. ③ (마 2:9) 박사들이 왕의 말을 듣고 갈새 동방에서 보던 그 별이 문득 앞서 인도하여 가다가 아기 있는 곳 위에 머물러 서 있는지라

15. ② (마 2:9–11) 박사들이 왕의 말을 듣고 갈새 동방에서 보던 그 별이 문득 앞서 인도하여 가다가 아기 있는 곳 위에 머물러 서 있는지라 … 집에 들어가 … 아기께 경배하고 보배합을 열어 황금과 유향과 몰약을 예물로 드리니라

* 성경에서 '황금'은 주로 왕권과 관련하여 사용되었는데(시 45:9; 전 2:8 참조), 여기서는 예수 그리스도의 왕권을 상징한다. 그리고 '유향'은 소제와 관련하여 언급되었는데(레 2:1–2, 15–16 참조), 여기서는 예수 그리스도의 신성을 상징한다. 또한 '몰약'은 침상(잠 7:16–17 참조)과 옷(시 45:8 참조)에 향기가 나도록 하는 향료나 마취제(막 15:23 참조) 용도로 쓰였으며 시체를 장사하는 데 사용되었는데(요 19:39–40 참조), 여기서는 예수 그리스도의 수난과 죽음을 상징한다.

16. ① (마 2:14–15) 요셉이 일어나서 밤에 아기와 그의 어머니를 데리고 애굽으로 떠나가 헤롯이 죽기까지 거기 있었으니 이는 주께서 선지자를 통하여 말씀하신 바 애굽으로부터 내 아들을 불렀다 함을 이루려 하심이라

* 여기서 '선지자'는 호세아를 말한다(호 11:1 참조).

17. ③ (마 2:21–23) 요셉이 일어나 아기와 그의 어머니를 데리고 이스라엘 땅으로 들어가니라 그러나 아켈라오가 그의 아버지 헤롯을 이어 유대의 임금 됨을 듣고 거기로 가기를 무서워하더니 꿈에 지시하심을 받아 갈릴리 지방으로 떠나가 나사렛이란 동네에 가서 사니

memo

18. 마태복음 2장에서, 헤롯을 이어 유대의 임금이 된 사람은?
① 빌립 ② 루사니아 ③ 아켈라오 ④ 빌라도

19. 침례 요한의 사역에 대해 예언한 선지자는?
① 이사야 ② 예레미야 ③ 에스겔 ④ 호세아

20. 침례 요한에 대한 설명으로 맞지 않는 것은?
① 낙타털 옷을 입었다
② 허리에 가죽 띠를 띠었다
③ 음식은 메뚜기와 석청이었다
④ 항상 지팡이를 들고 다녔다

21. 다음 ( ) 안에 들어갈 말은?
"나는 너희로 회개하게 하기 위하여 ( )로 침례를 베풀거니와 내 뒤에 오시는 이는 나보다 능력이 많으시니 나는 그의 신을 들기도 감당하지 못하겠노라 그는 ( )로 너희에게 침례를 베푸실 것이요"
① 불, 성령과 물 ② 불, 성령과 의
③ 물, 성령과 불 ④ 물, 성령과 의

18. ③ (마 2:22) 아켈라오가 그의 아버지 헤롯을 이어 유대의 임금 됨을 듣고
＊로마 정부는 헤롯이 죽은 후 유대와 사마리아와 이두매 지역을 아켈라오에게 주어 다스리게 하였다.
19. ① (마 3:1-3) 그 때에 침례 요한이 이르러 유대 광야에서 전파하여 말하되 회개하라 천국이 가까이 왔느니라 하였으니 그는 선지자 이사야를 통하여 말씀하신 자라 일렀으되 광야에 외치는 자의 소리가 있어 이르되 너희는 주의 길을 준비하라 그가 오실 길을 곧게 하라 하였느니라
20. ④ (마 3:4) 이 요한은 낙타털 옷을 입고 허리에 가죽 띠를 띠고 음식은 메뚜기와 석청이었더라
21. ③ (마 3:11 참조)

침례의 방법과 신에 대한 표현

침례	'성령과 불'로 너희에게 침례를 베푸실 것이요	마 3:11; 눅 3:16
	너희에게 '성령'으로 침례를 베푸시리라	막 1:8
신	'신'을 들기도 감당하지 못하겠노라	마 3:11
	'신발끈'을 풀기도 감당하지 못하겠노라	막 1:7; 눅 3:16; 요 1:27

memo

22. 다음 (　　) 안에 들어갈 말은?

"예수께서 대답하여 이르시되 이제 허락하라 우리가 이와 같이 하여 모든 (　　)를 이루는 것이 합당하니라 하시니 이에 요한이 허락하는지라"

① 의　　② 법도　　③ 규례　　④ 증거

23. 예수께서 침례를 받으시고 물에서 올라오셨을 때 나타난 현상이 아닌 것은?

① 하늘이 열렸다
② 하나님의 성령이 비둘기 같이 내려 예수님 위에 임하셨다
③ 하나님의 성령이 불 같이 내려 예수님 위에 임하셨다
④ 하늘로부터 소리가 있었다

24. 예수께서 마귀에게 시험을 받으러 광야로 가신 때는?

① 침례를 받으신 후　　② 40일을 금식하신 후
③ 12제자를 부르신 후　　④ 바다 위로 걸으신 후

22. ① (마 3:15 참조)

* '모든 의를 이루는 것이 합당하니라'는 말은, 예수님이 침례 요한에게 침례를 받으시려는 이유, 즉 의로우신 예수님이 죄인들처럼 회개의 침례를 받으시려는 이유는 자신이 친히 죄인들처럼 되어 죄인들을 구속하시기 위함이라는 뜻이다.

23. ③ (마 3:16-17) 예수께서 침례를 받으시고 곧 물에서 올라오실새 하늘이 열리고 하나님의 성령이 비둘기 같이 내려 자기 위에 임하심을 보시더니 하늘로부터 소리가 있어 말씀하시되 이는 내 사랑하는 아들이요 내 기뻐하는 자라 하시니라

* 성령이 비둘기 같이 예수님 위에 임하신 사건은 예수님이 하나님의 아들이라는 결정적인 증거가 되었다(요 1:32-34 참조). 뿐만 아니라 예수님은 공개적인 절차를 통해 성령으로 기름 부음을 받으심으로 선지자와 제사장과 왕직의 사역을 시작하시게 되었다.

24. ① (마 3:16-4:1) 예수께서 침례를 받으시고 곧 물에서 올라오실새 하늘이 열리고 하나님의 성령이 비둘기 같이 내려 자기 위에 임하심을 보시더니 … 그 때에 예수께서 성령에게 이끌리어 마귀에게 시험을 받으러 광야로 가사

memo

25. 예수님은 '누구에게 이끌리어' 마귀에게 시험을 받으러 광야로 가셨는가?
① 하나님 ② 성령 ③ 천사 ④ 대제사장

26. 예수님은 광야로 가서 며칠 동안 금식하셨는가?
① 7일 ② 21일 ③ 30일 ④ 40일

27. 마태복음에서, 마귀는 예수님을 몇 번 시험하였는가?
① 1번 ② 2번 ③ 3번 ④ 4번

28. 예수님이 공생애 사역을 위해 준비하신 일이 아닌 것은?
① 침례를 받으심 ② 40일 동안 금식하심
③ 마귀에게 시험을 받으심 ④ 40일 동안 철야하심

25. ② (마 4:1) 그 때에 예수께서 성령에게 이끌리어 마귀에게 시험을 받으러 광야로 가사
* 예수께서 마귀에게 시험 받으신 사건은 공관복음에 다 기록되어 있다(마 4:1-11; 막 1:12-13; 눅 4:1-13 참조).

26. ④ (마 4:1-2) 예수께서 … 광야로 가사 사십 일을 밤낮으로 금식하신 후에 주리신지라

27. ③

예수께서 마귀에게 받으신 시험

	첫 번째(마 4:3-4)	두 번째(마 4:5-7)	세 번째(마 4:8-10)
시험의 종류	육적인 시험	정신적인 시험	영적인 시험
시험 당한 상황	예수께서 금식하신 후에 주리심	마귀가 예수님을 성전 꼭대기에 세움	마귀가 예수님을 높은 산으로 데리고 감
시험의 내용	하나님의 아들이어든 돌들로 떡덩이가 되게 하라	하나님의 아들이어든 뛰어내리라	내(마귀)게 엎드려 경배하라
대적하신 말씀	하나님의 말씀으로 살 것이라(신 8:3)	하나님을 시험하지 말라(신 6:16)	하나님만 경배하고 섬기라(신 6:13)

28. ④
* 예수님은 공생애 사역을 위해 침례를 받으시고(마 3:13-17 참조), 40일 동안 금식하시며(마 4:1-2 참조), 마귀에게 시험을 받으심으로(마 4:3-11 참조) 메시아로서 사역에 필요한 모든 준비를 마치셨다.

memo

29. 예수님이 공적인 사역을 시작하신 때는?
   ① 침례 요한이 잡히기 전　　② 침례 요한이 잡힌 후
   ③ 침례 요한이 죽기 직전　　④ 침례 요한이 죽은 후

30. 마태복음에서, 예수님이 처음 부르신 4명의 제자에 해당되지 않는 사람은?
   ① 베드로　② 안드레　③ 빌립　④ 야고보

31. 마태복음에서, 산상수훈이 기록된 장은?
   ① 5–6장　② 5–7장　③ 5–8장　④ 5–9장

32. 예수님이 산상수훈에서 말씀하신 '복 있는 자'가 아닌 사람은?
   ① 심령이 가난한 자　　② 애통하는 자
   ③ 마음이 청결한 자　　④ 구제하는 자

29. ② (마 4:12–17) 예수께서 요한이 잡혔음을 들으시고 갈릴리로 물러가셨다가 … 이 때부터 예수께서 비로소 전파하여 이르시되 회개하라 천국이 가까이 왔느니라 하시더라
   * 침례 요한이 잡힌 후에 예수님의 공적인 사역이 시작된 것은 메시아의 길을 예비하기 위해(사 40:3 참조) 온 침례 요한은 역사의 무대에서 사라져 가고 예수님의 사역이 본격적으로 시작되었음을 보여 준다.

30. ③ (마 4:18–21) 베드로라 하는 시몬과 그의 형제 안드레가 바다에 그물 던지는 것을 보시니 … 나를 따라오라 … 세베대의 아들 야고보와 그의 형제 요한이 그의 아버지 세베대와 함께 배에서 그물 깁는 것을 보시고 부르시니

31. ②

32. ④

산상수훈의 '복 있는 자가 받을 상급'

심령이 가난한 자	천국을 소유하게 됨	마 5:3
애통하는 자	위로를 받음	마 5:4
온유한 자	땅을 기업으로 받음	마 5:5
의에 주리고 목마른 자	배부름	마 5:6
긍휼히 여기는 자	긍휼히 여김을 받음	마 5:7
마음이 청결한 자	하나님을 봄	마 5:8
화평하게 하는 자	하나님의 아들이라 일컬음을 받음	마 5:9
의를 위하여 박해를 받은 자	천국을 소유하게 됨	마 5:10

memo

33. 산상수훈에서, '심령이 가난한 자'와 '의를 위하여 박해를 받는 자'가 동일하게 받을 상급은?
① 천국을 소유하게 됨　② 위로를 받음
③ 땅을 기업으로 받음　④ 하나님을 봄

34. 다음 (　　　) 안에 들어갈 말은?
"이같이 너희 빛이 사람 앞에 비치게 하여 그들로 너희 (　　　)을 보고 하늘에 계신 너희 아버지께 영광을 돌리게 하라"
① 착한 마음　② 겸손한 마음
③ 착한 행실　④ 겸손한 행실

35. 산상수훈에서, 예수님이 금하신 '맹세의 대상'이 아닌 것은?
① 하늘　② 땅　③ 예루살렘　④ 가슴

36. 산상수훈에서, '박해하는 자'를 위하여 해야 할 일은?
① 축복　② 저주　③ 기도　④ 용서

33. ① (마 5:3-10) 심령이 가난한 자는 복이 있나니 천국이 그들의 것임이요 … 의를 위하여 박해를 받은 자는 복이 있나니 천국이 그들의 것임이라

34. ③ (마 5:16 참조)

35. ④

예수님이 금하신 '맹세'의 대상과 이유

하늘	하나님의 보좌이기 때문이다	마 5:34
땅	하나님의 발등상이기 때문이다	마 5:35
예루살렘	큰 임금의 성이기 때문이다	마 5:35
머리	사람이 머리 한 터럭도 희고 검게 할 수 없기 때문이다	마 5:36

* 예수님이 맹세를 금하신 이유는 당시 유대인들이 함부로 맹세하거나 맹세한 것을 쉽게 저버리는가 하면 자신들의 헛된 맹세를 교묘한 말로 합리화하는 일이 많았기 때문이다(마 23:16-22 참조). 한편 하늘과 땅으로 맹세하는 것은 하나님의 이름으로 맹세하는 것과 같고, 예루살렘은 하나님의 임재를 상징하는 도성이기 때문에 예루살렘으로 맹세하는 것도 하나님을 근거로 맹세하는 것과 같으며, 인간의 생명을 상징하는 머리로 맹세하는 것도 결국 인간의 생사화복을 주관하시는 하나님으로 맹세하는 것과 같다.

36. ③ (마 5:44) 나는 너희에게 이르노니 너희 원수를 사랑하며 너희를 박해하는 자를 위하여 기도하라

memo

37. 다음 (　　) 안에 들어갈 말은?
"그러므로 하늘에 계신 너희 아버지의 (　　)하심과 같이 너희도 (　　)하라"
① 거룩　② 온전　③ 성실　④ 정직

38. 마태복음 6장에서 '은밀하게' 하라고 한 것이 아닌 것은?
① 구제　② 사랑　③ 기도　④ 금식

39. 마태복음에서, 예수님이 제자들에게 가르쳐 주신 기도(주기도문)가 기록된 장과 절은?
① 4:9–13　② 5:9–13　③ 6:9–13　④ 7:9–13

40. 다음 (　　) 안에 들어갈 말은?
"또 기도할 때에 이방인과 같이 (　　)하지 말라 그들은 말을 많이 하여야 들으실 줄 생각하느니라"
① 외식　② 기도　③ 반복　④ 중언부언

37. ② (마 5:48 참조)

38. ②

은밀하게 해야 할 것

구제	마 6:4
기도	마 6:6
금식	마 6:18

39. ③

* 예수님이 제자들에게 가르쳐 주신 기도는 눅 11:2–4에도 기록되어 있다.

40. ④ (마 6:7 참조)

memo

41. 다음 (   ) 안에 들어갈 말은?

"(   )할 때에 너희는 외식하는 자들과 같이 슬픈 기색을 보이지 말라 그들은 (   )하는 것을 사람에게 보이려고 얼굴을 흉하게 하느니라 내가 진실로 너희에게 이르노니 그들은 자기 상을 이미 받았느니라 너는 (   )할 때에 머리에 기름을 바르고 얼굴을 씻으라"

① 기도 ② 회개 ③ 금식 ④ 단식

42. 다음 (   ) 안에 들어갈 말은?

"네 보물 있는 그 곳에는 네 (   )도 있느니라"

① 마음 ② 생각 ③ 능력 ④ 권리

43. 다음 (   ) 안에 들어갈 말은?

"(   )은 몸의 등불이니 그러므로 네 (   )이 성하면 온 몸이 밝을 것이요"

① 영 ② 혼 ③ 눈 ④ 입

41. ③ (마 6:16-17 참조)

42. ① (마 6:21 참조)

43. ③ (마 6:22 참조)

* 본 절에서 '눈'은 마음을 비유한 것이다. 따라서 '눈은 몸의 등불'이라는 말은 마음의 방향에 따라 행동이 달라지게 되는 것을 가리킨다.

memo

44. 다음 (   ) 안에 들어갈 말은?

"한 사람이 두 주인을 섬기지 못할 것이니 혹 이를 미워하고 저를 사랑하거나 혹 이를 중히 여기고 저를 경히 여김이라 너희가 (   )과 (   )을 겸하여 섬기지 못하느니라"

① 하나님, 우상　　② 하나님, 재물

③ 하나님, 명성　　④ 하나님, 지식

45. 예수님은 '무엇이' 음식보다 중요하다고 말씀하셨는가?

① 목숨　② 마음　③ 몸　④ 재물

46. 다음 (   ) 안에 들어갈 말은?

"너희가 악한 자라도 좋은 것으로 자식에게 줄 줄 알거든 하물며 하늘에 계신 너희 아버지께서 (   )에게 좋은 것으로 주시지 않겠느냐"

① 선을 행하는 자　　② 믿음으로 사는 자

③ 구하는 자　　④ 복음을 전하는 자

47. 다음 (   ) 안에 들어갈 말은?

"그러므로 무엇이든지 남에게 (   )을 받고자 하는 대로 너희도 남을 (   )하라 이것이 율법이요 선지자니라"

① 인정　② 칭찬　③ 사랑　④ 대접

44. ② (마 6:24 참조)

45. ① (마 6:25) 그러므로 내가 너희에게 이르노니 목숨을 위하여 무엇을 먹을까 무엇을 마실까 몸을 위하여 무엇을 입을까 염려하지 말라 목숨이 음식보다 중하지 아니하며 몸이 의복보다 중하지 아니하냐

46. ③ (마 7:11 참조)

47. ④ (마 7:12 참조)

* '황금률'(The golden rule)로 불리는 본 절은 마 6:33과 함께 산상수훈에서 가장 핵심적인 교훈이다. 한편 '율법과 선지자'는 구약 전체를 가리키는 표현이다. 따라서 본 절은 구약성경의 교훈 중 가장 중요하고 핵심이 되는 교훈이라고 할 수 있다.

memo

48. 예수님이 '말씀만 해도' 자기 하인의 병이 나을 것을 믿은 사람은?

① 천부장 ② 백부장 ③ 오십부장 ④ 십부장

49. 예수님이 "이스라엘 중 아무에게서도 이만한 믿음을 보지 못하였노라"고 칭찬하신 사람은?

① 나병환자 ② 백부장 ③ 백부장의 하인 ④ 베드로

50. 다음 ( ) 안에 들어갈 말은?

"예수께서 무리가 자기를 에워싸는 것을 보시고 건너편으로 가기를 명하시니라 한 ( )이 나아와 예수께 아뢰되 선생님이여 어디로 가시든지 저는 따르리이다"

① 바리새인 ② 서기관 ③ 천부장 ④ 백부장

51. 다음 ( ) 안에 들어갈 말은?

"예수께서 이르시되 어찌하여 무서워하느냐 믿음이 작은 자들아 하시고 곧 일어나사 ( )과 ( )를 꾸짖으시니 아주 잔잔하게 되거늘"

① 바람, 바다 ② 바람, 파도 ③ 귀신, 바다 ④ 귀신, 파도

48. ② (마 8:5–8) 한 백부장이 … 주여 내 하인이 중풍병으로 집에 누워 몹시 괴로워하나이다 이르시되 내가 가서 고쳐 주리라 백부장이 대답하여 이르되 … 다만 말씀으로만 하옵소서 그러면 내 하인이 낫겠사옵나이다

49. ② (마 8:8–10) 백부장이 대답하여 이르되 주여 내 집에 들어오심을 나는 감당하지 못하겠사오니 다만 말씀으로만 하옵소서 그러면 내 하인이 낫겠사옵나이다 … 예수께서 들으시고 … 이스라엘 중 아무에게서도 이만한 믿음을 보지 못하였노라

50. ② (마 8:18–19 참조)

* 성경에서 서기관들은 주로 예수님을 대적하는 자들로 나타난다(막 2:16 참조). 따라서 한 서기관이 '예수님이 어디로 가시든지 따르겠다'고 말한 것은 놀라운 일이 아닐 수 없다.

51. ① (마 8:26 참조)

* 본 절은 예수님이 만물을 지배하는 분이시며 초자연적인 능력을 가지고 계신 분이심을 보여 준다(창 14:19; 마 11:25; 행 17:24 참조).

memo

52. 다음 (   ) 안에 들어갈 말은?

"또 예수께서 건너편 (   ) 지방에 가시매 귀신 들린 자 둘이 무덤 사이에서 나와 예수를 만나니 그들은 몹시 사나워 아무도 그 길로 지나갈 수 없을 지경이더라"

① 여리고 ② 베다니 ③ 가다라 ④ 벳새다

53. '가다라 지방의 귀신 들린 자 둘'이 예수님을 향해 부른 칭호는?

① 주 ② 인자
③ 하나님의 아들 ④ 다윗의 자손

54. 마태복음에서, 예수님이 자신에게 '죄를 사하는 권능'이 있는 것을 나타내신 사건은?

① 침상에 누운 중풍병자를 고치신 사건
② 한쪽 손 마른 사람을 고치신 사건
③ 혈루증으로 앓아 온 여자를 고치신 사건
④ 귀 먹고 말 더듬는 자를 고치신 사건

52. ③ (마 8:28 참조)

* 본 절에 나오는 '가다라 지방'이 막 5:1–2에는 '거라사인의 지방', 눅 8:26–27에는 '거라사인의 땅'으로 되어 있다. 한편 '거라사'는 가다라 지방에 있는 한 작은 마을로 추정된다.

53. ③ (마 8:28–29) 가다라 지방에 가시매 귀신 들린 자 둘이 무덤 사이에서 나와 예수를 만나니 … 그들이 소리 질러 이르되 하나님의 아들이여 우리가 당신과 무슨 상관이 있나이까

* 본 절의 '귀신 들린 자 둘'을 마가복음과 누가복음에서는 한 사람으로 기록하고 있다(막 5:1–2; 눅 8:26–27 참조).

54. ① (마 9:6) 인자가 세상에서 죄를 사하는 권능이 있는 줄을 너희로 알게 하려 하노라 하시고 중풍병자에게 말씀하시되 일어나 네 침상을 가지고 집으로 가라 하시니

* 본 절은 예수님이 이 세상에 오신 목적은 인간의 죄 문제를 해결하기 위함임을 보여 준다.

memo

55. 세관에 앉아 있다가 예수님의 부르심을 받고 따르게 된 제자는?

① 시몬 ② 마태 ③ 안드레 ④ 야고보

56. 마태복음에서, 예수님이 '금식'에 관한 질문에 대답하실 때 든 비유는?

① 감추인 보화 비유 ② 씨 뿌리는 자의 비유
③ 무화과나무의 비유 ④ 생베 조각과 새 포도주 비유

55. ② (마 9:9) 예수께서 그 곳을 떠나 지나가시다가 마태라 하는 사람이 세관에 앉아 있는 것을 보시고 이르시되 나를 따르라 하시니 일어나 따르니라

56. ④ (마 9:14-17) 요한의 제자들이 예수께 나아와 이르되 우리와 바리새인들은 금식하는데 어찌하여 당신의 제자들은 금식하지 아니하나이까 … 생베 조각을 낡은 옷에 붙이는 자가 없나니 … 새 포도주를 낡은 가죽 부대에 넣지 아니하나니 그렇게 하면 부대가 터져 포도주도 쏟아지고 부대도 버리게 됨이라

* 침례 요한의 제자들은 예수님께 금식에 관한 문제를 제기함으로써 자신들의 경건을 과시함과 동시에 예수님과 제자들이 무절제한 삶을 영위하는 것처럼 매도하였는데, 이는 바리새인과 서기관들의 선동에 의한 것으로 보인다(눅 5:27-35 참조). 한편 예수님의 '생베 조각과 새 포도주 비유'는 옛 언약인 율법주의적 교리는 새 언약인 예수 그리스도의 복음과 조화될 수 없기 때문에 새 언약으로 대치되어야 한다는 것을 교훈하고 있다.

memo

57. '예수님의 겉옷만 만져도 구원을 받겠다'는 믿음으로 치료받은 여자는?
① 회당장 야이로의 딸
② 12년 동안 혈루증으로 앓는 여자
③ 18년 동안 귀신 들려 앓은 여자
④ 수로보니게 여자의 딸

58. 예수님의 12사도에 해당되지 않는 사람은?
① 안드레　② 야고보　③ 바돌로매　④ 바울

59. 다음 (　　) 안에 들어갈 말은?
"또 그 집에 들어가면서 (　　)하기를 빌라 그 집이 이에 합당하면 너희 빈 (　　)이 거기 임할 것이요 만일 합당하지 아니하면 그 (　　)이 너희에게 돌아올 것이니라
① 행복　② 번영　③ 건강　④ 평안

57. ② (마 9:20-22) 열두 해 동안이나 혈루증으로 앓는 여자가 예수의 뒤로 와서 그 겉옷 가를 만지니 이는 제 마음에 그 겉옷만 만져도 구원을 받겠다 함이라 … 여자가 그 즉시 구원을 받으니라

예수님이 치유하신 여자들

베드로의 장모	마 8:14-15; 막 1:29-31; 눅 4:38-39
회당장 야이로의 딸	마 9:18, 23-25; 막 5:22-24, 35-43; 눅 8:41-42, 49-56
12년 동안 혈루증으로 앓는 여자	마 9:20-22; 막 5:25-34; 눅 8:43-48
가나안 여자의 딸(수로보니게 여자의 딸)	마 15:21-28; 막 7:24-30
일곱 귀신 들린 막달라 마리아	막 16:9; 눅 8:2
18년간 귀신 들려 앓은 여자	눅 13:11-17

58. ④ (마 10:2-4) 열두 사도의 이름은 이러하니 베드로라 하는 시몬을 비롯하여 그의 형제 안드레와 세베대의 아들 야고보와 그의 형제 요한, 빌립과 바돌로매, 도마와 세리 마태, 알패오의 아들 야고보와 다대오, 가나나인 시몬 및 가룟 유다 곧 예수를 판 자라

59. ④ (마 10:12-13 참조)

memo

60. 다음 ( ) 안에 들어갈 말은?

"보라 내가 너희를 보냄이 양을 이리 가운데로 보냄과 같도다 그러므로 너희는 ( ) 같이 지혜롭고 ( ) 같이 순결하라"

① 뱀, 비둘기　② 뱀, 백합

③ 비둘기, 백합　④ 비둘기, 뱀

61. 마태복음 10장에서, 예수님은 '복음을 전하다가 박해를 받으면' 어떻게 하라고 하셨는가?

① 대적하라고 하셨다　② 참으라고 하셨다

③ 피하라고 하셨다　④ 저주하라고 하셨다

62. 마태복음 10장에서, 예수님은 세상에 무엇을 주러 오셨다고 했는가?

① 사랑　② 검　③ 화평　④ 평안

60. ① (마 10:16 참조)

* 성경에서 간교한 동물로 묘사되어 있는 '뱀'(창 3:1; 고후 11:3 참조)은 위험에 처했을 때 신속하게 빠져나가는 지혜가 있다. 반면 '비둘기'는 평화와 순결을 상징하지만 성경에는 미련하여 쉽게 속는 동물로도 묘사되어 있다(호 7:11 참조). 사람은 지혜롭지만 순결하지 않으면 교활하게 될 수 있고, 순결하지만 지혜롭지 못하면 어리석게 될 수 있다. 그렇기 때문에 예수님은 제자들에게 '지혜롭고 순결하라'고 말씀하신 것이다.

61. ③ (마 10:23) 이 동네에서 너희를 박해하거든 저 동네로 피하라 내가 진실로 너희에게 이르노니 이스라엘의 모든 동네를 다 다니지 못하여서 인자가 오리라

* 예수님이 제자들에게 '복음을 전하다가 박해를 받으면 피하라'고 말씀하신 것은 비겁하게 도망하라는 것이 아니라 복음을 효과적으로 전하기 위해 자기 생명을 보호하라는 의미이다. 한편 예수님(눅 4:24-30 참조), 베드로(행 12:17 참조), 바울(행 14:3-7 참조)은 복음을 전하다가 박해를 받을 때 피한 적이 있다

62. ② (마 10:34) 내가 세상에 화평을 주러 온 줄로 생각하지 말라 화평이 아니요 검을 주러 왔노라

* 본 절에서 말하는 '화평'은 외적이고 현상적인 것, 즉 정치적 · 경제적인 것을 의미한다. 이에 비해 예수님이 주시는 '화평'은 내적이고 영원한 것, 즉 하나님과의 관계에서 주어지는 화평과 구원을 의미한다. 따라서 본 절은 예수님이 이 세상에 오신 목적은 유대인에게 정치적인 해방이나 경제적인 번영을 가져다주는 것이 아니라는 것이다. 한편 '검을 주러 왔노라'는 말은 이 땅에서 하나님의 나라가 완성되기까지는 성도와 악한 세력 간에 끊임없는 영적 전쟁이 있을 것을 가리킨다.

memo

63. 다음(　　) 안에 들어갈 말은?

"너희를 (　　)하는 자는 나를 (　　)하는 것이요 나를 (　　)하는 자는 나를 보내신 이를 (　　)하는 것이니라"

① 박해　　② 대접　　③ 영접　　④ 사랑

64. 예수님이 '여자가 낳은 자 중에 가장 큰 이'라고 한 사람은?

① 엘리야　　② 다니엘　　③ 침례 요한　　④ 사도 요한

65. 구약성경에 '오리라 한 엘리야'는 누구를 말하는가?

① 베드로　　② 침례 요한　　③ 사도 요한　　④ 야고보

66. 예수께서 권능을 많이 행하셨으나 회개하지 않아 책망을 받은 지역이 아닌 곳은?

① 고라신　　② 벳새다　　③ 가버나움　　④ 두로

63. ③ (마 10:40 참조)

64. ③ (마 11:11) 내가 진실로 너희에게 말하노니 여자가 낳은 자 중에 침례 요한보다 큰 이가 일어남이 없도다 그러나 천국에서는 극히 작은 자라도 그보다 크니라

* '여자가 낳은 자 중에 침례 요한보다 큰 이가 일어남이 없다'는 말은 주의 길을 준비하는 사역을 한 침례 요한보다 더 중요한 일을 한 사람이 없었다는 것을 가리키며, '천국에서는 극히 작은 자라도 그보다 크다'는 말은 침례 요한이 예수님의 십자가 사건, 부활 사건, 오순절 사건과 같은 일을 체험하지 못했기 때문에 예수님의 제자들이나 신약 시대의 성도들이 침례 요한보다 크다는 것을 의미한다.

65. ② (마 11:13-14) 모든 선지자와 율법이 예언한 것은 요한까지니 만일 너희가 즐겨 받을진대 오리라 한 엘리야가 곧 이 사람이니라

* 침례 요한은 엘리야의 심령과 능력으로 주 앞에 먼저 와서 주의 길을 준비하여 사자로서의 사명을 완수한 자이다(눅 1:17; 말 3:1 참조).

66. ④ (마 11:20-23) 예수께서 권능을 가장 많이 행하신 고을들이 회개하지 아니하므로 그 때에 책망하시되 화 있을진저 고라신아 화 있을진저 벳새다야 … 가버나움아 네가 하늘에까지 높아지겠느냐 음부에까지 낮아지리라

memo

67. 예수님이 안식일의 주인은 '누구'라고 하셨는가?

① 유대인 ② 제사장 ③ 죄인 ④ 인자

68. 마태복음에서, 바리새인들이 예수님을 죽이려고 의논하게 된 이유는?

① 예수님이 안식일에 맹인을 고치셨기 때문이다
② 예수님이 안식일에 나병환자를 고치셨기 때문이다
③ 예수님이 안식일에 간질하는 자를 고치셨기 때문이다
④ 예수님이 안식일에 한쪽 손 마른 사람을 고치셨기 때문이다

67. ④ (마 12:8) 인자는 안식일의 주인이니라 하시니라

* 본 절에서 '인자'란 예수님이 자신을 가리킬 때 사용하신 말이며, '안식일의 주인'이란 말은 예수님이 안식일 준수 규정으로부터 사람들을 해방시켜 줄 권세를 가지고 있다는 것을 의미한다.

68. ④ (마 12:10-14) 한쪽 손 마른 사람이 있는지라 사람들이 예수를 고발하려 하여 물어 이르되 안식일에 병 고치는 것이 옳으니이까 … 안식일에 선을 행하는 것이 옳으니라 하시고 … 손을 내밀라 하시니 그가 내밀매 다른 손과 같이 회복되어 성하더라 바리새인들이 나가서 어떻게 하여 예수를 죽일까 의논하거늘

예수님이 안식일에 행하신 치유

한쪽 손 마른 사람	마 12:10-13; 막 3:1-5; 눅 6:6-10
가버나움 회당의 더러운 귀신 들린 사람	막 1:21-26; 눅 4:31-36
18년 동안 귀신 들려 앓으며 꼬부라져 펴지 못하는 여자	눅 13:10-13
수종병 든 사람	눅 14:1-6
베데스다 못의 38년 된 병자	요 5:2-9
날 때부터 맹인 된 사람	요 9:1-14

memo

69. 이 세상과 오는 세상에서도 '사하심을 얻지 못하는' 죄는?
① 성령을 모독하고 거역하는 죄
② 예수 그리스도를 거역하는 죄
③ 제사장을 모독하고 거역하는 죄
④ 부모를 모독하고 거역하는 죄

70. 다음 ( ) 안에 들어갈 말은?
"예수께서 대답하여 이르시되 악하고 음란한 세대가 표적을 구하나 선지자 ( )의 표적 밖에는 보일 표적이 없느니라"
① 호세아 ② 요엘 ③ 아모스 ④ 요나

71. 누가 진정한 의미에서 '예수님의 형제요 자매요 어머니'인가?
① 혈연 공동체
② 예수님의 어머니와 동생들
③ 나눔 공동체
④ 하나님 아버지의 뜻대로 하는 자

69. ① (마 12:31-32) 사람에 대한 모든 죄와 모독은 사하심을 얻되 성령을 모독하는 것은 사하심을 얻지 못하겠고 또 누구든지 말로 인자를 거역하면 사하심을 얻되 누구든지 말로 성령을 거역하면 이 세상과 오는 세상에서도 사하심을 얻지 못하리라
* '이 세상'은 현재의 세상을 말하고, '오는 세상'은 예수님의 재림과 심판으로 이루어질 영원한 세상을 말한다. 따라서 본 절은 성령을 거역하는 사람은 영원히 용서받을 수 없다는 것을 의미한다.

70. ④ (마 12:39 참조)
* '요나의 표적'이란 요나가 큰 물고기 뱃속에서 3일 동안 지내다가 나와 니느웨 사람들에게 심판을 선포한 것처럼 예수님도 십자가에서 죽으신 후 3일 동안 무덤에 계시다가 부활하여 장차 심판주로 오실 것을 가리킨다.

71. ④ (마 12:50) 누구든지 하늘에 계신 내 아버지의 뜻대로 하는 자가 내 형제요 자매요 어머니이니라 하시더라

memo

72. 마태복음 13장에 기록된 비유는 모두 몇 가지인가?
① 3가지 ② 5가지 ③ 7가지 ④ 9가지

73. 씨 뿌리는 자의 비유에서 '씨가 떨어진 곳'이 아닌 것은?
① 길 가 ② 돌밭 ③ 가시떨기 ④ 시냇가

74. '가시떨기' 위에 떨어진 씨가 결실을 하지 못한 이유는?
① 새들이 와서 먹어 버렸기 때문이다
② 흙이 깊지 않았기 때문이다
③ 해가 돋은 후에 타서 뿌리가 없기 때문이다
④ 가시가 자라서 기운을 막았기 때문이다

72. ③

마태복음 13장의 7가지 비유

씨 뿌리는 자	마 13:3-9, 18-23	감추인 보화	마 13:44
곡식과 가라지	마 13:24-30, 36-43	좋은(값진) 진주	마 13:45-46
겨자씨	마 13:31-32	그물	마 13:47-50
누룩	마 13:33		

73. ④

씨 뿌리는 자의 비유에서 '씨가 떨어진 곳'

길가	마 13:4	가시떨기	마 13:7
돌밭	마 13:5	좋은 땅	마 13:8

74. ④ (마 13:7) 더러는 가시떨기 위에 떨어지매 가시가 자라서 기운을 막았고

memo

75. 가라지의 비유에서 '좋은 씨를 뿌리는 이'는 누구를 가리키는가?
① 선지자 ② 제사장 ③ 인자 ④ 농부

76. '예수님의 형제'가 아닌 사람은?
① 야고보 ② 요한 ③ 요셉 ④ 시몬

77. 헤롯이 침례 요한을 옥에 가둔 이유는?
① 침례 요한이 빌립의 아내 헤로디아를 차지했기 때문이다
② 침례 요한이 헤롯의 아내 헤로디아를 차지했기 때문이다
③ 빌립이 형의 아내를 차지한 것이 옳지 않다고 했기 때문이다
④ 헤롯이 동생의 아내를 차지한 것이 옳지 않다고 했기 때문이다

78. 예수께서 바다 위로 걸어서 제자들에게 오신 때는?
① 밤 이경 ② 밤 삼경 ③ 밤 사경 ④ 밤 오경

75. ③ (마 13:37) 대답하여 이르시되 좋은 씨를 뿌리는 이는 인자요
* 본 절에서 '인자'는 복음 전파자로서의 예수 그리스도를 가리킨다.

가라지 비유의 의미

좋은 씨를 뿌리는 이	인자(예수 그리스도)	마 13:37
밭	세상	마 13:38
좋은 씨	천국의 아들들	마 13:38
가라지	악한 자의 아들들	마 13:38
가라지를 뿌린 원수	마귀	마 13:39
추수 때	세상 끝	마 13:39
추수꾼	천사들	마 13:39

76. ② (마 13:53-55) 예수께서 이 모든 비유를 마치신 후에 그 곳을 떠나서 고향으로 돌아가사 그들의 회당에서 가르치시니 … 이는 그 목수의 아들이 아니냐 그 어머니는 마리아, 그 형제들은 야고보, 요셉, 시몬, 유다라 하지 않느냐
77. ④ (마 14:3-4) 전에 헤롯이 그 동생 빌립의 아내 헤로디아의 일로 요한을 잡아 결박하여 옥에 가두었으니 이는 요한이 헤롯에게 말하되 당신이 그 여자를 차지한 것이 옳지 않다 하였음이라
78. ③ (마 14:25) 밤 사경에 예수께서 바다 위로 걸어서 제자들에게 오시니
* 유대인들은 밤을 3경으로 나누었고 로마에서는 4경으로 나누었는데, 로마에서 밤은 오후 6시에서 다음 날 오전 6시까지를 말한다. 본 절의 '밤 4경'은 로마식 표현으로 새벽 3시부터 6시 사이를 가리킨다.

memo

79. 마태복음에서, 베드로가 물 위로 걷다가 바람을 보고 무서워 빠져 갈 때 예수님이 붙잡아 주시며 하신 말씀은?
① 두려움이 많은 자여 왜 무서워하느냐
② 두려움이 많은 자여 왜 의심하였느냐
③ 믿음이 작은 자여 왜 의심하였느냐
④ 믿음이 없는 자여 왜 무서워하였느냐

80. 다음 (　　　) 안에 들어갈 말은?
"그들이 건너가 게네사렛 땅에 이르니 그 곳 사람들이 예수이신 줄을 알고 그 근방에 두루 통지하여 모든 병든 자를 예수께 데리고 와서 다만 예수의 (　　　)에라도 손을 대게 하시기를 간구하니 손을 대는 자는 다 나음을 얻으니라"
① 몸　② 팔　③ 손수건　④ 옷자락

81. 다음 (　　　) 안에 들어갈 말은?
"입에서 나오는 것들은 (　　　)에서 나오나니 이것이야말로 사람을 더럽게 하느니라"
① 마음　② 내장　③ 의식　④ 뇌리

82. 예수께서 말씀하신 '사람을 더럽게 하지 못하는 것'은?
① 먹는 것　② 간음　③ 악한 생각　④ 비방

79. ③ (마 14:29-31) 베드로가 배에서 내려 물 위로 걸어서 예수께로 가되 바람을 보고 무서워 빠져 가는지라 소리 질러 이르되 주여 나를 구원하소서 하니 예수께서 즉시 손을 내밀어 그를 붙잡으시며 이르시되 믿음이 작은 자여 왜 의심하였느냐 하시고

80. ④ (마 14:34-36 참조)

81. ① (마 15:18 참조)

82. ① (마 15:19-20) 마음에서 나오는 것은 악한 생각과 살인과 간음과 음란과 도둑질과 거짓 증언과 비방이니 이런 것들이 사람을 더럽게 하는 것이요 씻지 않은 손으로 먹는 것은 사람을 더럽게 하지 못하느니라

memo

83. 마태복음 15장에서, '믿음이 크다'고 예수님께 칭찬받은 여자는?
① 가나안 여자
② 18년간 귀신 들려 앓는 여자
③ 베드로의 장모
④ 12년 동안 혈루증으로 앓는 여자

84. 다음 (　　　) 안에 들어갈 말은?
"예수께서 대답하여 이르시되 나는 (　　　) 집의 잃어버린 양 외에는 다른 데로 보내심을 받지 아니하였노라 하시니"
① 아브라함　② 유다　③ 다윗　④ 이스라엘

85. 예수께서 '떡 일곱 개와 작은 생선 두어 마리'로 몇 명을 배불리 먹이셨는가?
① 여자와 어린이 외에 2천 명
② 여자와 어린이 외에 3천 명
③ 여자와 어린이 외에 4천 명
④ 여자와 어린이 외에 5천 명

83. ① (마 15:22-28) 가나안 여자 하나가 … 주여 옳소이다마는 개들도 제 주인의 상에서 떨어지는 부스러기를 먹나이다 하니 이에 예수께서 대답하여 이르시되 여자여 네 믿음이 크도다 네 소원대로 되리라 하시니 그 때로부터 그의 딸이 나으니라
* 예수님이 '12년 동안 혈루증으로 앓는 여자'에게는 "네 믿음이 너를 구원하였다"(마 9:22)라고 말씀하셨다.

84. ④ (마 15:24 참조)

85. ③ (마 15:35-38) 예수께서 … 떡 일곱 개와 그 생선을 가지사 축사하시고 떼어 제자들에게 주시니 제자들이 무리에게 주매 다 배불리 먹고 남은 조각을 일곱 광주리에 차게 거두었으며 먹은 자는 여자와 어린이 외에 사천 명이었더라

memo

86. 다음 ( ) 안에 들어갈 말은?

"아침에 하늘이 붉고 흐리면 오늘은 날이 궂겠다 하나니 너희가 날씨는 분별할 줄 알면서 ( )은 분별할 수 없느냐"

① 시대의 흐름 ② 시대의 현상

③ 시대의 표적 ④ 시대의 표준

87. 다음 ( ) 안에 들어갈 말은?

"예수께서 이르시되 삼가 바리새인과 사두개인들의 ( )을 주의하라 하시니"

① 율법 ② 누룩 ③ 외식 ④ 말

88. "주는 그리스도시요 살아 계신 하나님의 아들이시니이다"라고 고백한 예수님의 제자는?

① 시몬 베드로 ② 세베대의 아들 야고보

③ 야고보의 형제 요한 ④ 알패오의 아들 야고보

86. ③ (마 16:3 참조)

* 본 절에서 '시대'는 예수 그리스도의 초림 내지는 재림의 때를 의미한다. 한편 예수님은 친히 구약 예언의 성취로 오신 자신을 증거하고 이적을 베푸신 사실(마 12:8; 13:37; 눅 17:22-35 참조)을 통해 시대를 분별할 만한 표적들을 제시하셨다.

87. ② (마 16:6 참조)

* 본 절에서 '누룩'은 바리새인과 사두개인들의 교훈을 비유한 것이다. 예컨대 '바리새인의 누룩'으로는 경건의 모양을 중요시하는 것을 들 수 있고, '사두개인의 누룩'으로는 모세오경을 부인하고 쾌락을 추구하며 세속적인 삶에 만족하는 것을 들 수 있다.

88. ① (마 16:16) 시몬 베드로가 대답하여 이르되 주는 그리스도시요 살아 계신 하나님의 아들이시니이다

memo

89. '예수님이 그리스도이시며 하나님의 아들이심'을 베드로에게 알게 한 이는?

① 부모 ② 형제 ③ 스승 ④ 하나님

90. '베드로'란 뜻은?

① 갈대 ② 반석 ③ 주춧돌 ④ 모퉁잇돌

91. 마태복음에서, 예수님의 '첫 번째 수난 예고'가 기록된 곳은?

① 14:13-21 ② 15:1-20

③ 16:21-28 ④ 17:14-20

92. 다음 ( ) 안에 들어갈 말은?

"예수께서 돌이키시며 베드로에게 이르시되 ( )아 내 뒤로 물러 가라 너는 나를 넘어지게 하는 자로다 네가 하나님의 일을 생각하지 아니하고 도리어 사람의 일을 생각하는도다 하시고"

① 시몬 ② 요한의 아들

③ 귀신 ④ 사탄

89. ④ (마 16:17) 예수께서 대답하여 이르시되 바요나 시몬아 네가 복이 있도다 이를 네게 알게 한 이는 혈육이 아니요 하늘에 계신 내 아버지시니라

* 본 절은 베드로의 신앙 고백이 '인간의 지식'이 아니라 '하나님의 영감으로' 된 것임을 보여 준다. 본 절에서 예수님은 베드로를 '바요나 시몬'이라고 부르셨는데, '바요나'는 '요나의 아들'이라는 뜻이며 '시몬'은 베드로의 히브리식 이름이다. 따라서 '바요나 시몬'이란 호칭은 베드로의 혈통적 신분을 강조한 말이라고 할 수 있다. 한편 요 21:15에는 베드로의 아버지 이름이 '요한'이라고 기록되어 있다.

90. ② (마 16:18) 또 내가 네게 이르노니 너는 베드로라 내가 이 반석 위에 내 교회를 세우리니 음부의 권세가 이기지 못하리라

91. ③

* 예수님은 수난에 대해 몇 차례 암시적으로 예고하신 바 있는데(마 9:15; 12:40 참조), 마 16:21-28에서는 공개적으로 예고하셨다. 한편 예수님은 이후에도 몇 번 더 수난을 예고하신다(마 17:23; 20:17-19; 26:1-2 참조).

92. ④ (마 16:23 참조)

memo

93. 다음 (　　) 안에 들어갈 말은?

"누구든지 제 (　　)을 구원하고자 하면 잃을 것이요 누구든지 나를 위하여 제 (　　)을 잃으면 찾으리라"

① 목숨　② 자식　③ 친척　④ 이웃

94. 마태복음에서, 예수님은 사람의 목숨이 무엇보다 귀하다고 말씀하셨는가?

① 금　② 은　③ 명예　④ 온 천하

95. 예수께서 높은 산에 올라가셔서 '변형되신' 모습을 본 제자가 아닌 사람은?

① 베드로　② 야고보　③ 요한　④ 마태

96. 마태복음에서, 변형되신 예수님과 더불어 말한 사람은?

① 아브라함과 이삭　② 야곱과 에서

③ 모세와 엘리야　④ 모세와 에녹

97. 예수님이 변형되신 산에 있는 것을 좋게 여겨 '초막 셋을 짓겠다'고 말한 제자는?

① 베드로　② 야고보　③ 요한　④ 마태

93. ① (마 16:25 참조)

94. ④ (마 16:26) 사람이 만일 온 천하를 얻고도 제 목숨을 잃으면 무엇이 유익하리요 사람이 무엇을 주고 제 목숨과 바꾸겠느냐

95. ④ (마 17:1) 엿새 후에 예수께서 베드로와 야고보와 그 형제 요한을 데리시고 따로 높은 산에 올라가셨더니

96. ③ (마 17:1-3) 예수께서 베드로와 야고보와 그 형제 요한을 데리시고 따로 높은 산에 올라가셨더니 그들 앞에서 변형되사 그 얼굴이 해 같이 빛나며 옷이 빛과 같이 희어졌더라 그 때에 모세와 엘리야가 예수와 더불어 말하는 것이 그들에게 보이거늘

97. ① (마 17:4) 베드로가 예수께 여쭈어 이르되 주여 우리가 여기 있는 것이 좋사오니 만일 주께서 원하시면 내가 여기서 초막 셋을 짓되 하나는 주님을 위하여, 하나는 모세를 위하여, 하나는 엘리야를 위하여 하리이다

memo

98. 마태복음에서, 예수님의 제자들이 '간질하게 하는 귀신'을 쫓아 내지 못한 까닭은?

① 믿음이 작았기 때문이다 ② 사랑이 없었기 때문이다
③ 능력이 없었기 때문이다 ④ 기도를 안 했기 때문이다

99. 예수님 당시 '성전'에 세금으로 바치는 금액은?

① 반 세겔 ② 한 세겔 ③ 두 세겔 ④ 열 세겔

100. 예수께서 말씀하신 '천국에서 큰 자'는?

① 어린 아이와 같이 천진난만한 사람
② 어린 아이와 같이 맑고 밝은 사람
③ 어린 아이와 같이 자기를 낮추는 사람
④ 어린 아이와 같이 자기를 높이는 사람

98. ① (마 17:19-20) 제자들이 조용히 예수께 나아와 이르되 우리는 어찌하여 쫓아내지 못하였나이까 이르시되 너희 믿음이 작은 까닭이니라 … 너희에게 믿음이 겨자씨 한 알 만큼만 있어도 이 산을 명하여 여기서 저기로 옮겨지라 하면 옮겨질 것이요 또 너희가 못할 것이 없으리라

99. ① (마 17:24-27) 반 세겔 받는 자들이 베드로에게 나아와 이르되 너의 선생은 반 세겔을 내지 아니하느냐 이르되 내신다 하고 집에 들어가니 예수께서 … 네가 바다에 가서 낚시를 던져 먼저 오르는 고기를 가져 입을 열면 돈 한 세겔을 얻을 것이니 가져다가 나와 너를 위하여 주라 하시니라

* 20세 이상 된 이스라엘 남자들은 예루살렘 성전에 '반 세겔'을 세금으로 바쳤는데, 이는 성전을 관리하고 예배 비용을 충당하는 데에 쓰였다.

100. ③ (마 18:1-4) 제자들이 예수께 나아와 이르되 천국에서는 누가 크니이까 예수께서 한 어린 아이를 불러 그들 가운데 세우시고 … 누구든지 이 어린 아이와 같이 자기를 낮추는 사람이 천국에서 큰 자니라

memo

101. 마태복음에서 '형제가 죄를 범했을 때 처리할 단계'로 잘못된 것은?
① 그 사람과만 상대하여 권고한다
② 권고를 듣지 않으면 두세 증인의 입으로 말마다 확증하게 한다
③ 두세 증인의 말도 듣지 않으면 교회에 말한다
④ 교회의 말도 듣지 않으면 법정에 고발한다

102. 다음 (　　) 안에 들어갈 말은?
"진실로 너희에게 이르노니 무엇이든지 너희가 (　　)에서 매면 (　　)에서도 매일 것이요 무엇이든지 (　　)에서 풀면 (　　)에서도 풀리리라"
① 땅, 하늘, 땅, 하늘　　② 하늘, 땅, 하늘, 땅
③ 교회, 하늘, 교회, 하늘　　④ 하늘, 교회, 하늘, 교회

103. 예수님은 '형제가 죄를 범하면 몇 번까지라도 용서해 주라'고 하셨는가?
① 5번을 70번까지　　② 6번을 70번까지
③ 7번을 70번까지　　④ 8번을 70번까지

101. ④

형제가 죄를 범했을 때 처리할 단계

그 사람과만 상대하여 권고한다	마 18:15
권고를 듣지 않으면 한두 사람을 데리고 가서 두세 증인의 입으로 말마다 확증하게 한다	마 18:16
두세 증인의 말도 듣지 않으면 교회에 말한다	마 18:17
교회의 말도 듣지 않으면 이방인과 세리와 같이 여긴다	마 18:17

102. ① (마 18:18 참조)

103. ③ (마 18:21-22) 그 때에 베드로가 나아와 이르되 주여 형제가 내게 죄를 범하면 몇 번이나 용서하여 주리이까 일곱 번까지 하오리이까 예수께서 이르시되 네게 이르노니 일곱 번뿐 아니라 일곱 번을 일흔 번까지라도 할지니라

memo

104. 다음 (　　) 안에 들어갈 말은?

"너희가 각각 (　　)으로부터 형제를 (　　)하지 아니하면 나의 하늘 아버지께서도 너희에게 이와 같이 하시리라"

① 생각, 사랑　　② 마음, 용서

③ 생각, 포용　　④ 마음, 구제

105. 예수님이 '이혼의 사유'로 유일하게 제시하신 한 가지는?

① 살인　② 음행　③ 사기　④ 거짓 증거

106. 예수님께 '영생을 얻는 방법'을 여쭈었던 청년이 근심하며 간 이유는?

① 자신의 죄가 낱낱이 드러났기 때문이다

② 이웃을 자신과 같이 사랑하지 않았기 때문이다

③ 예수께서 제시하신 계명을 다 지키지 않았기 때문이다

④ 자신의 소유를 팔아 가난한 자들에게 주고 싶지 않았기 때문이다

107. 다음 (　　) 안에 들어갈 말은?

"또 내 이름을 위하여 집이나 형제나 자매나 부모나 자식이나 전토를 버린 자마다 여러 배를 받고 또 (　　)을 상속하리라"

① 천국　② 기업　③ 영생　④ 재물

104. ② (마 18:35 참조)

105. ② (마 19:9) 내가 너희에게 말하노니 누구든지 음행한 이유 외에 아내를 버리고 다른 데 장가 드는 자는 간음함이니라

106. ④ (마 19:16-22) 어떤 사람이 주께 와서 이르되 선생님이여 내가 무슨 선한 일을 하여야 영생을 얻으리이까 … 네 소유를 팔아 가난한 자들에게 주라 … 그 청년이 재물이 많으므로 이 말씀을 듣고 근심하며 가니라

107. ③ (마 19:29 참조)

memo

108\. 다음 (   ) 안에 들어갈 말은?

"이와 같이 (   ) 된 자로서 (   ) 되고 (   ) 된 자로서 (   ) 되리라"

① 나중, 먼저, 먼저, 나중　　② 먼저, 나중, 나중, 먼저
③ 나중, 처음, 처음, 나중　　④ 처음, 나중, 나중, 처음

109\. 마태복음에서, 예수님의 '세 번째 수난 예고' 때 하신 말씀이 아닌 것은?

① 인자가 대제사장들과 서기관들에게 넘겨질 것이다
② 대제사장들과 서기관들이 인자를 죽이기로 결의할 것이다
③ 인자를 조롱하며 채찍질하며 십자가에 못 박게 할 것이다
④ 군인들이 가시나무로 관을 엮어 인자의 머리에 씌울 것이다

110\. '세베대의 아들의 어머니의 간청'과 관련하여 예수님이 제자들에게 하신 말씀이 아닌 것은?

① 크고자 하는 자는 섬기는 자가 되어야 하리라
② 으뜸이 되고자 하는 자는 종이 되어야 하리라
③ 나중 된 자로서 먼저 되고 먼저 된 자로서 나중 되리라
④ 인자가 온 것은 섬김을 받으려 함이 아니라 섬기려 함이니라

108. ① (마 20:16 참조)

109. ④

예수님의 세 번째 수난 예고

인자가 대제사장들과 서기관들에게 넘겨질 것이다	마 20:18
대제사장들과 서기관들이 인자를 죽이기로 결의할 것이다	마 20:18
이방인들에게 넘겨 주어 인자를 조롱하며 채찍질하며 십자가에 못 박게 할 것이다	마 20:19

* 마태복음에서, 예수님의 첫 번째 수난 예고는 16:21–28에, 두 번째 수난 예고는 17:22–23에, 그리고 네 번째 수난 예고는 26:1–2에 각각 기록되어 있다.

110. ③ (마 20:26–28) 너희 중에 누구든지 크고자 하는 자는 너희를 섬기는 자가 되고 너희 중에 누구든지 으뜸이 되고자 하는 자는 너희의 종이 되어야 하리라 인자가 온 것은 섬김을 받으려 함이 아니라 도리어 섬기려 하고 자기 목숨을 많은 사람의 대속물로 주려 함이니라

memo

111. 마태복음에서, 길 가에 앉아 있던 맹인 두 사람이 예수님을 향해 부른 칭호는?

① 아브라함의 자손　② 다윗의 자손
③ 하나님의 아들　④ 요셉의 아들

112. 예수께서 고난주간 첫째 날 '예루살렘에 입성하실 때' 타신 짐승은?

① 말　② 소
③ 나귀 새끼　④ 낙타

113. 다음 (　　) 안에 들어갈 말은?

"앞에서 가고 뒤에서 따르는 무리가 소리 높여 이르되 (　　) 다윗의 자손이여 찬송하리로다 주의 이름으로 오시는 이여 가장 높은 곳에서 (　　) 하더라"

① 할렐루야　② 호산나　③ 샬롬　④ 영광

111. ② (마 20:30) 맹인 두 사람이 길 가에 앉았다가 예수께서 지나가신다 함을 듣고 소리 질러 이르되 주여 우리를 불쌍히 여기소서 다윗의 자손이여 하니

＊맹인 두 사람이 예수님을 향해 '다윗의 자손'이라고 부른 것은 예수님이 구약에 예언된(사 29:18-19; 35:4-6 참조) '메시아'라는 것을 인식하였음을 의미한다.

112. ③ (마 21:5-7) 시온 딸에게 이르기를 네 왕이 네게 임하나니 그는 겸손하여 나귀, 곧 멍에 메는 짐승의 새끼를 탔도다 하라 하였느니라 제자들이 가서 예수께서 명하신 대로 하여 나귀와 나귀 새끼를 끌고 와서 자기들의 겉옷을 그 위에 얹으매 예수께서 그 위에 타시니

＊본 절의 '시온 딸에게 이르기를 네 왕이 네게 임하나니'는 사 62:11에서 인용하였으며, 후반부는 슥 9:9에서 인용한 것이다.

113. ② (마 21:9 참조)

memo

114. 예수께서 "이제부터 영원토록 네가 열매를 맺지 못하리라"고 하시니 곧 마른 나무는?
① 감람나무 ② 포도나무 ③ 종려나무 ④ 무화과나무

115. 마태복음에서, 대제사장들과 바리새인들이 예수님을 잡지 못한 이유는 무리가 예수님을 '누구'로 알았기 때문인가?
① 왕 ② 선지자 ③ 제사장 ④ 사사

116. 예수님의 '혼인 잔치 비유'는 무엇에 대한 비유인가?
① 천국 ② 지옥 ③ 교회 ④ 세상

117. 예수님의 혼인 잔치 비유에서 임금이 '손발을 묶어 바깥 어두운 데에 내던지라'고 한 사람은?
① 예복을 입지 않은 사람
② 예물을 가져오지 않은 사람
③ 신랑과 관계가 좋지 않은 사람
④ 신부와 관계가 좋지 않은 사람

114. ④ (마 21:19) 길 가에서 한 무화과나무를 보시고 그리로 가사 잎사귀 밖에 아무 것도 찾지 못하시고 나무에게 이르시되 이제부터 영원토록 네가 열매를 맺지 못하리라 하시니 무화과나무가 곧 마른지라

＊성경에서 '무화과나무'는 이스라엘을 상징하는 경우가 많다(호 9:10; 욜 1:7 참조). 따라서 본 절은 예수님이 '의식과 형식에 치우쳐 신앙적인 열매를 맺지 못하는 이스라엘 백성에게 하나님의 심판이 임할 것'을 경고하신 말씀으로 볼 수 있다.

115. ② (마 21:45-46) 대제사장들과 바리새인들이 예수의 비유를 듣고 자기들을 가리켜 말씀하심인 줄 알고 잡고자 하나 무리를 무서워하니 이는 그들이 예수를 선지자로 앎이었더라

116. ① (마 22:1-2) 예수께서 다시 비유로 대답하여 이르시되 천국은 마치 자기 아들을 위하여 혼인 잔치를 베푼 어떤 임금과 같으니

117. ① (마 22:11-13) 임금이 손님들을 보러 들어올새 거기서 예복을 입지 않은 한 사람을 보고 … 임금이 사환들에게 말하되 그 손발을 묶어 바깥 어두운 데에 내던지라 거기서 슬피 울며 이를 갈게 되리라 하니라

＊본 절에서 '예복을 입지 않은 사람'은 영적으로 거듭나지 않은 사람을 가리킨다.

memo

118. 다음 (   ) 안에 들어갈 말은?

"(   )을 받은 자는 많되 (   )을 입은 자는 적으니라"

① 청함, 택함　② 택함, 청함

③ 부르심, 선택　④ 선택, 부르심

119. 바리새인들이 예수님께 '납세 문제'에 대해 질문한 의도는?

① 예수님을 말의 올무에 걸리게 하기 위함이다

② 납세 문제에 대해 바르게 알기 위함이다

③ 자기들의 의를 드러내기 위함이다

④ 예수님의 납세 여부를 알기 위함이다

120. '부활한 성도들의 모습'에 대한 예수님의 말씀이 아닌 것은?

① 장가도 가지 않는다　② 시집도 가지 않는다

③ 형제나 자매도 없다　④ 하늘에 있는 천사들과 같다

121. 예수님을 시험하기 위해 "율법 중에서 어느 계명이 크니이까"라고 물은 사람은?

① 사두개인들　② 바리새인들

③ 한 율법사　④ 한 서기관

118. ① (마 22:14 참조)

119. ① (마 22:15-17) 바리새인들이 가서 어떻게 하면 예수를 말의 올무에 걸리게 할까 상의하고 자기 제자들을 헤롯 당원들과 함께 예수께 보내어 말하되 … 당신의 생각에는 어떠한지 우리에게 이르소서 가이사에게 세금을 바치는 것이 옳으니이까 옳지 아니하니이까 하니

120. ③ (마 22:29-30) 예수께서 대답하여 이르시되 … 부활 때에는 장가도 아니 가고 시집도 아니 가고 하늘에 있는 천사들과 같으니라

121. ③ (마 22:35-36) 그 중의 한 율법사가 예수를 시험하여 묻되 선생님 율법 중에서 어느 계명이 크니이까

memo

122. 다음 (   ) 안에 들어갈 말은?

"예수께서 이르시되 네 마음을 다하고 목숨을 다하고 뜻을 다하여 주 너의 하나님을 사랑하라 하셨으니 이것이 크고 첫째 되는 계명이요 둘째도 그와 같으니 네 이웃을 네 자신 같이 사랑하라 하셨으니 이 두 계명이 온 (   )의 강령이니라"

① 율법과 선지자　② 율법과 제사장
③ 왕과 선지자　④ 왕과 제사장

123. 다음 (   ) 안에 들어갈 말은?

"다윗이 그리스도를 (   )라 칭하였은즉 어찌 그의 자손이 되겠느냐 하시니"

① 인자　② 주　③ 구세주　④ 메시아

124. 마태복음에서, 예수님은 서기관들과 바리새인들이 '누구의 자리'에 앉았다고 책망하셨는가?

① 아브라함　② 야곱　③ 모세　④ 엘리야

122. ① (마 22:37-40 참조)

* 본 절에서 '율법과 선지자'는 구약성경 전체를 가리킨다(마 5:17 참조).

123. ② (마 22:45 참조)

* 본 절은 예수님을 '다윗의 자손'으로만 알고 있는 바리새인들에게(마 22:41-42 참조) 예수님 자신이 '메시아'이심을 나타내 보이신 것이다.

124. ③ (마 23:1-2) 이에 예수께서 무리와 제자들에게 말씀하여 이르시되 서기관들과 바리새인들이 모세의 자리에 앉았으니

* 본 절에서 '모세의 자리'란 본래 회당에서 서기관들이 율법을 가르칠 때 앉았던 의자를 가리킨다. 서기관은 에스라 이후에 생겨난 직분으로, 그들은 교육과 재판의 직무를 겸하였기 때문에 유대교의 최고 권위로 인식되었던 모세의 권위를 대행한다고 자처했다. 그런데 당시 서기관들은 주로 바리새인들 가운데서 배출되었기 때문에 예수께서 그들의 잘못된 권위 의식을 질책하신 것이다.

memo

125. 예수께서 말씀하신 '바리새인들의 위선적인 모습'에 해당되지 않는 것은?

① 사람에게 보이고자 옷술을 길게 한다
② 시장에서 문안 받는 것을 좋아한다
③ 회당에서 인사 받는 것을 좋아한다
④ 사람에게 랍비라 칭함을 받는 것을 좋아한다

125. ③

바리새인들의 위선적인 모습

무거운 짐을 묶어 사람의 어깨에 지운다	마 23:4
무거운 짐을 한 손가락으로도 움직이려 하지 않는다	마 23:4
사람에게 보이고자 경문 띠를 넓게 한다	마 23:5
사람에게 보이고자 옷술을 길게 한다	마 23:5
잔치의 윗자리에 앉는 것을 좋아한다	마 23:6
회당의 높은 자리에 앉는 것을 좋아한다	마 23:6
시장에서 문안 받는 것을 좋아한다	마 23:7
사람에게 랍비라 칭함을 받는 것을 좋아한다	마 23:7

* 본 절에서 '경문'은 '보호물', '호신패', '부적' 등의 뜻을 지닌 작은 상자로, 그 속에는 4가지 성구가 기록된 양피지 조각이 들어 있다. 바리새인들은 이것을 왼팔 안쪽이나 이마에 가죽끈으로 붙이고 다녔는데, 더 경건하게 보이기 위해 이 경문의 규격을 더 크게 하기도 하였다. 한편 '옷술'은 흰색과 청색 실로 짜서 옷단에 붙이는 장식으로(민 15:38-41 참조), 하나님께서 이스라엘 백성을 이방인과 구별하기 위해 제정하신 것이었다. 그런데 바리새인들은 경건을 과시하기 위해 이 옷술을 화려하고 크게 하였던 것이다.

memo

126. 마태복음 23장에서, 예수님은 서기관과 바리새인들에게 몇 번 이나 '화 있을진저'라고 선포하셨는가?

① 3번 ② 5번 ③ 7번 ④ 10번

127. 다음 (   ) 안에 들어갈 말은?

"그러므로 의인 (   )의 피로부터 성전과 제단 사이에서 너희가 죽인 바라갸의 아들 (   )의 피까지 땅 위에서 흘린 의로운 피가 다 너희에게 돌아가리라"

① 아담, 침례 요한 ② 아벨, 사가랴

③ 아담, 이사야 ④ 아벨, 스데반

126. ③

예수께서 선포하신 '화 있을진저'

첫 번째	마 23:13	다섯 번째	마 23:25-26
두 번째	마 23:15	여섯 번째	마 23:27-28
두 번째	마 23:16-22	일곱 번째	마 23:29-36
네 번째	마 23:23-24		

127. ② (마 23:35 참조)

* 본 절은 예수께서 '유대인들에 의해 순교 당한' 사람들을 요약하여 말씀하신 것으로 볼 수 있다. 왜냐하면 유대인들의 히브리 성경 첫 책에 기록된 '아벨'은 최초의 순교자로서 모든 순교자들의 모형이라 할 수 있으며(창 4:8; 요일 3:12 참조), 히브리 성경의 마지막 책인 역대기에 기록된 '사가랴'는 이스라엘 백성들의 우상 숭배를 감시하다가 성전 뜰에서 맞아 죽은 제사장 여호야다의 아들 스가랴(대하 24:20-22 참조)를 가리키는 것으로 볼 수 있기 때문이다. 따라서 본 절은 바리새인들이 그들의 조상들이 행했던 습성, 즉 선지자들을 살해하는 죄악에서 온전히 돌이키지 않으면 그들의 죄로 인해 하나님의 심판이 임할 것을 의미한다.

memo

128. 마태복음 24장에서 말하는 '세상 끝에 있을 징조'가 아닌 것은?

① 거짓 선지자들이 일어나 사람들을 미혹한다

② 난리와 난리 소문을 듣는다

③ 복음을 전파하기 어렵게 된다

④ 불법이 성하므로 많은 사람의 사랑이 식어진다

129. 다음 (　　　) 안에 들어갈 말은?

"그러므로 너희가 선지자 (　　　)이 말한 바 멸망의 가증한 것이 거룩한 곳에 선 것을 보거든 (읽는 자는 깨달을진저)"

① 에스겔　② 다니엘　③ 요엘　④ 나훔

128. ③

세상 끝에 있을 징조

거짓 선지자들이 일어나 사람들을 미혹한다	마 24:5, 11
난리와 난리 소문을 듣는다	마 24:6
민족이 민족을, 나라가 나라를 대적한다	마 24:7
곳곳에 기근과 지진이 있다	마 24:7
사람들이 성도들을 환난에 넘겨 주고 죽이고 미워한다	마 24:9
불법이 성하므로 많은 사람의 사랑이 식어진다	마 24:12
모든 민족에게 복음이 전파된다	마 24:14

129. ② (마 24:15 참조)

* '다니엘이 말한 바'는 단 9:27; 11:31; 12:11에 기록된 예언을 가리키며, '멸망의 가증한 것이 거룩한 곳에 선 것'이란 A.D. 70년에 로마 군대가 예루살렘을 함락하여 성전을 파괴시킨 사건을 가리킨다. 한편 예루살렘 멸망은 종말의 예표적 사건이라 할 수 있다. 따라서 본 절은 예루살렘 멸망 때 있을 상황에 대한 예언임과 동시에 종말에 있을 대환난에 관한 예언이라고 할 수 있다.

memo

130. 다음 (　　) 안에 들어갈 말은?

"번개가 동편에서 나서 서편까지 번쩍임 같이 (　　)의 임함도 그러하리라"

① 환난　② 재앙　③ 심판　④ 인자

131. 다음 (　　) 안에 들어갈 말은?

"주검이 있는 곳에는 (　　)들이 모일 것이니라"

① 독수리　② 까마귀　③ 사자　④ 곰

132. 마태복음에서, 예수님이 재림하실 때 나타나는 현상이 아닌 것은?

① 해가 어두워진다　② 달이 빛을 내지 아니한다

③ 땅의 권능들이 흔들린다　④ 별들이 하늘에서 떨어진다

130. ④ (마 24:27 참조)

* 본 절은 예수님의 재림의 성격을 나타내는 것으로, 예수께서 세상 모든 사람들이 볼 수 있도록 번개처럼 단번에 재림하실 것을 의미한다.

131. ① (마 24:28 참조)

* 본 절에서 '주검'은 죽어 넘어진 시체를 말하고, '독수리'는 시체를 먹고 사는 '콘도르'류의 독수리를 가리키는 것으로 보인다(미 1:16 참조). 한편 본 절에서 '독수리'는 하나님께서 유대인들을 심판하기 위해 사용한 로마 군대를 상징하며, 독수리들이 주검을 보고 재빨리 모이듯이 그리스도가 신속히 재림할 것을 의미하는 것으로 볼 수 있다.

132. ③

예수님이 재림하실 때 나타나는 현상

해가 어두워진다	마 24:29
달이 빛을 내지 아니한다	마 24:29
별들이 하늘에서 떨어진다	마 24:29
하늘의 권능들이 흔들린다	마 24:29
인자의 징조가 하늘에서 보인다	마 24:30
땅의 모든 족속들이 통곡한다	마 24:30
땅의 모든 족속들이 인자가 구름을 타고 오는 것을 본다	마 24:30
큰 나팔소리와 함께 천사들이 온다	마 24:31
천사들이 하나님의 택하신 자들을 사방에서 모은다	마 24:31

memo

133. 예수님이 재림하시는 때를 아는 분은?

① 예수님 ② 하나님 ③ 천사들 ④ 선지자들

134. 마태복음 25장에 기록된 비유가 아닌 것은?

① 열 처녀 비유 ② 달란트 비유

③ 누룩의 비유 ④ 양과 염소 비유

135. 마태복음 25장의 '열 처녀 비유'에서 미련한 다섯 처녀가 혼인 잔치에 들어가지 못한 이유는?

① 신랑이 더디 오므로 졸며 잤기 때문이다

② 기름을 가지되 등을 가지지 않았기 때문이다

③ 등을 가지되 기름을 가지지 않았기 때문이다

④ 신랑을 맞으러 나오라는 소리를 듣지 못했기 때문이다

133. ② (마 24:36) 그러나 그 날과 그 때는 아무도 모르나니 하늘의 천사들도, 아들도 모르고 오직 아버지만 아시느니라

134. ③

* 마태복음 25장에는 열 처녀 비유(1-13절), 달란트 비유(14-30절), 양과 염소 비유(31-46절) 등 3가지 비유가 기록되어 있다.

135. ③ (마 25:1-10) 천국은 마치 등을 들고 신랑을 맞으러 나간 열 처녀와 같다 하리니 … 미련한 자들은 등을 가지되 기름을 가지지 아니하고 … 그들이 사러 간 사이에 신랑이 오므로 준비하였던 자들은 함께 혼인 잔치에 들어가고 문은 닫힌지라

memo

136. 마태복음 25장의 '달란트 비유'에서 한 달란트 받았던 자가 책망받은 이유는?
① 악하고 게을렀기 때문이다
② 주인을 굳은 사람으로 알았기 때문이다
③ 심지 않은 데서 거두는 줄 았았기 때문이다
④ 헤치지 않은 데서 모으는 줄 알았기 때문이다

137. 예수께서 수난 당하신 때의 절기는?
① 칠칠절 ② 나팔절 ③ 유월절 ④ 오순절

138. 마태복음에서, 한 여자가 향유 한 옥합을 가지고 와서 식사하시는 예수님의 머리에 부은 곳은?
① 베드로의 집 ② 베다니 나사로의 집
③ 마태의 집 ④ 베다니 나병환자 시몬의 집

136. ① (마 25:24-26) 한 달란트 받았던 자는 와서 이르되 … 당신의 달란트를 땅에 감추어 두었었나이다 … 그 주인이 대답하여 이르되 악하고 게으른 종아 나는 심지 않은 데서 거두고 헤치지 않은 데서 모으는 줄로 네가 알았느냐
* 본 절에서 주인이 한 달란트 받은 자에게 '악하다'고 한 것은, 그가 주인에 대한 불신과 반항심을 가지고 있어서 주인의 선한 의도를 이해하지 못했기 때문인 것으로 보인다.

137. ③ (마 26:2) 너희가 아는 바와 같이 이틀이 지나면 유월절이라 인자가 십자가에 못 박히기 위하여 팔리리라 하시더라

138. ④ (마 26:6-7) 예수께서 베다니 나병환자 시몬의 집에 계실 때에 한 여자가 매우 귀한 향유 한 옥합을 가지고 나아와서 식사하시는 예수의 머리에 부으니
* 마태와 마가와 요한은 이 일을 베다니에서 일어난 일로 기록하고(막 14:3-9; 요 12:1-8 참조) 있는 반면, 누가는 가버나움에서 일어난 일로 기록하고 있다(눅 7:36-50 참조). 그 이유는 마태와 마가와 요한은 예수님의 공생애가 끝나는 무렵에 일어난 일을 기록했고, 누가는 예수님의 공생애 초기에 일어난 일을 기록했기 때문이다. 따라서 예수님께 향유를 부은 일은 두 번, 즉 예수님의 공생애 초기와 끝날 무렵에 있었던 것으로 볼 수 있다.

예수님께 향유를 부은 여자들

한 여자	베다니 나병환자 시몬의 집	향유 한 옥합	머리에	마 24:29
한 여자	베다니 나병환자 시몬의 집	나드 한 옥합	머리에	막 14:3
죄를 지은 한 여자	가버나움의 바리새인의 집	향유 담은 옥합	발에	눅 7:1, 37-38
마리아	베다니 나사로의 집	나드 한 근	발에	요 12:1-3

memo

139. 한 여자가 '예수님의 몸에 향유를 부은 것'은 무엇을 위하여 한 일인가?

① 예수님의 침례를 위하여 한 일이다
② 예수님의 사역을 위하여 한 일이다
③ 예수님의 부활을 위하여 한 일이다
④ 예수님의 장례를 위하여 한 일이다

140. 가룟 유다가 대제사장들에게 예수님을 넘겨 주고 받은 돈은 얼마인가?

① 은 20 ② 은 30 ③ 은 40 ④ 은 50

139. ④ (마 26:12) 이 여자가 내 몸에 이 향유를 부은 것은 내 장례를 위하여 함이니라

140. ② (마 26:14–15) 그 때에 열둘 중의 하나인 가룟 유다라 하는 자가 대제사장들에게 가서 말하되 내가 예수를 너희에게 넘겨 주리니 얼마나 주려느냐 하니 그들이 은 삼십을 달아 주거늘

memo

141. 예수께서 '차라리 태어나지 아니하였더라면 좋을 뻔했다'고 하신 사람은?

① 세리 마태　② 세베대의 아들 야고보
③ 가룟 유다　④ 가나나인 시몬

142. 예수께서 죽으셨다가 살아나신 후에 제자들보다 먼저 가시겠다고 하신 곳은?

① 사마리아　② 예루살렘　③ 베다니　④ 갈릴리

143. "모두 주를 버릴지라도 나는 결코 버리지 않겠나이다"라고 말한 사람은?

① 베드로　② 요한　③ 야고보　④ 안드레

144. 다음 (　　) 안에 들어갈 말은?

"예수께서 이르시되 내가 진실로 네게 이르노니 오늘 밤 닭 울기 전에 네가 (　　) 나를 부인하리라"

① 한 번　② 두 번　③ 세 번　④ 네 번

141. ③ (마 26:24-25) 인자를 파는 그 사람에게는 화가 있으리로다 그 사람은 차라리 태어나지 아니하였더라면 제게 좋을 뻔하였느니라 예수를 파는 유다가 대답하여 이르되 랍비여 나는 아니지요 대답하시되 네가 말하였도다 하시니라

142. ④ (마 26:31-32) 예수께서 제자들에게 이르시되 오늘 밤에 너희가 다 나를 버리리라 기록된 바 내가 목자를 치리니 양의 떼가 흩어지리라 하였느니라 그러나 내가 살아난 후에 너희보다 먼저 갈릴리로 가리라

143. ① (마 26:33) 베드로가 대답하여 이르되 모두 주를 버릴지라도 나는 결코 버리지 않겠나이다

144. ③ (마 26:34 참조)

memo

145. 예수님이 겟세마네에서 기도하실 때 '다른 제자들과 구분하여' 데리고 간 세 제자는?

① 베드로와 그의 형제 안드레와 요한
② 베드로와 세베대의 두 아들
③ 안드레와 야고보와 그의 형제 요한
④ 마태와 알패오의 아들 야고보와 다대오

146. 마태복음에서, 예수님은 겟세마네에서 몇 번이나 '같은 말씀'으로 기도하셨는가?

① 두 번 ② 세 번 ③ 네 번 ④ 다섯 번

147. 마태복음에서, 예수님을 심문한 대제사장은?

① 엘리아십 ② 여호야다 ③ 가야바 ④ 안나스

145. ② (마 26:36-37) 예수께서 제자들과 함께 겟세마네라 하는 곳에 이르러 제자들에게 이르시되 내가 저기 가서 기도할 동안에 너희는 여기 앉아 있으라 하시고 베드로와 세베대의 두 아들을 데리고 가실새 고민하고 슬퍼하사
* 예수님은 겟세마네에서 기도하실 때 세 제자는 자신과 가까운 곳에서 기도하게 하시고, 여덟 제자는 세 제자보다 더 떨어진 곳에서 기도하게 하신 것으로 보인다. 한편 '세베대의 두 아들'은 야고보와 요한이다(막 14:33-35 참조).

146. ② (마 26:44) 또 그들을 두시고 나아가 세 번째 같은 말씀으로 기도하신 후
* 예수께서 '내 아버지여 만일 할 만하시거든 이 잔을 내게서 지나가게 하옵소서 그러나 나의 원대로 마시옵고 아버지의 원대로 하옵소서'라는 내용의 기도를 세 번(마 26:39, 42, 44 참조)이나 반복하신 것은 그만큼 간절히 기도하신 것을 나타낸다.

147. ③ (마 26:57-62) 예수를 잡은 자들이 그를 끌고 대제사장 가야바에게로 가니 거기 서기관과 장로들이 모여 있더라 … 대제사장이 일어서서 예수께 묻되 아무 대답도 없느냐 이 사람들이 너를 치는 증거가 어떠하냐 하되
* 요한복음에는 예수님이 가야바의 장인이었던 안나스에게 먼저 예비 심문을 받고 가야바에게 이송된 것으로 기록되어 있다(요 18:12-24 참조).

memo

148. 다음 (　　　) 안에 들어갈 말은?

"이에 예수의 얼굴에 침 뱉으며 주먹으로 치고 어떤 사람은 손바닥으로 때리며 이르되 그리스도야 우리에게 (　　　) 노릇을 하라 너를 친 자가 누구냐 하더라"

① 왕　　② 선지자　　③ 제사장　　④ 선생

149. 대제사장과 백성의 장로들은 예수님을 결박하여 누구에게 넘겨 주었는가?

① 총독 빌라도　　② 총독 벨릭스

③ 총독 갈리오　　④ 총독 서기오 바울

150. 대제사장들이 '유다가 성소에 던져 넣은 은으로' 토기장이의 밭을 사서 사용한 용도는?

① 총독의 묘지로 삼았다

② 대제사장들의 묘지로 삼았다

③ 나그네의 묘지로 삼았다

④ 고아와 과부의 묘지로 삼았다

148. ② (마 26:67–68 참조)

* 본 절은 대적자들이 예수님께 '메시아'라면 신적인 통찰력을 보이라고 조롱하고 비아냥거린 것을 가리킨다.

149. ① (마 27:1–2) 새벽에 모든 대제사장과 백성의 장로들이 예수를 죽이려고 함께 의논하고 결박하여 끌고 가서 총독 빌라도에게 넘겨 주니라

150. ③ (마 27:5–7) 유다가 은을 성소에 던져 넣고 물러가서 스스로 목매어 죽은지라 대제사장들이 그 은을 거두며 이르되 이것은 핏값이라 성전고에 넣어 둠이 옳지 않다 하고 의논한 후 이것으로 토기장이의 밭을 사서 나그네의 묘지를 삼았으니

memo

151. 예수님의 옷을 벗기고 홍포를 입히며 가시관을 머리에 씌우고 희롱한 자들은?
① 대제사장들 ② 백성의 장로들
③ 총독의 군병들 ④ 대제사장들과 백성의 장로들

152. 예수님의 영혼이 떠나시고 일어난 현상이 아닌 것은?
① 땅이 진동하며 바위가 터졌다
② 무덤들이 열리며 자던 성도의 몸이 많이 일어났다
③ 천둥과 번개가 치고 비가 쏟아졌다
④ 성소 휘장이 위로부터 아래까지 찢어져 둘이 되었다

153. 다음 ( ) 안에 들어갈 말은?
"백부장과 및 함께 예수를 지키던 자들이 지진과 그 일어난 일들을 보고 심히 두려워하여 이르되 이는 진실로 ( ) 이었도다 하더라"
① 하나님의 아들 ② 하나님의 종
③ 하나님의 선지자 ④ 하나님의 제사장

151. ③ (마 27:27-29) 총독의 군병들이 예수를 데리고 관정 안으로 들어가서 … 그의 옷을 벗기고 홍포를 입히며 가시관을 엮어 그 머리에 씌우고 갈대를 그 오른손에 들리고 그 앞에서 무릎을 꿇고 희롱하여 이르되 유대인의 왕이여 평안할지어다 하며

152. ③ (마 27:50-53) 예수께서 다시 크게 소리 지르시고 영혼이 떠나시니라 이에 성소 휘장이 위로부터 아래까지 찢어져 둘이 되고 땅이 진동하며 바위가 터지고 무덤들이 열리며 자던 성도의 몸이 많이 일어나되

153. ① (마 27:54 참조)

memo

154. 마태복음에서, 예수님의 십자가의 죽음을 멀리서 바라본 여자가 아닌 사람은?
① 막달라 마리아
② 야고보와 요셉의 어머니 마리아
③ 구사의 아내 요안나
④ 세베대의 아들들의 어머니

155. 빌라도에게 가서 예수님의 시체를 달라고 한 사람은?
① 다윗의 자손 요셉　② 아리마대의 부자 요셉
③ 아삽의 아들 요셉　④ 구브로에서 난 레위족 요셉

156. 예수께서 '사흘 후에 다시 살아나리라'고 말씀하신 것을 기억한 사람들은?
① 제자들　② 대제사장들과 바리새인들
③ 여인들　④ 서기관들과 사두개인들

154. ③

예수님의 십자가의 죽음을 바라본 여자들

막달라 마리아	마 27:56; 막 15:40; 요 19:25
야고보와 요셉의 어머니 마리아	마 27:56
세베대의 아들들의 어머니(살로메, 예수님의 이모)	마 27:56; 막 15:40; 요 19:25
예수님의 어머니	요 19:25
글로바의 아내 마리아	요 19:25

155. ② (마 27:57–58) 저물었을 때에 아리마대의 부자 요셉이라 하는 사람이 왔으니 그도 예수의 제자라 빌라도에게 가서 예수의 시체를 달라 하니 이에 빌라도가 내주라 명령하거늘

156. ② (마 27:62–63) 그 이튿날은 준비일 다음 날이라 대제사장들과 바리새인들이 함께 빌라도에게 모여 이르되 주여 저 속이던 자가 살아 있을 때에 말하되 내가 사흘 후에 다시 살아나리라 한 것을 우리가 기억하노니

* 제자들은 예수님의 말씀을 잊어버리고 다 도망갔는데, 대제사장들과 바리새인들은 '사흘 후에 다시 살아난다'는 주님의 말씀(마 12:40; 16:21; 17:23; 20:19 참조)을 기억하고 염려한 것이다.

memo

157. 마태복음에서, 예수님의 무덤을 제일 먼저 찾은 자는?

① 예수님의 어머니 ② 대제사장들과 바리새인들

③ 베드로와 야고보 ④ 막달라 마리아와 다른 마리아

158. 마태복음에서, 예수님이 살아나신 것을 누가 여자들에게 말해 주었는가?

① 대제사장들 ② 바리새인들

③ 제자들 ④ 천사

159. 마태복음에서, 부활하신 예수님이 처음으로 하신 말씀은?

① 평안하냐 ② 무서워하지 말라

③ 평안할지어다 ④ 두려워하지 말라

157. ④ (마 28:1) 안식일이 다 지나고 안식 후 첫날이 되려는 새벽에 막달라 마리아와 다른 마리아가 무덤을 보려고 갔더니

예수님의 무덤을 제일 먼저 찾은 자

막달라 마리아와 다른 마리아	마 28:1
막달라 마리아와 야고보의 어머니 마리아와 살로메	막 16:1-2
막달라 마리아와 요안나와 야고보의 모친 마리아와 다른 여자들	눅 24:1-10
막달라 마리아	요 20:1

158. ④ (마 28:5-6) 천사가 여자들에게 말하여 이르되 너희는 무서워하지 말라 십자가에 못 박히신 예수를 너희가 찾는 줄을 내가 아노라 그가 여기 계시지 않고 그가 말씀 하시던 대로 살아나셨느니라 와서 그가 누우셨던 곳을 보라

예수님이 살아나신 것을 여자들에게 말해 준 자

천사	마 28:1-6	찬란한 옷을 입은 두 사람	눅 24:1-7
흰 옷을 입은 한 청년	막 16:1-8	흰 옷을 입은 두 천사	요 20:11-14

159. ① (마 28:9) 예수께서 그들을 만나 이르시되 평안하냐 하시거늘 여자들이 나아가 그 발을 붙잡고 경배하니

memo

주관식

1. "야곱은 마리아의 남편 (　　　)을 낳았으니 마리아에게서 (　　　)라 칭하는 (　　　)가 나시니라"

2. "그런즉 모든 대 수가 (　　　)부터 (　　　)까지 열네 대요 (　　　)부터 (　　　)으로 사로잡혀 갈 때까지 열네 대요 (　　　)으로 사로잡혀 간 후부터 (　　　)까지 열네 대더라"

3. "(　　　)의 나심은 이러하니라 그의 어머니 마리아가 요셉과 약혼하고 동거하기 전에 (　　　)으로 잉태된 것이 나타났더니"

4 '예수'라는 이름의 뜻은?

5. '임마누엘'의 뜻은?

6. 예수께서 태어나신 곳은?

1. **요셉, 그리스도, 예수** (마 1:16 참조)
2. **아브라함, 다윗, 다윗, 바벨론, 바벨론, 그리스도** (마 1:17 참조)
3. **예수 그리스도, 성령** (마 1:18 참조)
4. **자기 백성을 그들의 죄에서 구원할 자** (마 1:21) 아들을 낳으리니 이름을 예수라 하라 이는 그가 자기 백성을 그들의 죄에서 구원할 자이심이라 하니라
5. **하나님이 우리와 함께 계시다** (마 1:23) 보라 처녀가 잉태하여 아들을 낳을 것이요 그의 이름은 임마누엘이라 하리라 하셨으니 이를 번역한즉 하나님이 우리와 함께 계시다 함이라
6. **유대 베들레헴** (마 2:1) 헤롯 왕 때에 예수께서 유대 베들레헴에서 나시매 동방으로부터 박사들이 예루살렘에 이르러 말하되

memo

7. "이에 헤롯이 박사들에게 속은 줄 알고 심히 노하여 사람을 보내어 베들레헴과 그 모든 지경 안에 있는 사내아이를 박사들에게 자세히 알아본 그 때를 기준하여 (　　　)부터 그 아래로 다 죽이니"

8. 침례 요한이 유대 광야에서 전파한 말은?

9. 마태복음 3장에서, 바리새인들과 사두개인들을 '독사의 자식들'이라고 일컬은 사람은?

10. "그러므로 (　　　)에 합당한 열매를 맺고 속으로 아브라함이 우리 조상이라고 생각하지 말라 내가 너희에게 이르노니 하나님이 능히 이 (　　　)로도 아브라함의 자손이 되게 하시리라"

11. "나는 너희로 회개하게 하기 위하여 물로 침례를 베풀거니와 내 뒤에 오시는 이는 나보다 능력이 많으시니 나는 그의 신을 들기도 감당하지 못하겠노라 그는 (　　　)과 (　　　)로 너희에게 침례를 베푸실 것이요"

7. **두 살** (마 2:16 참조)
8. **회개하라 천국이 가까이 왔느니라** (마 3:1–2) 그 때에 침례 요한이 이르러 유대 광야에서 전파하여 말하되 회개하라 천국이 가까이 왔느니라 하였으니
9. **침례 요한** (마 3:7) 요한이 많은 바리새인들과 사두개인들이 침례 베푸는 데로 오는 것을 보고 이르되 독사의 자식들아 누가 너희를 가르쳐 임박한 진노를 피하라 하더냐
10. **회개, 돌들** (마 3:8–9 참조)
11. **성령, 불** (마 3:11 참조)

memo

12. “손에 키를 들고 자기의 타작 마당을 정하게 하사 (　　　)은 모아 곳간에 들이고 (　　　)는 꺼지지 않는 불에 태우시리라”

13. 침례 요한이 ‘침례를 받으려 하시는’ 예수님께 한 말은?

14. 예수님은 어디에서 누구에게 침례를 받으셨는가?

15. “하늘로부터 소리가 있어 말씀하시되 이는 내 (　　　)이요 내 (　　　)라 하시니라”

16. “예수께서 요한이 잡혔음을 들으시고 (　　　)로 물러가셨다가 (　　　)을 떠나 스불론과 납달리 지경 해변에 있는 (　　　)에 가서 사시니”

12. **알곡, 쭉정이** (마 3:12 참조)
13. **내가 당신에게서 침례를 받아야 할 터인데 당신이 내게로 오시나이까** (마 3:13–14) 이 때에 예수께서 갈릴리로부터 요단 강에 이르러 요한에게 침례를 받으려 하시니 요한이 말려 이르되 내가 당신에게서 침례를 받아야 할 터인데 당신이 내게로 오시나이까
14. **요단 강에서 침례 요한에게** (마 3:13–15) 예수께서 갈릴리로부터 요단 강에 이르러 요한에게 침례를 받으려 하시니 … 요한이 허락하는지라
15. **사랑하는 아들, 기뻐하는 자** (마 3:17 참조)
16. **갈릴리, 나사렛, 가버나움** (마 4:12–13 참조)
   * 예수께서 침례 요한이 잡혔다는 소식을 듣고 고향인 나사렛으로 가셨다가 다시 갈릴리 가버나움으로 가신 이유는, 나사렛 사람들은 예수님을 배척하고 갈릴리 사람들은 환영했기 때문이다(요 4:45 참조). 그러나 예수님이 가버나움으로 가신 근본적인 이유는 이사야 선지자의 예언(마 4:15–16; 사 9:1–2 참조)을 성취하기 위한 것으로 볼 수 있다. 한편 가버나움은 예수님의 초기 사역의 중심지가 되었다.

memo

17. 마태복음에서, 예수님이 처음 선포하신 말씀은?

18. "예수께서 온 갈릴리에 두루 다니사 그들의 회당에서 (　　　　)
천국 복음을 (　　　) 백성 중의 모든 병과 모든 약한 것을 (　　　)"

19. "너희는 세상의 (　　　)이니 (　　　)이 만일 그 맛을 잃으면 무엇으로 짜게 하리요 후에는 아무 쓸 데 없어 다만 밖에 버려져 사람에게 밟힐 뿐이니라 너희는 세상의 (　　　)이라 산 위에 있는 동네가 숨겨지지 못할 것이요"

20. "내가 (　　　)이나 (　　　)를 폐하러 온 줄로 생각하지 말라 폐하러 온 것이 아니요 (　　　)하게 하려 함이라"

17. **회개하라 천국이 가까이 왔느니라** (마 4:17) 이 때부터 예수께서 비로소 전파하여 이르시되 회개하라 천국이 가까이 왔느니라 하시더라
* 침례 요한도 유대 광야에서 예수님과 같은 말씀을 선포한 바 있다(마 3:1-2 참조). 그러나 침례 요한이 선포한 '천국'은 구약에 예언된(사 40:3 참조) 그리스도를 가리키는 데 비해 예수님이 선포하신 '천국'은 메시아로 오신 예수님 자신을 가리킨다(마 4:15-16 참조).

18. **가르치시며, 전파하시며, 고치시니** (마 4:23 참조)
* 본 절에 나타난 예수님의 3대 사역은 예수님의 제자들에게 위임되었다(마 10:1, 7; 28:20 참조).

19. **소금, 소금, 빛** (마 5:13-14 참조)

20. **율법, 선지자, 완전** (마 5:17 참조)
* '율법'과 '선지자'는 함께 사용된 경우가 많은데(마 7:12; 11:13; 22:40; 행 24:14 참조), 주로 구약성경 전체를 가리키는 말로 사용되었다. 한편 '율법'은 축약된 의미로 모세오경을 가리키기도 하며, '선지자'는 구약의 역사서들로 구성된 초기 선지서들과 이사야 이후의 후기 선지서들을 지칭하기도 한다.

memo

21. “내가 너희에게 이르노니 너희 (　　　)가 서기관과 바리새인보다 더 낫지 못하면 결코 천국에 들어가지 못하리라”

22. “그러므로 예물을 제단에 드리려다가 거기서 네 형제에게 원망 들을 만한 일이 있는 것이 생각나거든 예물을 제단 앞에 두고 먼저 가서 형제와 (　　　)하고 그 후에 와서 예물을 드리라”

23. “또 간음하지 말라 하였다는 것을 너희가 들었으나 나는 너희에게 이르노니 (　　　)을 품고 여자를 보는 자마다 마음에 이미 간음하였느니라”

24. 예수께서 ‘하늘로도, 땅으로도, 예루살렘으로도, 머리로도’ 도무지 하지 말라고 하신 것은?

25. “오직 너희를 위하여 보물을 (　　　)에 쌓아 두라 거기는 좀이나 동록이 해하지 못하며 도둑이 구멍을 뚫지도 못하고 도둑질도 못하느니라”

21. 의 (마 5:20 참조)

* 본 절은 제자들의 의가 율법주의적인 의를 행하는 바리새인과 서기관들의 의보다 나아야 함을 말하고 있다. 즉, 형식적이고 외적인 의가 아니라 내적이며 근본적인 의를 행해야 한다는 것이다. 바리새인과 서기관들은 율법의 근본 정신과는 거리가 먼 율법주의적인 의를 행하였기 때문에 그들의 의로는 천국에 들어갈 수 없다. 천국에는 율법주의적인 의가 아닌 예수 그리스도를 믿음으로 얻게 되는 의를 통해서만 들어갈 수 있다(롬 3:21-22 참조).

22. 화목 (마 5:23-24 참조)

23. 음욕 (마 5:27-28 참조)

24. 맹세 (마 5:34-36) 나는 너희에게 이르노니 도무지 맹세하지 말지니 하늘로도 하지 말라 이는 하나님의 보좌임이요 땅으로도 하지 말라 이는 하나님의 발등상임이요 예루살렘으로도 하지 말라 이는 큰 임금의 성임이요 네 머리로도 하지 말라 이는 네가 한 터럭도 희고 검게 할 수 없음이라

25. 하늘 (마 6:20 참조)

* 본 절은 하나님께서 기뻐하시는 일을 위하여 물질을 사용하라는 의미이다.

memo

26. 산상수훈에서, 예수님은 제자들에게 '무엇을' 먼저 구하라고 하셨는가?

27. "(   )을 받지 아니하려거든 (   )하지 말라"

28. "외식하는 자여 먼저 네 눈 속에서 (   )를 빼어라 그 후에야 밝히 보고 형제의 눈 속에서 (   )를 빼리라"

29. "거룩한 것을 (   )에게 주지 말며 너희 진주를 (   ) 앞에 던지지 말라 그들이 그것을 발로 밟고 돌이켜 너희를 찢어 상하게 할까 염려하라"

30. "(   ) 그리하면 너희에게 주실 것이요 (   ) 그리하면 찾아낼 것이요 문을 (   ) 그리하면 너희에게 열릴 것이니"

31. "나더러 주여 주여 하는 자마다 다 천국에 들어갈 것이 아니요 다만 하늘에 계신 내 아버지의 (   ) 행하는 자라야 들어가리라"

26. **그의 나라와 그의 의** (마 6:33) 그런즉 너희는 먼저 그의 나라와 그의 의를 구하라 그리하면 이 모든 것을 너희에게 더 하시리라
   * 본 절에서 '그의 나라와 그의 의를 구하라'는 말씀은 하나님을 주로 삼고, 하나님의 통치권을 인정하며, 하나님의 명령에 순종하며 살아가라는 의미이다.
27. **비판, 비판** (마 7:1 참조)
28. **들보, 티** (마 7:5 참조)
29. **개, 돼지** (마 7:6 참조)
30. **구하라, 찾으라, 두드리라** (마 7:7 참조)
31. **뜻대로** (마 7:21 참조)

memo

32. 산상수훈에서, 예수님은 '말씀을 듣고 행하는 자'를 어떤 사람에 비유했는가?

33. "예수께서 이르시되 여우도 굴이 있고 공중의 새도 거처가 있으되 (　　　)는 머리 둘 곳이 없다 하시더라"

34. 마태복음에서, 가다라 지방의 귀신 들린 자들에게서 나온 귀신들은 어디로 들어갔는가?

35. "예수께서 들으시고 이르시되 건강한 자에게는 의사가 쓸 데 없고 병든 자에게라야 쓸 데 있느니라 너희는 가서 내가 (　　　)을 원하고 (　　　)를 원하지 아니하노라 하신 뜻이 무엇인지 배우라 나는 (　　　)을 부르러 온 것이 아니요 (　　　)을 부르러 왔노라 하시니라"

32. **집을 반석 위에 지은 지혜로운 사람** (마 7:24) 그러므로 누구든지 나의 이 말을 듣고 행하는 자는 그 집을 반석 위에 지은 지혜로운 사람 같으리니

33. **인자** (마 8:20 참조)

* '인자'는 예수님이 자신을 가리켜 자주 사용하신 칭호로서 그리스도의 인성과 낮아지심, 고난과 죽음 등 구속주로서의 특징을 강조한 표현이다(마 12:40; 막 8:31; 눅 9:44 참조). 한편 '하나님의 아들'이란 칭호는 예수님의 신성을 강조하는 표현이고, '다윗의 아들'이란 칭호는 예수님의 왕적 혈통을 강조한 표현이라고 할 수 있다.

34. **돼지에게로** (마 8:28-32) 예수께서 건너편 가다라 지방에 가시매 귀신 들린 자 둘이 무덤 사이에서 나와 예수를 만나니 … 귀신들이 예수께 간구하여 이르되 만일 우리를 쫓아 내시려면 돼지 떼에 들여 보내 주소서 하니 그들에게 가라 하시니 귀신들이 나와서 돼지에게로 들어가는지라

* 본 절에서 '귀신들이 예수께 간구한 것'은 귀신들이 하나님의 주권 아래 있다는 것을 보여 준다(욥 1:12 참조).

35. **긍휼, 제사, 의인, 죄인** (마 9:12-13 참조)

memo

36. "예수께서 그 관리의 집에 가사 피리 부는 자들과 떠드는 무리를 보시고 이르시되 물러가라 이 소녀가 죽은 것이 아니라 (   ) 하시니 그들이 비웃더라 무리를 내보낸 후에 예수께서 들어가사 소녀의 손을 잡으시매 일어나는지라"

37. "예수께서 이 열둘을 내보내시며 명하여 이르시되 (   )의 길로도 가지 말고 (   )의 고을에도 들어가지 말고 오히려 (   ) 집의 잃어버린 양에게로 가라"

38. 복음을 전하다 총독들과 임금들 앞에 끌려갔을 때 '할 말을 주시는 이'는?

39. "(   )은 죽여도 (   )은 능히 죽이지 못하는 자들을 두려워하지 말고 오직 (   )과 (   )을 능히 지옥에 멸하실 수 있는 이를 두려워하라"

36. **잔다** (마 9:23-25 참조)

예수님이 죽은 자를 살리신 사례

회당장 야이로의 딸	마 9:18, 23-25; 막 5:22-24, 35-43; 눅 8:41-42; 49-56
나인성 과부의 아들	눅 7:11-17
나사로	요 11:1-44

37. **이방인, 사마리아인, 이스라엘** (마 10:5-6 참조)
   * 예수께서 12제자를 내보내시며 유대인들에게 먼저 복음을 전하게 하신 이유는 하나님의 구원 계획에 따른 것으로 볼 수 있다. 하나님의 구원 계획은 구원받는 일이 유대인들 중 남은 자들로부터 시작하여 이방에까지 확장되도록 하는 것이었다(사 49:6 참조). 왜냐하면 유대인들은 하나님의 언약 백성이요, 하나님의 말씀을 맡았기 때문이다(롬 3:1-2 참조).

38. **성령** (마 10:18-20) 너희가 나로 말미암아 총독들과 임금들 앞에 끌려 가리니 … 무엇을 말할까 염려하지 말라 그 때에 너희에게 할 말을 주시리니 말하는 이는 너희가 아니라 너희 속에서 말씀하시는 이 곧 너희 아버지의 성령이시니라

39. **몸, 영혼, 몸, 영혼** (마 10:28 참조)

memo

40. “또 누구든지 제자의 이름으로 이 작은 자 중 하나에게 (　　　)이라도 주는 자는 내가 진실로 너희에게 이르노니 그 사람이 결단코 상을 잃지 아니하리라 하시니라”

41. “침례 요한의 때부터 지금까지 천국은 (　　　)를 당하나니 (　　　) 하는 자는 빼앗느니라”

42. “수고하고 무거운 짐 진 자들아 다 내게로 오라 내가 너희를 쉬게 하리라 나는 마음이 (　　　)하고 (　　　)하니 나의 멍에를 메고 내게 배우라 그리하면 너희 마음이 쉼을 얻으리니”

43. “이는 선지자 이사야를 통하여 말씀하신 바 보라 내가 택한 종 곧 내 마음에 기뻐하는 바 내가 사랑하는 자로다 내가 내 영을 그에게 줄 터이니 그가 (　　　)을 이방에 알게 하리라”

44. “상한 (　　　)를 꺾지 아니하며 꺼져가는 (　　　)를 끄지 아니하기를 심판하여 이길 때까지 하리니”

40. 냉수 한 그릇 (마 10:42 참조)

41. 침노, 침노 (마 11:12 참조)

* 본 절은 자신의 삶에 예수 그리스도의 통치가 이루어지기를 열망하며 끊임없이 투쟁하는 사람이 하나님의 나라를 차지할 수 있다는 것을 의미한다. 한편 ‘침례 요한의 때부터’란 침례 요한이 천국의 도래를 선포한 순간부터 천국이 시작되었음을 의미하며, ‘지금까지’란 당시의 어느 시점을 가리키는 것이 아니라 천국이 계속 확장되고 있음을 의미하는 것으로 볼 수 있다.

42. 온유, 겸손 (마 11:28-29 참조)

* 본 절에서 ‘온유’는 하나님을 신뢰함으로 모든 것을 하나님께 의탁할 때 생기는 온화함과 관대함을 의미하며, ‘겸손’은 하나님 앞에서 스스로 자신을 낮추는 것을 의미한다.

43. 심판 (마 12:17-18 참조)

* 여기서 ‘내가 택한 종’은 ‘메시아’를 가리킨다. 따라서 본 절은 메시아의 사역과 그 범위를 보여 주고 있다. 메시아의 사역은 하나님의 심판(공의)을 이스라엘뿐 아니라 이방 모든 사람에게도 선포하는 것이다. 이 같은 메시아의 사역은 죄인들이 회개하고 구원받아 하나님의 영광을 위해 살아가도록 하는 데 있다.

44. 갈대, 심지 (마 12:20 참조)

memo

45. 바리새인들은 '귀신 들려 눈 멀고 말 못하는 사람'을 고쳐 주신 예수님을 보고 누구를 힘입었다고 말했는가?

46. "그러나 내가 하나님의 성령을 힘입어 귀신을 쫓아내는 것이면 (   )가 이미 너희에게 임하였느니라"

47. 마태복음 13장에서, 예수님이 배척을 받으신 곳은?

48. 예수님이 고향에서 많은 능력을 행하지 않으신 이유는?

45. **귀신의 왕 바알세불** (마 12:22-24) 그 때에 귀신 들려 눈 멀고 말 못하는 사람을 데리고 왔거늘 예수께서 고쳐 주시매 … 바리새인들은 듣고 이르되 이가 귀신의 왕 바알세불을 힘입지 않고는 귀신을 쫓아내지 못하느니라 하거늘

* '바알세불'은 귀신의 왕인 사탄을 지칭하는 말로서 이방의 우상이었던 '바알세붑'(왕하 1:2-3 참조)에서 유래된 것으로 보인다. 한편 '바알세불'은 '주인'이라는 의미의 '바알'과 '사당'이라는 의미의 '세불'의 합성어이다. 즉, 바알세불은 신들이 거주했던 사당의 주인이라는 의미로서 '귀신들의 왕'을 지칭하는 말로 사용된 것이다(막 3:22-27; 눅 11:15-20 참조).

46. **하나님의 나라** (마 12:28 참조)

* 예수님이 성령을 힘입어 귀신을 쫓아내신 사건(마 12:22-24 참조)은 하나님의 능력이 사탄의 통치 영역에 임하여 하나님의 주권적 통치가 이루어지게 된 것을 의미한다.

47. **고향** (마 13:53-57) 예수께서 … 고향으로 돌아가사 그들의 회당에서 가르치시니 … 예수를 배척한지라 예수께서 그들에게 말씀하시되 선지자가 자기 고향과 자기 집 외에서는 존경을 받지 않음이 없느니라 하시고

* 예수님의 '고향'은 나사렛이다(마 2:19-23 참조). 한편 '선지자가 자기 고향과 자기 집 외에서는 존경을 받지 않음이 없느니라'는 말은 격언적인 표현으로 친밀한 사이일수록 멸시를 받게 된다는 의미이다.

48. **믿지 않았기 때문이다** (마 13:57-58) 예수를 배척한지라 예수께서 그들에게 말씀하시되 선지자가 자기 고향과 자기 집 외에서는 존경을 받지 않음이 없느니라 하시고 그들이 믿지 않음으로 말미암아 거기서 많은 능력을 행하지 아니하시니라

memo

49. “무리를 명하여 잔디 위에 앉히시고 떡 다섯 개와 물고기 두 마리를 가지사 하늘을 우러러 축사하시고 떡을 떼어 제자들에게 주시매 제자들이 무리에게 주니 다 배불리 먹고 남은 조각을 (　　)에 차게 거두었으며 먹은 사람은 여자와 어린이 외에 (　　　)이나 되었더라”

50. “밤 사경에 예수께서 바다 위로 걸어서 제자들에게 오시니 제자들이 그가 바다 위로 걸어오심을 보고 놀라 (　　　)이라 하며 무서워하여 소리 지르거늘”

51. 바다 위로 걸으시고 바람을 그치게 하신 예수님을 보고 사람들이 고백한 말은?

52. “입으로 (　　　) 것이 사람을 더럽게 하는 것이 아니라 입에서 (　　　) 그것이 사람을 더럽게 하는 것이니라”

49. 열두 바구니, 오천 명 (마 14:19-21 참조)
50. 유령 (마 14:25-26 참조)
51. 진실로 하나님의 아들이로소이다 (마 14:25-33) 밤 사경에 예수께서 바다 위로 걸어서 제자들에게 오시니 … 배에 함께 오르매 바람이 그치는지라 배에 있는 사람들이 예수께 절하며 이르되 진실로 하나님의 아들이로소이다 하더라
52. 들어가는, 나오는 (마 15:11 참조)

memo

53. "예수께서 무리에게 명하사 땅에 앉게 하시고 떡 일곱 개와 그 생선을 가지사 축사하시고 떼어 제자들에게 주시니 제자들이 무리에게 주매 다 배불리 먹고 남은 조각을 (   ) 광주리에 차게 거두었으며"

54. "예수께서 빌립보 가이사랴 지방에 이르러 제자들에게 물어 이르시되 사람들이 인자를 누구라 하느냐 이르되 더러는 (   ), 더러는 (   ), 어떤 이는 (   )나 선지자 중의 하나라 하나이다"

55. "또 내가 네게 이르노니 너는 베드로라 내가 이 (   ) 위에 내 교회를 세우리니 음부의 권세가 이기지 못하리라"

56. "내가 (   )를 네게 주리니 네가 땅에서 무엇이든지 매면 하늘에서도 매일 것이요 네가 땅에서 무엇이든지 풀면 하늘에서도 풀리리라 하시고"

57. "이에 예수께서 제자들에게 이르시되 누구든지 나를 따라오려거든 (   )를 부인하고 자기 (   )를 지고 나를 따를 것이니라"

53. 일곱 (마 15:35–37 참조)

54. 침례 요한, 엘리야, 예레미야 (마 16:13–14 참조)

55. 반석 (마 16:18 참조)

* '베드로'의 뜻은 '반석'이고, '이 반석 위에 내 교회를 세우리니'라는 말은 '베드로가 고백한 진리 위에' 주님의 교회를 세우신다는 것이다. 또한 '음부의 권세'는 '죽음의 권세'를 가리키며, '음부의 권세가 이기지 못한다'는 말은 장차 주님께서 부활을 통해 죽음의 권세를 깨뜨리심으로 죽음의 권세가 주님의 몸 된 교회를 이기지 못할 것을 가리킨다. 한편 복음서에 '교회'(에클레시아)라는 단어가 나온 곳은 본 절과 마 18:17이다.

56. 천국 열쇠 (마 16:19 참조)

* '천국 열쇠를 네게 주리니'라는 말은 주님께서 베드로의 '사도직'을 재확인해 주신 것으로 볼 수 있다.

57. 자기, 십자가 (마 16:24 참조)

* 본 절에서 '자기 십자가'란 예수 그리스도의 복음을 위하여 자신을 희생하는 것을 의미한다.

memo

58. "인자가 아버지의 영광으로 그 천사들과 함께 오리니 그 때에 각 사람이 (　　　) 대로 갚으리라"

59. "누구든지 나를 믿는 이 작은 자 중 하나를 (　　　)하게 하면 차라리 연자 맷돌이 그 목에 달려서 깊은 바다에 빠뜨려지는 것이 나으니라"

60. "(　　　)이 내 이름으로 모인 곳에는 나도 그들 중에 있느니라"

61. "예수께서 이르시되 (　　　)들을 용납하고 내게 오는 것을 금하지 말라 천국이 이런 사람의 것이니라 하시고"

62. 예수께서 '부자가 하나님의 나라에 들어가는 것이 어렵다'는 것을 비유로 하신 말씀은?

63. 예수님께 '주의 나라에서 하나는 주의 우편에, 하나는 주의 좌편에 앉게' 해 달라고 부탁한 사람은?

58. **행한** (마 16:27 참조)
59. **실족** (마 18:6 참조)
* 본 절은 믿음이 연약한 성도의 믿음을 떨어뜨리지 말아야 할 것을 강조한 말씀이다.
60. **두세 사람** (마 18:20 참조)
61. **어린 아이** (마 19:14 참조)
62. **낙타가 바늘귀로 들어가는 것이 더 쉽다** (마 19:24) 다시 너희에게 말하노니 낙타가 바늘귀로 들어가는 것이 부자가 하나님의 나라에 들어가는 것보다 쉬우니라 하시니
63. **세베대의 아들의 어머니** (마 20:20-21) 그 때에 세베대의 아들의 어머니가 그 아들들을 데리고 예수께 와서 절하며 무엇을 구하니 예수께서 이르시되 무엇을 원하느냐 이르되 나의 이 두 아들을 주의 나라에서 하나는 주의 우편에, 하나는 주의 좌편에 앉게 명하소서
* '세베대의 아들'은 야고보와 요한을 가리키며(마 4:21 참조), 그들의 어머니는 살로메이다(막 15:40; 16:1 참조). 한편 살로메는 예수님의 어머니인 마리아와 친자매로서 예수님의 이모이다(요 19:25 참조).

memo

64. "인자가 온 것은 섬김을 받으려 함이 아니라 도리어 섬기려 하고 자기 목숨을 많은 사람의 (   )로 주려 함이니라"

65. "그들에게 이르시되 기록된 바 내 집은 기도하는 집이라 일컬음을 받으리라 하였거늘 너희는 (   )을 만드는도다 하시니라"

66. "너희가 기도할 때에 무엇이든지 (   ) 구하는 것은 다 받으리라 하시니라"

67. "예수께서 이르시되 너희가 성경에 건축자들이 버린 돌이 모퉁이의 (   )이 되었나니 이것은 주로 말미암아 된 것이요 우리 눈에 기이하도다 함을 읽어 본 일이 없느냐"

68. "부활이 없다 하는 (   )이 그 날 예수께 와서 물어 이르되"

69. "나는 아브라함의 하나님이요 이삭의 하나님이요 야곱의 하나님이로라 하신 것을 읽어 보지 못하였느냐 하나님은 (   )의 하나님이 아니요 (   )의 하나님이시니라 하시니"

64. 대속물 (마 20:28 참조)
65. 강도의 소굴 (마 21:13 참조)
66. 믿고 (마 21:22 참조)
67. 머릿돌 (마 21:42 참조)
* 본 절은 시 118:22을 인용한 것으로, 유대인들이 배척한 예수 그리스도를 이방인들이 영접하게 될 것을 의미한다.
68. 사두개인들 (마 22:23 참조)
69. 죽은 자, 살아 있는 자 (마 22:32 참조)

memo

70. “그러나 너희는 (　　　)라 칭함을 받지 말라 너희 선생은 하나요 너희는 다 형제니라”

71. “또한 지도자라 칭함을 받지 말라 너희의 지도자는 한 분이시니 곧 (　　　)시니라”

72. “천지는 없어질지언정 내 (　　　)은 없어지지 아니하리라”

73. 대제사장들과 장로들이 ‘명절에는 예수를 잡아 죽이지 말자’고 한 이유는?

74. “그들이 먹을 때에 예수께서 떡을 가지사 축복하시고 떼어 제자들에게 주시며 이르시되 받아서 먹으라 이것은 내 (　　　)이니라 하시고”

70. 랍비 (마 23:8 참조)

* 본 절에서 예수님은 ‘세상의 참 선생은 예수님 자신밖에 없다’는 것과 성도들 간에는 오직 ‘섬김의 도’만 필요하다는 것을 말씀하신 것이다.

71. 그리스도 (마 23:10 참조)

* 본 절에서 ‘지도자’는 ‘앞서가는 자’, ‘안내자’란 뜻으로 마 23:8의 ‘선생’과 같은 의미를 가지고 있다.

72. 말 (마 24:35 참조)

* 본 절은 예수님의 말씀은 항상 살아 역사하며(시 102:26-27 참조), 반드시 성취될 것을 가리킨다.

73. 민란이 날까 우려했기 때문이다 (마 26:3-5) 그 때에 대제사장들과 백성의 장로들이 가야바라 하는 대제사장의 관정에 모여 예수를 흉계로 잡아 죽이려고 의논하되 말하기를 민란이 날까 하노니 명절에는 하지 말자 하더라

* 당시 유대의 최대 명절인 유월절을 지키기 위해 전국에서 모여든 사람들 중에는 예수님을 메시아로 여기는 사람도 많이 있었을 것이다. 따라서 유대 지도자들은 폭동이 일어날 것을 우려하여 예수님을 체포하기 꺼려했던 것이다.

74. 몸 (마 26:26 참조)

memo

75. "또 잔을 가지사 감사 기도 하시고 그들에게 주시며 이르시되 너희가 다 이것을 마시라 이것은 죄 사함을 얻게 하려고 많은 사람을 위하여 흘리는 바 나의 (   ) 곧 (   )니라"

76. "(   )에 들지 않게 깨어 기도하라 마음에는 원이로되 육신이 약하도다 하시고"

77. "너는 내가 내 아버지께 구하여 지금 (   ) 더 되는 천사를 보내시게 할 수 없는 줄로 아느냐"

78. "총독이 재판석에 앉았을 때에 그의 (   )가 사람을 보내어 이르되 저 옳은 사람에게 아무 상관도 하지 마옵소서 오늘 꿈에 내가 그 사람으로 인하여 애를 많이 태웠나이다 하더라"

79. 바라바는 놓아 주고 예수는 채찍질하고 십자가에 못 박히게 넘겨 준 사람은?

75. 피, 언약의 피 (마 26:27-28 참조)

76. 시험 (마 26:41 참조)

77. 열두 군단 (마 26:53 참조)

* '군단'은 로마 군대의 단위 부대 이름으로, 한 군단은 보통 보병 6,100명과 마병 726명으로 구성되었다. 따라서 예수님이 '열두 군단' 더 되는 군단을 부르기만 한다면 수백 명에 불과한 대적자들에게 붙잡히실 리 없다. 그럼에도 불구하고 그들에게 붙잡히신 것은 인류를 구원하시려는 하나님의 뜻에 순종하시기 위함이었다.

78. 아내 (마 27:19 참조)

79. 빌라도 (마 27:24-26) 빌라도가 … 바라바는 그들에게 놓아 주고 예수는 채찍질하고 십자가에 못 박히게 넘겨 주니라

memo

80. 예수님의 십자가를 억지로 지고 간 사람은?

81. '골고다'의 뜻은?

82. 마태복음에서, 십자가에 달리신 '예수님의 머리 위에 붙여진 죄패'에 쓴 말은?

83. 마태복음 27장에서, 십자가에 달리신 예수께서 '크게 소리 질러 이르신' 말씀은?

80. 시몬이란 구레네 사람 (마 27:32) 나가다가 시몬이란 구레네 사람을 만나매 그에게 예수의 십자가를 억지로 지워 가게 하였더라

81. 해골의 곳 (마 27:33) 골고다 즉 해골의 곳이라는 곳에 이르러

* '골고다'는 산 모양이 해골같이 생겼기 때문에 붙여진 이름으로 보인다. 한편 이곳을 가리키는 말로 사용되는 '갈보리'는 골고다의 라틴어 음역이다.

82. 이는 유대인의 왕 예수 (마 27:37) 그 머리 위에 이는 유대인의 왕 예수라 쓴 죄패를 붙였더라

죄패에 쓴 말

이는 유대인의 왕 예수	마 27:37	이는 유대인의 왕	눅 23:38
유대인의 왕	막 15:26	나사렛 예수 유대인의 왕	요 19:19

83. 엘리 엘리 라마 사박다니 (마 27:46) 제구시쯤에 예수께서 크게 소리 질러 이르시되 엘리 엘리 라마 사박다니 하시니 이는 곧 나의 하나님, 나의 하나님, 어찌하여 나를 버리셨나이까 하는 뜻이라

십자가 상의 칠언

아버지 저들을 사하여 주옵소서 자기들이 하는 것을 알지 못함이니이다	눅 23:34
내가 진실로 네게 이르노니 오늘 네가 나와 함께 낙원에 있으리라	눅 23:43
여자여 보소서 아들이니이다 … 보라 네 어머니라	요 19:26-27
엘리 엘리 라마 사박다니	마 27:46; 막 15:34
내가 목마르다	요 19:28
다 이루었다	요 19:30
아버지 내 영혼을 아버지 손에 부탁하나이다	눅 23:46

memo

84. 예수님의 시체를 '자기 새 무덤에 넣어 둔' 사람은?

85. "또 빨리 가서 그의 제자들에게 이르되 그가 죽은 자 가운데서 살아나셨고 너희보다 먼저 (   )로 가시나니 거기서 너희가 뵈오리라 하라 보라 내가 너희에게 일렀느니라 하거늘"

86. "예수께서 나아와 말씀하여 이르시되 하늘과 땅의 모든 (   )를 내게 주셨으니 그러므로 너희는 가서 모든 민족을 (   )로 삼아 아버지와 아들과 성령의 이름으로 (   )를 베풀고"

87. "내가 너희에게 분부한 모든 것을 (   ) 하라 볼지어다 내가 세상 끝날까지 너희와 항상 (   ) 있으리라 하시니라"

84. **아리마대의 부자 요셉** (마 27:57-60) 아리마대의 부자 요셉이라 하는 사람이 왔으니 그도 예수의 제자라 … 요셉이 시체를 가져다가 깨끗한 세마포로 싸서 바위 속에 판 자기 새 무덤에 넣어 두고 큰 돌을 굴려 무덤 문에 놓고 가니
85. **갈릴리** (마 28:7 참조)
86. **권세, 제자, 침례** (마 28:18-19 참조)
87. **가르쳐 지키게, 함께** (마 28:20 참조)

memo

88. 마태복음은 모두 몇 장으로 기록되어 있는가?

88. 28장

마가복음 Mark

연대 및 저자

A.D. 65–68년경 마가가 기록한 것으로 추정된다.

중심 내용

본서는 하나님의 아들이신 예수 그리스도가 인류를 구속하시기 위해 고난받는 종으로 오신 것을 다루고 있다.

특징

1. 종으로 오신 예수님의 행적을 강조하고 있다.
2. 기사의 40%를 예수님 생애의 마지막 한 주간에 집중하고 있다.
3. 문체가 간결하며 '곧', '즉시'라는 말을 42번이나 사용하고 있다.

내용 분해

1. 종으로 오신 예수님(1:1–45)

2. 종으로 오신 예수님의 사역(2:1–8:26)

3. 종의 하나님 나라 선포(8:27–10:52)

4. 수난 당하시는 종(11:1–15:47)

5. 부활하신 종(16:1–20)

memo

객관식

1. 마가복음과 관계없는 것은?
   ① 예수님이 왕으로 오신 분이심을 강조하고 있다
   ② 종으로 오신 예수님의 행적을 강조하고 있다
   ③ 기사의 40%를 예수님 생애의 마지막 한 주간에 집중하고 있다
   ④ 문체가 간결하며 '곧', '즉시'라는 말을 42번이나 사용하고 있다

2. 마가복음이 기록된 연대로 추정되는 때는?
   ① A.D. 45-48년경　　② A.D. 55-58년경
   ③ A.D. 65-68년경　　④ A.D. 75-78년경

3. 다음 (　　) 안에 들어갈 말은?
   "하나님의 아들 예수 그리스도의 (　　)의 시작이라"
   ① 사역　　② 복음　　③ 행적　　④ 기적

1. ① 마가복음은 하나님의 아들이신 예수 그리스도가 인류를 구속하시기 위해 고난받는 종으로 오신 것을 다루고 있다. 또한 종으로 오신 예수님의 행적을 강조하고 있으며, 기사의 40%를 예수님 생애의 마지막 한 주간에 집중하고 있고, 문체가 간결하며 '곧', '즉시'라는 말을 42번이나 사용하고 있다.
2. ③ 마가복음은 A.D. 65-68년경 기록된 것으로 추정된다.
3. ② (막 1:1 참조)

memo

4. 다음 (   ) 안에 들어갈 말은?

"선지자 (   )의 글에 보라 내가 내 사자를 네 앞에 보내노니 그가 네 길을 준비하리라"

① 이사야 ② 예레미야 ③ 에스겔 ④ 다니엘

5. 마가복음에서, 예수님이 광야에서 사탄에게 시험을 받으신 내용이 기록된 장과 절은?

① 1:12-13 ② 2:12-13 ③ 3:12-13 ④ 4:12-13

6. 다음 (   ) 안에 들어갈 말은?

"요한이 (   ) 후 예수께서 갈릴리에 오셔서 하나님의 복음을 전파하여 이르시되 때가 찼고 하나님의 나라가 가까이 왔으니 회개하고 복음을 믿으라 하시더라"

① 숨은 ② 떠난 ③ 잡힌 ④ 죽은

4. ① (막 1:2 참조)

＊마가는 본 절에서 이사야의 글을 인용한다고 하였지만 실제로는 출 23:20과 말 3:1을 복합적으로 인용하였으며, 다음 절인 막 1:3에서 사 40:3을 인용하였다. 그런데 마가가 본 절에서 모세나 말라기의 이름을 언급하는 대신 이사야를 거론한 것은 '상세한 기술을 피하고자 하는' 마가의 저작 의도에 따라 그 대표적인 인물로서 이사야의 이름만 언급한 것으로 보인다.

5. ① (막 1:12-13) 성령이 곧 예수를 광야로 몰아내신지라 광야에서 사십 일을 계시면서 사탄에게 시험을 받으시며 들짐승과 함께 계시니 천사들이 수종들더라

6. ③ (막 1:14-15 참조)

＊본 절은 침례 요한이 잡힌 후 예수님의 공적 사역이 시작되었음을 보여 준다. 이처럼 공관복음서 저자들이 침례 요한의 투옥을 예수님의 공적 사역의 시작과 연결시킨 것은(마 4:12-17; 눅 3:19-22 참조), 예수님의 선구자로 온 침례 요한의 사명이 끝났고 이제부터는 예수님의 사역이 시작되었다는 것을 부각시키기 위한 것으로 볼 수 있다.

memo

7. 마가복음에서, 예수님이 처음 부르신 4명의 제자에 들지 않는 사람은?
① 시몬 ② 안드레 ③ 야고보 ④ 마태

8. 예수께서 제자로 부르신 '시몬과 안드레'의 관계는?
① 형제 ② 사촌 ③ 동업자 ④ 스승과 제자

9. 마가복음에서, 예수님이 처음으로 치유해 주신 사람은?
① 베드로의 장모 ② 더러운 귀신 들린 사람
③ 백부장의 하인 ④ 회당장 야이로의 딸

10. 예수께서 치유해 주신 '시몬의 장모가 앓은 병'은?
① 간질 ② 수종병 ③ 열병 ④ 이질

7. ④

마가복음에서, 예수께서 처음 부르신 제자

시몬	막 1:16	세베대의 아들 야고보	막 1:19
안드레	막 1:16	야고보의 형제 요한	막 1:19

8. ① (막 1:16) 갈릴리 해변으로 지나가시다가 시몬과 그 형제 안드레가 바다에 그물 던지는 것을 보시니 그들은 어부라
* '시몬'은 베드로의 히브리식 이름이다.

9. ② (막 1:23-26) 회당에 더러운 귀신 들린 사람이 있어 소리 질러 이르되 나사렛 예수여 우리가 당신과 무슨 상관이 있나이까 … 예수께서 꾸짖어 이르시되 잠잠하고 그 사람에게서 나오라 하시니 더러운 귀신이 그 사람에게 경련을 일으키고 큰 소리를 지르며 나오는지라

4복음서의 예수님의 첫 번째 이적들

나병환자 치유	마 8:1-4
더러운 귀신 들린 사람 치유	막 1:23-28
더러운 귀신 들린 사람 치유	눅 4:31-37
물을 포도주로 변화시킴	요 2:1-11

10. ③ (막 1:30-31) 시몬의 장모가 열병으로 누워 있는지라 사람들이 곧 그 여자에 대하여 예수께 여짜온대 나아가사 그 손을 잡아 일으키시니 열병이 떠나고 여자가 그들에게 수종드니라

memo

11. 예수께서 나병환자를 고쳐 주신 후 경고하신 말씀이 아닌 것은?
① 삼가 아무에게 아무 말도 하지 말라
② 네 몸을 제사장에게 보이라
③ 네 몸을 아무에게도 보이지 말라
④ 모세가 명한 것을 드려 그들에게 입증하라

12. 다음 (　　) 안에 들어갈 말은?
"예수께서 그들의 (　　)을 보시고 중풍병자에게 이르시되 작은 자야 네 죄 사함을 받았느니라 하시니"
① 믿음　　② 소망　　③ 사랑　　④ 열정

13. 세관에 앉아 있다가 예수님의 부르심을 받고 따른 사람은?
① 베드로라 하는 시몬　　② 세베대의 아들 야고보
③ 알패오의 아들 레위　　④ 알패오의 아들 야고보

11. ③ (막 1:42-44) 나병이 그 사람에게서 떠나가고 깨끗하여진지라 곧 보내시며 엄히 경고하사 이르시되 삼가 아무에게 아무 말도 하지 말고 가서 네 몸을 제사장에게 보이고 네가 깨끗하게 되었으니 모세가 명한 것을 드려 그들에게 입증하라 하셨더라

* '모세가 명한 것'이란 나병환자의 정결의식(레 14:1-32 참조)을 말한다. 모세의 율법에 의하면 나병을 고침 받았을지라도 제사장의 공식 선포가 없이는 정상적인 생활을 할 수 없다. 따라서 예수님은 나병환자가 정결의식의 절차를 밟음으로써 정상적인 사회생활을 할 수 있도록 하신 것이다.

12. ① (막 2:5 참조)

13. ③ (막 2:13-14) 예수께서 다시 바닷가에 나가시매 큰 무리가 나왔거늘 예수께서 그들을 가르치시니라 또 지나가시다가 알패오의 아들 레위가 세관에 앉아 있는 것을 보시고 그에게 이르시되 나를 따르라 하시니 일어나 따르니라

* 본 절의 '레위'는 마태복음에서는 '마태'로(마 9:9 참조), 마가복음과 누가복음에서는 '레위'로 기록되어 있다(눅 5:27 참조). 이를 미루어 '레위'는 본명이고, 사도로 부름받은 후에 '마태'라는 이름을 받은 것으로 보인다.

memo

14. 예수께서 죄인 및 세리들과 함께 잡수시는 것을 보고 비난한 사람들은?
① 바리새인의 서기관들 ② 대제사장들과 서기관들
③ 바리새인과 사두개인들 ④ 대제사장들과 율법사들

15. 다음 ( ) 안에 들어갈 말은?
"요한의 제자들과 바리새인들이 ( )하고 있는지라 사람들이 예수께 와서 말하되 요한의 제자들과 바리새인의 제자들은 ( ) 하는데 어찌하여 당신의 제자들은 ( )하지 아니하나이까"
① 구제 ② 찬송 ③ 기도 ④ 금식

16. 마가복음에서, 예수님은 '언제' 금식하라고 하셨는가?
① 부모를 빼앗길 날 ② 자녀를 빼앗길 날
③ 신랑을 빼앗길 날 ④ 신부를 빼앗길 날

14. ① (막 2:16) 바리새인의 서기관들이 예수께서 죄인 및 세리들과 함께 잡수시는 것을 보고 그의 제자들에게 이르되 어찌하여 세리 및 죄인들과 함께 먹는가
* 본 절에서 '바리새인의 서기관'이란 '바리새파에 속하는 서기관'을 말하는데, 유대인의 문서에서는 '바리새인의 서기관'이란 표현을 바리새인과 동일시한다.

15. ④ (막 2:18 참조)

16. ③ (막 2:18-20) 사람들이 예수께 와서 … 당신의 제자들은 금식하지 아니하나이까 예수께서 그들에게 이르시되 혼인집 손님들이 신랑과 함께 있을 때에 금식할 수 있느냐 … 신랑을 빼앗길 날이 이르리니 그 날에는 금식할 것이니라
* 본 절은 7일 동안 결혼식을 하는 히브리인들이 결혼식 마지막 날 신랑을 신부에게 데려다 주는 것을 배경으로 하는데, 여기서 '신랑을 빼앗길 날'은 예수님이 십자가에서 고난을 받고 죽게 되는 날을 의미한다. 따라서 본 절은 '지금은 혼인 잔치 기간이므로 제자들이 금식하지 않지만 예수님을 원수들에게 빼앗기게 되면 자연히 금식을 통해 주님의 고난에 동참하게 될 것'을 말씀하고 있는 것이다.

memo

17. 예수님의 '생베 조각'과 '새 포도주' 비유는 무엇에 관한 질문을 받고 말씀하신 교훈인가?

① 금식 ② 기도 ③ 선행 ④ 율법

18. 마가복음에서, 예수님이 바리새인들과 안식일에 관한 논쟁을 할 때 예로 든 일은?

① 사울이 진설병을 먹은 일 ② 솔로몬이 진설병을 먹은 일
③ 다윗이 진설병을 먹은 일 ④ 르호보암이 진설병을 먹은 일

19. 예수님은 어떤 자들을 제자로 부르셨는가?

① 기도를 많이 하는 자들 ② 전도를 잘하는 자들
③ 자기가 원하는 자들 ④ 하나님을 두려워하는 자들

17. ① (막 2:18-22) 사람들이 예수께 와서 말하되 요한의 제자들과 바리새인의 제자들은 금식하는데 어찌하여 당신의 제자들은 금식하지 아니하나이까 … 생베 조각을 낡은 옷에 붙이는 자가 없나니 … 새 포도주는 새 부대에 넣느니라 하시니라

* 본 절에서 '생베 조각'과 '새 부대'는 예수 그리스도의 새로운 복음을 의미하고 '낡은 옷'과 '낡은 가죽 부대'는 유대교의 전통과 의식에 입각한 바리새인들과 침례 요한의 교훈을 의미한다. 따라서 본 절은 유대교의 전통에 입각한 교훈과 예수님의 생명력을 지닌 새로운 복음이 조화를 이루지 못할 것임을 가리킨다.

18. ③ (막 2:23-26) 안식일에 … 제자들이 길을 열며 이삭을 자르니 바리새인들이 예수께 말하되 보시오 저들이 어찌하여 안식일에 하지 못할 일을 하나이까 예수께서 이르시되 다윗이 … 제사장 외에는 먹어서는 안 되는 진설병을 먹고 함께 한 자들에게도 주지 아니하였느냐

* 본 절에서 예수님은 다윗이 제사장 외에는 먹어서는 안 되는 진설병을 먹은 일(삼상 21:1-6 참조)은 율법을 어기는 것이었지만(레 24:5-9 참조) 성경이 그들의 행위를 정죄하지 않은 것을 예로 들어 제자들의 행위가 정당하다는 것을 말씀하신 것이다.

19. ③ (막 3:13) 또 산에 오르사 자기가 원하는 자들을 부르시니 나아온지라

* 본 절은 예수께서 '제자를 부르시는 조건'이 제자들의 자질에 있는 것이 아니라 예수님의 선택에 있다는 것을 보여 준다.

memo

20. 예수께서 12제자를 세우신 목적이 아닌 것은?
① 자기와 함께 있게 하시기 위함이다
② 백성을 돌보고 섬기게 하시기 위함이다
③ 보내사 전도를 하게 하시기 위함이다
④ 귀신을 내쫓는 권능을 가지게 하려 하심이다

21. 다음 ( ) 안에 들어갈 말은?
"또 이르시되 너희가 이 비유를 알지 못할진대 어떻게 모든 비유를 알겠느냐 뿌리는 자는 ( )을 뿌리는 것이라"
① 말씀 ② 씨앗 ③ 생각 ④ 물

22. 씨 뿌리는 자의 비유에서 '사탄이 즉시 와서 뿌려진 말씀을 빼앗는 것'을 비유한 땅은?
① 돌밭 ② 가시떨기 ③ 길 가 ④ 좋은 땅

23. 씨 뿌리는 자의 비유에서 '환난이나 박해가 일어나는 때에 곧 넘어지는 자'를 비유한 땅은?
① 길 가 ② 돌밭 ③ 가시떨기 ④ 좋은 땅

20. ② (막 3:14-15) 이에 열둘을 세우셨으니 이는 자기와 함께 있게 하시고 또 보내사 전도도 하며 귀신을 내쫓는 권능도 가지게 하려 하심이러라

21. ① (막 4:13-14 참조)

22. ③ (막 4:15) 말씀이 길 가에 뿌려졌다는 것은 이들을 가리킴이니 곧 말씀을 들었을 때에 사탄이 즉시 와서 그들에게 뿌려진 말씀을 빼앗는 것이요

23. ② (막 4:16-17) 돌밭에 뿌려졌다는 것은 이들을 가리킴이니 곧 말씀을 들을 때에 즉시 기쁨으로 받으나 그 속에 뿌리가 없어 잠깐 견디다가 말씀으로 인하여 환난이나 박해가 일어나는 때에는 곧 넘어지는 자요

memo

24. 씨 뿌리는 자의 비유에서 '세상의 염려와 재물의 유혹이 들어와 결실하지 못하는 자'를 비유한 땅은?
① 길 가 ② 가시떨기 ③ 좋은 땅 ④ 돌밭

25. 씨 뿌리는 자의 비유에서 '말씀을 듣고 받아 삼십 배나 육십 배나 백 배의 결실을 하는 자'를 비유한 땅은?
① 좋은 땅 ② 가시떨기 ③ 돌밭 ④ 길 가

26. 마가복음에만 나오는 비유는?
① 씨 뿌리는 자의 비유 ② 등불 비유
③ 겨자씨 비유 ④ 자라나는 씨 비유

27. 예수님의 '겨자씨 비유'는 무엇에 대한 비유인가?
① 하나님의 나라 ② 예수 그리스도의 공중 재림
③ 예수 그리스도의 초림 ④ 예수 그리스도의 지상 재림

28. 마가복음에서, 더러운 귀신 들린 사람이 무덤 사이에서 나와 예수님을 만난 지방은?
① 사마리아 ② 예루살렘 ③ 거라사 ④ 여리고

24. ② (막 4:18–19) 또 어떤 이는 가시떨기에 뿌려진 자니 이들은 말씀을 듣기는 하되 세상의 염려와 재물의 유혹과 기타 욕심이 들어와 말씀을 막아 결실하지 못하게 되는 자요
25. ① (막 4:20) 좋은 땅에 뿌려졌다는 것은 곧 말씀을 듣고 받아 삼십 배나 육십 배나 백 배의 결실을 하는 자니라
26. ④ (막 4:26–28) 하나님의 나라는 사람이 씨를 땅에 뿌림과 같으니 그가 밤낮 자고 깨고 하는 중에 씨가 나서 자라되 어떻게 그리 되는지를 알지 못하느니라 땅이 스스로 열매를 맺되 처음에는 싹이요 다음에는 이삭이요 그 다음에는 이삭에 충실한 곡식이라
27. ① (막 4:30–32) 하나님의 나라를 어떻게 비교하며 또 무슨 비유로 나타낼까 겨자씨 한 알과 같으니 땅에 심길 때에는 땅 위의 모든 씨보다 작은 것이로되 심긴 후에는 자라서 모든 풀보다 커지며 큰 가지를 내나니 공중의 새들이 그 그늘에 깃들일 만큼 되느니라
28. ③ (막 5:1–2) 예수께서 바다 건너편 거라사인의 지방에 이르러 배에서 나오시매 곧 더러운 귀신 들린 사람이 무덤 사이에서 나와 예수를 만나니라
* 본 절과 병행 구절인 마 8:28에는 '거라사인의 지방'이 '가다라 지방'으로 기록되어 있다. 따라서 '거라사'는 '가다라 지방'의 여러 마을 중 한 마을이었던 것으로 추정된다.

memo

29. 마가복음에서, 거라사 지방의 귀신 들린 사람이 예수님께 부르짖어 한 말이 아닌 것은?
① 지극히 높으신 하나님의 아들 예수여
② 나와 당신이 무슨 상관이 있나이까
③ 하나님 앞에 맹세하고 나를 떠나소서
④ 하나님 앞에 맹세하고 나를 괴롭히지 마옵소서

30. 거라사 지방의 귀신 들린 사람에게 역사한 귀신의 이름은?
① 군대 ② 계명성 ③ 악귀 ④ 리워야단

31. 거라사 지방에서 더러운 귀신들이 들어가 바다에서 몰사한 돼지 떼는 거의 몇 마리인가?
① 2천 마리 ② 3천 마리 ③ 4천 마리 ④ 5천 마리

32. 예수님을 찾아와 '죽게 된 어린 딸을 살려 달라'고 간곡히 구한 회당장은?
① 그리스보 ② 야이로 ③ 소스데네 ④ 갈리오

29. ③ (막 5:2-7) 더러운 귀신 들린 사람이 무덤 사이에서 나와 예수를 만나니라 … 예수를 보고 달려와 절하며 큰 소리로 부르짖어 이르되 지극히 높으신 하나님의 아들 예수여 나와 당신이 무슨 상관이 있나이까 원하건대 하나님 앞에 맹세하고 나를 괴롭히지 마옵소서 하니

30. ① (막 5:8-9) 이는 예수께서 이미 그에게 이르시기를 더러운 귀신아 그 사람에게서 나오라 하셨음이라 이에 물으시되 네 이름이 무엇이냐 이르되 내 이름은 군대니 우리가 많음이니이다 하고

31. ① (막 5:13) 허락하신대 더러운 귀신들이 나와서 돼지에게로 들어가매 거의 이천 마리 되는 떼가 바다를 향하여 비탈로 내리달아 바다에서 몰사하거늘

32. ② (막 5:22-23) 회당장 중의 하나인 야이로라 하는 이가 와서 예수를 보고 발 아래 엎드리어 간곡히 구하여 이르되 내 어린 딸이 죽게 되었사오니 오셔서 그 위에 손을 얹으사 그로 구원을 받아 살게 하소서 하거늘

memo

33. 다음 (　　　) 안에 들어갈 말은?

"이에 그의 혈루 근원이 곧 마르매 병이 나은 줄을 몸에 깨달으니라 예수께서 그 (　　　)이 자기에게서 나간 줄을 곧 스스로 아시고 무리 가운데서 돌이켜 말씀하시되 누가 내 옷에 손을 대었느냐 하시니"

① 영　② 혼　③ 능력　④ 기운

34. 예수께서 회당장의 딸을 살리실 때 하신 말씀이 아닌 것은?

① 두려워하지 말고 놀라지 말라
② 너희가 어찌하여 떠들며 우느냐
③ 이 아이가 죽은 것이 아니라 잔다
④ 내가 네게 말하노니 소녀야 일어나라

35. 죽었다가 살아난 회당장 야이로 딸의 나이는?

① 10살　② 11살　③ 12살　④ 13살

36. 예수님의 형제가 아닌 사람은?

① 야고보　② 요한　③ 요셉　④ 유다

33. ③ (막 5:29-30 참조)

34. ①

예수께서 회당장의 딸을 살리실 때 하신 말씀

두려워하지 말고 믿기만 하라	막 5:36
너희가 어찌하여 떠들며 우느냐	막 5:39
이 아이가 죽은 것이 아니라 잔다	막 5:39
달리다굼(내가 네게 말하노니 소녀야 일어나라)	막 5:41
소녀에게 먹을 것을 주라	막 5:43

35. ③ (막 5:42) 소녀가 곧 일어나서 걸으니 나이가 열두 살이라 사람들이 곧 크게 놀라고 놀라거늘

36. ② (막 6:3) 이 사람이 마리아의 아들 목수가 아니냐 야고보와 요셉과 유다와 시몬의 형제가 아니냐 그 누이들이 우리와 함께 여기 있지 아니하냐 하고 예수를 배척한지라

memo

37. 다음 (   ) 안에 들어갈 말은?

"예수께서 그들에게 이르시되 (   )가 자기 고향과 자기 친척과 자기 집 외에서는 존경을 받지 못함이 없느니라 하시며"

① 선지자　② 사도　③ 랍비　④ 목자

38. 마가복음에서, 예수께서 제자들이 전도 여행을 할 때 가져가도록 허락하신 것은?

① 양식　② 배낭

③ 지팡이와 신　④ 전대의 돈

39. 자기 동생 '빌립의 아내 헤로디아'에게 장가든 사람은?

① 헤롯　② 빌라도　③ 아그립바　④ 가이사

40. 헤롯에게 '동생의 아내를 취한 것이 옳지 않다'고 말하여 옥에 갇힌 사람은?

① 빌라도　② 침례 요한

③ 대제사장　④ 헤롯의 동생 빌립

37. ① (막 6:4 참조)

38. ③ (막 6:8-9) 명하시되 여행을 위하여 지팡이 외에는 양식이나 배낭이나 전대의 돈이나 아무 것도 가지지 말며 신만 신고 두 벌 옷도 입지 말라 하시고

* 마 10:10에는 '신이나 지팡이'도 가지지 말라고 기록되어 있으며, 눅 9:3에는 '지팡이'도 가지지 말라고 기록되어 있다.

39. ① (막 6:17) 전에 헤롯이 자기가 동생 빌립의 아내 헤로디아에게 장가 든 고로 이 여자를 위하여 사람을 보내어 요한을 잡아 옥에 가두었으니

40. ② (막 6:17-18) 전에 헤롯이 자기가 동생 빌립의 아내 헤로디아에게 장가 든 고로 이 여자를 위하여 사람을 보내어 요한을 잡아 옥에 가두었으니 이는 요한이 헤롯에게 말하되 동생의 아내를 취한 것이 옳지 않다 하였음이라

memo

41. 헤롯이 침례 요한을 두려워하여 보호한 이유는?
① 요한이 능력이 많았기 때문이다
② 요한의 권세가 높았기 때문이다
③ 요한을 신령한 사람으로 알았기 때문이다
④ 요한을 의롭고 거룩한 사람으로 알았기 때문이다

42. 헤롯에게 '침례 요한의 머리를 소반에 얹어 주기를' 구한 사람은?
① 헤로디아 ② 헤로디아의 딸
③ 대제사장 ④ 헤롯의 동생 빌립

43. 침례 요한의 시체를 가져다가 장사한 사람은?
① 시위병 ② 헤롯의 동생 빌립
③ 예수님의 제자들 ④ 침례 요한의 제자들

44. 오병이어의 기적이 일어난 장소는? ①
산 ② 회당 ③ 빈 들 ④ 강가

41. ④ (막 6:20) 헤롯이 요한을 의롭고 거룩한 사람으로 알고 두려워하여 보호하며 또 그의 말을 들을 때에 크게 번민을 하면서도 달갑게 들음이러라

42. ② (막 6:22-25) 헤로디아의 딸이 친히 들어와 춤을 추어 헤롯과 그와 함께 앉은 자들을 기쁘게 한지라 왕이 그 소녀에게 이르되 무엇이든지 네가 원하는 것을 내게 구하라 … 그가 … 침례 요한의 머리를 소반에 얹어 곧 내게 주기를 원하옵나이다

43. ④ (막 6:29) 요한의 제자들이 듣고 와서 시체를 가져다가 장사하니라

44. ③ (막 6:35-41) 제자들이 예수께 나아와 여짜오되 이 곳은 빈 들이요 … 예수께서 떡 다섯 개와 물고기 두 마리를 가지사 하늘을 우러러 축사하시고 떡을 떼어 제자들에게 주어 사람들에게 나누어 주게 하시고 또 물고기 두 마리도 모든 사람에게 나누시매

memo

45. 다음 (　　　) 안에 들어갈 말은?

"대답하여 이르시되 너희가 먹을 것을 주라 하시니 여짜오되 우리가 가서 (　　　) 데나리온의 떡을 사다 먹이리이까"

① 이백　　② 삼백　　③ 사백　　④ 오백

46. 예수님이 바다 위로 걸어서 제자들에게 오신 시간은?

① 밤 일경쯤　　② 밤 이경쯤

③ 밤 삼경쯤　　④ 밤 사경쯤

47. 다음 (　) 안에 들어갈 말은?

"예수께서 이르시되 자녀로 먼저 배불리 먹게 할지니 자녀의 떡을 취하여 (　　)들에게 던짐이 마땅치 아니하니라 여자가 대답하여 이르되 주여 옳소이다마는 상 아래 (　　)들도 아이들이 먹던 부스러기를 먹나이다"

① 종　　② 짐승　　③ 개　　④ 고양이

48. 예수께서 '귀 먹고 말 더듬는 자'를 고치실 때 하늘을 우러러 탄식하시며 이르신 말씀은?

① 에바다　　② 깨어라　　③ 쉐마　　④ 달리다굼

45. ① (막 6:37 참조)

* 당시 로마의 노동자 하루 품삯이 은화 한 데나리온 정도이므로 200데나리온은 한 사람이 약 8–10개월 동안 노동한 임금에 해당된다고 볼 수 있다.

46. ④ (막 6:48) 바람이 거스르므로 제자들이 힘겹게 노 젓는 것을 보시고 밤 사경쯤에 바다 위로 걸어서 그들에게 오사 지나가려고 하시매

* 당시 로마에서는 밤 시간을 넷으로 구분하여 오후 6–9시는 일경, 오후 9–12시는 이경, 새벽 12–3시는 삼경, 새벽 3–6시는 사경이라 했다. 본 절에서 마가는 이러한 로마의 시간 구분법을 사용하여 말한 것이다.

47. ③ (막 7:27–28 참조)

48. ① (막 7:32–34) 사람들이 귀 먹고 말 더듬는 자를 데리고 예수께 나아와 안수하여 주시기를 간구하거늘 예수께서 … 손가락을 그의 양 귀에 넣고 침을 뱉어 그의 혀에 손을 대시며 하늘을 우러러 탄식하시며 그에게 이르시되 에바다 하시니 이는 열리라는 뜻이라

memo

49. 예수께서 '떡 7개와 작은 생선 두어 마리'로 몇 명을 배불리 먹게 하셨는가?

① 약 2천 명 ② 약 3천 명
③ 약 4천 명 ④ 약 5천 명

50. 다음 ( ) 안에 들어갈 말은?
"예수께서 경고하여 이르시되 삼가 바리새인들의 ( )과 헤롯의 ( )을 주의하라 하시니"

① 위선 ② 거짓 ③ 악행 ④ 누룩

51. 마가복음에서, 예수님이 제자들에게 "너희는 나를 누구라 하느냐"고 물으셨을 때 베드로의 대답은?

① 주는 그리스도시니이다 ② 주는 하나님이시니이다
③ 주는 창조주이시니이다 ④ 주는 구원자이시니이다

49. ③ (막 8:6-9) 예수께서 무리를 명하여 땅에 앉게 하시고 떡 일곱 개를 가지사 축사하시고 … 또 작은 생선 두어 마리가 있는지라 이에 축복하시고 명하사 이것도 나누어 주게 하시니 … 사람은 약 사천 명이었더라

50. ④ (막 8:15 참조)
*본 절에서 '바리새인들의 누룩'은 형식주의에서 비롯된 독선과 위선을 가리키고, '헤롯의 누룩'이란 세속주의를 가리킨다.

51. ① (막 8:28-29) 제자들이 여짜와 이르되 침례 요한이라 하고 더러는 엘리야, 더러는 선지자 중의 하나라 하나이다 또 물으시되 너희는 나를 누구라 하느냐 베드로가 대답하여 이르되 주는 그리스도시니이다 하매

베드로의 신앙고백

주는 그리스도시요 살아 계신 하나님의 아들이시니이다	마 16:16
주는 그리스도시니이다	막 8:29
하나님의 그리스도시니이다	눅 9:20
우리가 주는 하나님의 거룩하신 자이신 줄 믿고 알았사옵나이다	요 6:69

memo

52. 예수께서 '변형되신' 산에 데리시고 간 제자가 아닌 사람은?
① 요한 ② 야고보 ③ 베드로 ④ 안드레

53. 예수님이 산에서 변형되신 것을 본 제자들에게 '언제까지' 아무에게도 이르지 말라고 하셨는가?
① 예수님이 십자가에서 죽으실 때까지
② 예수님이 죽은 자 가운데서 살아나실 때까지
③ 예수님이 다시 오실 때까지
④ 제자들이 하나님의 나라에 들어갈 때까지

54. 예수님의 제자들이 '말 못하게 귀신 들린 자'에게서 귀신을 내쫓지 못한 이유는?
① 믿음이 없었기 때문이다 ② 소망이 없었기 때문이다
③ 사랑이 없었기 때문이다 ④ 능력이 없었기 때문이다

55. 다음 ( ) 안에 들어갈 말은?
"예수께서 이르시되 할 수 있거든이 무슨 말이냐 ( ) 자에게는 능히 하지 못할 일이 없느니라 하시니"
① 사랑하는 ② 섬기는 ③ 믿는 ④ 기도하는

52. ④ (막 9:2) 엿새 후에 예수께서 베드로와 야고보와 요한을 데리시고 따로 높은 산에 올라가셨더니 그들 앞에서 변형되사

예수께서 베드로와 야고보와 요한을 데리고 가신 곳

예수께서 변형되신 산	마 17:1-2; 막 9:2-3; 눅 9:28-29
겟세마네	마 26:36-37
회당장 야이로의 집	막 5:35-37; 눅 8:49-51
시몬의 장모의 집	막 1:29-31

53. ② (막 9:9) 그들이 산에서 내려올 때에 예수께서 경고하시되 인자가 죽은 자 가운데서 살아날 때까지는 본 것을 아무에게도 이르지 말라 하시니

54. ① (막 9:17-19) 말 못하게 귀신 들린 내 아들을 선생님께 데려왔나이다 … 선생님의 제자들에게 내쫓아 달라 하였으나 그들이 능히 하지 못하더이다 대답하여 이르시되 믿음이 없는 세대여 내가 얼마나 너희와 함께 있으며 얼마나 너희에게 참으리요 그를 내게로 데려오라

55. ③ (막 9:23 참조)

memo

56. 마가복음에서, 예수님은 무엇이 '귀신을 쫓아내는 비결'이라고 하셨는가?

① 말씀　② 기도　③ 사랑　④ 능력

57. 예수께서 말씀하신 '지옥'에 대한 설명이 아닌 것은?

① 지옥에서는 구더기도 죽지 않는다
② 지옥에서는 불도 꺼지지 않는다
③ 지옥에서는 바람도 불지 않는다
④ 지옥에서는 사람마다 불로써 소금 치듯 함을 받는다

58. 예수님께 '영생을 얻는 방법'을 물은 사람이 슬픈 기색을 띠고 근심하며 간 이유는?

① '있는 것을 다 팔아 가져오라'고 하셨기 때문에
② '있는 것을 다 팔아 헌금하라'고 하셨기 때문에
③ '있는 것을 다 팔아 이웃에게 주라'고 하셨기 때문에
④ '있는 것을 다 팔아 가난한 자들에게 주라'고 하셨기 때문에

56. ② (막 9:28-29) 집에 들어가시매 제자들이 조용히 묻자오되 우리는 어찌하여 능히 그 귀신을 쫓아내지 못하였나이까 이르시되 기도 외에 다른 것으로는 이런 종류가 나갈 수 없느니라 하시니라

* 본 절에는 예수님이 '기도' 외에 다른 것으로는 귀신을 쫓아낼 수 없다고 말씀하셨는데, 마 17:18-20에는 제자들의 '믿음'이 작은 까닭에 귀신을 쫓아내지 못했다고 말씀하고 있다. 한편 믿음과 기도는 별개의 것이 아니라 상관관계가 있다. 믿음 없는 기도는 진정한 의미에서 기도가 아니라고 할 수 있기 때문이다(막 11:24 참조).

57. ③ (막 9:48-49) 거기에서는 구더기도 죽지 않고 불도 꺼지지 아니하느니라 사람마다 불로써 소금 치듯 함을 받으리라

58. ④ (막 10:17-22) 내가 무엇을 하여야 영생을 얻으리이까 … 네게 있는 것을 다 팔아 가난한 자들에게 주라 … 그 사람은 재물이 많은 고로 이 말씀으로 인하여 슬픈 기색을 띠고 근심하며 가니라

memo

59. 다음 (　　　) 안에 들어갈 말은?

"예수께서 둘러 보시고 제자들에게 이르시되 (　　　)이 있는 자는 하나님의 나라에 들어가기가 심히 어렵도다 하시니"

① 재물　　② 재능　　③ 능력　　④ 지식

60. '모든 것을 버리고 주를 따랐다'고 고백한 제자는?

① 베드로　　② 요한　　③ 야고보　　④ 도마

61. '주의 우편과 좌편'에 앉게 하여 주시기를 구한 제자는?

① 빌립과 바돌로매

② 가나나인 시몬과 가룟 유다

③ 세베대의 아들 야고보와 요한

④ 알패오의 아들 야고보와 다대오

62. 다음 (　　　) 안에 들어갈 말은?

"그들이 예루살렘에 가까이 와서 감람 산 벳바게와 베다니에 이르렀을 때에 예수께서 제자 중 둘을 보내시며 이르시되 너희는 맞은편 마을로 가라 그리로 들어가면 곧 아직 아무도 타 보지 않은 (　　　)가 매여 있는 것을 보리니 풀어 끌고 오라"

① 나귀　　② 나귀 새끼

③ 낙타　　④ 낙타 새끼

59. ① (막 10:23 참조)

60. ① (막 10:28) 베드로가 여짜와 이르되 보소서 우리가 모든 것을 버리고 주를 따랐나이다

61. ③ (막 10:35-37) 세베대의 아들 야고보와 요한이 주께 나아와 여짜오되 선생님이여 무엇이든지 우리가 구하는 바를 우리에게 하여 주시기를 원하옵나이다 … 주의 영광중에서 우리를 하나는 주의 우편에, 하나는 좌편에 앉게 하여 주옵소서

62. ② (막 11:1-2 참조)

memo

63. 다음 (　　　　　) 안에 들어갈 말은?

"나귀 새끼를 예수께로 끌고 와서 자기들의 겉옷을 그 위에 얹어 놓으매 예수께서 타시니 많은 사람들은 자기들의 겉옷을, 또 다른 이들은 들에서 벤 나뭇가지를 길에 펴며 앞에서 가고 뒤에서 따르는 자들이 소리 지르되 (　　　　　) 찬송하리로다 주의 이름으로 오시는 이여"

① 할렐루야　② 임마누엘　③ 아멘　④ 호산나

64. 예수께서 "이제부터 영원토록 사람이 네게서 열매를 따 먹지 못하리라"고 하신 나무는?

① 무화과나무　② 포도나무
③ 감람나무　④ 생명나무

65. 다음 (　　　　　) 안에 들어갈 말은?

"이에 가르쳐 이르시되 기록된 바 내 집은 만민이 (　　　　　) 이라 칭함을 받으리라고 하지 아니하였느냐 너희는 강도의 소굴을 만들었도다 하시매"

① 제사하는 집　② 예배하는 집
③ 기도하는 집　④ 찬양하는 집

63. ④ (막 11:7–9 참조)

64. ① (막 11:12–14) 예수께서 시장하신지라 멀리서 잎사귀 있는 한 무화과나무를 보시고 … 가서 보신즉 잎사귀 외에 아무것도 없더라 … 예수께서 나무에게 말씀하여 이르시되 이제부터 영원토록 사람이 네게서 열매를 따 먹지 못하리라
* 본 절에서 '무화과나무'는 신앙의 열매를 맺지 못하는 유대인들을 상징한다.

65. ③ (막 11:17 참조)

memo

66. 다음 (   ) 안에 들어갈 말은?

"그러므로 내가 너희에게 말하노니 무엇이든지 기도하고 구하는 것은 받은 줄로 (   ) 그리하면 너희에게 그대로 되리라"

① 생각하라 ② 알라 ③ 여기라 ④ 믿으라

67. '부활이 없다' 하는 사람들은 누구인가?

① 대제사장들 ② 서기관들 ③ 바리새인들 ④ 사두개인들

68. 예수님께 '모든 계명 중에 첫째가 무엇이냐'고 질문한 사람은?

① 제사장 중 한 사람 ② 바리새인 중 한 사람

③ 서기관 중 한 사람 ④ 사두개인 중 한 사람

69. 마가복음에서, 한 가난한 과부가 헌금함에 넣은 돈은 얼마인가?

① 한 렙돈 ② 두 렙돈 ③ 다섯 렙돈 ④ 여섯 렙돈

70. 다음 (   ) 안에 들어갈 말은?

"또 너희가 내 이름으로 말미암아 모든 사람에게 미움을 받을 것이나 끝까지 견디는 자는 (   )을 받으리라"

① 사랑 ② 상급 ③ 구원 ④ 면류관

66. ④ (막 11:24 참조)

67. ④ (막 12:18) 부활이 없다 하는 사두개인들이 예수께 와서 물어 이르되

68. ③ (막 12:28) 서기관 중 한 사람이 그들이 변론하는 것을 듣고 예수께서 잘 대답하신 줄을 알고 나아와 묻되 모든 계명 중에 첫째가 무엇이니이까

69. ② (막 12:41–42) 예수께서 헌금함을 대하여 앉으사 무리가 어떻게 헌금함에 돈 넣는가를 보실새 여러 부자는 많이 넣는데 한 가난한 과부는 와서 두 렙돈 곧 한 고드란트를 넣는지라

* '렙돈'은 당시 팔레스틴에서 통용되던 가장 작은 화폐 단위로서 한 고드란트의 1/2에 해당한다. 한편 한 고드란트는 노동자 하루 임금의 1/128 정도밖에 되지 않는 적은 돈이다.

70. ③ (막 13:13 참조)

memo

71. 예수님이 재림하시기 직전 나타나는 현상이 아닌 것은?
   ① 해가 어두워진다
   ② 별들이 하늘에서 떨어진다
   ③ 달이 빛을 내지 아니한다
   ④ 바다에 있는 권능들이 흔들린다

72. 다음 (　　) 안에 들어갈 말은?
   "무화과나무의 비유를 배우라 그 가지가 연하여지고 잎사귀를 내면 (　　)이 가까운 줄 아나니"
   ① 봄　　② 여름　　③ 가을　　④ 겨울

73. '한 여자가 나드 한 옥합을 깨뜨려 예수님의 머리에 부은' 곳은?
   ① 마태의 집　　② 안드레의 집
   ③ 베드로의 집　　④ 나병환자 시몬의 집

74. 다음 (　　) 안에 들어갈 말은?
   "이 향유를 (　　) 데나리온 이상에 팔아 가난한 자들에게 줄 수 있었겠도다 하며 그 여자를 책망하는지라"
   ① 삼백　　② 사백　　③ 오백　　④ 육백

71. ④ (막 13:24-25) 그 때에 그 환난 후 해가 어두워지며 달이 빛을 내지 아니하며 별들이 하늘에서 떨어지며 하늘에 있는 권능들이 흔들리리라

72. ② (막 13:28 참조)
   * 본 절은 무화과나무에 싹이 나면 여름이 가까이 온 것을 알 수 있듯이 종말의 징조가 나타나면 예수님의 재림과 종말이 임박했다는 것을 알 수 있다는 것이다.

73. ④ (막 14:3) 예수께서 베다니 나병환자 시몬의 집에서 식사하실 때에 한 여자가 매우 값진 향유 곧 순전한 나드 한 옥합을 가지고 와서 그 옥합을 깨뜨려 예수의 머리에 부으니

74. ① (막 14:5 참조)

memo

75. 예수께서 '차라리 나지 아니하였더라면 좋을 뻔했다'고 말씀하신 사람은?

① 욥 ② 예레미야
③ 가룟 유다 ④ 본디오 빌라도

76. "다 주님을 버릴지라도 나는 그리하지 않겠나이다"라고 말한 제자는?

① 베드로 ② 요한 ③ 야고보 ④ 도마

77. 다음 ( ) 안에 들어갈 말은?

"예수께서 이르시되 내가 진실로 네게 이르노니 오늘 이 밤 닭이 ( ) 울기 전에 네가 ( ) 나를 부인하리라"

① 한 번, 두 번 ② 두 번, 세 번
③ 세 번, 네 번 ④ 네 번, 다섯 번

78. "주와 함께 죽을지언정 주를 부인하지 않겠나이다"라는 말을 먼저 한 제자는?

① 요한 ② 야고보 ③ 안드레 ④ 베드로

75. ③ (막 14:21) 인자는 자기에 대하여 기록된 대로 가거니와 인자를 파는 그 사람에게는 화가 있으리로다 그 사람은 차라리 나지 아니하였더라면 자기에게 좋을 뻔하였느니라 하시니라

* 욥과 예레미야는 자기의 생일을 저주한 적이 있다(욥 3:1; 렘 20:14 참조).

76. ① (막 14:29) 베드로가 여짜오되 다 버릴지라도 나는 그리하지 않겠나이다

77. ② (막 14:30 참조)

78. ④ (막 14:31) 베드로가 힘있게 말하되 내가 주와 함께 죽을지언정 주를 부인하지 않겠나이다 하고 모든 제자도 이와 같이 말하니라

memo

79. 예수님이 겟세마네에서 기도하시는 동안 제자들이 한 일은?
① 대화하고 있었다　② 자고 있었다
③ 찬양하고 있었다　④ 기도하고 있었다

80. 다음 (　　) 안에 들어갈 말은?
"한 (　　)이 벗은 몸에 베 홑이불을 두르고 예수를 따라가다가 무리에게 잡히매 베 홑이불을 버리고 벗은 몸으로 도망하니라"
① 사람　② 소년　③ 청년　④ 여인

81. 다음 (　　) 안에 들어갈 말은?
"우리가 그의 말을 들으니 손으로 지은 이 성전을 내가 헐고 손으로 짓지 아니한 다른 성전을 (　　) 동안에 지으리라 하더라 하되"
① 하루　② 이틀　③ 사흘　④ 나흘

82. 예수님을 십자가에 못 박은 곳은?
① 시온 산　② 감람 산　③ 갈릴리　④ 골고다

79. ② (막 14:37) 돌아오사 제자들이 자는 것을 보시고 베드로에게 말씀하시되 시몬아 자느냐 네가 한 시간도 깨어 있을 수 없더냐

80. ③ (막 14:51-52 참조)
* 본 절에서 '베 홑이불'은 당시 부유한 사람이 아니면 구하기 힘든 세마포를 가리킨다. 따라서 '한 청년'은 본서를 기록한 마가였을 것으로 추정된다. 당시 마가의 집안은 비교적 부유했기 때문이다.

81. ③ (막 14:58 참조)
* 본 절은 거짓 증언자들의 말이며, 예수님은 그들의 말대로 말씀하신 적이 없다. 다만 예수님은 "너희가 이 성전을 헐라 내가 사흘 동안에 일으키리라"(요 2:19)고 말씀하신 적이 있는데, 이는 예수께서 자신의 몸 된 성전이 유대인들에 의해 죽임을 당할 것이며 죽은 지 사흘 만에 다시 살아나실 것을 예언한 것이다(요 2:20-21 참조).

82. ④ (막 15:22-24) 예수를 끌고 골고다라 하는 곳(번역하면 해골의 곳)에 이르러 … 십자가에 못 박고 그 옷을 나눌새 누가 어느 것을 가질까 하여 제비를 뽑더라

memo

83. 예수님이 십자가에 못 박히신 시간은?
① 제3시 ② 제4시 ③ 제5시 ④ 제6시

84. 다음 ( ) 안에 들어갈 말은?
"제구시에 예수께서 크게 소리 지르시되 엘리 엘리 라마 사박다니 하시니 이를 번역하면 나의 하나님, 나의 하나님 어찌하여 나를 버리셨나이까 하는 뜻이라 곁에 섰던 자 중 어떤 이들이 듣고 이르되 보라 ( )를 부른다 하고"
① 엘리야 ② 엘리사 ③ 모세 ④ 베드로

85. 예수님이 숨지심을 보고 "이 사람은 진실로 하나님의 아들이었도다"라고 고백한 사람은?
① 대제사장 ② 천부장 ③ 백부장 ④ 빌라도

86. 예수님께 바르기 위해 '향품을 사다 두었다가 안식 후 첫날 일찍이 무덤으로 간 여자'가 아닌 사람은?
① 막달라 마리아 ② 야고보의 어머니 마리아
③ 살로메 ④ 12년 동안 혈루증 앓은 여자

83. ① (막 15:25) 때가 제삼시가 되어 십자가에 못 박으니라
84. ① (막 15:34-35 참조)
85. ③ (막 15:39) 예수를 향하여 섰던 백부장이 그렇게 숨지심을 보고 이르되 이 사람은 진실로 하나님의 아들이었도다 하더라
86. ④ (막 16:1-2) 안식일이 지나매 막달라 마리아와 야고보의 어머니 마리아와 또 살로메가 가서 예수께 바르기 위하여 향품을 사다 두었다가 안식 후 첫날 매우 일찍이 해 돋을 때에 그 무덤으로 가며

memo

87. 다음 (　　　) 안에 들어갈 말은?

"또 이르시되 너희는 온 천하에 다니며 만민에게 (　　　)을 전파하라"

① 천국　　② 복음　　③ 사랑　　④ 기쁜 소식

88. 마가복음에서, 믿는 자들에게 따르는 표적이 아닌 것은?

① 새 방언을 말한다

② 뱀을 집어올린다

③ 예수님의 이름으로 귀신을 쫓아낸다

④ 무슨 음식을 먹을지라도 해를 받지 아니한다

87. ② (막 16:15 참조)

88. ④ (막 16:17-18) 믿는 자들에게는 이런 표적이 따르리니 곧 그들이 내 이름으로 귀신을 쫓아내며 새 방언을 말하며 뱀을 집어올리며 무슨 독을 마실지라도 해를 받지 아니하며 병든 사람에게 손을 얹은즉 나으리라 하시더라

memo

주관식

1. 마가복음에서, '광야에 외치는 자'는 누구를 가리키는가?

2. 침례 요한이 광야에 이르러 전파한 침례는?

3. "요한은 낙타털 옷을 입고 허리에 가죽 띠를 띠고 메뚜기와 석청을 먹더라 그가 전파하여 이르되 나보다 능력 많으신 이가 내 뒤에 오시나니 나는 굽혀 그의 (   )을 풀기도 감당하지 못하겠노라"

4. 예수께서 요한에게 침례를 받으신 강의 이름은?

5. "(   )이 곧 예수를 광야로 몰아내신지라 광야에서 사십 일을 계시면서 (   )에게 시험을 받으시며 들짐승과 함께 계시니 (   )이 수종들더라"

1. **침례 요한** (막 1:3-4) 광야에 외치는 자의 소리가 있어 이르되 너희는 주의 길을 준비하라 그의 오실 길을 곧게 하라 기록된 것과 같이 침례 요한이 광야에 이르러 죄 사함을 받게 하는 회개의 침례를 전파하니
2. **죄 사함을 받게 하는 회개의 침례** (막 1:4) 침례 요한이 광야에 이르러 죄 사함을 받게 하는 회개의 침례를 전파하니
3. **신발끈** (막 1:6-7 참조)
4. **요단 강** (막 1:9) 그 때에 예수께서 갈릴리 나사렛으로부터 와서 요단 강에서 요한에게 침례를 받으시고
5. **성령, 사탄, 천사들** (막 1:12-13 참조)

memo

6. "예수께서 이르시되 나를 따라오라 내가 너희로 (   )을 낚는 어부가 되게 하리라 하시니"

7. "중풍병자에게 네 죄 사함을 받았느니라 하는 말과 일어나 네 상을 가지고 걸어가라 하는 말 중에서 어느 것이 쉽겠느냐 그러나 인자가 땅에서 (   )가 있는 줄을 너희로 알게 하려 하노라 하시고 중풍병자에게 말씀하시되"

8. "예수께서 들으시고 그들에게 이르시되 건강한 자에게는 (   )가 쓸 데 없고 병든 자에게라야 쓸 데 있느니라 나는 (   )을 부르러 온 것이 아니요 (   )을 부르러 왔노라 하시니라"

9. 다윗이 '하나님의 전에 들어가서 진설병을 먹은' 당시의 대제사장은?

10. "또 이르시되 안식일이 사람을 위하여 있는 것이요 사람이 안식일을 위하여 있는 것이 아니니 이러므로 (   )는 안식일에도 주인이니라"

6. **사람** (막 1:17 참조)
7. **죄를 사하는 권세** (막 2:9-10 참조)
8. **의사, 의인, 죄인** (막 2:17 참조)
9. **아비아달** (막 2:26) 그가 아비아달 대제사장 때에 하나님의 전에 들어가서 제사장 외에는 먹어서는 안 되는 진설병을 먹고 함께 한 자들에게도 주지 아니하였느냐
10. **인자** (막 2:27-28 참조)
   * 본 절은 예수님이 참된 안식을 누리게 하는 분이심을 보여 준다.

memo

11. "더러운 귀신들도 어느 때든지 예수를 보면 그 앞에 엎드려 부르짖어 이르되 당신은 (　　　　)이니이다 하니"

12. "이 열둘을 세우셨으니 시몬에게는 (　　　　)란 이름을 더하셨고 또 세베대의 아들 야고보와 야고보의 형제 요한이니 이 둘에게는 보아너게 곧 (　　　　)이란 이름을 더하셨으며"

13. "예수의 친족들이 듣고 그를 붙들러 나오니 이는 그가 (　　　　) 함일러라"

14. 마가복음에서, 영원히 사하심을 얻지 못하고 영원한 죄가 되는 것은?

11. 하나님의 아들 (막 3:11 참조)

12. 베드로, 우레의 아들 (막 3:16-17 참조)

＊'시몬'은 '들으심'이란 뜻이 있으며(창 29:33 참조), '베드로'는 '반석'이라는 의미를 지니고 있다. 한편 '베드로'는 헬라어이고, 아람어로는 '게바'이다.

13. 미쳤다 (막 3:21 참조)

＊예수님이 미쳤다는 소문이 난 이유는 사람들이 영적으로 무지했기 때문이고, 또 서기관과 바리새인들이 사람들을 동원하여 예수님을 미쳤다고 선동했기 때문인 것으로 보인다. 한편 예수님의 친족들이 소문을 듣고 예수님을 붙들러 온 것은 예수님의 메시아 사역에 대한 영적 무지와 불신앙 때문인 것으로 보인다.

14. 성령을 모독하는 죄 (막 3:28-29) 내가 진실로 너희에게 이르노니 사람의 모든 죄와 모든 모독하는 일은 사하심을 얻되 누구든지 성령을 모독하는 자는 영원히 사하심을 얻지 못하고 영원한 죄가 되느니라 하시니

＊본 절에서 '성령을 모독하는 자'란 예수님이 성령의 능력으로 사역하시는 것을 알면서도 비난하고 거부하는 자를 가리킨다.

memo

15. "누구든지 (　　　　　)대로 행하는 자가 내 형제요 자매요 어머니이니라"

16. 씨 뿌리는 자의 비유에서 '씨'가 의미하는 것은?

17. "또 그들에게 이르시되 사람이 (　　　)을 가져오는 것은 말 아래에나 평상 아래에 두려 함이냐 등경 위에 두려 함이 아니냐"

18. "예수께서 깨어 바람을 꾸짖으시며 바다더러 이르시되 잠잠하라 고요하라 하시니 바람이 그치고 아주 잔잔하여지더라 이에 제자들에게 이르시되 어찌하여 이렇게 무서워하느냐 너희가 어찌 (　　　)이 없느냐 하시니"

19. '달리다굼'의 의미는?

15. **하나님의 뜻** (막 3:35 참조)
16. **말씀** (막 4:13-14) 또 이르시되 너희가 이 비유를 알지 못할진대 어떻게 모든 비유를 알겠느냐 뿌리는 자는 말씀을 뿌리는 것이라
17. **등불** (막 4:21 참조)
    * 본 절에서 '등불'은 스스로 빛을 발하는 빛의 원천으로서 하나님(삼하 22:29 참조), 예수님(요 1:6-10 참조), 착한 행실(마 5:14-16 참조) 등을 가리키는 것으로 볼 수 있다.
18. **믿음** (막 4:39-40 참조)
19. **소녀야 일어나라** (막 5:41) 그 아이의 손을 잡고 이르시되 달리다굼 하시니 번역하면 곧 내가 네게 말하노니 소녀야 일어나라 하심이라
    * '달리다굼'은 당시 팔레스틴에서 통용되던 아람어로서 '탈리다'(소녀야)와 쿰(일어나라)의 합성어이다.

memo

20. 예수님이 '사역을 시작하시기 전'에 가지셨던 직업은?

21. 예수께서 복음 전파를 위해 12제자를 보내시며 그들에게 주신 것은?

22. "어느 곳에서든지 너희를 영접하지 아니하고 너희 말을 듣지도 아니하거든 거기서 나갈 때에 (   )를 떨어버려 그들에게 증거를 삼으라 하시니"

23. "너희가 하나님의 (   )은 버리고 사람의 (   )을 지키느니라"

24. "너희는 이르되 사람이 아버지에게나 어머니에게나 말하기를 내가 드려 유익하게 할 것이 (   ) 곧 하나님께 드림이 되었다고 하기만 하면 그만이라 하고"

20. **목수** (막 6:3) 이 사람이 마리아의 아들 목수가 아니냐 야고보와 요셉과 유다와 시몬의 형제가 아니냐 그 누이들이 우리와 함께 여기 있지 아니하냐 하고 예수를 배척한지라

21. **더러운 귀신을 제어하는 권능** (막 6:7) 열두 제자를 부르사 둘씩 둘씩 보내시며 더러운 귀신을 제어하는 권능을 주시고

22. **발 아래 먼지** (막 6:11 참조)

   * 당시 유대인들은 이방 지역을 다녀 온 후에 이방인들의 부정함과 무관하다는 의미로 발의 먼지를 떨어버렸다. 이런 의미에서 예수님은 복음을 받아들이지 않는 자들에게 심판을 선언하도록 하신 것이다.

23. **계명, 전통** (막 7:8 참조)

24. **고르반** (막 7:11 참조)

   * '고르반'은 '하나님께 드림', '하나님께 바치는 물건'을 가리킨다(레 2:1, 4, 12; 민 6:2, 5 참조). 그런데 유대인들은 이를 악용하여 부모님에게 드려야 될 물질을 하나님께 헌물로 드리면 부모 부양의 의무를 다한 것으로 여기는 과오를 범했던 것이다.

memo

25. "무엇이든지 (　　　)에서 사람에게로 들어가는 것은 능히 사람을 더럽게 하지 못하되 사람 (　　　)에서 나오는 것이 사람을 더럽게 하는 것이니라 하시고"

26. '에바다'의 뜻은?

27. '떡 일곱 개와 작은 생선 두어 마리'로 약 4천 명이 배불리 먹고 남은 조각은 얼마인가?

28. "누구든지 자기 목숨을 구원하고자 하면 잃을 것이요 누구든지 (　　　)와 (　　　)을 위하여 자기 목숨을 잃으면 구원하리라"

29. "베드로가 예수께 고하되 랍비여 우리가 여기 있는 것이 좋사오니 우리가 초막 셋을 짓되 하나는 (　　　)를 위하여, 하나는 (　　　)를 위하여, 하나는 (　　　)를 위하여 하사이다 하니"

25. **밖, 안** (막 7:15–16 참조)
26. **열리라** (막 7:34) 하늘을 우러러 탄식하시며 그에게 이르시되 에바다 하시니 이는 열리라는 뜻이라
27. **일곱 광주리** (막 8:6–8) 예수께서 … 떡 일곱 개를 가지사 축사하시고 … 또 작은 생선 두어 마리가 있는지라 이에 축복하시고 명하사 이것도 나누어 주게 하시니 배불리 먹고 남은 조각 일곱 광주리를 거두었으며
28. **나, 복음** (막 8:35 참조)
29. **주, 모세, 엘리야** (막 9:5 참조)

memo

30. “누구든지 너희가 그리스도에게 속한 자라 하여 (　　) 한 그릇 이라도 주면 내가 진실로 너희에게 이르노니 그가 결코 상을 잃지 않으리라”

31. “누구든지 나를 믿는 이 작은 자들 중 하나라도 (　　)하게 하면 차라리 연자맷돌이 그 목에 매여 바다에 던져지는 것이 나으리라”

32. “그러므로 (　　)이 짝지어 주신 것을 (　　)이 나누지 못할지니라 하시더라”

33. “(　　)가 바늘귀로 나가는 것이 (　　)가 하나님의 나라에 들어가는 것보다 쉬우니라 하시니”

34. “너희 중에 누구든지 (　　)이 되고자 하는 자는 모든 사람의 (　　)이 되어야 하리라”

35. “인자가 온 것은 섬김을 받으려 함이 아니라 도리어 섬기려 하고 자기 목숨을 많은 사람의 (　　)로 주려 함이니라”

30. 물 (막 9:41 참조)
31. 실족 (막 9:42 참조)
32. 하나님, 사람 (막 10:9 참조)
33. 낙타, 부자 (막 10:25 참조)
34. 으뜸, 종 (막 10:44 참조)
35. 대속물 (막 10:45 참조)

memo

36. "내가 진실로 너희에게 이르노니 누구든지 이 산더러 들리어 바다에 던져지라 하며 그 말하는 것이 이루어질 줄 믿고 마음에 (   )하지 아니하면 그대로 되리라"

37. "서서 기도할 때에 아무에게나 혐의가 있거든 (   ) 그리하여야 하늘에 계신 너희 아버지께서도 너희 허물을 사하여 주시리라 하시니라"

38. "예수께서 이르시되 나도 한 말을 너희에게 물으리니 대답하라 그리하면 나도 무슨 권위로 이런 일을 하는지 이르리라 (   )가 하늘로부터냐 사람으로부터냐 내게 대답하라"

39. "너희가 성경에 건축자들이 버린 돌이 모퉁이의 (   )이 되었나니 이것은 주로 말미암아 된 것이요 우리 눈에 놀랍도다 함을 읽어 보지도 못하였느냐 하시니라"

40. 예수님은 '사람이 죽은 자 가운데서 살아날 때에는' 누구와 같다고 하셨는가?

36. **의심** (막 11:23 참조)
37. **용서하라** (막 11:25 참조)
38. **요한의 침례** (막 11:29-30 참조)
39. **머릿돌** (막 12:10-11 참조)
  * 본 절은 시 118:22-23을 인용한 것으로, 유대 지도자들이 예수님을 십자가에 못 박아 죽일 것이지만 하나님께서 예수님을 살리시어 열방의 머릿돌이 되게 하실 것을 가리킨다.
40. **천사들** (막 12:24-25) 예수께서 이르시되 … 사람이 죽은 자 가운데서 살아날 때에는 장가도 아니 가고 시집도 아니 가고 하늘에 있는 천사들과 같으니라

memo

41. "예수께서 대답하시되 첫째는 이것이니 이스라엘아 들으라 주 곧 우리 하나님은 유일한 주시라 네 (　　　)을 다하고 (　　　)을 다하고 (　　　)을 다하고 힘을 다하여 주 너의 하나님을 사랑하라 하신 것이요"

42. "다윗이 그리스도를 (　　　)라 하였은즉 어찌 그의 자손이 되겠느냐 하시니 많은 사람들이 즐겁게 듣더라"

43. "그들이 먹을 때에 예수께서 (　　　)을 가지사 축복하시고 떼어 제자들에게 주시며 이르시되 받으라 이것은 내 (　　　)이니라 하시고 또 (　　　)을 가지사 감사 기도 하시고 그들에게 주시니 다 이를 마시매 이르시되 이것은 많은 사람을 위하여 흘리는 나의 (　　　) 곧 언약의 (　　　)니라"

44. "이르시되 아빠 아버지여 아버지께는 모든 것이 가능하오니 이 잔을 내게서 옮기시옵소서 그러나 (　　　)의 원대로 마시옵고 (　　　)의 원대로 하옵소서 하시고"

45. "그들이 예수께 손을 대어 잡거늘 곁에 서 있는 자 중의 한 사람이 (　　　)을 빼어 대제사장의 종을 쳐 그 (　　　)를 떨어뜨리니라"

41. 마음, 목숨, 뜻 (막 12:29-30 참조)
42. 주 (막 12:37 참조)
43. 떡, 몸, 잔, 피, 피 (막 14:22-24 참조)
44. 나, 아버지 (막 14:36 참조)
45. 칼, 귀 (막 14:46-47 참조)

memo

46. "대제사장이 자기 옷을 찢으며 이르되 우리가 어찌 더 증인을 요구하리요 그 (   ) 하는 말을 너희가 들었도다 너희는 어떻게 생각하느냐 하니 그들이 다 예수를 사형에 해당한 자로 정죄하고"

47. "(   )가 묻되 네가 유대인의 왕이냐 예수께서 대답하여 이르시되 네 말이 옳도다 하시매"

48. "명절이 되면 백성들이 요구하는 대로 죄수 한 사람을 놓아 주는 전례가 있더니 민란을 꾸미고 그 민란중에 살인하고 체포된 자 중에 (   )라 하는 자가 있는지라"

49. 빌라도가 '바라바는 놓아 주고 예수님은 십자가에 못 박히게 넘겨 준' 이유는?

50. 예수님의 십자가를 대신 지고 간 사람은?

46. **신성 모독** (막 14:63-64 참조)
47. **빌라도** (막 15:2 참조)
48. **바라바** (막 15:6-7 참조)
49. **무리에게 만족을 주고자 함이다** (막 15:15) 빌라도가 무리에게 만족을 주고자 하여 바라바는 놓아 주고 예수는 채찍질하고 십자가에 못 박히게 넘겨 주니라
50. **구레네 사람 시몬** (막 15:21-22) 마침 알렉산더와 루포의 아버지인 구레네 사람 시몬이 시골로부터 와서 지나가는데 그들이 그를 억지로 같이 가게 하여 예수의 십자가를 지우고 예수를 끌고 골고다라 하는 곳(번역하면 해골의 곳)에 이르러

memo

51. 마가복음에서, 십자가 위에 있는 죄패에 쓰인 글은?

52. 마가복음에서, 예수님이 숨지신 직후 일어난 일은?

53. 빌라도에게 예수님의 시체를 달라고 한 사람은?

54. 마가복음에서, 부활하신 예수님은 먼저 누구에게 보이셨는가?

51. **유대인의 왕** (막 15:25-26) 때가 제삼시가 되어 십자가에 못 박으니라 그 위에 있는 죄패에 유대인의 왕이라 썼고

십자가 위에 있는 죄패에 쓰인 글

이는 유대인의 왕 예수	마 27:37
유대인의 왕	막 15:26
이는 유대인의 왕	눅 23:38
나사렛 예수 유대인의 왕	요 19:19

52. **성소 휘장이 위로부터 아래까지 찢어져 둘이 되었다** (막 15:37-38) 예수께서 큰 소리를 지르시고 숨지시니라 이에 성소 휘장이 위로부터 아래까지 찢어져 둘이 되니라

* 마태는 예수님의 영혼이 떠나가신 후 성소 휘장이 위로부터 아래까지 찢어져 둘이 된 일 외에도 땅이 진동하며 바위가 터지고 자던 성도의 몸이 많이 일어났다고 말하고 있다(마 27:51-52 참조).

53. **아리마대 사람 요셉** (막 15:43) 아리마대 사람 요셉이 와서 당돌히 빌라도에게 들어가 예수의 시체를 달라 하니 이 사람은 존경 받는 공회원이요 하나님의 나라를 기다리는 자라

54. **막달라 마리아** (막 16:9) 예수께서 안식 후 첫날 이른 아침에 살아나신 후 전에 일곱 귀신을 쫓아내어 주신 막달라 마리아에게 먼저 보이시니

memo

55. “그 후에 열한 제자가 음식 먹을 때에 예수께서 그들에게 나타나사 그들의 (　　　) 없는 것과 마음이 (　　　)한 것을 꾸짖으시니 이는 자기가 살아난 것을 본 자들의 말을 (　　　) 아니함일러라”

56. “믿고 침례를 받는 사람은 (　　　)을 얻을 것이요 믿지 않는 사람은 (　　　)를 받으리라”

57. “주 예수께서 말씀을 마치신 후에 하늘로 올려지사 (　　　　)에 앉으시니라”

58. 예수님의 족보가 기록되지 않은 공관복음서는?

55. 믿음, 완악, 믿지 (막 16:14 참조)
56. 구원, 정죄 (막 16:16 참조)
57. 하나님 우편 (막 16:19 참조)
58. 마가복음

누가복음 Luke

연대 및 저자

A.D. 61–63년경 누가가 기록하였다.

중심 내용

본서는 인자로 오신 예수 그리스도께서 온 인류의 구세주가 되심을 다루고 있다.

특징

1. 예수님의 족보, 유년 시절, 인간적인 감정을 세심하게 기록하고 있다.
2. 성령의 사역과 기도를 강조하고 있다.
3. 가난한 자, 소외된 자, 죄인들에게 관심을 보이고 있다.

내용 분해

1. 인자로 오신 예수님(1:1–4:13)

2. 인자로 오신 예수님의 사역(4:14–19:27)

1) 갈릴리 중심 사역(4:14–9:50)
2) 유대 중심 사역(9:51–19:27)

3. 인자로 오신 예수님의 고난과 부활(19:28–24:53)

1) 인자의 고난(19:28–23:56)
2) 인자의 부활(24:1–53)

memo

객관식

1. 누가복음과 관계없는 것은?
   ① 하나님의 아들로 오신 예수 그리스도를 다루고 있다
   ② 인자로 오신 예수 그리스도를 다루고 있다
   ③ 성령의 사역과 기도를 강조하고 있다
   ④ 가난한 자, 소외된 자, 죄인들에게 관심을 보이고 있다

2. 누가복음이 기록된 연대로 추정되는 때는?
   ① A.D. 41-43년경 ② A.D. 51-53년경
   ③ A.D. 61-63년경 ④ A.D. 71-73년경

1. ① 누가복음은 인자로 오신 예수 그리스도께서 온 인류의 구세주가 되심을 다루고 있다. 또한 예수 그리스도의 족보, 유년 시절, 인간적인 감정 등을 세심하게 다루고 있으며, 성령의 사역과 기도를 강조하고, 가난한 자, 소외된 자, 죄인들에게도 관심을 보이고 있다.
2. ③ 누가복음은 A.D. 61-63년경 기록된 것으로 추정된다.

memo

3. 누가복음을 기록한 사람은?

① 누가 ② 데오빌로 ③ 바울 ④ 요한

4. 사가랴에 대한 설명으로 맞지 않는 것은?

① 아비야 반열의 제사장이다
② 여호야립 반열의 제사장이다
③ 그의 아내는 아론의 자손이다
④ 그의 아내의 이름은 엘리사벳이다

3. ① 누가복음은 누가가 기록하였다.

4. ② (눅 1:5) 유대 왕 헤롯 때에 아비야 반열에 제사장 한 사람이 있었으니 이름은 사가랴요 그의 아내는 아론의 자손이니 이름은 엘리사벳이라

* 다윗은 성전 건축 준비와 함께 성직에 임할 레위 사람들을 분류하면서 제사장들을 24반열로 조직하였다. 당시 엘르아살 자손의 우두머리가 이다말의 자손보다 많아서 엘르아살 자손 중에서 16명, 이다말 자손 중에서 8명을 뽑아 도합 24반열의 우두머리가 되게 하였다(대상 24:4 참조).

제사장의 24반열

1	여호야립	대상 24:7	13	훕바	대상 24:13
2	여다야	대상 24:7	14	예세브압	대상 24:13
3	하림	대상 24:8	15	빌가	대상 24:14
4	스오림	대상 24:8	16	임멜	대상 24:14
5	말기야	대상 24:9	17	헤실	대상 24:15
6	미야민	대상 24:9	18	합비세스	대상 24:15
7	학고스	대상 24:10	19	브다히야	대상 24:16
8	아비야	대상 24:10	20	여헤스겔	대상 24:16
9	예수아	대상 24:11	21	야긴	대상 24:17
10	스가냐	대상 24:11	22	가물	대상 24:17
11	엘리아십	대상 24:12	23	들라야	대상 24:18
12	야김	대상 24:12	24	마아시야	대상 24:18

memo

5. 침례 요한에 대한 설명 중 맞지 않는 것은?
   ① 주 앞에 큰 자가 된다
   ② 포도주나 독한 술을 마시지 아니한다
   ③ 모태로부터 성령의 충만함을 받았다
   ④ 이방 민족을 하나님께로 많이 돌아오게 한다

6. 엘리야의 심령과 능력으로 주 앞에 먼저 와서 거스르는 자를 의인의 슬기에 돌아오게 할 자는?
   ① 엘리사 ② 사가랴 ③ 엘리사벳 ④ 침례 요한

7. 천사의 말을 믿지 않아 아이를 낳을 때까지 '말 못하는 자'가 된 사람은?
   ① 사가랴 ② 엘리사벳 ③ 요셉 ④ 마리아

8. 엘리사벳이 잉태하고 숨어 있던 기간은?
   ① 1달 ② 3달 ③ 5달 ④ 7달

5. ④ (눅 1:15-16) 그가 주 앞에 큰 자가 되며 포도주나 독한 술을 마시지 아니하며 모태로부터 성령의 충만함을 받아 이스라엘 자손을 주 곧 그들의 하나님께로 많이 돌아오게 하겠음이라

6. ④ (눅 1:17) 그가 또 엘리야의 심령과 능력으로 주 앞에 먼저 와서 아버지의 마음을 자식에게, 거스르는 자를 의인의 슬기에 돌아오게 하고 주를 위하여 세운 백성을 준비하리라
   * 본 절에서 '그'는 침례 요한을 가리킨다.

7. ① (눅 1:18-20) 사가랴가 천사에게 이르되 내가 이것을 어떻게 알리요 내가 늙고 아내도 나이가 많으니이다 천사가 대답하여 이르되 … 네가 말 못하는 자가 되어 능히 말을 못하리니 이는 네가 내 말을 믿지 아니함이거니와 때가 이르면 내 말이 이루어지리라

8. ③ (눅 1:24) 이 후에 그의 아내 엘리사벳이 잉태하고 다섯 달 동안 숨어 있으며 이르되

memo

9. 다음 (　　　) 안에 들어갈 말은?

"(　　　)의 자손 요셉이라 하는 사람과 약혼한 처녀에게 이르니 그 처녀의 이름은 마리아라"

① 아브라함　② 이삭　③ 야곱　④ 다윗

10. 다음 (　　) 안에 들어갈 말은?

"보라 네 친족 엘리사벳도 늙어서 아들을 배었느니라 본래 임신하지 못한다고 알려진 이가 이미 (　　) 달이 되었나니"

① 다섯　② 여섯　③ 일곱　④ 여덟

11. 다음 (　　) 안에 들어갈 말은?

"팔 일이 되매 아이를 할례하러 와서 그 아버지의 이름을 따라 사가랴라 하고자 하더니 그 어머니가 대답하여 이르되 아니라 (　　)이라 할 것이라 하매"

① 요셉　② 요한　③ 시므온　④ 시몬

12. 주의 백성에게 '죄 사함으로 말미암는 구원'을 알게 할 자는?

① 사가랴　② 엘리사벳　③ 침례 요한　④ 사도 요한

9. ④ (눅 1:27 참조)

10. ② (눅 1:36 참조)

11. ② (눅 1:59-60 참조)

12. ③ (눅 1:76-77) 이 아이여 네가 지극히 높으신 이의 선지자라 일컬음을 받고 주 앞에 앞서 가서 그 길을 준비하여 주의 백성에게 그 죄 사함으로 말미암는 구원을 알게 하리니

* 본 절에서 '이 아이'는 침례 요한을 가리킨다. 한편 '주 앞에 앞서 가서 그 길을 준비한다'는 말은 사 40:3과 말 3:1을 반영한 것으로 침례 요한의 사명을 말한 것이다. 즉, 그리스도는 구원을 주시고 침례 요한은 그 구원을 알게 하는 사명이 있는 것을 가리킨다.

memo

13. 누가복음에서, 심령이 강하여지며 '이스라엘에게 나타나는 날까지' 빈 들에 있었던 사람은?
① 침례 요한 ② 사도 요한 ③ 사가랴 ④ 예수님

14. 요셉이 약혼한 마리아와 함께 호적하러 올라간 곳은?
① 예루살렘 ② 나사렛 ③ 베들레헴 ④ 가버나움

15. 누가복음에서, 제일 먼저 구유에 누인 아기 예수님을 본 사람은?
① 동방박사들 ② 목자들
③ 시므온 ④ 안나

16. 예수님 당시 정결예식에 사용한 예물은?
① 산비둘기 한 쌍이나 어린 집비둘기 둘
② 산비둘기 두 쌍이나 어린 집비둘기 셋
③ 산비둘기 세 쌍이나 어린 집비둘기 넷
④ 산비둘기 네 쌍이나 어린 집비둘기 다섯

13. ① (눅 1:80) 아이가 자라며 심령이 강하여지며 이스라엘에게 나타나는 날까지 빈 들에 있으니라
* 본 절에서 '빈 들'은 유대 광야를 가리킨다. 침례 요한은 광야에서 금욕 생활을 하면서 그가 앞으로 감당해야 할 메시아의 선구자적 사명을 준비했을 것으로 추측된다(눅 3:2 참조).

14. ③ (눅 2:4-5) 요셉도 다윗의 집 족속이므로 갈릴리 나사렛 동네에서 유대를 향하여 베들레헴이라 하는 다윗의 동네로 그 약혼한 마리아와 함께 호적하러 올라가니 마리아가 이미 잉태하였더라
* 베들레헴이 '다윗의 동네'로 불리는 것은 다윗이 태어나서 성장한 곳이기 때문이다(삼상 16:1 참조).

15. ② (눅 2:8-17) 목자들이 밤에 밖에서 자기 양 떼를 지키더니 … 빨리 가서 마리아와 요셉과 구유에 누인 아기를 찾아서 보고 천사가 자기들에게 이 아기에 대하여 말한 것을 전하니
* 마태복음에는 동방 박사들이 제일 먼저 아기 예수님을 본 것으로 기록되어 있다(마 2:1-11 참조).

16. ① (눅 2:23-24) 주의 율법에 쓴 바 첫 태에 처음 난 남자마다 주의 거룩한 자라 하리라 한 대로 아기를 주께 드리고 또 주의 율법에 말씀하신 대로 산비둘기 한 쌍이나 혹은 어린 집비둘기 둘로 제사하려 함이더라

memo

17. 누가복음에서, '의롭고 경건하여 이스라엘의 위로를 기다린' 사람은?
① 사가랴 ② 엘리사벳 ③ 침례 요한 ④ 시므온

18. 누가복음에서, 시므온에 관한 설명 중 맞지 않는 것은?
① 의롭고 경건하여 이스라엘의 위로를 기다리는 자이다
② 성령이 그 위에 계신 자이다
③ 성전을 떠나지 않고 주야로 금식하며 기도했다
④ 그리스도를 보기 전에는 죽지 않는다 성령의 지시를 받았다

19. 다음 (　　) 안에 들어갈 말은?
"또 아셀 지파 바누엘의 딸 (　　)라 하는 선지자가 있어 나이가 매우 많았더라 그가 결혼한 후 일곱 해 동안 남편과 함께 살다가 과부가 되고 팔십사 세가 되었더라 이 사람이 성전을 떠나지 아니하고 주야로 금식하며 기도함으로 섬기더니"
① 압비아 ② 올름바 ③ 뵈뵈 ④ 안나

20. 안나 선지자는 몇 세에 아기 예수님을 만났는가?
① 83세 ② 84세 ③ 85세 ④ 86세

17. ④ (눅 2:25) 예루살렘에 시므온이라 하는 사람이 있으니 이 사람은 의롭고 경건하여 이스라엘의 위로를 기다리는 자라 성령이 그 위에 계시더라
＊본 절에서 '이스라엘의 위로'란 메시아가 오셔서 이스라엘을 회복하실 때 받는 위로를 가리킨다(사 40-55장 참조).
18. ③ (눅 2:25-26) 예루살렘에 시므온이라 하는 사람이 있으니 이 사람은 의롭고 경건하여 이스라엘의 위로를 기다리는 자라 성령이 그 위에 계시더라 그가 주의 그리스도를 보기 전에는 죽지 아니하리라 하는 성령의 지시를 받았더니
19. ④ (눅 2:36-37 참조)
20. ② (눅 2:36-38) 아셀 지파 바누엘의 딸 안나라 하는 선지자가 있어 … 과부가 되고 팔십사 세가 되었더라 … 마침 이 때에 나아와서 하나님께 감사하고 예루살렘의 속량을 바라는 모든 사람에게 그에 대하여 말하니라
＊본 절의 '과부가 되고 팔십사 세가 되었더라'는 말을 직역하면 '84세까지 과부로 지냈더라'는 의미이다. 헬라어 원문대로 하면 '안나는 7년 동안 결혼 생활을 하다가 사별하고 현재 84세가 되었다'는 의미가 된다.

memo

21. 예수께서 유월절을 지키기 위해 처음으로 예루살렘에 가신 때의 나이는?
① 11살 ② 12살 ③ 13살 ④ 14살

22. '하나님의 말씀이 빈 들에서 사가랴의 아들 요한에게 임한 때'에 관한 설명으로 잘못된 것은?
① 벨릭스가 유대의 총독으로 있을 때이다
② 헤롯이 갈릴리의 분봉 왕으로 있을 때이다
③ 빌립이 이두래와 드라고닛 지방의 분봉 왕으로 있을 때이다
④ 안나스와 가야바가 대제사장으로 있을 때이다

23. 다음 ( ) 안에 들어갈 말은?
"선지자 ( )의 책에 쓴 바 광야에서 외치는 자의 소리가 있어 이르되 너희는 주의 길을 준비하라 그의 오실 길을 곧게 하라"
① 이사야 ② 예레미야 ③ 호세아 ④ 아모스

21. ② (눅 2:41-42) 그의 부모가 해마다 유월절이 되면 예루살렘으로 가더니 예수께서 열두 살 되었을 때에 그들이 이 절기의 관례를 따라 올라갔다가

＊율법에 의하면 모든 이스라엘 남자들은 매년 유월절과 오순절과 장막절을 지키기 위해 예루살렘 성전으로 가야 했으며(출 23:14-17; 신 16:16 참조), 탈무드나 미쉬나에 의하면 유대 소년들은 13세가 되기 1-2년 전에 예루살렘 성전에 미리 올라가 '율법의 아들'이 되었을 때에 취해야 할 행동을 배웠다고 한다.

22. ① (눅 3:1-2) 디베료 황제가 통치한 지 열다섯 해 곧 본디오 빌라도가 유대의 총독으로, 헤롯이 갈릴리의 분봉 왕으로, 그 동생 빌립이 이두래와 드라고닛 지방의 분봉 왕으로, 루사니아가 아빌레네의 분봉 왕으로, 안나스와 가야바가 대제사장으로 있을 때에 하나님의 말씀이 빈 들에서 사가랴의 아들 요한에게 임한지라

침례 요한 사역 초기

로마 황제	디베료(통치 15년)	눅 3:1
유대 총독	본디오 빌라도	눅 3:1
갈릴리 분봉 왕	헤롯	눅 3:1
이두래와 드라고닛 지방의 분봉 왕	헤롯의 동생 빌립	눅 3:1
아빌레네의 분봉 왕	루사니아	눅 3:1
대제사장	안나스, 가야바	눅 3:2

23. ① (눅 3:4 참조)

＊사 40:3 참조.

memo

24. 다음 ( ) 안에 들어갈 말은?
"요한이 침례 받으러 나아오는 무리에게 이르되 ( )의 자식들아 누가 너희에게 일러 장차 올 진노를 피하라 하더냐"
① 사탄 ② 마귀 ③ 독사 ④ 뱀

25. 다음 ( ) 안에 들어갈 말은?
"그러므로 회개에 합당한 열매를 맺고 속으로 ( )이 우리 조상이라 말하지 말라 내가 너희에게 이르노니 하나님이 능히 이 돌들로도 ( )의 자손이 되게 하시리라"
① 아담 ② 아브라함 ③ 야곱 ④ 다윗

26. 다음 ( ) 안에 들어갈 말은?
"이미 도끼가 나무 뿌리에 놓였으니 좋은 열매 맺지 아니하는 나무마다 찍혀 ( )에 던져지리라"
① 불 ② 아궁이 ③ 강 ④ 지옥

24. ③ (눅 3:7 참조)
25. ② (눅 3:8 참조)
* 유대인들은 그들이 아브라함의 자손이라는 이유만으로도 구원을 받을 수 있다고 생각했다. 그러나 구원은 혈통과 같은 외적 조건을 통해 받는 것이 아니라 회개와 믿음으로 받을 수 있다(롬 4:1-25; 갈 3:7 참조).
26. ① (눅 3:9 참조)

memo

27. 누가복음 3장에서, 침례 요한에게 "무엇을 하리이까"라고 물은 사람이 아닌 자는?

① 무리 ② 세리들 ③ 군인들 ④ 제사장들

28. 당시 백성들은 심중에 침례 요한을 누구라고 생각하였는가?

① 모세 ② 엘리야 ③ 선지자 ④ 그리스도

29. 침례 요한을 옥에 가둔 사람은?

① 안나스 ② 가야바

③ 분봉 왕 헤롯 ④ 빌라도

30. 누가복음에서, 예수님의 계보가 나오는 장과 절은?

① 1:23-38 ② 2:23-38 ③ 3:23-38 ④ 4:23-38

27. ④ (눅 3:10-14) 무리가 물어 이르되 그러면 우리가 무엇을 하리이까 … 세리들도 침례를 받고자 하여 와서 이르되 선생이여 우리는 무엇을 하리이까 … 군인들도 물어 이르되 우리는 무엇을 하리이까

* 무리, 세리들, 군인들은 '회개에 합당한 열매를 맺으라'는 침례 요한의 말을 듣고 자신들이 앞으로 어떻게 해야 하는지를 물은 것이다.

28. ④ (눅 3:15) 백성들이 바라고 기다리므로 모든 사람들이 요한을 혹 그리스도신가 심중에 생각하니

* 본 절은 당시 백성들 사이에 침례 요한이 메시아인지 아닌지 의견이 분분했음을 보여 준다. 한편 유대 종교 지도자들은 이를 확인하기 위해 침례 요한에게 직접 묻기도 하였다(요 1:19-20 참조).

29. ③ (눅 3:19-20) 분봉 왕 헤롯은 그의 동생의 아내 헤로디아의 일과 또 자기가 행한 모든 악한 일로 말미암아 요한에게 책망을 받고 그 위에 한 가지 악을 더하여 요한을 옥에 가두니라

30. ③ (눅 3:23-38 참조)

memo

31. 누가복음에서, 예수님의 계보는 누구로부터 시작하여 누구로 마치는가?
    ① 아브라함으로부터 하나님 ② 아브라함으로부터 아담
    ③ 요셉으로부터 하나님 ④ 요셉으로부터 아담

32. 다음 ( ) 안에 들어갈 말은?
    "마귀가 이르되 네가 만일 ( )이어든 이 돌들에게 명하여 떡이 되게 하라"
    ① 하나님의 아들 ② 메시아
    ③ 사람의 아들 ④ 선지자

33. 누가복음 4장에서, 예수께서 나사렛에 이르사 안식일에 회당에서 읽으신 성경은?
    ① 선지자 이사야의 글 ② 선지자 예레미야의 글
    ③ 선지자 에스겔의 글 ④ 선지자 다니엘의 글

31. ③ (눅 3:23-38) 예수께서 가르치심을 시작하실 때에 삼십 세쯤 되시니라 사람들이 아는 대로는 요셉의 아들이니 요셉의 위는 헬리요 … 그 위는 에노스요 그 위는 셋이요 그 위는 아담이요 그 위는 하나님이시니라

32. ① (눅 4:3 참조)

33. ① (눅 4:16-19) 예수께서 그 자라나신 곳 나사렛에 이르사 안식일에 늘 하시던 대로 회당에 들어가사 성경을 읽으려고 서시매 선지자 이사야의 글을 드리거늘 … 주의 성령이 내게 임하셨으니 이는 가난한 자에게 복음을 전하게 하시려고 내게 기름을 부으시고 나를 보내사 포로 된 자에게 자유를, 눈 먼 자에게 다시 보게 함을 전파하며 눌린 자를 자유롭게 하고 주의 은혜의 해를 전파하게 하려 하심이라 하였더라

* 본 절은 예수님이 어려서부터 줄곧 안식일을 지키고 회당에 출석하신 것을 보여 준다. 한편 본 절에서 예수님이 읽으신 성경은 사 61:1-2이다.

memo

34. 예수님이 고향에서 환영받지 못한 것을 말씀하실 때 예로 든 두 선지자는?

① 이사야와 예레미야　② 엘리야와 엘리사
③ 호세아와 아모스　④ 스가랴와 말라기

35. 갈릴리 가버나움에서 귀신 들린 사람이 일컬은 예수님에 대한 호칭이 아닌 것은?

① 나사렛 예수　② 하나님의 거룩한 자
③ 하나님의 아들　④ 하나님의 선지자

34. ② (눅 4:24-27) 선지자가 고향에서는 환영을 받는 자가 없느니라 … 엘리야 시대에 하늘이 삼 년 육 개월간 닫히어 온 땅에 큰 흉년이 들었을 때에 … 또 선지자 엘리사 때에 이스라엘에 많은 나병환자가 있었으되 그 중의 한 사람도 깨끗함을 얻지 못하고 오직 수리아 사람 나아만뿐이었느니라

* 예수님은 고향 사람들이 배척하므로 그곳에서는 역사하실 수 없는 것을 엘리야와 엘리사 선지자를 예로 들어 설명하셨다. 즉, 이스라엘이 3년 반 동안 가물었을 때 엘리야는 완악한 이스라엘 백성 대신 이방 나라 시돈 땅 사렙다의 한 과부에게 환영을 받아 그곳에서 이적을 행하였으며(왕상 17:1-24 참조), 엘리사 시대에 이스라엘에 많은 나병환자가 있었지만 엘리사를 통해 치유받은 사람이 없고 이방 나라 수리아의 나아만 장군만 엘리사를 통해 나음을 입었다(왕하 5:1-19 참조). 예수님은 이러한 사실을 통해 복음을 배척한 유대인들은 하나님께 버림을 받고 복음을 받아들인 이방인들은 하나님의 은혜를 입게 될 것을 말씀하신 것이다.

35. ④

귀신이 일컬은 예수님에 대한 호칭

나사렛 예수	눅 4:34
하나님의 거룩한 자	눅 4:34
하나님의 아들	눅 4:41

memo

36. 예수님은 누구에게 "깊은 데로 가서 그물을 내려 고기를 잡으라"고 하셨는가?

① 시몬 ② 요한 ③ 야고보 ④ 안드레

37. 다음 ( ) 안에 들어갈 말은?

"( )가 이를 보고 예수의 무릎 아래에 엎드려 이르되 주여 나를 떠나소서 나는 죄인이로소이다 하니"

① 야고보 ② 안드레

③ 시몬 베드로 ④ 도마

38. 다음 ( ) 안에 들어갈 말은?

"세베대의 아들로서 시몬의 ( )인 야고보와 요한도 놀랐음이라 예수께서 시몬에게 이르시되 무서워하지 말라 이제 후로는 네가 사람을 취하리라 하시니"

① 친구 ② 형제 ③ 이웃 ④ 동업자

36. ① (눅 5:3-4) 예수께서 한 배에 오르시니 그 배는 시몬의 배라 육지에서 조금 떼기를 청하시고 앉으사 배에서 무리를 가르치시더니 말씀을 마치시고 시몬에게 이르시되 깊은 데로 가서 그물을 내려 고기를 잡으라

* 본 절에서 '시몬'은 '시몬 베드로'를 가리킨다.

37. ③ (눅 5:8 참조)

38. ④ (눅 5:10 참조)

memo

39. 다음 (   ) 안에 들어갈 말은?

"예수께서 손을 내밀어 그에게 대시며 이르시되 내가 원하노니 깨끗함을 받으라 하신대 나병이 곧 떠나니라 예수께서 그를 경고하시되 아무에게도 이르지 말고 가서 (   )에게 네 몸을 보이고 또 네가 깨끗하게 됨으로 인하여 모세가 명한 대로 예물을 드려 그들에게 입증하라 하셨더니"

① 왕 ② 선지자 ③ 제사장 ④ 율법사

40. 다음 (   ) 안에 들어갈 말은?

"그러나 인자가 땅에서 (   )가 있는 줄을 너희로 알게 하리라 하시고 중풍병자에게 말씀하시되 내가 네게 이르노니 일어나 네 침상을 가지고 집으로 가라 하시매"

① 만민을 다스리는 권세 ② 죄를 사하는 권세

③ 하늘과 땅의 모든 권세 ④ 지옥에 던져 넣는 권세

41. 세관에 앉아 있다가 모든 것을 버리고 주님을 따른 사람은?

① 레위 ② 시몬 ③ 야고보 ④ 요한

39. ③ (눅 5:13-14 참조)

* 예수께서 '깨끗하게 된 나병환자에게 그의 몸을 제사장에게 보이라'고 하신 것은 레위기 14장에 있는 규례에 따른 것이며, 또한 나병환자를 고치신 예수님의 신적 능력을 간접적으로 나타내 보이기 위한 것으로 여겨진다.

40. ② (눅 5:24 참조)

41. ① (눅 5:27-28) 그 후에 예수께서 나가사 레위라 하는 세리가 세관에 앉아 있는 것을 보시고 나를 따르라 하시니 그가 모든 것을 버리고 일어나 따르니라

* 본 절의 '레위'는 막 2:14에는 '알패오의 아들'로, 마 9:9에는 '마태'로 기록되어 있다. 한편 '레위'는 본명이고, '마태'는 예수님의 제자가 된 후의 이름으로 여겨진다.

memo

42. 바리새인과 서기관들이 '금식 문제'를 제기할 때 예수님이 말씀하신 비유가 아닌 것은?
① 새 옷과 낡은 옷 비유
② 신랑과 혼인 집 손님들 비유
③ 포도원에 무화과나무를 심은 비유
④ 새 포도주와 낡은 가죽 부대 비유

43. 예수께서 12제자를 택하시기 전에 하신 일은?
① 사십 일을 밤낮으로 금식하셨다
② 밤이 새도록 하나님께 기도하셨다
③ 새벽 아직도 밝기 전에 기도하셨다
④ 땀이 땅에 떨어지는 핏방울 같이 되도록 기도하셨다

44. 예수께서 부르신 제자 중에 '셀롯'이라는 명칭을 가진 사람은?
① 빌립 ② 바돌로매 ③ 도마 ④ 시몬

42. ③

공관복음서의 '씨 뿌리는 자의 비유' 비교

신랑과 혼인 집 손님들 비유	눅 5:34-35
새 옷과 낡은 옷 비유	눅 5:36
새 포도주와 낡은 가죽 부대 비유	눅 5:37-39

43. ② (눅 6:12-13) 이 때에 예수께서 기도하시러 산으로 가사 밤이 새도록 하나님께 기도하시고 밝으매 그 제자들을 부르사 그 중에서 열둘을 택하여 사도라 칭하셨으니

44. ④ (눅 6:12-15) 예수께서 기도하시러 산으로 가사 밤이 새도록 하나님께 기도하시고 밝으매 그 제자들을 부르사 그 중에서 열둘을 택하여 사도라 칭하셨으니 … 셀롯이라는 시몬과

* '셀롯'이라는 말은 아람어에서 온 말로 '열심당원'이라는 뜻이다. 따라서 시몬은 당시 로마 제국의 통치에 심하게 반발했던 열심당원의 한 사람이었을 것으로 여겨진다. 한편 마태복음과 마가복음에서는 '시몬'을 '베드로라 하는 시몬'과 구별하기 위해 '가나나인 시몬'이라고 기록하고 있다(마 10:4; 막 3:18 참조).

memo

45. 누가복음에서, '평지수훈'이 기록된 장과 절은?

① 5:20–49 ② 6:20–49 ③ 7:20–49 ④ 8:20–49

46. 예수께서 "이스라엘 중에서도 이만한 믿음은 만나보지 못하였노라"고 칭찬하신 사람은?

① 천부장 ② 백부장 ③ 오십부장 ④ 십부장

47. 예수께서 과부의 아들을 살리신 곳은?

① 가버나움 ② 거라사 ③ 나인 성 ④ 디베랴

48. 예수님께 "오실 그이가 당신이오니이까 우리가 다른 이를 기다리오리이까"라고 물은 사람은?

① 베드로 ② 야고보 ③ 침례 요한 ④ 사도 요한

49. 예수께서 '여자가 낳은 자 중에 가장 큰 자'라고 한 사람은?

① 다윗 ② 침례 요한 ③ 사도 요한 ④ 다니엘

45. ②

＊눅 6:20–49은 마태복음의 산상수훈(마 5–7장)과 유사한 내용으로서 눅 6:17의 '평지에 서시니'라는 말씀에 근거하여 일명 '평지수훈'이라고 불린다.

46. ② (눅 7:2–9) 어떤 백부장의 사랑하는 종이 병들어 죽게 되었더니 예수의 소문을 듣고 유대인의 장로 몇 사람을 예수께 보내어 오셔서 그 종을 구해 주시기를 청한지라 … 예수께서 들으시고 … 이스라엘 중에서도 이만한 믿음은 만나보지 못하였노라 하시더라

47. ③ (눅 7:11–15) 예수께서 나인이란 성으로 가실새 … 사람들이 한 죽은 자를 메고 나오니 이는 한 어머니의 독자요 그의 어머니는 과부라 … 예수께서 이르시되 청년아 내가 네게 말하노니 일어나라 하시매 죽었던 자가 일어나 앉고 말도 하거늘 예수께서 그를 어머니에게 주시니

48. ③ (눅 7:19) 요한이 그 제자 중 둘을 불러 주께 보내어 이르되 오실 그이가 당신이오니이까 우리가 다른 이를 기다리오리이까 하라 하매

＊본 절에서 '요한'은 침례 요한을 가리킨다.

49. ② (눅 7:28) 내가 너희에게 말하노니 여자가 낳은 자 중에 요한보다 큰 자가 없도다 그러나 하나님의 나라에서는 극히 작은 자라도 그보다 크니라 하시니

memo

50. 일곱 귀신 들렸다가 예수님께 고침 받은 여자는?

① 마르다 ② 막달라인이라 하는 마리아

③ 살로메 ④ 야고보의 어머니 마리아

51. '예수님과 제자들이 복음을 전하실 때' 자기들의 소유로 섬긴 여자 가 아닌 자는?

① 엘리사벳 ② 구사의 아내 요안나

③ 수산나 ④ 막달라인이라 하는 마리아

52. 누가복음의 '씨 뿌리는 자의 비유'에서 씨가 떨어진 곳이 아닌 곳은?

① 길 가 ② 가시떨기 ③ 돌밭 ④ 좋은 땅

50. ② (눅 8:1-2) 예수께서 각 성과 마을에 두루 다니시며 하나님의 나라를 선포하시며 그 복음을 전하실새 열두 제자가 함께 하였고 또한 악귀를 쫓아내심과 병 고침을 받은 어떤 여자들 곧 일곱 귀신이 나간 자 막달라인이라 하는 마리아와

51. ① (눅 8:1-3) 예수께서 … 복음을 전하실새 열두 제자가 함께 하였고 … 막달라인이라 하는 마리아와 헤롯의 청지기 구사의 아내 요안나와 수산나와 다른 여러 여자가 함께 하여 자기들의 소유로 그들을 섬기더라

* 본 절에서 '다른 여러 여자'들 중에는 '작은 야고보와 요세의 어머니 마리아'와 '살로메'도 포함되어 있었을 것으로 추정된다(막 15:40 참조).

52. ③

공관복음에서의 '씨 뿌리는 자의 비유' 비교

길 가, 돌밭, 가시떨기, 좋은 땅	100, 60, 30배	마 13:1-23
길 가, 돌밭, 가시떨기, 좋은 땅	30, 60, 100배	막 4:1-20
길 가, 바위 위, 가시떨기, 좋은 땅	100배	눅 8:4-15

memo

53. 거라사 땅의 귀신 들린 자가 예수님을 부른 칭호는?
① 이새의 줄기에서 난 한 싹 예수
② 아브라함과 다윗의 자손 예수
③ 하나님의 기름 부음 받은 자 예수
④ 지극히 높으신 하나님의 아들 예수

54. 다음 (　　　　) 안에 들어갈 말은?
"이에 (　　　　)라 하는 사람이 와서 예수의 발 아래에 엎드려 자기 집에 오시기를 간구하니 이는 자기에게 열두 살 된 외딸이 있어 죽어감이러라 예수께서 가실 때에 무리가 밀려들더라"
① 회당장인 야이로　　② 제사장인 야이로
③ 천부장인 야이로　　④ 백부장인 야이로

55. 회당장 야이로의 집으로 가시는 '예수님의 옷 가에 손을 대' 고침을 받은 여자는?
① 수로보니게 여자의 딸
② 일곱 귀신 들린 막달라 마리아
③ 18년 동안 귀신 들려 앓은 여자
④ 12년 동안 혈루증으로 앓는 여자

53. ④ (눅 8:26-28) 거라사인의 땅에 이르러 예수께서 육지에 내리시매 그 도시 사람으로서 귀신 들린 자 하나가 예수를 만나니 … 예수를 보고 부르짖으며 그 앞에 엎드려 큰 소리로 불러 이르되 지극히 높으신 하나님의 아들 예수여 당신이 나와 무슨 상관이 있나이까

* 본 절의 '귀신 들린 자'는 다른 공관복음에도 기록되어 있는데(마 8:28-34; 막 5:1-20 참조), 마태복음에는 '귀신 들린 자 둘'로 기록되어 있다. 한편 본 절의 '거라사인의 땅'이 마 8:28에는 '가다라 지방'으로 표기되어 있는데, 거라사는 가다라 지방의 여러 마을 중 한 마을이었을 것으로 추정된다.

54. ① (눅 8:41-42 참조)

55. ④ (눅 8:41-44) 회당장인 야이로라 하는 사람이 와서 예수의 발 아래에 엎드려 자기 집에 오시기를 간구하니 … 예수께서 가실 때에 … 열두 해를 혈루증으로 앓는 중에 아무에게도 고침을 받지 못하던 여자가 예수의 뒤로 와서 그의 옷 가에 손을 대니 혈루증이 즉시 그쳤더라

memo

56. 예수께서 회당장 야이로의 딸을 살리시는 자리에 '함께 들어가기를' 허락한 제자가 아닌 자는?

① 베드로 ② 요한 ③ 야고보 ④ 마태

57. 예수님이 산에서 용모가 변화되었을 때 '예수님과 함께 말한' 두 사람은?

① 아브라함과 다윗 ② 모세와 엘리야
③ 이사야와 예레미야 ④ 노아와 다니엘

58. 베드로가 예수님께 '초막 셋을 짓자'고 제안한 일과 관련이 없는 사람은?

① 주 ② 모세 ③ 엘리야 ④ 다윗

59. 다음 (　　) 안에 들어갈 말은?

"그들에게 이르시되 누구든지 내 이름으로 이런 어린 아이를 (　　)하면 곧 나를 (　　)함이요 또 누구든지 나를 (　　)하면 곧 나를 보내신 이를 (　　)함이라 너희 모든 사람 중에 가장 작은 그가 큰 자니라"

① 사랑 ② 접대 ③ 영접 ④ 존중

56. ④ (눅 8:49-51) 회당장의 집에서 사람이 와서 말하되 당신의 딸이 죽었나이다 … 예수께서 … 그 집에 이르러 베드로와 요한과 야고보와 아이의 부모 외에는 함께 들어가기를 허락하지 아니하시니라

* 베드로와 요한과 야고보는 예수님과 함께 산에 올라가 예수님이 기도하실 때 용모가 변화되신 것을 목격하였으며(눅 9:28-29 참조), 예수님이 겟세마네에서 기도하실 때(막 14:32-36 참조)에도 예수님과 가까운 곳에 있는 특권을 누렸다.

57. ② (눅 9:28-30) 예수께서 베드로와 요한과 야고보를 데리고 기도하시러 산에 올라가사 기도하실 때에 용모가 변화되고 그 옷이 희어져 광채가 나더라 문득 두 사람이 예수와 함께 말하니 이는 모세와 엘리야라

58. ④ (눅 9:33) 두 사람이 떠날 때에 베드로가 예수께 여짜오되 주여 우리가 여기 있는 것이 좋사오니 우리가 초막 셋을 짓되 하나는 주를 위하여, 하나는 모세를 위하여, 하나는 엘리야를 위하여 하사이다 하되 자기가 하는 말을 자기도 알지 못하더라

59. ③ (눅 9:48 참조)

memo

60. '어떤 사람이 주의 이름으로 귀신을 내쫓는 것을 보고 우리와 함께 따르지 아니하므로 금하였다'고 말한 제자는?

① 베드로 ② 야고보 ③ 요한 ④ 빌립

61. 다음 ( ) 안에 들어갈 말은?

"예수께서 ( )하실 기약이 차가매 예루살렘을 향하여 올라가기로 굳게 결심하시고"

① 현현 ② 별세 ③ 입성 ④ 승천

62. 예수님이 사마리아인의 마을에서 배척받는 것을 보고 하늘로부터 불을 내려 멸하기를 바란 제자는?

① 베드로와 야고보 ② 베드로와 요한

③ 야고보와 안드레 ④ 야고보와 요한

60. ③ (눅 9:49) 요한이 여짜오되 주여 어떤 사람이 주의 이름으로 귀신을 내쫓는 것을 우리가 보고 우리와 함께 따르지 아니하므로 금하였나이다

61. ④ (눅 9:51 참조)

* 여기서 '승천'은 예수 그리스도의 고난과 죽음과 부활을 포함한 것이다. 따라서 본 절은 예수님이 승천하시기 전에 거쳐야 할 고난과 죽음과 부활의 과정을 위해 예루살렘으로 올라가기로 작정하셨음을 의미한다.

62. ④ (눅 9:52-54) 사자들을 앞서 보내시매 그들이 가서 예수를 위하여 준비하려고 사마리아인의 한 마을에 들어갔더니 … 그들이 받아들이지 아니 하는지라 제자 야고보와 요한이 이를 보고 이르되 주여 우리가 불을 명하여 하늘로부터 내려 저들을 멸하라 하기를 원하시나이까

memo

63. 예수께서 '따로' 세워 복음을 전하게 하신 제자의 수는?
① 10인 ② 30인 ③ 50인 ④ 70인

64. 주께서 70인을 세우사 각 지역으로 둘씩 보내시며 하신 말씀이 아닌 것은?
① 전대나 배낭이나 신발을 가지지 말라
② 길에서 아무에게도 문안하지 말라
③ 그 집에 유하며 주는 것을 먹고 마시라
④ 이 집에서 저 집으로 옮겨 다니며 전하라

63. ④ (눅 10:1) 그 후에 주께서 따로 칠십 인을 세우사 친히 가시려는 각 동네와 각 지역으로 둘씩 앞서 보내시며
64. ④

주께서 70인을 보내시며 하신 말씀

추수하는 주인에게 청하여 추수할 일꾼들을 보내 주소서 하라	눅 10:2
전대나 배낭이나 신발을 가지지 말라	눅 10:4
길에서 아무에게도 문안하지 말라	눅 10:4
어느 집에 들어가든지 먼저 이 집이 평안할지어다 하라	눅 10:5
그 집에 유하며 주는 것을 먹고 마시라	눅 10:7
이 집에서 저 집으로 옮기지 말라	눅 10:7
너희를 영접하거든 너희 앞에 차려놓는 것을 먹으라	눅 10:8
거기 있는 병자들을 고치라	눅 10:9
하나님의 나라가 너희에게 가까이 왔다 하라	눅 10:9
영접하지 아니하거든 우리 발에 묻은 먼지도 너희에게 떨어버리노라 하라	눅 10:10-11
하나님의 나라가 가까이 온 줄을 알라 하라	눅 10:11

* 당시 이스라엘 사람들은 손윗사람이 손아랫사람에게 절을 받는 관습이 있었다. 그럼에도 예수께서 70인을 보내시며 '길에서 아무에게도 문안하지 말라'고 하신 것은 그들에게 복음 사역의 긴급성과 중요성을 상기시키기 위함인 것으로 보인다. 즉, 70인은 보냄을 받은 자들로서 복음 사역을 하는 데 아무런 방해도 받지 말아야 함을 말씀하신 것이다. 한편 '이 집에서 저 집으로 옮기지 말라'고 하신 것은 제자들이 묵고 있는 가정의 형편에 대한 부담이나 생활 습관의 차이로 인해 거처를 옮길 경우 전도할 시간을 낭비할 수 있을 뿐만 아니라 집주인이 제자들을 좋지 않게 인식할 수 있기 때문인 것으로 보인다.

memo

65. 다음 (　　　) 안에 들어갈 말은?
"(　　　)아 네가 하늘에까지 높아지겠느냐 음부에까지 낮아지리라"
① 예루살렘　② 고라신　③ 가버나움　④ 시돈

66. 다음 (　　) 안에 들어갈 말은?
"칠십 인이 기뻐하며 돌아와 이르되 주여 주의 (　　)이면 귀신들도 우리에게 항복하더이다 예수께서 이르시되 사탄이 하늘로부터 번개 같이 떨어지는 것을 내가 보았노라"
① 능력　② 보혈　③ 사랑　④ 이름

67. 예수님을 시험하여 "내가 무엇을 하여야 영생을 얻으리이까"라고 물은 사람은?
① 어떤 율법교사　② 어떤 서기관
③ 어떤 바리새인　④ 어떤 레위인

68. 누가복음 10장에서, 예수님은 누가 '강도 만난 자의 이웃'이라고 하셨는가?
① 어떤 제사장　② 어떤 레위인
③ 어떤 바리새인　④ 어떤 사마리아 사람

65. ③ (눅 10:15 참조)
* 예수님이 가버나움에서 중풍병자(마 9:1-2; 막 2:1-12 참조), 백부장의 하인(마 8:5-13; 눅 7:1-10 참조), 신하의 아들(요 4:46-54 참조)을 치유하고 회당장 야이로의 딸(막 5:21-24, 35-43 참조)을 살리는 등 많은 이적을 행하셨음에도 불구하고, 가버나움은 복음을 거부하고 예수님을 영접하지 않았기 때문에 심판을 경고받은 것이다. 한편 '가버나움'은 예수님의 갈릴리 사역의 중심지였기 때문에 마태는 가버나움을 예수님의 '본 동네'라고 하였다(마 9:1 참조).
66. ④ (눅 10:17-18 참조)
67. ① (눅 10:25) 어떤 율법교사가 일어나 예수를 시험하여 이르되 선생님 내가 무엇을 하여야 영생을 얻으리이까
68. ④ (눅 10:33-37) 어떤 사마리아 사람은 … 돌보아 주니라 … 네 생각에는 이 세 사람 중에 누가 강도 만난 자의 이웃이 되겠느냐 이르되 자비를 베푼 자니이다 예수께서 이르시되 가서 너도 이와 같이 하라 하시니라

memo

69. 누가복음에서, 주의 발치에 앉아 말씀을 듣는 '좋은 편을 택한' 여자는?
① 마르다의 동생 마리아　② 마리아의 언니 마르다
③ 막달라 마리아　④ 요세의 어머니 마리아

70. 다음 (　　) 안에 들어갈 말은?
"너희가 악할지라도 좋은 것을 자식에게 줄 줄 알거든 하물며 너희 하늘 아버지께서 구하는 자에게 (　　)을 주시지 않겠느냐 하시니라"
① 구원　② 생명　③ 재물　④ 성령

71. 다음 (　　) 안에 들어갈 말은?
"예수께서 한 말 못하게 하는 귀신을 쫓아내시니 귀신이 나가매 말 못하는 사람이 말하는지라 무리들이 놀랍게 여겼으나 그 중에 더러는 말하기를 그가 귀신의 왕 (　　)을 힘입어 귀신을 쫓아낸다 하고"
① 리워야단　② 바알세불　③ 사탄　④ 뱀

69. ① (눅 10:38-42) 예수께서 한 마을에 들어가시매 마르다라 이름하는 한 여자가 자기 집으로 영접하더라 그에게 마리아라 하는 동생이 있어 주의 발치에 앉아 그의 말씀을 듣더니 … 마리아는 이 좋은 편을 택하였으니 빼앗기지 아니하리라

70. ④ (눅 11:13 참조)

71. ② (눅 11:14-15 참조)

memo

72. 다음 ( ) 안에 들어갈 말은?

"그러나 내가 만일 ( )의 손을 힘입어 귀신을 쫓아낸다면 하나님의 나라가 이미 너희에게 임하였느니라"

① 바알세불 ② 리워야단 ③ 하나님 ④ 성령

73. 예수님은 비유를 통해 더러운 귀신이 사람에게서 나갔다가 더 악한 귀신 '몇'을 데리고 다시 들어갔다고 하셨는가?

① 다섯 ② 여섯 ③ 일곱 ④ 여덟

74. 다음 ( ) 안에 들어갈 말은?

"무리가 모였을 때에 예수께서 말씀하시되 이 세대는 악한 세대라 표적을 구하되 ( )의 표적 밖에는 보일 표적이 없나니"

① 모세 ② 엘리야 ③ 다니엘 ④ 요나

75. 다음 ( ) 안에 들어갈 말은?

"네 몸의 등불은 ( )이라 네 ( )이 성하면 온 몸이 밝을 것이요 만일 나쁘면 네 몸도 어두우리라"

① 심장 ② 눈 ③ 손 ④ 발

72. ③ (눅 11:20 참조)

73. ③ (눅 11:24-26) 더러운 귀신이 사람에게서 나갔을 때에 물 없는 곳으로 다니며 쉬기를 구하되 얻지 못하고 … 내 집으로 돌아가리라 하고 … 저보다 더 악한 귀신 일곱을 데리고 들어가서 거하니 그 사람의 나중 형편이 전보다 더 심하게 되느니라

* 예수님은 본 절을 통해 '하나님의 능력을 힘입어' 사탄을 쫓아내신 것을 강조하신 것이다.

74. ④ (눅 11:29 참조)

75. ② (눅 11:34 참조)

* 본 절에서 '눈'은 진리를 분별하고 받아들이는 '마음'을 상징적으로 표현한 것이다.

memo

76. 다음 (　　　) 안에 들어갈 말은?

"주께서 이르시되 너희 (　　　)은 지금 잔과 대접의 겉은 깨끗이 하나 너희 속에는 탐욕과 악독이 가득하도다"

① 바리새인　② 사두개인　③ 제사장들　④ 율법사들

77. 지식의 열쇠를 가져가서 '자신들도 들어가지 않고 들어가고자 하는 자도 막은' 사람은?

① 대제사장들　② 제사장들

③ 율법교사　④ 바리새인

78. 다음 (　　　) 안에 들어갈 말은?

"그 동안에 무리 수만 명이 모여 서로 밟힐 만큼 되었더니 예수께서 먼저 제자들에게 말씀하여 이르시되 바리새인들의 누룩 곧 (　　　)을 주의하라"

① 교만　② 외식　③ 자랑　④ 허영

79. 누가복음에서, 어떤 자는 '사하심을 받지 못한다'고 하였는가?

① 성령을 모독하는 자　② 선지자를 모독하는 자

③ 제사장을 모독하는 자　④ 제자들을 모독하는 자

76. ① (눅 11:39 참조)

77. ③ (눅 11:52) 화 있을진저 너희 율법교사여 너희가 지식의 열쇠를 가져가서 너희도 들어가지 않고 또 들어가고자 하는 자도 막았느니라 하시니라

* '지식의 열쇠를 가져갔다'는 말은 율법교사들이 율법을 해석하고 가르친 것을 의미한다. 따라서 본 절은 율법교사들이 자신들뿐만 아니라 다른 사람들까지도 하나님의 나라에 들어가지 못하도록 한 것을 가리킨다.

78. ② (눅 12:1 참조)

79. ① (눅 12:10) 누구든지 말로 인자를 거역하면 사하심을 받으려니와 성령을 모독하는 자는 사하심을 받지 못하리라

memo

80. 예수께서 '의식주를 위하여 염려하지 말라'고 하시면서 예로 든 것이 아닌 것은?

① 까마귀　② 백합화　③ 들풀　④ 무화과나무

81. 다음 (　　) 안에 들어갈 말은?

"다만 너희는 그의 (　　)를 구하라 그리하면 이런 것들을 너희에게 더하시리라 적은 무리여 무서워 말라 너희 아버지께서 그 (　　)를 너희에게 주시기를 기뻐하시느니라"

① 은사　② 은혜　③ 의　④ 나라

82. 예수님은 무엇을 '땅에 던지러 왔다'고 하셨는가?

① 물　② 불　③ 칼　④ 돌

83. 누가복음에서, 실로암 망대가 무너져 죽은 사람은 몇 명인가?

① 15명　② 16명　③ 17명　④ 18명

80. ④

예수께서 '의식주를 위하여 염려하지 말라'고 예로 든 것

까마귀	눅 12:24
백합화	눅 12:27
들풀	눅 12:28

81. ④ (눅 12:31-32 참조)

82. ② (눅 12:49) 내가 불을 땅에 던지러 왔노니 이 불이 이미 붙었으면 내가 무엇을 원하리요

* 여기서 '불'은 성도의 열심으로 인해 성도와 불신자 간에 조성될 적대감을 가리키며, '불이 이미 붙었으면 내가 무엇을 원하리요'라는 말은 '이 불이 붙어지기를 원했다'는 뜻이다. 따라서 본 절은 예수님이 성도와 불신자를 구별하고 진리와 비진리를 구분하여 심판을 하기 위해 오셨는데 아직은 그 불이 붙지 않았다는 것을 의미한다.

83. ④ (눅 13:4-5) 또 실로암에서 망대가 무너져 치어 죽은 열여덟 사람이 예루살렘에 거한 다른 모든 사람보다 죄가 더 있는 줄 아느냐 너희에게 이르노니 아니라 너희도 만일 회개하지 아니하면 다 이와 같이 망하리라

* 예수님은 실로암 사람들의 죽음을 예로 들어 죄가 많아서 죽는 것이 아니라 누구든지 회개하지 않으면 망하게 된다는 것을 강조하신 것이다.

memo

84. 예수님의 비유 중 한 사람이 '3년 동안' 열매를 구하였으나 얻지 못한 나무는?
① 생명나무 ② 포도나무 ③ 무화과나무 ④ 뽕나무

85. 누가복음에서, 예수님이 '여우'라고 지칭한 사람은?
① 헤롯 ② 빌라도 ③ 안나스 ④ 가야바

86. 다음 ( ) 안에 들어갈 말은?
"그러나 오늘과 내일과 모레는 내가 갈 길을 가야 하리니 선지자가 ( ) 밖에서는 죽는 법이 없느니라"
① 베들레헴 ② 예루살렘 ③ 가버나움 ④ 갈릴리

84. ③ (눅 13:6-7) 이에 비유로 말씀하시되 한 사람이 포도원에 무화과나무를 심은 것이 있더니 와서 그 열매를 구하였으나 얻지 못한지라 포도원지기에게 이르되 내가 삼 년을 와서 이 무화과나무에서 열매를 구하되 얻지 못하니 찍어 버리라 어찌 땅만 버리게 하겠느냐
* 본 절은 하나님께서 이스라엘 민족을 선택하시고 은혜를 베푸심으로 의의 열매를 맺기 원하셨으나 열매를 맺지 못한 것을 비유한 것이다. 한편 '열매'는 '회개'를 의미하고, '포도원 주인'은 '하나님'을 상징한다.

85. ① (눅 13:31-32) 어떤 바리새인들이 나아와서 이르되 나가서 여기를 떠나소서 헤롯이 당신을 죽이고자 하나이다 이르시되 너희는 가서 저 여우에게 이르되 오늘과 내일은 내가 귀신을 쫓아내며 병을 고치다가 제삼일에는 완전하여지리라 하라
* 예수님이 헤롯을 '여우'라고 지칭한 것은 그의 교활함을 지적하신 것이다. 한편 '오늘'은 현재, '내일'은 예루살렘에 이르기까지, '제삼일'은 예수님이 십자가에서 죽으시고 사역을 완성하기까지의 기간을 말한다. 따라서 본 절은 헤롯의 방해에도 불구하고 예수님이 십자가에서 구속 사역을 완성하실 것을 말씀하신 것이다.

86. ② (눅 13:33 참조)
* '선지자가 예루살렘 밖에서는 죽는 법이 없다'는 말은 예수님이 산헤드린 공회에 의해 사형 선고를 받아 예루살렘에서 죽게 되실 것과 예루살렘 밖인 안디바의 영토에서는 죽지 않으실 것을 가리킨다.

memo

87. 다음 (　　) 안에 들어갈 말은?

"무릇 내게 오는 자가 자기 부모와 처자와 형제와 자매와 더욱이 자기 목숨까지 미워하지 아니하면 능히 내 (　　)가 되지 못하고 누구든지 자기 십자가를 지고 나를 따르지 않는 자도 능히 내 (　　)가 되지 못하리라"

① 형제　② 자매　③ 제자　④ 친구

88. 누가복음에서, '제자의 자세'에 대한 예수님의 비유가 아닌 것은?

① 망대를 세우는 사람의 비유
② 전쟁에 참가하는 임금의 비유
③ 돌아온 탕자의 비유
④ 맛을 잃은 소금의 비유

89. 누가복음 15장에 기록된 비유가 아닌 것은?

① 잃은 양의 비유　② 잃은 드라크마의 비유
③ 돌아온 탕자의 비유　④ 양과 염소의 비유

87. ③ (눅 14:26–27 참조)
88. ③

'제자의 자세'에 대한 예수님의 비유

비유	본문
망대를 세우는 사람의 비유	눅 14:28-30
전쟁에 참가하는 임금의 비유	눅 14:31-32
맛을 잃은 소금의 비유	눅 14:34-35

89. ④

누가복음 15장에 기록된 비유

비유	본문
잃은 양의 비유	눅 15:1-7
잃은 드라크마의 비유	눅 15:8-10
돌아온 탕자의 비유	눅 15:11-32

memo

90. 누가복음에서 '돌아온 탕자의 비유'가 기록된 장은?

① 14장 ② 15장 ③ 16장 ④ 17장

91. 누가복음 16장에서, 예수님은 '무엇'으로 친구를 사귀라고 하셨는가?

① 의의 지혜 ② 불의의 지혜
③ 의의 재물 ④ 불의의 재물

92. 예수님은 불의한 청지기 비유에서 하나님과 '무엇'을 겸하여 섬길 수 없다고 하셨는가?

① 재물 ② 명예 ③ 권력 ④ 부모

93. 누가복음 16장에서, 바리새인들이 좋아하는 것은?

① 율법 ② 명예 ③ 권력 ④ 돈

90. ② (눅 15:11-32 참조)

91. ④ (눅 16:9) 내가 너희에게 말하노니 불의의 재물로 친구를 사귀라 그리하면 그 재물이 없어질 때에 그들이 너희를 영주할 처소로 영접하리라

* 본 절에서 '불의의 재물'은 '부정직하게 얻은 재물'이라기보다는 '하늘의 보화'에 반대되는 의미로서 '세상의 재물'을 가리킨다고 볼 수 있다.

92. ① (눅 16:13) 집 하인이 두 주인을 섬길 수 없나니 혹 이를 미워하고 저를 사랑하거나 혹 이를 중히 여기고 저를 경히 여길 것임이니라 너희는 하나님과 재물을 겸하여 섬길 수 없느니라

93. ④ (눅 16:14) 바리새인들은 돈을 좋아하는 자들이라 이 모든 것을 듣고 비웃거늘

memo

94. 다음 (　　) 안에 들어갈 말은?

"율법과 선지자는 (　　)의 때까지요 그 후부터는 하나님 나라의 복음이 전파되어 사람마다 그리로 침입하느니라"

① 모세　② 엘리야　③ 말라기　④ 요한

95. 누가복음에서, '부자와 나사로의 비유'가 나오는 장은?

① 15장　② 16장　③ 17장　④ 18장

96. 누가복음에서, 거지 나사로가 죽어 천사들에게 받들려 들어간 곳은?

① 하나님의 품　② 아브라함의 품

③ 모세의 품　④ 다윗의 품

97. 예수님의 '부자와 나사로의 비유'에서 부자의 형제는 몇 명인가?

① 1명　② 3명　③ 5명　④ 7명

98. 다음 (　　) 안에 들어갈 말은?

"만일 하루에 (　　) 번이라도 네게 죄를 짓고 (　　) 번 네게 돌아와 내가 회개하노라 하거든 너는 용서하라 하시더라"

① 일곱　② 여덟　③ 아홉　④ 열

94. ④ (눅 16:16 참조)

* '율법과 선지자'는 구약을 가리킨다. 따라서 '율법과 선지자가 요한의 때까지'라는 말은 구약 시대는 침례 요한의 때까지로 끝났다는 것을 의미한다. 한편 '하나님 나라의 복음이 전파되어 사람마다 그리로 침입한다'는 말은 세리와 창기 같은 죄인들이 예수 그리스도의 복음을 받아들여 하나님의 나라에 들어가게 된 것을 가리킨다.

95. ② (눅 16:19-31 참조)

96. ② (눅 16:22) 이에 그 거지가 죽어 천사들에게 받들려 아브라함의 품에 들어가고 부자도 죽어 장사되매

97. ③ (눅 16:27-28) 이르되 그러면 아버지여 구하노니 나사로를 내 아버지의 집에 보내소서 내 형제 다섯이 있으니 그들에게 증언하게 하여 그들로 이 고통 받는 곳에 오지 않게 하소서

98. ① (눅 17:4 참조)

memo

99. 다음 (　　　) 안에 들어갈 말은?

"이와 같이 너희도 명령 받은 것을 다 행한 후에 이르기를 우리는 (　　　) 종이라 우리가 하여야 할 일을 한 것뿐이라 할지니라"

① 지혜로운　② 유익한　③ 무익한　④ 미련한

100. 다음 (　　　) 안에 들어갈 말은?

"한 마을에 들어가시니 나병환자 열 명이 예수를 만나 멀리 서서 소리를 높여 이르되 예수 선생님이여 우리를 불쌍히 여기소서 하거늘 보시고 이르시되 가서 (　　　)에게 너희 몸을 보이라 하셨더니 그들이 가다가 깨끗함을 받은지라"

① 바리새인들　② 사두개인들
③ 대제사장들　④ 제사장들

101. 누가복음 17장에서, 깨끗함을 받은 10명의 나병환자 중 예수께 와서 감사드린 한 사람은?

① 예루살렘 사람　② 베들레헴 사람
③ 가버나움 사람　④ 사마리아 사람

99. ③ (눅 17:10 참조)
* 본 절은 종이 자신의 의무를 다했다고 해서 칭찬을 듣거나 사례를 받아야 하는 것이 아니라는 의미이다.

100. ④ (눅 17:12-14 참조)
* 제사장은 나병환자를 진단하고 돌보며 예방해야 하는 책임이 있었으며, 이 병이 치유되었을 때에는 제사장이 진찰한 후 정결의식을 행하며 속건제와 속죄제를 드렸다(레 13-14장 참조).

101. ④ (눅 17:15-17) 그 중의 한 사람이 자기가 나은 것을 보고 … 돌아와 예수의 발 아래에 엎드리어 감사하니 그는 사마리아 사람이라 예수께서 대답하여 이르시되 열 사람이 다 깨끗함을 받지 아니하였느냐 그 아홉은 어디 있느냐

memo

102. 다음 (　　) 안에 들어갈 말은?

"바리새인들이 하나님의 나라가 어느 때에 임하나이까 묻거늘 예수께서 대답하여 이르시되 하나님의 나라는 볼 수 있게 임하는 것이 아니요 또 여기 있다 저기 있다고도 못하리니 하나님의 나라는 (　　) 안에 있느니라"

① 교회　② 집　③ 너희　④ 몸

103. 누가복음 17장에서, '주검이 있는 곳에 모이는 것'은?

① 독수리　② 올빼미　③ 박쥐　④ 솔개

104. 누가복음 18장에서, 불의한 재판관과 과부의 비유는 무엇에 대한 비유인가?

① 기도　② 믿음　③ 사랑　④ 구제

105. 예수께서 '자기를 의롭다고 믿고 다른 사람을 멸시하는 자들'에게 말씀하신 비유는?

① 사두개인과 세리의 기도　② 사두개인과 제사장의 기도

③ 바리새인과 세리의 기도　④ 바리새인과 제사장의 기도

102. ③ (눅 17:20-21 참조)

103. ① (눅 17:37) 그들이 대답하여 이르되 주여 어디오니이까 이르시되 주검 있는 곳에는 독수리가 모이느니라 하시니라

*본 절은 시체가 있는 곳에 독수리들이 모여드는 것처럼 '심판을 받아야 할 죄인이 있는 곳에 심판이 임한다'는 뜻이다. 즉, 본 절은 예수님이 재림하실 때 죄악된 세상 어디에나 동시에 임하셔서 심판하실 것을 가리킨다.

104. ① (눅 18:1-3) 예수께서 그들에게 항상 기도하고 낙심하지 말아야 할 것을 비유로 말씀하여 … 한 재판장이 있는데 그 도시에 한 과부가 있어 자주 그에게 가서 내 원수에 대한 나의 원한을 풀어 주소서 하되

105. ③ (눅 18:9-10) 자기를 의롭다고 믿고 다른 사람을 멸시하는 자들에게 이 비유로 말씀하시되 두 사람이 기도하러 성전에 올라가니 하나는 바리새인이요 하나는 세리라

memo

106. 다음 (　　　) 안에 들어갈 말은?

"맹인이 외쳐 이르되 (　　　　) 예수여 나를 불쌍히 여기소서 하거늘 앞서 가는 자들이 그를 꾸짖어 잠잠하라 하되 그가 더욱 크게 소리 질러 (　　　)이여 나를 불쌍히 여기소서 하는지라"

① 아브라함의 자손　　② 이새의 자손
③ 다윗의 자손　　④ 요셉의 자손

107. '삭개오'에 관한 기사가 기록된 성경과 장은?

① 눅 16장　② 눅 17장　③ 눅 18장　④ 눅 19장

108. 키가 작은 삭개오가 예수님을 보기 위해 올라간 나무는?

① 무화과나무　　② 돌무화과나무
③ 참감람나무　　④ 돌감람나무

109. 예수님은 구원받은 삭개오를 '누구의 자손'이라고 칭해 주셨는가?

① 아담의 자손　　② 이스라엘의 자손
③ 다윗의 자손　　④ 아브라함의 자손

106. ③ (눅 18:38-39 참조)
107. ④ (눅 19:1-10 참조)
108. ② (눅 19:2-4) 삭개오라 이름하는 자가 있으니 … 그가 예수께서 어떠한 사람인가 하여 보고자 하되 키가 작고 사람이 많아 할 수 없어 앞으로 달려가서 보기 위하여 돌무화과나무에 올라가니 이는 예수께서 그리로 지나가시게 됨이러라
109. ④ (눅 19:8-9) 삭개오가 서서 주께 여짜오되 주여 보시옵소서 내 소유의 절반을 가난한 자들에게 주겠사오며 만일 누구의 것을 속여 빼앗은 일이 있으면 네 갑절이나 갚겠나이다 예수께서 이르시되 오늘 구원이 이 집에 이르렀으니 이 사람도 아브라함의 자손임이로다

* 여기서 '아브라함의 자손'은 구원받은 '하나님의 자녀'를 가리킨다.

memo

110. 다음 (　　　　) 안에 들어갈 말은?

"인자가 온 것은 (　　　　)를 찾아 구원하려 함이니라"

① 죄 있는 자　　② 가난한 자

③ 잃어버린 자　　④ 소외된 자

111. 마태복음의 '달란트 비유'와 유사한 누가복음의 비유는?

① 므나 비유　　② 데나리온 비유

③ 렙돈 비유　　④ 고드란트 비유

112. 누가복음의 '악한 농부의 비유'에서 포도원 주인이 소출을 받기 위해 농부에게 종을 몇 번 보냈는가?

① 한 번　② 두 번　③ 세 번　④ 네 번

113. 예수님 당시 화폐인 '데나리온에 있는 형상과 글'은 누구의 것이었는가?

① 가이사　② 아그립바　③ 베스도　④ 벨릭스

110. ③ (눅 19:10 참조)

111. ① (눅 19:11-13) 그들이 이 말씀을 듣고 있을 때에 비유를 더하여 말씀하시니 … 어떤 귀인이 왕위를 받아가지고 오려고 먼 나라로 갈 때에 그 종 열을 불러 은화 열 므나를 주며 이르되 내가 돌아올 때까지 장사하라 하니라

112. ③ (눅 20:9-12) 한 사람이 포도원을 만들어 농부들에게 세로 주고 … 소출 얼마를 바치게 하려고 한 종을 농부들에게 보내니 농부들이 종을 몹시 때리고 거저 보내었거늘 다시 다른 종을 보내니 … 다시 세 번째 종을 보내니 이 종도 상하게 하고 내쫓은지라

* '악한 농부의 비유'는 공관복음에 모두 기록되어 있는데, 마태복음에는 종을 두 번 보낸 것으로 기록되어 있으며(마 21:33-46 참조), 마가복음과 누가복음에는 세 번 보낸 것으로 기록되어 있다(막 12:1-12; 눅 20:9-18 참조).

113. ① (눅 20:24-25) 데나리온 하나를 내게 보이라 누구의 형상과 글이 여기 있느냐 대답하되 가이사의 것이니이다 이르시되 그런즉 가이사의 것은 가이사에게, 하나님의 것은 하나님께 바치라 하시니

* '데나리온'은 로마의 은전으로, 당시 노동자의 하루 품삯은 한 데나리온이었다(마 20:1-2 참조). 한편 데나리온에는 로마 황제를 우상화하기 위해 왕이 즉위하면 새 왕의 형상과 글을 새겨 넣었다.

memo

114. 예수님 당시 부활이 없다고 주장한 자들은?

① 대제사장들　　② 제사장들

③ 바리새인들　　④ 사두개인들

115. 다윗이 시편에서 말한 그리스도에 대한 칭호는?

① 아브라함의 자손　　② 다윗의 자손

③ 주　　④ 인자

116. 다음 (　　) 안에 들어갈 말은?

"긴 옷을 입고 다니는 것을 원하며 시장에서 문안 받는 것과 회당의 높은 자리와 잔치의 윗자리를 좋아하는 (　　)을 삼가라"

① 제사장들　② 율법사들　③ 장로들　④ 서기관들

117. 예수님은 가난한 과부가 헌금함에 '얼마' 넣는 것을 보시고 생활비 전부를 넣었다고 하셨는가?

① 한 렙돈　② 두 렙돈　③ 세 렙돈　④ 네 렙돈

114. ④ (눅 20:27) 부활이 없다고 주장하는 사두개인 중 어떤 이들이 와서

* 당시 사두개인들은 소수였지만 부유한 지배 계층으로서 유대 사회에서 영향력을 행사하는 집단이었는데 A.D. 70년 예루살렘 함락과 함께 몰락하였다. 한편 이들은 풍요로운 세속적 삶에 만족하여 부활과 사후 세계와 같은 영적인 일들에 대해 무관심하였다.

115. ③ (눅 20:42-44) 시편에 다윗이 친히 말하였으되 주께서 내 주께 이르시되 내가 네 원수를 네 발등상으로 삼을 때까지 내 우편에 앉았으라 하셨도다 하였느니라 그런즉 다윗이 그리스도를 주라 칭하였으니 어찌 그의 자손이 되겠느냐 하시니라

* 여기서 시편은 시 110:1을 가리킨다. 한편 '다윗이 그리스도를 주라 칭하였으니 어찌 그의 자손이 되겠느냐'는 말씀은 예수님이 육신으로는 다윗의 혈통에서 나셨으나 성결의 영으로는 하나님의 아들(롬 1:3-4 참조)이며, 만왕의 왕이요 만주의 주(계 17:14; 19:16 참조)가 되시기 때문에 다윗의 주가 되신다는 의미이다.

116. ④ (눅 20:46 참조)

* 본 절은 서기관들의 위선을 묘사한 것이다. 당시 서기관들은 그들의 권위를 내세우기 위해 율법의 규정보다 소맷자락을 크게 하고 옷자락을 길게 만들었는데, 이는 그들의 위선을 잘 보여 준다.

117. ② (눅 21:1-4) 예수께서 … 가난한 과부가 두 렙돈 넣는 것을 보시고 … 이 가난한 과부가 다른 모든 사람보다 많이 넣었도다 저들은 그 풍족한 중에서 헌금을 넣었거니와 이 과부는 그 가난한 중에서 자기가 가지고 있는 생활비 전부를 넣었느니라 하시니라

memo

118. 누가복음에 기록된 '종말의 징조'가 아닌 것은?

① 난리와 소요의 소문이 있다
② 민족이 민족을, 나라가 나라를 대적하여 일어난다
③ 곳곳에 큰 지진과 기근과 전염병이 있다
④ 심지어 성도가 성도를 박해한다

119. 다음 ( ) 안에 들어갈 말은?

"너희의 ( )로 너희 영혼을 얻으리라"

① 순교 ② 인내 ③ 감사 ④ 기도

120. 다음 ( ) 안에 들어갈 말은?

"천지는 없어지겠으나 내 ( )은 없어지지 아니하리라"

① 영광 ② 이름 ③ 뜻 ④ 말

118. ④

누가복음에 기록된 '종말의 징조'

많은 사람이 주의 이름으로 와서 때가 가까이 왔다고 미혹한다	눅 21:8
난리와 소요의 소문이 있다	눅 21:9
민족이 민족을, 나라가 나라를 대적하여 일어난다	눅 21:10
곳곳에 큰 지진과 기근과 전염병이 있다	눅 21:11
무서운 일과 하늘로부터 큰 징조들이 있다	눅 21:11
성도들이 박해를 당하게 된다	눅 21:12
심지어 부모와 형제와 친척과 벗도 박해한다	눅 21:16

119. ② (눅 21:19 참조)

* 본 절은 성도가 환난과 박해를 참고 인내하면 구원을 잃지 않게 된다는 의미이다.

120. ④ (눅 21:33 참조)

* 본 절은 최후 심판 때 천지는 없어질지라도 예수님의 예언은 반드시 성취될 것을 강조한 말씀이다.

memo

121. 대제사장들과 서기관들이 예수님을 죽이려고 궁리할 때 12제자 중 누구에게 사탄이 들어갔는가?

① 베드로 ② 도마

③ 가나나인 시몬 ④ 가룟 유다

122. 예수께서 유월절을 준비하기 위해 보낸 두 제자는?

① 베드로와 야고보 ② 베드로와 요한

③ 야고보와 요한 ④ 야고보와 안드레

123. 예수님은 하나님의 나라가 임할 때까지 '무엇을' 마시지 않겠다고 하셨는가?

① 생명나무에서 난 것 ② 무화과나무에서 난 것

③ 감람나무에서 난 것 ④ 포도나무에서 난 것

124. 누가복음에서, '주와 함께 옥에도, 죽는 데에도 가기를 각오하였다'고 말한 제자는?

① 베드로 ② 야고보 ③ 요한 ④ 빌립

121. ④ (눅 22:2-3) 대제사장들과 서기관들이 예수를 무슨 방도로 죽일까 궁리하니 이는 그들이 백성을 두려워함이더라 열둘 중의 하나인 가룟인이라 부르는 유다에게 사탄이 들어가니

122. ② (눅 22:8) 예수께서 베드로와 요한을 보내시며 이르시되 가서 우리를 위하여 유월절을 준비하여 우리로 먹게 하라
* 본 절은 예수께서 베드로와 요한에게 최후의 만찬을 준비하게 하신 것을 가리킨다.

123. ④ (눅 22:18) 내가 너희에게 이르노니 내가 이제부터 하나님의 나라가 임할 때까지 포도나무에서 난 것을 다시 마시지 아니하리라 하시고
* '포도나무에서 난 것'은 유월절에 마시는 포도주를 말한다. 한편 예수 그리스도의 죽음을 암시하고 있는 본 절은 진정한 의미에서의 유월절은 영원한 하나님 나라에서 완성될 것을 말씀하고 있다.

124. ① (눅 22:33-34) 그가 말하되 주여 내가 주와 함께 옥에도, 죽는 데에도 가기를 각오하였나이다 이르시되 베드로야 내가 네게 말하노니 오늘 닭 울기 전에 네가 세 번 나를 모른다고 부인하리라 하시니라

memo

125. 다음 (　　　　) 안에 들어갈 말은?
"빌라도가 예수께 물어 이르되 네가 (　　　　　)이냐 대답하여 이르시되 네 말이 옳도다"
① 하나님의 아들　　② 유대인의 왕
③ 자칭 그리스도　　④ 자칭 대제사장

126. 전에는 원수였으나 '예수님을 심문하는 일로 인하여' 당일에 서로 친구가 된 사람은?
① 헤롯과 빌라도　　② 헤롯과 안나스
③ 안나스와 가야바　　④ 빌라도와 가야바

127. 누가복음에서, 예수님이 달리신 십자가 위의 패에 쓴 글은?
① 이는 하나님의 아들　　② 이는 유대인의 왕
③ 이는 아브라함의 자손　　④ 이는 다윗의 자손

125. ② (눅 23:3 참조)
126. ① (눅 23:11-12) 헤롯이 그 군인들과 함께 예수를 업신여기며 희롱하고 빛난 옷을 입혀 빌라도에게 도로 보내니 헤롯과 빌라도가 전에는 원수였으나 당일에 서로 친구가 되니라
127. ② (눅 23:38) 그의 위에 이는 유대인의 왕이라 쓴 패가 있더라

예수께서 달리신 십자가 위의 패에 쓴 글

이는 유대인의 왕 예수	마 27:37
유대인의 왕	막 15:26
이는 유대인의 왕	눅 23:38
나사렛 예수 유대인의 왕	요 19:19

memo

128. 예수께서 '십자가에 달린 행악자 중 하나'에게 하신 말씀은?

① 네가 하나님을 두려워하지 아니하느냐
② 네가 행한 일에 상당한 보응을 받을 것이니라
③ 오늘 네가 나와 함께 낙원에 있으리라
④ 오늘 네가 나와 함께 천국에 있으리라

129. 누가복음에서, 예수님이 숨지실 때 "이 사람은 정녕 의인이었도다"라고 고백한 사람은?

① 백부장 ② 사도 요한
③ 구레네 사람 시몬 ④ 고넬료

130. 빌라도에게 가서 '예수님의 시체를 달라'고 한 요셉에 대한 설명으로 맞지 않는 것은?

① 구레네 사람이다
② 하나님의 나라를 기다리는 자다
③ 아리마대 사람이다
④ 공회 의원으로 선하고 의로운 사람이다

128. ③ (눅 23:39-43) 달린 행악자 중 … 하나는 … 예수여 당신의 나라에 임하실 때에 나를 기억하소서 하니 예수께서 이르시되 내가 진실로 네게 이르노니 오늘 네가 나와 함께 낙원에 있으리라 하시니라

* '낙원'은 예수 그리스도를 믿는 성도들이 죽은 후 천국에 들어가기 전까지 머무르는 곳으로, 성도들은 이곳에서 예수님의 재림과 부활을 기다리게 된다.

129. ① (눅 23:46-47) 예수께서 큰 소리로 불러 이르시되 아버지 내 영혼을 아버지 손에 부탁하나이다 하고 이 말씀을 하신 후 숨지시니라 백부장이 그 된 일을 보고 하나님께 영광을 돌려 이르되 이 사람은 정녕 의인이었도다 하고

백부장의 고백

이는 진실로 하나님의 아들이었도다	마 27:54
이 사람은 진실로 하나님의 아들이었도다	막 15:39
이 사람은 정녕 의인이었도다	눅 23:46-47

130. ① (눅 23:50-52) 공회 의원으로 선하고 의로운 요셉이라 하는 사람이 있으니 (그들의 결의와 행사에 찬성하지 아니한 자라) 그는 유대인의 동네 아리마대 사람이요 하나님의 나라를 기다리는 자라 그가 빌라도에게 가서 예수의 시체를 달라 하여

memo

131. 다음 (   ) 안에 들어갈 말은?

"(   ) 새벽에 이 여자들이 그 준비한 향품을 가지고 무덤에 가서 돌이 무덤에서 굴려 옮겨진 것을 보고 들어가니 주 예수의 시체가 보이지 아니하더라"

① 안식일 ② 안식 후 첫날
③ 안식 후 둘째 날 ④ 안식 후 셋째 날

132. 예수님의 무덤에 시체는 없고 세마포만 있는 것을 보고 놀랍게 여기며 집으로 돌아간 제자는?

① 베드로 ② 야고보 ③ 요한 ④ 도마

133. 엠마오로 가던 두 사람이 부활하신 예수님을 알아 본 때는?

① 예수님이 그들에게 성경을 풀어 주실 때
② 엠마오 마을에 가까이 갔을 때
③ 예수님이 길에서 그들과 만나셨을 때
④ 예수님이 떡을 가지사 축사하시고 떼어 주실 때

134. 다음 (   ) 안에 들어갈 말은?

"또 그의 이름으로 죄 사함을 받게 하는 회개가 예루살렘에서 시작하여 (   )에게 전파될 것이 기록되었으니"

① 유대인 ② 헬라인 ③ 로마인 ④ 모든 족속

131. ② (눅 24:1-3 참조)

132. ① (눅 24:12) 베드로는 일어나 무덤에 달려가서 구부려 들여다 보니 세마포만 보이는지라 그 된 일을 놀랍게 여기며 집으로 돌아가니라

133. ④ (눅 24:30-31) 그들과 함께 음식 잡수실 때에 떡을 가지사 축사하시고 떼어 그들에게 주시니 그들의 눈이 밝아져 그인 줄 알아 보더니 예수는 그들에게 보이지 아니하시는지라

134. ④ (눅 24:47 참조)

memo

135. 부활하신 예수님은 제자들에게 '언제까지' 예루살렘 성에 머물라고 하셨는가?
① 위로부터 사랑으로 입혀질 때까지
② 위로부터 평강으로 입혀질 때까지
③ 위로부터 능력으로 입혀질 때까지
④ 위로부터 은총으로 입혀질 때까지

136. 누가복음에서, 예수님이 하늘로 올려지시기 직전에 하신 일은?
① 하늘을 우러러 하나님께 기도하셨다
② 손을 들어 제자들에게 축복하셨다
③ 제자들에게 모든 민족을 제자로 삼으라고 말씀하셨다
④ 세상 끝날까지 제자들과 함께 있으리라고 말씀하셨다

137. 예수께서 하늘로 올려지신 것을 본 사람들이 예루살렘으로 돌아가 늘 성전에서 한 일은?
① 찬송 ② 금식 ③ 기도 ④ 교제

135. ③ (눅 24:48-49) 너희는 이 모든 일의 증인이라 볼지어다 내가 내 아버지께서 약속하신 것을 너희에게 보내리니 너희는 위로부터 능력으로 입혀질 때까지 이 성에 머물라 하시니라
* '약속하신 것'은 '성령'을 가리킨다. 따라서 본 절은 예수께서 제자들에게 성령이 임할 때까지 예루살렘에 머물라고 말씀하신 것이다(행 1:4-5 참조).

136. ② (눅 24:50-51) 예수께서 그들을 데리고 베다니 앞까지 나가사 손을 들어 그들에게 축복하시더니 축복하실 때에 그들을 떠나 [하늘로 올려지시니]

137. ① (눅 24:50-53) 예수께서 … 그들을 떠나 [하늘로 올려지시니] 그들이 [그에게 경배하고] 큰 기쁨으로 예루살렘에 돌아가 늘 성전에서 하나님을 찬송하니라

memo

주관식

1. 누가복음의 수신자는?

2. 4복음서 중 침례 요한의 출생에 관하여 기록한 책은?

3. 엘리사벳이 사가랴에게 아들을 낳아 줄 소식을 전해 준 천사는?

4. "천사가 이르되 마리아여 무서워하지 말라 네가 하나님께 은혜를 입었느니라 보라 네가 잉태하여 아들을 낳으리니 그 이름을 (　　)라 하라"

1. **데오빌로** (눅 1:3) 그 모든 일을 근원부터 자세히 미루어 살핀 나도 데오빌로 각하에게 차례대로 써 보내는 것이 좋은 줄 알았노니
   * '데오빌로'라는 이름은 '하나님의 친구' 또는 '하나님의 사랑을 받는 자'라는 뜻이다. 한편 데오빌로는 로마의 고위 관직에 있던 사람으로 추정된다.
2. **누가복음** (눅 1:12-13) 사가랴가 보고 놀라며 무서워하니 천사가 그에게 이르되 사가랴여 무서워하지 말라 너의 간구함이 들린지라 네 아내 엘리사벳이 네게 아들을 낳아 주리니 그 이름을 요한이라 하라
3. **가브리엘** (눅 1:13-19) 천사가 그에게 이르되 사가랴여 무서워하지 말라 너의 간구함이 들린지라 네 아내 엘리사벳이 네게 아들을 낳아 주리니 그 이름을 요한이라 하라 … 나는 하나님 앞에 서 있는 가브리엘이라 이 좋은 소식을 전하여 네게 말하라고 보내심을 받았노라

성경에 나오는 천사들

계명성(루시퍼)	사 14:12
가브리엘	단 8:16; 9:21; 눅 1:19, 26
미가엘	단 10:13, 21; 12:1; 유 1:9; 계 12:7

4. **예수** (눅 1:30-31 참조)

memo

5. “대저 하나님의 모든 (   )은 능하지 못하심이 없느니라”

6. “주의 여종이오니 말씀대로 내게 이루어지이다”라고 고백한 여자는?

7. “엘리사벳이 마리아가 문안함을 들으매 아이가 복중에서 뛰노는지라 엘리사벳이 (   )의 충만함을 받아 큰 소리로 불러 이르되 여자 중에 네가 (   )이 있으며 네 태중의 아이도 (   )이 있도다”

8. “(   )가 이르되 내 영혼이 주를 찬양하며 내 마음이 하나님 내 구주를 기뻐하였음은 그의 여종의 비천함을 돌보셨음이라 보라 이제 후로는 만세에 나를 복이 있다 일컬으리로다”

5. **말씀** (눅 1:37 참조)
6. **마리아** (눅 1:38) 마리아가 이르되 주의 여종이오니 말씀대로 내게 이루어지이다 하매 천사가 떠나가니라
7. **성령, 복, 복** (눅 1:41–42 참조)
8. **마리아** (눅 1:46–48 참조)

memo

9. 예수께서 탄생하였을 당시 '천하로 다 호적하라'고 영을 내린 사람은?

10. 구약성경에서 눅 1:46-55의 '마리아의 찬양'과 유사한 찬양은?

11. "첫아들을 낳아 강보로 싸서 (   )에 뉘었으니 이는 여관에 있을 곳이 없음이러라"

9. 가이사 아구스도 (눅 2:1) 그 때에 가이사 아구스도가 영을 내려 천하로 다 호적하라 하였으니

* 본 절의 '가이사 아구스도'는 제정 로마 시대의 최초의 황제로서 B.C. 27-A.D. 14년까지 로마를 통치한 자이다. 한편 아구스도는 로마의 속주에서 세금을 원활하게 징수하고 질서를 바로잡기 위해 인구조사를 실시하였는데, 본 절의 인구조사도 그러한 사실을 배경으로 하고 있다.

예수님 탄생 당시

로마 황제	가이사 아구스도	눅 2:1
유대 왕	헤롯	마 2:1
수리아 총독	구레뇨	눅 2:2

10. 한나의 노래 (삼상 2:1-10 참조)

* 눅 1:46-55은 누가복음에 기록된 5편의 노래 중 두 번째 것으로, '마리아의 찬가'라 불린다. 한편 마리아의 찬가와 한나의 노래는 그 형식과 내용이 매우 유사하다.

'마리아의 찬가'와 '한나의 노래'의 유사점

야훼 하나님으로 인하여 기뻐하며 찬양함	눅 1:46-47; 삼상 2:1
야훼의 이름이 거룩하심	눅 1:49; 삼상 2:2
교만한 자를 흩으심	눅 1:51; 삼상 2:3
비천한 자를 높이심	눅 1:52; 삼상 2:7-8
주리는 자와 부자의 처지를 바꾸심	눅 1:53; 삼상 2:5

11. 구유 (눅 2:7 참조)

* 본 절에서 '구유'는 말이나 소에게 먹이를 주기 위해 놓아 둔 여물통을 말한다.

memo

12. “오늘 다윗의 동네에 너희를 위하여 구주가 나셨으니 곧 (   ) 주시니라 너희가 가서 강보에 싸여 구유에 뉘어 있는 아기를 보리니 이것이 너희에게 (   )이니라 하더니”

13. “지극히 높은 곳에서는 하나님께 (   )이요 땅에서는 하나님이 기뻐하신 사람들 중에 (   )로다 하니라”

14. ‘그리스도를 보기 전에는 죽지 아니하리라’는 성령의 지시를 받은 사람은?

15. “아기가 자라며 (   )하여지고 (   )가 충만하며 하나님의 (   )가 그의 위에 있더라”

12. **그리스도, 표적** (눅 2:11-12 참조)
  * 본 절의 ‘강보에 싸여 구유에 뉘어 있는 아기’는 예수님을 구주로 믿는 자들에게는 구원의 표적이지만, 믿지 않는 자들에게는 부딪치는 돌이 되는 것을 보여 준다.
13. **영광, 평화** (눅 2:14 참조)
14. **시므온** (눅 2:25-26) 예루살렘에 시므온이라 하는 사람이 있으니 … 그가 주의 그리스도를 보기 전에는 죽지 아니하리라 하는 성령의 지시를 받았더니
15. **강, 지혜, 은혜** (눅 2:40 참조)
  * 본 절은 예수님이 육체적, 지적, 영적인 조화를 이루며 온전한 인격으로 성장하셨음을 보여 준다.

memo

16. 예수님의 부모가 아이 예수님을 잃었다가 다시 찾은 곳은?

17. "예수는 (　　)와 (　　)가 자라가며 하나님과 사람에게 더욱 사랑스러워 가시더라"

18. 침례 요한이 요단 강 부근에서 전파한 침례는?

19. "(　　)가 물어 이르되 그러면 우리가 무엇을 하리이까 대답하여 이르되 옷 두 벌 있는 자는 옷 없는 자에게 나눠 줄 것이요 먹을 것이 있는 자도 그렇게 할 것이니라 하고"

20. "(　　)도 침례를 받고자 하여 와서 이르되 선생이여 우리는 무엇을 하리이까 하매 이르되 부과된 것 외에는 거두지 말라 하고"

21. "(　　)도 물어 이르되 우리는 무엇을 하리이까 하매 이르되 사람에게서 강탈하지 말며 거짓으로 고발하지 말고 받는 급료를 족한 줄로 알라 하니라"

16. 예루살렘 성전 (눅 2:43-46) 돌아갈 때에 아이 예수는 예루살렘에 머무셨더라 그 부모는 이를 알지 못하고 … 하룻길을 간 후 친족과 아는 자 중에서 찾되 … 예루살렘에 돌아갔더니 사흘 후에 성전에서 만난즉 그가 선생들 중에 앉으사 그들에게 듣기도 하시며 묻기도 하시니

17. 지혜, 키 (눅 2:52 참조)

18. 죄 사함을 받게 하는 회개의 침례 (눅 3:3) 요한이 요단 강 부근 각처에 와서 죄 사함을 받게 하는 회개의 침례를 전파하니

19. 무리 (눅 3:10-11 참조)

20. 세리들 (눅 3:12-13 참조)

21. 군인들 (눅 3:14 참조)

memo

22. “요한이 모든 사람에게 대답하여 이르되 나는 물로 너희에게 침례를 베풀거니와 나보다 능력이 많으신 이가 오시나니 나는 그의 신발끈을 풀기도 감당하지 못하겠노라 그는 (　　)과 (　　)로 너희에게 침례를 베푸실 것이요”

23. “손에 키를 들고 자기의 타작 마당을 정하게 하사 (　　)은 모아 곳간에 들이고 (　　)는 꺼지지 않는 불에 태우시리라”

24. 예수님이 성령을 받으신 때는?

25. “마귀가 모든 시험을 다 한 후에 (　　　　) 떠나니라 예수께서 (　　　　)으로 갈릴리에 돌아가시니 그 소문이 사방에 퍼졌고”

22. **성령, 불** (눅 3:16 참조)
　* 본 절에서 침례 요한이 말한 ‘나보다 능력이 많으신 이’는 예수 그리스도이다.

23. **알곡, 쭉정이** (눅 3:17 참조)

24. **침례를 받으시고 기도하실 때에** (눅 3:21-22) 백성이 다 침례를 받을새 예수도 침례를 받으시고 기도하실 때에 하늘이 열리며 성령이 비둘기 같은 형체로 그의 위에 강림하시더니 하늘로부터 소리가 나기를 너는 내 사랑하는 아들이라 내가 너를 기뻐하노라 하시니라

25. **얼마 동안, 성령의 능력** (눅 4:13-14 참조)
　* 본 절에서 ‘얼마 동안’이란 ‘잠시 동안’이라는 의미로, 마귀는 예수님이 공생애를 시작하시기 전 3가지 시험을 한 후 잠시 동안 떠나갔지만 그 후로도 끊임없이 예수님을 공격하였다(막 8:31-33; 14:1-2; 눅 22:1-6 참조). 한편 누가복음은 예수님이 침례를 받으실 때 성령이 임한 사실(눅 3:21-22 참조)과 성령에 이끌리어 광야에서 금식하며 마귀에게 시험 받으신 일(눅 4:1-13 참조) 등 성령의 사역을 강조하고 있는데, 본 절은 예수님이 성령의 능력으로 갈릴리 사역을 시작하셨음을 보여 주고 있다.

memo

26. 누가복음 4장에서, 예수님을 '산 낭떠러지까지 끌고 가서 밀쳐 떨어뜨리고자 한' 사람들은?

27. "예수께서 그들 가운데로 지나서 가시니라 갈릴리의 가버나움 동네에 내려오사 안식일에 가르치시매 그들이 그 가르치심에 놀라니 이는 그 말씀이 (　　)가 있음이러라"

28. "예수께서 이르시되 내가 다른 동네들에서도 (　　　　)을 전하여야 하리니 나는 이 일을 위해 보내심을 받았노라 하시고"

29. "시몬이 대답하여 이르되 선생님 우리들이 밤이 새도록 수고하였으되 잡은 것이 없지마는 (　　)에 의지하여 내가 그물을 내리리이다 하고"

30. "또 이르시되 인자는 안식일의 (　　)이니라 하시더라"

31. "이 때에 예수께서 기도하시려 산으로 가사 밤이 새도록 하나님께 기도하시고 밝으매 그 제자들을 부르사 그 중에서 열둘을 택하여 (　　)라 칭하셨으니"

26. 회당에 있는 자들 (눅 4:28-30) 회당에 있는 자들이 이것을 듣고 다 크게 화가 나서 일어나 동네 밖으로 쫓아내어 그 동네가 건설된 산 낭떠러지까지 끌고 가서 밀쳐 떨어뜨리고자 하되 예수께서 그들 가운데로 지나서 가시니라

* '회당에 있는 자들'은 완악한 유대인들을 가리킨다.

27. 권위 (눅 4:30-32 참조)

28. 하나님의 나라 복음 (눅 4:43 참조)

29. 말씀 (눅 5:5 참조)

30. 주인 (눅 6:5 참조)

31. 사도 (눅 6:12-13 참조)

memo

32. “(   ) 그리하면 너희에게 줄 것이니 곧 후히 되어 누르고 흔들어 넘치도록 하여 너희에게 안겨 주리라 너희가 헤아리는 그 헤아림으로 너희도 헤아림을 도로 받을 것이니라”

33. “어찌하여 형제의 눈 속에 있는 (   )는 보고 네 눈 속에 있는 (   )는 깨닫지 못하느냐”

34. “(   ) 열매 맺는 좋은 (   )가 없고 또 (   ) 열매 맺는 못된 (   )가 없느니라”

35. “너는 내 머리에 감람유도 붓지 아니하였으되 그는 (   )를 내 발에 부었느니라 이러므로 내가 네게 말하노니 그의 많은 죄가 사하여졌도다 이는 그의 (   )함이 많음이라 사함을 받은 일이 적은 자는 적게 (   )하느니라”

36. “누구든지 등불을 켜서 그릇으로 덮거나 (   ) 아래에 두지 아니하고 (   ) 위에 두나니 이는 들어가는 자들로 그 빛을 보게 하려 함이라”

37. “예수께서 대답하여 이르시되 내 어머니와 내 동생들은 곧 하나님의 (   )을 듣고 (   ) 이 사람들이라 하시니라”

32. 주라 (눅 6:38 참조)
33. 티, 들보 (눅 6:41 참조)
34. 못된, 나무, 좋은, 나무 (눅 6:43 참조)
35. 향유, 사랑, 사랑 (눅 7:46–47 참조)
36. 평상, 등경 (눅 8:16 참조)
* ‘등경’은 등을 올려 놓거나 걸어두는 틀을 가리키며, 일반적으로 집 안 전체를 비출 수 있는 곳에 두었다.
37. 말씀, 행하는 (눅 8:21 참조)

memo

38. "예수께서 네 이름이 무엇이냐 물으신즉 이르되 군대라 하니 이는 많은 귀신이 들렸음이라 (   )으로 들어가라 하지 마시기를 간구하더니 마침 그 곳에 많은 돼지 떼가 산에서 먹고 있는지라 귀신들이 그 (   )에게로 들어가게 허락하심을 간구하니 이에 허락하시니"

39. "모든 사람이 아이를 위하여 울며 통곡하매 예수께서 이르시되 울지 말라 죽은 것이 아니라 (   ) 하시니 그들이 그 죽은 것을 아는 고로 비웃더라 예수께서 아이의 손을 잡고 불러 이르시되 아이야 (   ) 하시니"

40. "예수께서 이르시되 손에 쟁기를 잡고 뒤를 돌아보는 자는 (   )에 합당하지 아니하니라 하시니라"

41. "화 있을진저 (   )아, 화 있을진저 (   )야, 너희에게 행한 모든 권능을 두로와 시돈에서 행하였더라면 그들이 벌써 베옷을 입고 재에 앉아 회개하였으리라"

38. 무저갱, 돼지 (눅 8:30-32 참조)

* '무저갱'은 귀신들이 장차 영원한 멸망의 불에 던져지기 전에 잠시 갇힐 장소이다(계 19:20; 20:10 참조). 한편 귀신이 돼지에게로 들어가기 원한 것은 돼지 떼를 몰살시킴으로써 거라사인의 땅 사람들이 예수님을 배척하게 하려 한 것으로 추정된다.

39. 잔다, 일어나라 (눅 8:52-54 참조)

* 막 5:41에서는 '일어나라'는 말이 아람어 '달리다굼'으로 기록되었는데, 본 절은 헬라어로 번역하여 기록한 것이다.

40. 하나님 나라 (눅 9:62 참조)

* 본 절은 손에 쟁기를 잡고 밭을 가는 사람이 이랑을 곧게 내기 위해서는 뒤를 돌아보지 말아야 하듯이 주님을 따르는 사람도 하나님의 나라를 전파하는 일에만 전심전력해야 함을 가리킨다.

41. 고라신, 벳새다 (눅 10:13 참조)

* 고라신과 벳새다는 예수께서 많은 권능을 베푸셨지만 복음을 등한시하고 배척했기 때문에 저주받은 대명사가 되었다.

memo

42. "그러나 귀신들이 너희에게 항복하는 것으로 기뻐하지 말고 너희 ( )이 하늘에 기록된 것으로 기뻐하라 하시니라"

43. "그에게 ( )라 하는 동생이 있어 주의 발치에 앉아 그의 말씀을 듣더니 ( )는 준비하는 일이 많아 마음이 분주한지라 예수께 나아가 이르되 주여 내 동생이 나 혼자 일하게 두는 것을 생각하지 아니하시나이까 그를 명하사 나를 도와 주라 하소서"

44. "내가 너희에게 말하노니 비록 벗 됨으로 인하여서는 일어나서 주지 아니할지라도 그 ( )을 인하여 일어나 그 요구대로 주리라"

45. "누구든지 등불을 켜서 움 속에나 ( ) 아래에 두지 아니하고 ( ) 위에 두나니 이는 들어가는 자로 그 빛을 보게 하려 함이라"

46. 예수님은 누구를 가리켜 '박하와 운향과 채소의 십일조는 드리되 공의와 하나님께 대한 사랑은 버린 자'라고 하셨는가?

42. 이름 (눅 10:20 참조)
43. 마리아, 마르다 (눅 10:39-40 참조)
44. 간청함 (눅 11:8 참조)
45. 말, 등경 (눅 11:33 참조)
* 여기에서 '등불'은 예수님을 가리킨다. 따라서 본 절은 예수께서 자신을 밝히 드러내셨음에도 불구하고 사람들의 마음이 완악해서 보지 못했다는 것을 의미한다.
46. 바리새인 (눅 11:42) 화 있을진저 너희 바리새인이여 너희가 박하와 운향과 모든 채소의 십일조는 드리되 공의와 하나님께 대한 사랑은 버리는도다 그러나 이것도 행하고 저것도 버리지 말아야 할지니라

memo

47. "참새 다섯 마리가 두 앗사리온에 팔리는 것이 아니냐 그러나 하나님 앞에는 그 하나도 잊어버리시는 바 되지 아니하는도다 너희에게는 심지어 (　　)까지도 다 세신 바 되었나니 두려워하지 말라 너희는 많은 참새보다 더 귀하니라"

48. "나는 받을 (　　)가 있으니 그것이 이루어지기까지 나의 답답함이 어떠하겠느냐"

49. "사람들이 (　　)으로부터 와서 하나님의 나라 잔치에 참여하리니"

50. 예수님은 '혼인잔치에 청함을 받았을 때' 어디에 앉으라고 하셨는가?

51. "너희 중에 어떤 사람이 양 (　　) 마리가 있는데 그 중의 (　　)를 잃으면 (　　) 마리를 들에 두고 그 잃은 것을 찾아내기까지 찾아다니지 아니하겠느냐"

52. "내가 너희에게 이르노니 이와 같이 죄인 한 사람이 회개하면 (　　) 앞에 기쁨이 되느니라"

47. **머리털** (눅 12:6-7 참조)
48. **침례** (눅 12:50 참조)
   * 본 절에서 '침례'는 예수님의 십자가의 고난을 가리킨다(막 10:38; 롬 6:4 참조).
49. **동서남북** (눅 13:29 참조)
   * '사람들이 동서남북으로부터 와서 하나님의 나라 잔치에 참여한다'는 것은 이방인들이 예수 그리스도의 복음을 듣고 구원을 받게 될 것을 가리킨다(사 49:11-12 참조).
50. **끝자리** (눅 14:10) 청함을 받았을 때에 차라리 가서 끝자리에 앉으라 그러면 너를 청한 자가 와서 너더러 벗이여 올라 앉으라 하리니 그 때에야 함께 앉은 모든 사람 앞에서 영광이 있으리라
51. **백, 하나, 아흔아홉** (눅 15:4 참조)
52. **하나님의 사자들** (눅 15:10 참조)
   * '하나님의 사자들'은 천사를 가리킨다. 따라서 본 절은 죄인이 회개하면 하나님뿐만 아니라 천사들도 기뻐하는 것을 보여 준다.

memo

53. “지금부터는 아버지의 아들이라 일컬음을 감당하지 못하겠나이다 나를 (　　)의 하나로 보소서 하리라 하고”

54. “불러 이르되 아버지 아브라함이여 나를 긍휼히 여기사 나사로를 보내어 그 손가락 끝에 (　　)을 찍어 내 혀를 서늘하게 하소서 내가 이 (　　) 가운데서 괴로워하나이다”

55. “이르되 그러면 아버지여 구하노니 나사로를 내 아버지의 집에 보내소서 내 형제 다섯이 있으니 그들에게 증언하게 하여 그들로 이 고통 받는 곳에 오지 않게 하소서 아브라함이 이르되 그들에게 (　　)와 (　　)이 있으니 그들에게 들을지니라”

56. “주께서 이르시되 너희에게 (　　) 한 알만한 믿음이 있었더라면 이 뽕나무더러 뿌리가 뽑혀 바다에 심기어라 하였을 것이요 그것이 너희에게 순종하였으리라”

57. “(　　)가 바늘귀로 들어가는 것이 (　　)가 하나님의 나라에 들어가는 것보다 쉬우니라 하시니”

53. 품꾼 (눅 15:19 참조)
54. 물, 불꽃 (눅 16:24 참조)
55. 모세, 선지자들 (눅 16:27–29 참조)
* ‘모세와 선지자들이 있으니 그들에게 들을지니라’는 말은 부자의 형제들이 가난한 자들을 돌보아야 할 의무를 강조한 모세와 선지자들의 말을 듣지 않는다면, 설령 죽었다 살아난 자가 경험담을 말해 준다고 해도 믿지 않을 것이라는 의미이다.

56. 겨자씨 (눅 17:6 참조)
57. 낙타, 부자 (눅 18:25 참조)

memo

58. 예수께서 여리고를 지나가시다가 만난 삭개오의 직책은?

59. “삭개오가 서서 주께 여짜오되 주여 보시옵소서 내 소유의 (　　)을 가난한 자들에게 주겠사오며 만일 누구의 것을 속여 빼앗은 일이 있으면 (　　)이나 갚겠나이다”

60. “이르시되 너희는 맞은편 마을로 가라 그리로 들어가면 아직 아무도 타 보지 않은 (　　)가 매여 있는 것을 보리니 풀어 끌고 오라 만일 누가 너희에게 어찌하여 푸느냐 묻거든 말하기를 (　　) 하라 하시매”

61. “그것을 예수께로 끌고 와서 자기들의 (　　)을 나귀 새끼 위에 걸쳐 놓고 예수를 태우니 가실 때에 그들이 자기의 (　　)을 길에 펴더라”

62. “요한의 침례가 (　　)로부터냐 (　　)으로부터냐 그들이 서로 의논하여 이르되 만일 (　　)로부터라 하면 어찌하여 그를 믿지 아니하였느냐 할 것이요 만일 (　　)으로부터라 하면 백성이 요한을 선지자로 인정하니 그들이 다 우리를 돌로 칠 것이라 하고”

58. **세리장** (눅 19:1-5) 예수께서 여리고로 들어가 지나가시더라 삭개오라 이름하는 자가 있으니 세리장이요 또한 부자라 … 예수께서 그 곳에 이르사 쳐다 보시고 이르시되 삭개오야 속히 내려오라 내가 오늘 네 집에 유하여야 하겠다

59. **절반, 네 갑절** (눅 19:8 참조)

60. **나귀 새끼, 주가 쓰시겠다** (눅 19:30-31 참조)

61. **겉옷, 겉옷** (눅 19:35-36 참조)

62. **하늘, 사람, 하늘, 사람** (눅 20:4-6 참조)

memo

63. “그들을 보시며 이르시되 그러면 기록된 바 건축자들의 버린 돌이 모퉁이의 (　　　)이 되었느니라 함이 어찜이냐”

64. “하나님은 (　　　)의 하나님이 아니요 (　　　　)의 하나님이시라 하나님에게는 모든 사람이 살았느니라 하시니”

65. “그 때에 사람들이 인자가 (　　　)을 타고 (　　　)과 큰 (　　　)으로 오는 것을 보리라”

66. “이러므로 너희는 장차 올 이 모든 일을 능히 피하고 인자 앞에 서도록 항상 (　　　)하며 (　　　) 있으라 하시니라”

67. “예수께서 (　　　)에는 성전에서 가르치시고 (　　　)에는 나가 감람원이라 하는 산에서 쉬시니”

68. “또 (　　　)을 가져 감사 기도 하시고 떼어 그들에게 주시며 이르시되 이것은 너희를 위하여 주는 내 (　　　)이라 너희가 이를 행하여 나를 기념하라 하시고”

63. **머릿돌** (눅 20:17 참조)
   * 본 절에서 ‘머릿돌’은 예수 그리스도를 가리킨다. 한편 ‘건축자의 버린 돌이 모퉁이의 머릿돌이 되었느니라’는 말씀은 시 118:22을 인용한 것으로, 이 말씀은 공관복음서에서 모두 인용하고 있을 뿐만 아니라 베드로와 바울도 인용하여 구원의 초석이요, 반석이신 예수께서 이 예언을 성취하셨음을 강조하고 있다(행 4:11; 엡 2:20 참조).

64. **죽은 자, 살아 있는 자** (눅 20:38 참조)
65. **구름, 능력, 영광** (눅 21:27 참조)
66. **기도, 깨어** (눅 21:36 참조)
67. **낮, 밤** (눅 21:37 참조)
68. **떡, 몸** (눅 22:19 참조)

memo

69. “시몬아, 시몬아, 보라 (　　　)이 너희를 밀 까부르듯 하려고 요구하였으나 그러나 내가 너를 위하여 네 (　　　)이 떨어지지 않기를 기도하였노니 너는 돌이킨 후에 네 형제를 굳게 하라”

70. 예수께서 습관을 따라 감람 산에 가셔서 하신 일은?

71. “예수께서 힘쓰고 애써 더욱 간절히 기도하시니 땀이 땅에 떨어지는 (　　　) 같이 되더라”

72. “헤롯이 예수를 보고 매우 기뻐하니 이는 그의 소문을 들었으므로 보고자 한 지 오래였고 또한 무엇이나 (　　　　)을 볼까 바랐던 연고러라”

73. 빌라도는 예수님을 놓고자 하였으나 무리는 ‘누구’를 놓아 주라고 소리 질렀는가?

69. 사탄, 믿음 (눅 22:31-32 참조)

* 예수님은 베드로가 사탄의 역사로 자신을 부인하게 될 것을 말씀하시면서 회개할 것을 미리 촉구하신 것이다.

70. 기도 (눅 22:39-41) 예수께서 나가사 습관을 따라 감람 산에 가시매 제자들도 따라갔더니 그 곳에 이르러 그들에게 이르시되 유혹에 빠지지 않게 기도하라 하시고 그들을 떠나 돌 던질 만큼 가서 무릎을 꿇고 기도하여

71. 핏방울 (눅 22:44 참조)

72. 이적 행하심 (눅 23:8 참조)

73. 바라바 (눅 23:18-20) 무리가 일제히 소리 질러 이르되 이 사람을 없이하고 바라바를 우리에게 놓아 주소서 하니 이 바라바는 성중에서 일어난 민란과 살인으로 말미암아 옥에 갇힌 자러라 빌라도는 예수를 놓고자 하여 다시 그들에게 말하되

memo

74. 누가복음에서, 예수님을 십자가에 못 박은 곳은?

75. 엠마오로 가면서 부활하신 예수님을 만난 두 사람 중 한 사람의 이름은?

76. "그들이 서로 말하되 길에서 우리에게 말씀하시고 우리에게 성경을 풀어 주실 때에 우리 속에서 (　　　)이 뜨겁지 아니하더냐 하고"

77. "그들이 놀라고 무서워하여 그 보는 것을 (　　　)으로 생각하는지라 예수께서 이르시되 어찌하여 두려워하며 어찌하여 마음에 의심이 일어나느냐 내 손과 발을 보고 나인 줄 알라 또 나를 만져 보라 (　　　)은 살과 뼈가 없으되 너희 보는 바와 같이 나는 있느니라"

78. 누가복음에서, 예수께서 하늘로 올려지신 장소는?

74. **해골이라 하는 곳** (눅 23:33) 해골이라 하는 곳에 이르러 거기서 예수를 십자가에 못 박고 두 행악자도 그렇게 하니 하나는 우편에, 하나는 좌편에 있더라

* 마태와 마가와 요한은 '해골'을 히브리 말로 '골고다'라고 언급하고 있는데(마 27:33; 막 15:22; 요 19:17 참조), 누가는 이를 헬라어로 번역하여 '해골'이라는 뜻을 지닌 '크라니온'이라는 단어를 사용했다. 이는 누가가 헬라 문화권에 속한 이방인들이 쉽게 이해할 수 있도록 하기 위해 이 단어를 사용한 것으로 보인다. 한편 후에 제롬이 성경을 라틴어로 번역할 때 '크라니온'을 '갈바리움'으로 음역하였는데, 흔히 '갈보리'라고 불린다.

75. **글로바** (눅 24:13-18) 엠마오라 하는 마을로 가면서 … 예수께서 이르시되 너희가 길 가면서 서로 주고받고 하는 이야기가 무엇이냐 … 그 한 사람인 글로바라 하는 자가 대답하여 이르되 당신이 예루살렘에 체류하면서도 요즘 거기서 된 일을 혼자만 알지 못하느냐

76. **마음** (눅 24:32 참조)

77. **영, 영** (눅 24:37-39 참조)

78. **베다니** (눅 24:50-51) 예수께서 그들을 데리고 베다니 앞까지 나가사 손을 들어 그들에게 축복하시더니 축복하실 때에 그들을 떠나 [하늘로 올려지시니]

요한복음 John

연대 및 저자 A.D. 85–90년경 사도 요한에 의해 기록된 것으로 추정된다.

중심 내용 본서는 하나님의 아들로 오신 예수 그리스도의 성육신 사건과 그리스도를 믿으면 영생을 얻게 된다는 내용을 다루고 있다.

특징

1. 성육신하신 예수 그리스도의 신성을 강조하고 있다.
2. "나는 ~이다"라는 예수님의 자기 선언적 표현이 많다.
3. 예수님의 가르침이 신학적이고 변증적이다.

내용 분해

1. 하나님 아들의 성육신(1:1–18)
2. 하나님 아들의 나타나심(1:19–4:54)
3. 배척받으시는 하나님의 아들(5:1–12:50)
4. 하나님 아들의 교훈(13:1–17:26)
5. 하나님 아들의 고난과 부활(18:1–21:25)

memo

객관식

1. 요한복음과 관계없는 것은?
   ① 성육신하신 예수 그리스도의 신성을 강조하고 있다
   ② "나는 ~이다"라는 예수님의 자기 선언적 표현이 많다
   ③ 예수님의 가르침이 신학적이고 변증적이다
   ④ 사람의 아들로 오신 예수 그리스도를 다루고 있다

2. 요한복음이 기록된 연대로 추정되는 때는?
   ① A.D. 55–60년경 ② A.D. 65–70년경
   ③ A.D. 75–80년경 ④ A.D. 85–90년경

3. 요한복음을 기록한 사람은?
   ① 침례 요한 ② 사도 요한 ③ 니고데모 ④ 빌립

4. 다음 ( ) 안에 들어갈 말은?
   "태초에 ( )이 계시니라 이 ( )이 하나님과 함께 계셨으니 이 ( )은 곧 하나님이시니라"
   ① 성령 ② 언약 ③ 말씀 ④ 생명

1. ④ 요한복음은 하나님의 아들로 오신 예수 그리스도의 성육신 사건과 그리스도를 믿으면 영생을 얻게 된다는 내용을 다루고 있다. 또한 성육신하신 예수 그리스도의 신성을 강조하고 있으며, "나는 ~이다"라는 예수 그리스도의 자기 선언적 표현이 많고, 예수님의 가르침이 신학적이며 변증적인 특징을 가지고 있다.
2. ④ 요한복음은 A.D. 85–90년경 기록된 것으로 추정된다.
3. ② 요한복음은 사도 요한이 기록하였다.
4. ③ (요 1:1 참조)
   * 본 절에서 '말씀'은 창조 전에 하나님과 함께 계시다가 육신을 입고 세상에 오신 예수 그리스도를 가리킨다.

memo

5. 4복음서 중 예수께서 성육신하신 사실을 다룬 책은?
① 마태복음 ② 마가복음 ③ 누가복음 ④ 요한복음

6. 침례 요한에 대한 설명으로 맞지 않는 것은?
① 하나님께로부터 보내심을 받은 사람이다
② 빛에 대하여 증언하기 위해 왔다
③ 예수님의 12제자 중 한 사람이다
④ 모든 사람이 그리스도를 믿게 하기 위해 왔다

7. 다음 ( ) 안에 들어갈 말은?
"본래 하나님을 본 사람이 없으되 아버지 품 속에 있는 ( ) 하나님이 나타내셨느니라"
① 영원하신 ② 살아 계신 ③ 사랑이신 ④ 독생하신

8. 예수님을 '세상 죄를 지고 가는 하나님의 어린 양'으로 지칭한 사람은?
① 베드로 ② 야고보 ③ 침례 요한 ④ 사도 요한

5. ④ (요 1:1-14) 태초에 말씀이 계시니라 이 말씀이 하나님과 함께 계셨으니 이 말씀은 곧 하나님이시니라 … 말씀이 육신이 되어 우리 가운데 거하시매 우리가 그의 영광을 보니 아버지의 독생자의 영광이요 은혜와 진리가 충만하더라
＊요 1:1은 예수님의 신성을, 요 1:14은 예수님의 인성을 표현한 것이다.

6. ③ (요 1:6-7) 하나님께로부터 보내심을 받은 사람이 있으니 그의 이름은 요한이라 그가 증언하러 왔으니 곧 빛에 대하여 증언하고 모든 사람이 자기로 말미암아 믿게 하려 함이라

7. ④ (요 1:18 참조)

8. ③ (요 1:29) 이튿날 요한이 예수께서 자기에게 나아오심을 보고 이르되 보라 세상 죄를 지고 가는 하나님의 어린 양이로다
＊본 절에서 '요한'은 침례 요한을 가리킨다.

memo

9. 침례 요한의 제자였다가 예수님의 제자가 된 사람은?
① 도마와 세리 마태 ② 세베대의 아들 야고보
③ 알패오의 아들 야고보 ④ 시몬 베드로의 형제 안드레

10. 예수님을 따르게 된 안드레는 먼저 '누구를 찾아가' 메시아를 만났다고 말했는가?
① 자기의 형제 시몬 ② 빌립과 바돌로매
③ 도마와 세리 마태 ④ 가나나인 시몬

11. 빌립과 안드레와 베드로가 살았던 동네는?
① 베들레헴 ② 헤브론 ③ 벳새다 ④ 가버나움

12. 나다나엘을 찾아가 '요셉의 아들 나사렛 예수'를 만났다고 말한 사람은?
① 베드로 ② 안드레 ③ 빌립 ④ 야고보

9. ④ (요 1:35–40) 요한이 자기 제자 중 두 사람과 함께 섰다가 예수께서 거니심을 보고 말하되 보라 하나님의 어린 양이로다 두 제자가 그의 말을 듣고 예수를 따르거늘 … 요한의 말을 듣고 예수를 따르는 두 사람 중의 하나는 시몬 베드로의 형제 안드레라
10. ① (요 1:40–41) 요한의 말을 듣고 예수를 따르는 두 사람 중의 하나는 시몬 베드로의 형제 안드레라 그가 먼저 자기의 형제 시몬을 찾아 말하되 우리가 메시야를 만났다 하고 (메시야는 번역하면 그리스도라)
11. ③ (요 1:44) 빌립은 안드레와 베드로와 한 동네 벳새다 사람이라
12. ③ (요 1:45) 빌립이 나다나엘을 찾아 이르되 모세가 율법에 기록하였고 여러 선지자가 기록한 그이를 우리가 만났으니 요셉의 아들 나사렛 예수니라

memo

13. "나사렛에서 무슨 선한 것이 날 수 있느냐"고 말한 사람은?
① 빌립 ② 나다나엘 ③ 한 율법사 ④ 어떤 서기관

14. 예수께서 '그 속에 간사한 것이 없다'고 칭찬하신 사람은?
① 침례 요한 ② 사도 요한 ③ 안드레 ④ 나다나엘

15. 예수께서 '첫 표적'을 행하여 그의 영광을 나타내신 곳은?
① 요단 강 ② 베다니
③ 갈릴리 가나 ④ 벳새다

16. 요한복음에서, 예수님은 어떤 절기에 성전을 깨끗하게 하셨는가?
① 유월절 ② 무교절 ③ 맥추절 ④ 초막절

13. ② (요 1:46) 나다나엘이 이르되 나사렛에서 무슨 선한 것이 날 수 있느냐 빌립이 이르되 와서 보라 하니라

14. ④ (요1: 47) 예수께서 나다나엘이 자기에게 오는 것을 보시고 그를 가리켜 이르시되 보라 이는 참으로 이스라엘 사람이라 그 속에 간사한 것이 없도다

15. ③ (요 2:11) 예수께서 이 첫 표적을 갈릴리 가나에서 행하여 그의 영광을 나타내시매 제자들이 그를 믿으니라

요한복음에 기록된 예수님의 7가지 표적

물로 포도주를 만드심	요 2:1-11
왕의 신하의 아들을 고쳐 주심	요 4:46-54
베데스다 못의 38년 된 병자를 고쳐 주심	요 5:1-9
보리떡 5개와 물고기 2마리로 5천 명을 먹이심	요 6:1-14
바다 위를 걸으심	요 6:16-21
날 때부터 맹인 된 사람을 고쳐 주심	요 9:1-7
죽은 나사로를 살리심	요 11:1-44

16. ① (요 2:13-16) 유대인의 유월절이 가까운지라 예수께서 예루살렘으로 올라가셨더니 성전 안에서 소와 양과 비둘기 파는 사람들과 돈 바꾸는 사람들이 앉아 있는 것을 보시고 … 내 아버지의 집으로 장사하는 집을 만들지 말라 하시니

memo

17. 요한복음에서, 예수님이 성전을 깨끗하게 하신 사건이 기록된 장은?
① 1장 ② 2장 ③ 3장 ④ 4장

18. 요한복음 2장에서, 예루살렘 성전은 몇 년 동안에 지었는가?
① 26년 ② 36년 ③ 46년 ④ 56년

19. 바리새인이며 유대인의 지도자로서 밤에 예수께 와서 거듭남에 대해 질문한 사람은?
① 빌립 ② 바돌로매 ③ 니고데모 ④ 다대오

20. "그는 흥하여야 하겠고 나는 쇠하여야 하리라"고 말한 사람은?
① 안드레 ② 빌립 ③ 침례 요한 ④ 사도 요한

17. ② (요 2:13–22 참조)
* 예수께서 성전을 깨끗하게 하신 사건은 4복음서에 다 기록되어 있다. 그런데 공관복음에 기록된 성전 정화 사건(마 21:12–17; 막 11:15–19; 눅 19:45–46 참조)은 예수님의 공생애 말기에 행하신 사건인 반면, 요한복음에 기록된 성전 정화 사건은 예수님의 공생애 초기에 행하신 사건이다.

18. ③ (요 2:20) 유대인들이 이르되 이 성전은 사십육 년 동안에 지었거늘 네가 삼 일 동안에 일으키겠느냐 하더라
* 예루살렘 성전은 역사상 3번에 걸쳐 건축과 파괴가 반복되었다. 첫째 성전은 솔로몬이 B.C. 959년에 완공했는데(왕상 6:37–38 참조) B.C. 586년에 바벨론 느부갓네살에 의해 파괴되었으며(왕하 25:8–21 참조), 둘째 성전은 스룹바벨이 B.C. 516년에 완공하여(스 6:15–18 참조) 헤롯 성전이 지어질 때까지 훼손과 복원을 거듭하면서 유지되었다. 셋째 성전은 헤롯이 유대인들의 환심을 사기 위해 B.C. 19년에 건축을 시작하여 A.D. 63년경 총독 알비누스 때 완공되었다. 그러므로 본 절에서 유대인들이 말한 46년이란 기간은 B.C. 19년을 시작점으로 한다면 A.D. 27년까지의 기간이다. 한편 A.D. 1년에 예수님의 나이가 4세였다면 이 사건 당시 예수님의 나이는 29–31세 정도였을 것으로 추정된다. 따라서 본 절에서 유대인들이 '이 성전은 사십육 년 동안에 지었거늘'이라고 말한 것은 '지금 이 정도의 성전도 46년이나 걸렸는데'라는 의미로 볼 수 있다.

19. ③ (요 3:1–4) 바리새인 중에 니고데모라 하는 사람이 있으니 유대인의 지도자라 그가 밤에 예수께 와서 … 사람이 늙으면 어떻게 날 수 있사옵나이까 두 번째 모태에 들어갔다가 날 수 있사옵나이까

20. ③ (요 3:27–30) 요한이 대답하여 이르되 만일 하늘에서 주신 바 아니면 사람이 아무 것도 받을 수 없느니라 … 그는 흥하여야 하겠고 나는 쇠하여야 하리라 하니라
* 여기서 '요한'은 '침례 요한'을 가리킨다.

memo

21. 다음 ( ) 안에 들어갈 말은?

"하나님이 보내신 이는 하나님의 말씀을 하나니 이는 하나님이 ( )을 한량 없이 주심이니라"

① 사랑 ② 지식 ③ 복 ④ 성령

22. 예수께서 사마리아 여자 한 사람과 대화하신 장소는?

① 아브라함의 우물 곁 ② 이삭의 우물 곁

③ 야곱의 우물 곁 ④ 사마리아의 길가

23. 예수님과 대화한 사마리아 여자는 몇 번째 남편과 살고 있었는가?

① 3번째 ② 4번째 ③ 5번째 ④ 6번째

21. ④ (요 3:34 참조)

22. ③ (요 4:6-7) 거기 또 야곱의 우물이 있더라 예수께서 길 가시다가 피곤하여 우물 곁에 그대로 앉으시니 때가 여섯 시쯤 되었더라 사마리아 여자 한 사람이 물을 길으러 왔으매 예수께서 물을 좀 달라 하시니

23. ④ (요 4:17-18) 여자가 대답하여 이르되 나는 남편이 없나이다 예수께서 이르시되 네가 남편이 없다 하는 말이 옳도다 너에게 남편 다섯이 있었고 지금 있는 자도 네 남편이 아니니 네 말이 참되도다

memo

24. 다음 (　　　) 안에 들어갈 말은?

"여자가 물동이를 버려 두고 동네로 들어가서 사람들에게 이르되 내가 행한 모든 일을 내게 말한 사람을 와서 보라 이는 (　　　) 가 아니냐 하니"

① 선지자　② 구원자　③ 그리스도　④ 엘리야

25. 다음 (　　) 안에 들어갈 말은?

"이틀이 지나매 예수께서 거기를 떠나 갈릴리로 가시며 친히 증언하시기를 선지자가 (　　)에서는 높임을 받지 못한다 하시고"

① 세상　② 도시　③ 시골　④ 고향

26. 예수님이 유대에서 갈릴리로 오신 후에 행하신 두 번째 표적은?

① 바다 위를 걸으심
② 날 때부터 맹인 된 사람을 고쳐 주심
③ 왕의 신하의 아들의 병을 고쳐 주심
④ 베데스다 못가의 38년 된 병자를 고쳐 주심

27. 베데스다 못가에서 예수님께 고침 받은 병자는 '몇 년 된' 병자인가?

① 32년　② 34년　③ 36년　④ 38년

24. ③ (요 4:28-29 참조)

25. ④ (요 4:43-44 참조)

26. ③ (요 4:46-54) 왕의 신하가 있어 그의 아들이 가버나움에서 병들었더니 … 그의 아버지가 예수께서 네 아들이 살아 있다 말씀하신 그 때인 줄 알고 자기와 그 온 집안이 다 믿으니라 이것은 예수께서 유대에서 갈릴리로 오신 후에 행하신 두 번째 표적이니라

27. ④ (요 5:2-9) 예루살렘에 있는 양문 곁에 히브리 말로 베데스다라 하는 못이 있는데 … 거기 서른여덟 해 된 병자가 있더라 … 예수께서 이르시되 일어나 네 자리를 들고 걸어가라 하시니 그 사람이 곧 나아서 자리를 들고 걸어가니라

memo

28. 예수님이 베데스다 못가의 38년 된 병자를 고쳐 주신 방법은?
① 말씀으로 ② 기도로 ③ 안수로 ④ 축사로

29. 다음 ( ) 안에 들어갈 말은?
"아버지께서 아무도 심판하지 아니하시고 심판을 다 ( )에게 맡기셨으니"
① 왕 ② 선지자 ③ 제사장 ④ 아들

30. 다음 ( ) 안에 들어갈 말은?
"내가 너희를 아버지께 고발할까 생각하지 말라 너희를 고발하는 이가 있으니 곧 너희가 바라는 자 ( )니라 ( )를 믿었더라면 또 나를 믿었으리니 이는 그가 내게 대하여 기록하였음이라"
① 모세 ② 엘리야 ③ 예레미야 ④ 말라기

31. 예수님이 오병이어의 표적을 행하신 곳은?
① 게네사렛 호숫가 ② 스불론과 납달리 지경 해변
③ 갈릴리의 가버나움 동네 ④ 디베랴의 갈릴리 바다 건너편

28. ① (요 5:8–9) 예수께서 이르시되 일어나 네 자리를 들고 걸어가라 하시니 그 사람이 곧 나아서 자리를 들고 걸어가니라

29. ④ (요 5:22 참조)

30. ① (요 5:45–46 참조)

* 유대인들은 모세로 대표되는 율법을 구원의 도리로 믿었다. 그러나 인간이 율법을 완전히 준수하는 것은 불가능하다. 따라서 본 절은 율법을 지킴으로 구원받는 것이 아니라 예수 그리스도를 믿어야 구원받는다는 것을 말씀하고 있다.

31. ④ (요 6:1–13) 그 후에 예수께서 디베랴의 갈릴리 바다 건너편으로 가시매 … 이에 거두니 보리떡 다섯 개로 먹고 남은 조각이 열두 바구니에 찼더라

memo

32. 예수님이 '보리떡 5개와 물고기 2마리'로 5천 명쯤 되는 사람들을 먹인 표적이 기록된 성경과 장은?
① 요 5장 ② 요 6장 ③ 요 7장 ④ 요 8장

33. 다음 ( ) 안에 들어갈 말은?
"예수께서 눈을 들어 큰 무리가 자기에게로 오는 것을 보시고 ( )에게 이르시되 우리가 어디서 떡을 사서 이 사람들을 먹이겠느냐 하시니 이렇게 말씀하심은 친히 어떻게 하실지를 아시고 ( )을 시험하고자 하심이라( )이 대답하되 각 사람으로 조금씩 받게 할지라도 이백 데나리온의 떡이 부족하리이다"
① 시몬 ② 요한 ③ 빌립 ④ 바울

34. 보리떡 5개와 물고기 2마리를 가지고 있는 아이를 예수님께 '소개한 사람'은?
① 빌립 ② 바돌로매 ③ 안드레 ④ 요한

35. 예수께서 행하신 오병이어의 표적에서 '먹고 남은 조각'은?
① 여섯 바구니 ② 여덟 바구니
③ 열 바구니 ④ 열두 바구니

32. ② (요 6:1-15 참조)
33. ③ (요 6:5-7 참조)
* 본 절에서 예수님이 빌립을 '시험하고자' 하신 것은 악한 의도에서 하신 것이 아니라(약 1:13 참조), 빌립이 어떠한 대답을 할지 아시고 테스트(test)해 보신 것을 의미한다. 한편 '한 데나리온'은 당시 노동자의 하루 품삯이므로 200데나리온은 약 8-10개월간의 품삯이라고 할 수 있다.
34. ③ (요 6:8-9) 제자 중 하나 곧 시몬 베드로의 형제 안드레가 예수께 여짜오되 여기 한 아이가 있어 보리떡 다섯 개와 물고기 두 마리를 가지고 있나이다 그러나 그것이 이 많은 사람에게 얼마나 되겠사옵나이까
35. ④ (요 6:12-13) 그들이 배부른 후에 예수께서 제자들에게 이르시되 남은 조각을 거두고 버리는 것이 없게 하라 하시므로 이에 거두니 보리떡 다섯 개로 먹고 남은 조각이 열두 바구니에 찼더라

memo

36. 요한복음 6장에서, 예수님은 무엇이 '하나님의 일'이라고 하셨는가?
① 복음을 전하는 것
② 귀신을 쫓아내는 것
③ 기도하는 것
④ 하나님께서 보내신 이를 믿는 것

37. 다음 ( ) 안에 들어갈 말은?
"예수께서 이르시되 나는 ( )이니 내게 오는 자는 결코 주리지 아니할 터이요 나를 믿는 자는 영원히 목마르지 아니하리라"
① 생명의 양식 ② 생명의 떡
③ 생명의 말씀 ④ 생명의 빛

38. 다음 ( ) 안에 들어갈 말은?
"나를 보내신 아버지께서 이끌지 아니하시면 아무도 내게 올 수 없으니 오는 그를 내가 ( ) 날에 다시 살리리라"
① 심판 ② 환난 ③ 그 ④ 마지막

36. ④ (요 6:29) 예수께서 대답하여 이르시되 하나님께서 보내신 이를 믿는 것이 하나님의 일이니라 하시니
37. ② (요 6:35 참조)

요한복음에 기록된 예수님의 7가지 선언

나는 생명의 떡이니	요 6:35
나는 세상의 빛이니	요 8:12
나는 양의 문이라	요 10:7
나는 선한 목자라	요 10:11
나는 부활이요 생명이니	요 11:25
내가 곧 길이요 진리요 생명이니	요 14:6
나는 참포도나무요	요 15:1

* '나는 ~ 이다'에 해당하는 헬라어 '에고 에이미' 선언은 예수님의 자기 선언이다.

38. ④ (요 6:44 참조)

memo

39. 다음 ( ) 안에 들어갈 말은?

"시몬 베드로가 대답하되 주여 ( )이 주께 있사오니 우리가 누구에게로 가오리이까"

① 생명의 원천 ② 영생의 말씀
③ 생명의 말씀 ④ 영생의 소망

40. 예수님은 12제자 중 누구에게 '마귀'라고 하셨는가?

① 바돌로매 ② 다대오
③ 가룟 유다 ④ 가나나인 시몬

41. 다음 ( ) 안에 들어갈 말은?

"나를 믿는 자는 성경에 이름과 같이 그 배에서 생수의 강이 흘러나오리라 하시니 이는 그를 믿는 자들이 받을 ( )을 가리켜 말씀하신 것이라(예수께서 아직 영광을 받지 않으셨으므로 ( )이 아직 그들에게 계시지 아니하시더라)"

① 영광 ② 성령 ③ 은총 ④ 축복

42. 요한복음 7장에서, 대제사장들과 바리새인들에게 예수님을 변호한 사람은?

① 백부장 ② 아리마대 요셉
③ 니고데모 ④ 구레네 시몬

39. ② (요 6:68 참조)

40. ③ (요 6:70–71) 예수께서 대답하시되 내가 너희 열둘을 택하지 아니하였느냐 그러나 너희 중의 한 사람은 마귀니라 하시니 이 말씀은 가룟 시몬의 아들 유다를 가리키심이라 그는 열둘 중의 하나로 예수를 팔 자러라

41. ② (요 7:38–39 참조)

42. ③ (요 7:45–51) 아랫사람들이 대제사장들과 바리새인들에게로 오니 … 율법을 알지 못하는 이 무리는 저주를 받은 자로다 그 중의 한 사람 곧 전에 예수께 왔던 니고데모가 그들에게 말하되 우리 율법은 사람의 말을 듣고 그 행한 것을 알기 전에 심판하느냐

* 본 절은 '당국자들이나 바리새인 중에는 예수를 믿는 사람이 한 사람도 없다'(요 7:48 참조)는 말에 대한 니고데모의 반론이다. 율법은 법적 판결을 하기 전에 제시된 증거를 검토하며 증언을 듣는 절차를 거쳐야 한다(신 17:1–6; 19:15–19 참조). 니고데모는 이 점을 주지시킨 것이다.

memo

43. 서기관들과 바리새인들이 음행 중에 잡힌 여자를 '예수님께 끌고 온 이유'는?

① 예수님의 가르침을 따르고자 함이다
② 예수님을 고발할 조건을 얻고자 함이다
③ 음행 중에 잡힌 여자를 망신시키고자 함이다
④ 음행 중에 잡힌 여자를 돌로 쳐 죽이고자 함이다

44. 다음 ( ) 안에 들어갈 말은?

"그러므로 예수께서 자기를 믿은 유대인들에게 이르시되 너희가 내 ( )에 거하면 참으로 내 제자가 되고"

① 안 ② 말 ③ 진리 ④ 뜻

45. 예수님은 자기를 믿는 유대인들에게 '무엇이' 그들을 자유롭게 한다고 하셨는가?

① 진리 ② 사랑 ③ 은혜 ④ 믿음

46. 다음 ( ) 안에 들어갈 말은?

"예수께서 대답하시되 진실로 진실로 너희에게 이르노니 죄를 범하는 자마다 ( )의 종이라"

① 율법 ② 마귀 ③ 사람 ④ 죄

43. ② (요 8:3-6) 서기관들과 바리새인들이 음행중에 잡힌 여자를 끌고 와서 … 모세는 율법에 이러한 여자를 돌로 치라 명하였거니와 선생은 어떻게 말하겠나이까 그들이 이렇게 말함은 고발할 조건을 얻고자 하여 예수를 시험함이러라

44. ② (요 8:31 참조)

45. ① (요 8:31-32) 예수께서 자기를 믿은 유대인들에게 이르시되 너희가 내 말에 거하면 참으로 내 제자가 되고 진리를 알지니 진리가 너희를 자유롭게 하리라

46. ④ (요 8:34 참조)

memo

47. 마귀의 특징이 아닌 것은?

① 처음부터 살인한 자다　② 거짓말쟁이다
③ 거짓의 아비다　④ 광명의 천사다

48. 다음 (　　) 안에 들어갈 말은?

"너희 조상 (　　)은 나의 때 볼 것을 즐거워하다가 보고 기뻐하였느니라 유대인들이 이르되 네가 아직 오십 세도 못되었는데 (　　)을 보았느냐 예수께서 이르시되 진실로 진실로 너희에게 이르노니 (　　)이 나기 전부터 내가 있느니라 하시니"

① 아브라함　② 이삭　③ 야곱　④ 다윗

49. 예수님은 '날 때부터 맹인 된 사람'의 맹인 된 이유가 무엇이라고 하셨는가?

① 그 사람의 죄 때문이라고 하셨다
② 그 부모의 죄 때문이라고 하셨다
③ 그 사람과 그 부모의 죄 때문이라고 하셨다
④ 하나님이 하시는 일을 나타내고자 하심이라고 하셨다

50. '실로암'의 뜻은?

① 고침을 받았다　② 구원을 받았다
③ 보냄을 받았다　④ 눈이 뜨였다

47. ④ (요 8:44) 너희는 너희 아비 마귀에게서 났으니 너희 아비의 욕심대로 너희도 행하고자 하느니라 그는 처음부터 살인한 자요 진리가 그 속에 없으므로 진리에 서지 못하고 거짓을 말할 때마다 제 것으로 말하나니 이는 그가 거짓말쟁이요 거짓의 아비가 되었음이라

48. ① (요 8:56–58 참조)

49. ④ (요 9:1–3) 예수께서 길을 가실 때에 날 때부터 맹인 된 사람을 보신지라 제자들이 물어 이르되 랍비여 이 사람이 맹인으로 난 것이 누구의 죄로 인함이니이까 … 예수께서 대답하시되 … 그에게서 하나님이 하시는 일을 나타내고자 하심이라

50. ③ (요 9:7) 이르시되 실로암 못에 가서 씻으라 하시니 (실로암은 번역하면 보냄을 받았다는 뜻이라) 이에 가서 씻고 밝은 눈으로 왔더라

memo

51. 요한복음에서, 눈 뜬 맹인의 부모가 유대인들을 무서워한 이유는?
① 예수를 그리스도로 시인하는 자는 박해하기로 결의했기 때문에
② 예수를 그리스도로 시인하는 자는 고발하기로 결의했기 때문에
③ 예수를 그리스도로 시인하는 자는 출교하기로 결의했기 때문에
④ 예수를 그리스도로 시인하는 자는 죽이기로 결의했기 때문에

52. 요한복음에서, 예수님이 자신을 '선한 목자'로 선언한 장은?
① 9장 ② 10장 ③ 11장 ④ 12장

53. 다음 ( ) 안에 들어갈 말은?
"또 이 우리에 들지 아니한 ( ) 양들이 내게 있어 내가 인도하여야 할 터이니 그들도 내 음성을 듣고 한 무리가 되어 한 목자에게 있으리라"
① 선한 ② 악한 ③ 잃은 ④ 다른

51. ③ (요 9:22) 그 부모가 이렇게 말한 것은 이미 유대인들이 누구든지 예수를 그리스도로 시인하는 자는 출교하기로 결의하였으므로 그들을 무서워함이러라
* 본 절에서 '출교'는 유대 공동체 사회에서 추방되는 것을 가리킨다. 출교되면 공중 집회는 물론 매매 행위나 식사 교제도 할 수 없을 뿐만 아니라 모든 공민권이 박탈되기 때문에 사실상 사형 선고와 다름없는 처벌이다.

52. ② (요 10:11) 나는 선한 목자라 선한 목자는 양들을 위하여 목숨을 버리거니와

53. ④ (요 10:16 참조)
* 본 절에서 '다른 양들'은 '유대인'이라는 혈통을 넘어서 장차 예수를 영접하게 될 이방인 성도들을 가리킨다(행 11:1; 15:6-11; 롬 1:16 참조).

memo

54. 다음 (　　) 안에 들어갈 말은?

"내가 내 (　　)을 버리는 것은 그것을 내가 다시 얻기 위함이니 이로 말미암아 아버지께서 나를 사랑하시느니라 이를 내게서 빼앗는 자가 있는 것이 아니라 내가 스스로 버리노라 나는 버릴 권세도 있고 다시 얻을 권세도 있으니 이 계명은 내 아버지에게서 받았노라 하시니라"

① 영광　② 계명　③ 목숨　④ 몸

55. 다음 (　　) 안에 들어갈 말은?

"내가 그들에게 (　　)을 주노니 영원히 멸망하지 아니할 것이요 또 그들을 내 손에서 빼앗을 자가 없느니라"

① 영생　② 말씀　③ 성령　④ 은총

56. 요한복음 11장에서, 향유를 주께 붓고 머리털로 주의 발을 닦은 자는?

① 베다니에 사는 마르다　② 베다니에 사는 마리아

③ 막달라 마리아　④ 야고보의 모친 마리아

57. 예수님은 나사로가 병들었다 함을 들으신 후 계시던 곳에 며칠을 더 유하셨는가?

① 하루　② 이틀　③ 사흘　④ 나흘

54. ③ (요 10:17–18 참조)

55. ① (요 10:28 참조)

56. ② (요 11:1–2) 어떤 병자가 있으니 이는 마리아와 그 자매 마르다의 마을 베다니에 사는 나사로라 이 마리아는 향유를 주께 붓고 머리털로 주의 발을 닦던 자요 병든 나사로는 그의 오라버니더라

57. ② (요 11:5–6) 예수께서 본래 마르다와 그 동생과 나사로를 사랑하시더니 나사로가 병들었다 함을 들으시고 그 계시던 곳에 이틀을 더 유하시고

memo

58. 예수께서 나사로가 죽었을 때 거기 있지 않은 것을 기뻐하신 이유는?
① 제자들로 믿게 하려 하심이다
② 유대인들로 믿게 하려 하심이다
③ 제사장들로 믿게 하려 하심이다
④ 바리새인들로 믿게 하려 하심이다

59. 예수께서 죽은 나사로에게로 가자고 했을 때 "우리도 주와 함께 죽으러 가자"고 말한 제자는?
① 빌립 ② 바돌로매 ③ 도마 ④ 다대오

60. 예수님은 '나사로가 무덤에 있은 지' 며칠 되었을 때 오셨는가?
① 3일 ② 4일 ③ 5일 ④ 6일

61. "주는 그리스도시요 세상에 오시는 하나님의 아들이신 줄 내가 믿나이다"라고 말한 사람은?
① 베드로 ② 나사로 ③ 마르다 ④ 마리아

58. ① (요 11:14-15) 이에 예수께서 밝히 이르시되 나사로가 죽었느니라 내가 거기 있지 아니한 것을 너희를 위하여 기뻐하노니 이는 너희로 믿게 하려 함이라 그러나 그에게로 가자 하시니
* 본 절은 예수께서 나사로의 죽음이 '하나님의 영광'을 위한 사건일 뿐만 아니라(요 11:4 참조) '제자들의 메시아에 대한 믿음'을 확증하게 하는 것임을 말씀하신 것이다.

59. ③ (요 11:14-16) 예수께서 밝히 이르시되 나사로가 죽었느니라 … 그에게로 가자 하시니 디두모라고도 하는 도마가 다른 제자들에게 말하되 우리도 주와 함께 죽으러 가자 하니라
* '디두모'는 헬라어식 표기이며, '도마'는 아람어식 표기로서 '쌍둥이'라는 뜻을 가지고 있다.

60. ② (요 11:17) 예수께서 와서 보시니 나사로가 무덤에 있은 지 이미 나흘이라

61. ③ (요 11:24-27) 마르다가 이르되 마지막 날 부활 때에는 다시 살아날 줄을 내가 아나이다 … 주는 그리스도시요 세상에 오시는 하나님의 아들이신 줄 내가 믿나이다

memo

62. 다음 (   ) 안에 들어갈 말은?

"예수께서 이르시되 돌을 옮겨 놓으라 하시니 그 죽은 자의 누이 마르다가 이르되 주여 죽은 지가 나흘이 되었으매 벌써 냄새가 나나이다 예수께서 이르시되 내 말이 네가 믿으면 (   ) 을 보리라 하지 아니하였느냐 하시니"

① 하나님의 기적 ② 죽은 자의 부활
③ 하나님의 영광 ④ 하나님의 권능

63. 예수님이 '나사로를 살리신 해'의 대제사장은?

① 안나스 ② 가야바 ③ 아나니아 ④ 여호야다

64. 다음 (   ) 안에 들어갈 말은?

"제자 중 하나로서 예수를 잡아 줄 (   )가 말하되 이 향유를 어찌하여 삼백 데나리온에 팔아 가난한 자들에게 주지 아니하였느냐 하니"

① 세리 마태 ② 가룟 유다
③ 다대오 ④ 가나나인 시몬

62. ③ (요 11:39-40 참조)

63. ② (요 11:44-49) 죽은 자가 수족을 베로 동인 채로 나오는데 그 얼굴은 수건에 싸였더라 예수께서 이르시되 풀어 놓아 다니게 하라 하시니라 … 그 중의 한 사람 그 해의 대제사장인 가야바가 그들에게 말하되 너희가 아무 것도 알지 못하는도다

* 가야바는 A.D. 30년경까지 살아 있던 대제사장 안나스의 대를 이어 A.D. 18-36년까지 대제사장직을 수행했다.

64. ② (요 12:4-5 참조)

memo

65. 명절에 큰 무리가 '예수께서 예루살렘에 오신다'는 것을 듣고 외친 말은?

① 할렐루야 찬송하리로다 주의 이름으로 오시는 유다의 왕이시여
② 할렐루야 찬송하리로다 주의 이름으로 오시는 다윗의 자손이여
③ 호산나 찬송하리로다 주의 이름으로 오시는 이스라엘의 왕이시여
④ 호산나 찬송하리로다 주의 이름으로 오시는 아브라함의 자손이여

66. 요한복음에서, 명절에 예배하러 올라온 사람 중에 '예수님을 뵙고자' 빌립에게 가서 청한 몇 사람은?

① 헬라인 ② 로마인 ③ 율법사 ④ 제사장

67. 관리 중에도 예수님을 믿는 자가 많되 드러나게 말하지 못한 이유가 아닌 것은?

① 바리새인들 때문이다
② 출교를 당할까 두려웠기 때문이다
③ 죽임을 당할까 두려웠기 때문이다
④ 사람의 영광을 하나님의 영광보다 더 사랑했기 때문이다

65. ③ (요 12:12-13) 명절에 온 큰 무리가 예수께서 예루살렘으로 오신다는 것을 듣고 종려나무 가지를 가지고 맞으러 나가 외치되 호산나 찬송하리로다 주의 이름으로 오시는 이 곧 이스라엘의 왕이시여 하더라

66. ① (요 12:20-22) 명절에 예배하러 올라온 사람 중에 헬라인 몇이 있는데 그들이 갈릴리 벳새다 사람 빌립에게 가서 청하여 이르되 선생이여 우리가 예수를 뵈옵고자 하나이다 하니 빌립이 안드레에게 가서 말하고 안드레와 빌립이 예수께 가서 여쭈니

* 빌립은 이방인들이 예수님을 뵙고자 하는 것이 마음에 내키지 않았을 것이다. 왜냐하면 유월절을 앞두고 예수님이 부정한 이방인과 접촉하는 것을 원치 않았을 것이기 때문이다. 뿐만 아니라 거룩한 성전에서 예수님이 이방인을 만남으로 제사장들이나 바리새인들의 심기를 건드리게 하고 싶지 않았을 것이다. 그래서 안드레와 상의한 후 안드레와 함께 예수님께 그 일을 말씀드렸을 것으로 추정된다.

67. ③ (요 12:42-43) 관리 중에도 그를 믿는 자가 많되 바리새인들 때문에 드러나게 말하지 못하니 이는 출교를 당할까 두려워함이라 그들은 사람의 영광을 하나님의 영광보다 더 사랑하였더라

memo

68. 마귀는 '누구'의 마음에 예수님을 팔려는 생각을 넣었는가?
① 대제사장 ② 제사장 ③ 바리새인 ④ 가룟 유다

69. 예수님께 "내 발을 절대로 씻지 못하시리이다"라고 말한 제자는?
① 베드로 ② 야고보 ③ 도마 ④ 가룟 유다

70. 다음 (　) 안에 들어갈 말은?
"내가 주와 또는 선생이 되어 너희 (　)을 씻었으니 너희도 서로 (　)을 씻어 주는 것이 옳으니라"
① 마음 ② 몸 ③ 손 ④ 발

71. 예수님의 제자 중 돈궤를 맡은 자는?
① 세리 마태 ② 베드로라 하는 시몬
③ 가룟 유다 ④ 알패오의 아들 야고보

72. 예수께서 제자들에게 주신 새 계명은?
① 서로 사랑하라 ② 서로 섬기라
③ 서로 화목하라 ④ 서로 용서하라

68. ④ (요 13:2) 마귀가 벌써 시몬의 아들 가룟 유다의 마음에 예수를 팔려는 생각을 넣었더라
* 본 절은 마귀가 탐욕을 가진 가룟 유다의 마음속에 들어가 예수님을 팔려는 생각을 넣어 준 것을 보여 준다.
69. ① (요 13:8) 베드로가 이르되 내 발을 절대로 씻지 못하시리이다 예수께서 대답하시되 내가 너를 씻어 주지 아니하면 네가 나와 상관이 없느니라
70. ④ (요 13:14 참조)
71. ③ (요 13:29) 어떤 이들은 유다가 돈궤를 맡았으므로 명절에 우리가 쓸 물건을 사라 하시는지 혹은 가난한 자들에게 무엇을 주라 하시는 줄로 생각하더라
72. ① (요 13:34) 새 계명을 너희에게 주노니 서로 사랑하라 내가 너희를 사랑한 것 같이 너희도 서로 사랑하라

memo

73. 주를 위하여 자기 '목숨을 버리겠다'고 한 제자는?
① 베드로 ② 야고보 ③ 요한 ④ 도마

74. 다음 ( ) 안에 들어갈 말은?
"내가 어디로 가는지 그 길을 너희가 아느니라 ( )가 이르되 주여 주께서 어디로 가시는지 우리가 알지 못하거늘 그 길을 어찌 알겠사옵나이까"
① 베드로 ② 야고보 ③ 도마 ④ 유다

75. 예수님께 '하나님 아버지를 보여 달라'고 한 제자는?
① 빌립 ② 바돌로매 ③ 야고보 ④ 다대오

76. 다음 ( ) 안에 들어갈 말은?
"내가 아버지께 구하겠으니 그가 또 다른 ( )를 너희에게 주사 영원토록 너희와 함께 있게 하리니"
① 은혜 ② 지혜 ③ 은사 ④ 보혜사

77. 다음 ( ) 안에 들어갈 말은?
"나는 ( )요 내 아버지는 농부라"
① 참감람나무 ② 참무화과나무
③ 참포도나무 ④ 참종려나무

73. ① (요 13:37) 베드로가 이르되 주여 내가 지금은 어찌하여 따라갈 수 없나이까 주를 위하여 내 목숨을 버리겠나이다
74. ③ (요 14:4-5 참조)
75. ① (요 14:8) 빌립이 이르되 주여 아버지를 우리에게 보여 주옵소서 그리하면 족하겠나이다
76. ④ (요 14:16 참조)
77. ③ (요 15:1 참조)

memo

78. 요한복음에서, '참포도나무와 가지의 비유'가 기록된 장은?
① 13장 ② 14장 ③ 15장 ④ 16장

79. 요한복음 15장에서, 예수님은 제자들을 무엇으로 비유하셨는가?
① 포도나무 가지 ② 감람나무 가지
③ 종려나무 가지 ④ 무화과나무 가지

80. 다음 ( ) 안에 들어갈 말은?
"너희가 내 안에 거하고 내 ( )이 너희 안에 거하면 무엇이든지 원하는 대로 구하라 그리하면 이루리라"
① 마음 ② 뜻 ③ 능력 ④ 말

81. 예수님은 '포도나무와 가지의 비유'에서 자신은 제자들과 어떤 관계라고 하셨는가?
① 형제 ② 친구 ③ 주종 ④ 동업자

82. 다음 ( ) 안에 들어갈 말은?
"나를 미워하는 자는 또 내 ( )를 미워하느니라"
① 아버지 ② 어머니 ③ 형제 ④ 친구

78. ③ (요 15:1–11 참조)
79. ① (요 15:5) 나는 포도나무요 너희는 가지라 그가 내 안에, 내가 그 안에 거하면 사람이 열매를 많이 맺나니 나를 떠나서는 너희가 아무 것도 할 수 없음이라
80. ④ (요 15:7 참조)
81. ② (요 15:14–15) 너희는 내가 명하는 대로 행하면 곧 나의 친구라 이제부터는 너희를 종이라 하지 아니하리니 종은 주인이 하는 것을 알지 못함이라 너희를 친구라 하였노니 내가 내 아버지께 들은 것을 다 너희에게 알게 하였음이라
82. ① (요 15:23 참조)

memo

83. 보혜사 성령이 '세상을 책망하시는 일'에 해당되지 않는 것은?

① 죄에 대하여　　② 의에 대하여
③ 심판에 대하여　　④ 권세에 대하여

84. 다음 (　　) 안에 들어갈 말은?

"그러나 진리의 성령이 오시면 그가 너희를 모든 (　　) 가운데로 인도하시리니 그가 스스로 말하지 않고 오직 들은 것을 말하며 (　　) 일을 너희에게 알리시리라"

① 은혜, 세상　　② 축복, 장래
③ 진리, 장래　　④ 지혜, 천국

85. 다음 (　　) 안에 들어갈 말은?

"그 날에는 너희가 아무 것도 내게 묻지 아니하리라 내가 진실로 진실로 너희에게 이르노니 너희가 무엇이든지 아버지께 구하는 것을 내 (　　)으로 주시리라"

① 이름　　② 능력　　③ 권한　　④ 자격

86. 요한복음에서 '예수님의 중보 기도'가 기록되어 있는 장은?

① 15장　　② 16장　　③ 17장　　④ 18장

83. ④ (요 16:7-8) 내가 떠나가지 아니하면 보혜사가 너희에게로 오시지 아니할 것이요 가면 내가 그를 너희에게로 보내리니 그가 와서 죄에 대하여, 의에 대하여, 심판에 대하여 세상을 책망하시리라

84. ③ (요 16:13 참조)

85. ① (요 16:23 참조)

86. ③

예수님의 중보 기도

성부와 성자의 영광을 구하는 기도	요 17:1-5
제자들을 위한 기도	요 17:6-19
모든 성도들을 위한 기도	요 17:20-26

memo

87. 유다가 '예수님을 잡기 위해' 아랫사람들과 함께 가지고 온 것이 아닌 것은?

① 등　② 횃불　③ 무기　④ 밧줄

88. 대제사장의 종 '말고'의 오른편 귀를 칼로 베어버린 예수님의 제자는?

① 가나나인 시몬　② 알패오의 아들 야고보
③ 시몬 베드로　④ 알패오의 아들 다대오

89. 군대와 천부장과 유대인의 아랫사람들이 예수님을 잡아 결박하여 먼저 '누구에게' 끌고 갔는가?

① 헤롯　② 빌라도　③ 안나스　④ 가야바

90. 예수님 당시 대제사장인 '안나스'와 '가야바'의 관계는?

① 부자 관계　② 동료 관계
③ 친구 관계　④ 장인과 사위 관계

87. ④ (요 18:3) 유다가 군대와 대제사장들과 바리새인들에게서 얻은 아랫사람들을 데리고 등과 횃불과 무기를 가지고 그리로 오는지라

* 본 절에서 '아랫사람들'은 성전이나 산헤드린 공회를 지키며 치안을 유지하는 자들을 가리킨다. 한편 '무기'란 '검과 몽치'를 말한다(마 26:47; 막 14:48; 눅 22:52 참조).

88. ③ (요 18:10) 이에 시몬 베드로가 칼을 가졌는데 그것을 빼어 대제사장의 종을 쳐서 오른편 귀를 베어버리니 그 종의 이름은 말고라

89. ③ (요 18:12-13) 이에 군대와 천부장과 유대인의 아랫사람들이 예수를 잡아 결박하여 먼저 안나스에게로 끌고 가니 안나스는 그 해의 대제사장인 가야바의 장인이라

* 군대와 천부장과 유대인의 아랫사람들이 예수님을 먼저 안나스에게 끌고 가 예비적 심문을 받게 한 이유는 재판을 위해 산헤드린 공회가 소집될 때까지 예수님을 안전한 곳에 가두어 두려는 의도였을 것으로 추정된다. 한편 '그 해의 대제사장'이라고 한 이유는 대제사장직이 1년직이라는 말이 아니라 예수님이 십자가에 달리신 해에 가야바가 대제사장으로 있었다는 것을 강조하기 위함인 것으로 보인다.

90. ④ (요 18:13) 먼저 안나스에게로 끌고 가니 안나스는 그 해의 대제사장인 가야바의 장인이라

memo

91. 유대인들에게 '한 사람이 백성을 위하여 죽는 것이 유익하다'고 권고하던 자는?
① 가야바 ② 안나스 ③ 헤롯 ④ 빌라도

92. 유대인들에게 '예수님에게서 아무 죄도 찾지 못했다'고 말한 사람은?
① 헤롯 ② 가야바 ③ 안나스 ④ 빌라도

93. '죄인 한 사람을 놓아 주는 전례'가 있는 유대인의 절기는?
① 유월절 ② 무교절 ③ 오순절 ④ 초막절

94. 유대인들은 빌라도에게 '누구'를 놓아 주라고 소리 질렀는가?
① 예수님 ② 바라바 ③ 가야바 ④ 안나스

91. ① (요 18:14) 가야바는 유대인들에게 한 사람이 백성을 위하여 죽는 것이 유익하다고 권고하던 자러라
* 본 절에서 '한 사람'은 예수님을 뜻한다. 따라서 본 절은 가야바가 과거에 산헤드린 공회원들에게 '예수님을 죽이는 것이 로마로부터 유대를 지키는 데 유리하다'는 의미로 무의식 중에 한 말을 가리킨다(요 11:49–52 참조).

92. ④ (요 18:38) 빌라도가 이르되 진리가 무엇이냐 하더라 이 말을 하고 다시 유대인들에게 나가서 이르되 나는 그에게서 아무 죄도 찾지 못하였노라
* 빌라도는 예수님이 무죄하다는 것을 3번 선언했다(눅 23:4, 13–14, 22; 요 18:38; 19:4, 6 참조).

93. ① (요 18:39) 유월절이면 내가 너희에게 한 사람을 놓아 주는 전례가 있으니 그러면 너희는 내가 유대인의 왕을 너희에게 놓아 주기를 원하느냐 하니
* 본 절은 빌라도가 유월절에 죄인 하나를 석방시켜 주는 유대인의 전례를 따라 예수님을 풀어 주고자 했던 것을 보여 준다. 한편 유월절에 죄인 하나를 석방시켜 주는 관습이 언제부터 시작되었는지는 알 수 없지만 예수님 당시에는 그런 관습이 있었던 것으로 여겨진다.

94. ② (요 18:39–40) 유월절이면 내가 너희에게 한 사람을 놓아 주는 전례가 있으니 그러면 너희는 내가 유대인의 왕을 너희에게 놓아 주기를 원하느냐 하니 그들이 또 소리 질러 이르되 이 사람이 아니라 바라바라 하니 바라바는 강도였더라
* '바라바'는 민란을 일으킨 죄로 투옥되었지만 로마의 지배에 반기를 든 자이기 때문에 유대 민중에게는 호응을 얻었던 것으로 보인다.

memo

95. 요한복음 19장에서, 유대인들이 '예수님을 죽이려는' 이유로 내세운 것은?
① 예수가 자기를 메시아라고 한다
② 예수가 자기를 하나님이라고 한다
③ 예수가 자기를 유대인의 왕이라고 한다
④ 예수가 자기를 하나님의 아들이라고 한다

96. 다음 ( ) 안에 들어갈 말은?
"빌라도가 이르되 내게 말하지 아니하느냐 내가 너를 놓을 ( )도 있고 십자가에 못 박을 ( )도 있는 줄 알지 못하느냐 예수께서 대답하시되 위에서 주지 아니하셨더라면 나를 해할 ( )이 없었으리니 그러므로 나를 네게 넘겨 준 자의 죄는 더 크다 하시니라"
① 능력 ② 자격 ③ 권한 ④ 생각

97. 빌라도는 패에 '무엇'이라고 써서 십자가 위에 붙였는가?
① 나사렛 예수 유대인의 왕
② 나사렛 예수 하나님의 아들
③ 나사렛 예수 인류의 구세주
④ 나사렛 예수 유대인의 메시아

95. ④ (요 19:7) 유대인들이 대답하되 우리에게 법이 있으니 그 법대로 하면 그가 당연히 죽을 것은 그가 자기를 하나님의 아들이라 함이니이다

* 유대인들은 처음에 정치적인 죄, 즉 예수님이 '백성을 미혹하고 가이사에게 세 바치는 것을 금하면서 자칭 왕 그리스도라고 한다'는 죄목으로 예수님을 고발했다(눅 23:1–2 참조). 그러나 빌라도가 세 번씩이나 예수님이 무죄라고 선고했기 때문에 이제는 신성모독 죄가 사형에 해당한다는 율법을 근거로 예수님을 죽이려 한 것이다(레 24:16 참조).

96. ③ (요 19:10–11 참조)

97. ① (요 19:19) 빌라도가 패를 써서 십자가 위에 붙이니 나사렛 예수 유대인의 왕이라 기록되었더라

memo

98. 빌라도가 '십자가 위에 붙인 패'에 기록된 말이 아닌 것은?
① 히브리 말 ② 로마 말 ③ 헬라 말 ④ 아람 말

99. 예수님의 '십자가 곁에' 있던 여자가 아닌 사람은?
① 예수님의 어머니 ② 예수님의 이모
③ 베다니의 마리아 ④ 글로바의 아내 마리아

100. 예수님의 어머니를 '자기 집에 모신' 제자는?
① 야고보 ② 안드레 ③ 사도 요한 ④ 빌립

98. ④ (요 19:20) 예수께서 못 박히신 곳이 성에서 가까운 고로 많은 유대인이 이 패를 읽는데 히브리와 로마와 헬라 말로 기록되었더라

99. ③ (요 19:25) 예수의 십자가 곁에는 그 어머니와 이모와 글로바의 아내 마리아와 막달라 마리아가 섰는지라
* 마태와 마가는 3명의 여인이 십자가에 달리신 예수님을 멀리서 바라보았다고 기록하고 있는데(마 27:56; 막 15:40 참조), 요한은 그 3명의 여자와 함께 예수님의 어머니 마리아도 십자가 곁에 서 있었다고 기록하고 있다.

100. ③ (요 19:26-27) 예수께서 자기의 어머니와 사랑하시는 제자가 곁에 서 있는 것을 보시고 자기 어머니께 말씀하시되 여자여 보소서 아들이니이다 하시고 또 그 제자에게 이르시되 보라 네 어머니라 하신대 그 때부터 그 제자가 자기 집에 모시니라
* 본 절에서 '사랑하시는 제자'는 사도 요한을 가리킨다(요 13:23; 21:7, 20 참조). 한편 사도 요한은 예수님의 어머니 마리아를 친어머니처럼 모셨을 것으로 추정된다.

memo

101. 다음 (   ) 안에 들어갈 말은?

"거기 (   )가 가득히 담긴 그릇이 있는지라 사람들이 (   )를 적신 해면을 우슬초에 매어 예수의 입에 대니 예수께서 (   )를 받으신 후에 이르시되 다 이루었다 하시고 머리를 숙이니 영혼이 떠나가시니라"

① 포도주　　② 몰약을 탄 포도주
③ 신 포도주　　④ 쓸개 탄 포도주

102. 예수님의 장례를 위해 '몰약과 침향 섞은 것'을 가지고 온 사람은?

① 니고데모　　② 구레네 사람 시몬
③ 막달라 마리아　　④ 아리마대 사람 요셉

103. 다음 (   ) 안에 들어갈 말은?

"안식 후 첫날 일찍이 아직 어두울 때에 (   )가 무덤에 와서 돌이 무덤에서 옮겨진 것을 보고"

① 막달라 마리아　　② 예수님의 어머니
③ 예수님의 이모　　④ 글로바의 아내 마리아

101. ③ (요 19:29-30 참조)

* 본 절에 기록된 '신 포도주'는 마태와 마가가 기록한 '쓸개 탄 포도주'나 '몰약을 탄 포도주'와는 다르다. 본 절에 나오는 신 포도주는 형이 집행되는 과정에 갈증을 해소하기 위해 주어지는 것으로서 예수님이 드셨지만, 쓸개 탄 포도주나 몰약을 탄 포도주는 형이 집행되기 이전에 마취의 효과를 주기 위해 제공하는 것인데 예수님이 거절하셨다(마 27:34; 막 15:23 참조).

102. ① (요 19:39-40) 일찍이 예수께 밤에 찾아왔던 니고데모도 몰약과 침향 섞은 것을 백 리트라쯤 가지고 온지라 이에 예수의 시체를 가져다가 유대인의 장례 법대로 그 향품과 함께 세마포로 쌌더라

* '몰약'은 아라비아산 나무에서 채취하는 고급 향료이고, '침향'은 백합과 식물에서 채취하는 향료인데, 몰약과 침향을 섞으면 건조제와 방취제 역할을 하므로 시체의 부패를 막는 데 사용되었다. 한편 니고데모가 이 향품을 100리트라, 즉 약 35kg을 가져온 것을 보면 그가 상당한 부자였을 것으로 추정된다. 당시 왕족의 장례 때 이 정도의 향품을 사용하였는데, 이는 니고데모가 예수님을 왕으로 예우했다는 것을 짐작하게 한다.

103. ① (요 20:1 참조)

* 공관복음에 의하면 '돌이 무덤에서 옮겨진 것을 본' 여자는 막달라 마리아 외에 다른 여자들도 있었다(마 28:1-2; 막 16:1-4; 눅 24:1-2 참조).

memo

104. 다음 (　　　　) 안에 들어갈 말은?

"예수께서 이르시되 여자여 어찌하여 울며 누구를 찾느냐 하시니 마리아는 그가 (　　　　)인 줄 알고 이르되 주여 당신이 옮겼거든 어디 두었는지 내게 이르소서 그리하면 내가 가져가리이다"

① 천사　② 대제사장　③ 군인　④ 동산지기

105. 요한복음에서, 부활하신 예수님을 제일 먼저 본 사람은?

① 베드로　② 사도 요한

③ 막달라 마리아　④ 예수님의 어머니

106. 예수님이 부활하시고 안식 후 첫날 제자들이 모인 곳에 오셔서 하신 말씀이 아닌 것은?

① 성령을 받으라

② 믿음 없는 자가 되지 말고 믿는 자가 되라

③ 너희에게 평강이 있을지어다

④ 아버지께서 나를 보내신 것 같이 나도 너희를 보내노라

104. ④ (요 20:15 참조)

105. ③ (요 20:18) 막달라 마리아가 가서 제자들에게 내가 주를 보았다 하고 또 주께서 자기에게 이렇게 말씀하셨다 이르니라

106. ②

부활하신 예수께서 안식 후 첫날 제자들에게 하신 말씀

너희에게 평강이 있을지어다	요 20:19, 21
아버지께서 나를 보내신 것 같이 나도 너희를 보내노라	요 20:21
성령을 받으라	요 20:22
너희가 누구의 죄든지 사하면 사하여질 것이요 누구의 죄든지 그대로 두면 그대로 있으리라	요 20:23

memo

107. 예수님이 부활하시고 안식 후 첫날 제자들이 모인 곳에 오셨을 때 '함께 있지 않은' 제자는?
① 빌립 ② 바돌로매 ③ 도마 ④ 다대오

108. 도마가 예수님의 부활을 믿게 된 것은 예수님이 부활하신 후 며칠이 지나서인가?
① 7일 ② 8일 ③ 9일 ④ 10일

109. 예수님은 누구에게 "믿음 없는 자가 되지 말고 믿는 자가 되라"고 하셨는가?
① 베드로 ② 야고보 ③ 빌립 ④ 도마

110. 예수님께 "나의 주님이시요 나의 하나님이시니이다"라고 고백한 제자는?
① 베드로 ② 사도 요한 ③ 도마 ④ 안드레

107. ③ (요 20:24) 열두 제자 중의 하나로서 디두모라 불리는 도마는 예수께서 오셨을 때에 함께 있지 아니한지라
* '디두모'는 헬라어이고 '도마'는 아람어인데, 그 뜻은 둘 다 '쌍둥이'이다.

108. ② (요 20:25-28) 도마가 이르되 내가 그의 손의 못 자국을 보며 내 손가락을 그 못 자국에 넣으며 내 손을 그 옆구리에 넣어 보지 않고는 믿지 아니하겠노라 하니라 여드레를 지나서 … 도마가 대답하여 이르되 나의 주님이시요 나의 하나님이시니이다

109. ④ (요 20:27) 도마에게 이르시되 네 손가락을 이리 내밀어 내 손을 보고 네 손을 내밀어 내 옆구리에 넣어 보라 그리하여 믿음 없는 자가 되지 말고 믿는 자가 되라

110. ③ (요 20:28) 도마가 대답하여 이르되 나의 주님이시요 나의 하나님이시니이다

도마의 말

우리도 주와 함께 죽으러 가자	요 11:16
주여 주께서 어디로 가시는지 우리가 알지 못하거늘 그 길을 어찌 알겠사옵나이까	요 14:5
내가 그의 손의 못 자국을 보며 내 손가락을 그 못 자국에 넣으며 내 손을 그 옆구리에 넣어 보지 않고는 믿지 아니하겠노라	요 20:25
나의 주님이시요 나의 하나님이시니이다	요 20:28

memo

111. 부활하신 예수께서 디베랴 호수에 나타나셨을 때 몇 명의 제자들이 함께 있었는가?

① 5명 ② 6명 ③ 7명 ④ 8명

112. 디베랴 호수에서 벗고 있다가 '주님이라' 하는 말을 듣고 겉옷을 두른 후에 바다로 뛰어 내린 제자는?

① 베드로 ② 사도 요한 ③ 빌립 ④ 도마

111. ③ (요 21:1-2) 그 후에 예수께서 디베랴 호수에서 또 제자들에게 자기를 나타내셨으니 나타내신 일은 이러하니라 시몬 베드로와 디두모라 하는 도마와 갈릴리 가나 사람 나다나엘과 세베대의 아들들과 또 다른 제자 둘이 함께 있더니

112. ① (요 21:1-7) 예수께서 디베랴 호수에서 또 제자들에게 자기를 나타내셨으니 나타내신 일은 이러하니라 … 시몬 베드로가 벗고 있다가 주님이라 하는 말을 듣고 겉옷을 두른 후에 바다로 뛰어 내리더라

memo

113. 요한복음에서, 예수님이 디베랴 호수에서 제자들에게 나타나신 것은 '부활하신 후 몇 번째'인가?

① 첫 번째　② 두 번째　③ 세 번째　④ 네 번째

114. 제자들이 "그물을 배 오른편에 던지라"는 예수님의 말씀대로 하여 잡은 물고기 수는?

① 150마리　② 151마리　③ 152마리　④ 153마리

115. 부활하신 예수께서 디베랴 호수에 나타나셨을 때 제일 먼저 알아 본 제자는?

① 베드로　② 야고보　③ 사도 요한　④ 빌립

113. ③ (요 21:1-14) 예수께서 디베랴 호수에서 또 제자들에게 자기를 나타내셨으니 … 이것은 예수께서 죽은 자 가운데서 살아나신 후에 세 번째로 제자들에게 나타나신 것이라

* 본 절에서 예수님이 부활하신 후에 '세 번째'로 나타나셨다고 한 것은 부활하신 후 막달라 마리아에게 나타나신 것을(요 20:15-18 참조) 제외하고 제자들이 모였을 때 나타나신 것만 계산한 것으로 보인다(요 20:19-23, 26-29 참조). 한편 이 외에도 예수님은 부활하신 후 여러 차례 나타나셨다.

부활하신 후 나타나신 예수님

부활 당일	막달라 마리아에게	막 16:9-11; 요 20:11-18
	막달라 마리아와 다른 마리아에게	마 28:1-10
	베드로에게	눅 24:34; 고전 15:5
	엠마오로 가는 두 제자에게	눅 24:13-35
	도마를 제외한 제자들에게	요 20:19-23
부활 후 8일	도마를 포함한 제자들에게	요 20:24-29
(불확실)	디베랴 호수에서 일곱 제자에게	요 21:1-14
	열한 사도에게	마 28:16-17
	500여 형제에게	고전 15:6
	야고보에게	고전 15:7
승천 시	열한 사도에게	행 1:6-11
(불확실)	사울(바울)에게	행 9:1-9; 고전 15:3-8

114. ④ (요 21:5-11) 예수께서 이르시되 얘들아 너희에게 고기가 있느냐 … 그물을 배 오른편에 던지라 … 시몬 베드로가 올라가서 그물을 육지에 끌어 올리니 가득히 찬 큰 물고기가 백쉰세 마리라 이같이 많으나 그물이 찢어지지 아니하였더라

115. ③ (요 21:7) 예수께서 사랑하시는 그 제자가 베드로에게 이르되 주님이시라 하니 시몬 베드로가 벗고 있다가 주님이라 하는 말을 듣고 겉옷을 두른 후에 바다로 뛰어 내리더라

* 본 절에서 '예수께서 사랑하시는 그 제자'는 사도 요한을 가리킨다(요 13:23; 19:26; 21:20 참조).

memo

116. 예수님은 누구에게 "네가 나를 사랑하느냐"고 세 번 물으셨는가?
① 베드로 ② 안드레 ③ 야고보 ④ 도마

117. 요한복음 21장에서, 예수님이 베드로에게 하신 말씀이 아닌 것은?
① 내 어린 양을 먹이라 ② 내 양을 치라
③ 내 양을 먹이라 ④ 내 양을 찾으라

118. 예수님은 누구에게 "네가 젊어서는 스스로 띠 띠고 원하는 곳으로 다녔거니와 늙어서는 네 팔을 벌리리니 남이 네게 띠 띠우고 원하지 아니하는 곳으로 데려가리라"고 말씀하셨는가?
① 베드로 ② 사도 요한 ③ 바돌로매 ④ 다대오

116. ① (요 21:15–17) 예수께서 시몬 베드로에게 이르시되 … 네가 이 사람들보다 나를 더 사랑하느냐 … 또 두 번째 이르시되 요한의 아들 시몬아 네가 나를 사랑하느냐 … 세 번째 네가 나를 사랑하느냐

117. ④ (요 21:15–17) 예수께서 시몬 베드로에게 이르시되 … 내 어린 양을 먹이라 하시고 또 두 번째 이르시되 요한의 아들 시몬아 … 내 양을 치라 하시고 세 번째 이르시되 요한의 아들 시몬아 … 내 양을 먹이라

118. ① (요 21:17–18) 베드로가 근심하여 이르되 주님 모든 것을 아시오매 내가 주님을 사랑하는 줄을 주님께서 아시나이다 예수께서 이르시되 … 네가 젊어서는 스스로 띠 띠고 원하는 곳으로 다녔거니와 늙어서는 네 팔을 벌리리니 남이 네게 띠 띠우고 원하지 아니하는 곳으로 데려가리라

memo

주관식

1. 요한복음 1장 1절을 쓰시오.

2. "영접하는 자 곧 그 이름을 믿는 자들에게는 하나님의 자녀가 되는 권세를 주셨으니 이는 (　　)으로나 (　　)으로나 (　　)의 뜻으로 나지 아니하고 오직 (　　)께로부터 난 자들이니라"

3. "율법은 (　　)로 말미암아 주어진 것이요 은혜와 진리는 (　　　)로 말미암아 온 것이라"

4. "요한이 대답하되 나는 물로 침례를 베풀거니와 너희 가운데 너희가 알지 못하는 한 사람이 섰으니 곧 내 뒤에 오시는 그이라 나는 그의 (　　　)을 풀기도 감당하지 못하겠노라 하더라"

5. 침례 요한이 침례를 베풀던 강의 이름은?

1. **태초에 말씀이 계시니라 이 말씀이 하나님과 함께 계셨으니 이 말씀은 곧 하나님이시니라**
2. **혈통, 육정, 사람, 하나님** (요 1:12-13 참조)
3. **모세, 예수 그리스도** (요 1:17 참조)
4. **신발끈** (요 1:26-27 참조)
5. **요단 강** (요 1:28) 이 일은 요한이 침례 베풀던 곳 요단 강 건너편 베다니에서 일어난 일이니라

memo

6. "나도 그를 알지 못하였으나 나를 보내어 물로 침례를 베풀라 하신 그이가 나에게 말씀하시되 (   )이 내려서 누구 위에든지 머무는 것을 보거든 그가 곧 (   )으로 침례를 베푸는 이인 줄 알라 하셨기에 내가 보고 그가 하나님의 아들이심을 증언하였노라 하니라"

7. '베드로'의 본명은?

8. 요한복음에서, 예수님께 "당신은 하나님의 아들이시요 당신은 이스라엘의 임금이로소이다"라고 고백한 사람은?

9. 요한복음에서, 예수님이 '사흘 동안에 일으키리라'고 하신 성전이 가리키는 것은?

10. 예수님은 사람이 거듭나지 아니하면 '무엇'을 볼 수 없다고 하셨는가?

6. **성령, 성령** (요 1:33-34 참조)
7. **시몬** (요 1:42) 데리고 예수께로 오니 예수께서 보시고 이르시되 네가 요한의 아들 시몬이니 장차 게바라 하리라 하시니라 (게바는 번역하면 베드로라)
   * '게바'는 '반석'이라는 뜻의 아람어이다.
8. **나다나엘** (요 1:49) 나다나엘이 대답하되 랍비여 당신은 하나님의 아들이시요 당신은 이스라엘의 임금이로소이다
9. **자기 육체** (요 2:19-21) 예수께서 대답하여 이르시되 너희가 이 성전을 헐라 내가 사흘 동안에 일으키리라 유대인들이 이르되 이 성전은 사십육 년 동안에 지었거늘 네가 삼 일 동안에 일으키겠느냐 하더라 그러나 예수는 성전된 자기 육체를 가리켜 말씀하신 것이라
   * 본 절은 예수님이 성전을 자기 몸에 비유하시며 죽은 후 3일 만에 부활하실 것을 말씀하신 것이다.
10. **하나님의 나라** (요 3:3) 예수께서 대답하여 이르시되 진실로 진실로 네게 이르노니 사람이 거듭나지 아니하면 하나님의 나라를 볼 수 없느니라

memo

11. "예수께서 대답하시되 진실로 진실로 네게 이르노니 사람이 (　　　　　)으로 나지 아니하면 하나님의 나라에 들어갈 수 없느니라"

12. "모세가 광야에서 뱀을 든 것 같이 (　　)도 들려야 하리니"

13. 요한복음 3장 16절을 기록하시오.

14. "하나님이 그 아들을 세상에 보내신 것은 세상을 (　　)하려 하심이 아니요 그로 말미암아 세상이 (　　)을 받게 하려 하심이라"

15. 요한복음에서, 예수님 당시 '야곱의 우물'이 있던 곳은?

16. "내가 주는 물을 마시는 자는 영원히 목마르지 아니하리니 내가 주는 물은 그 속에서 (　　)하도록 솟아나는 샘물이 되리라"

11. **물과 성령** (요 3:5 참조)
12. **인자** (요 3:14 참조)
13. **하나님이 세상을 이처럼 사랑하사 독생자를 주셨으니 이는 그를 믿는 자마다 멸망하지 않고 영생을 얻게 하려 하심이라**
14. **심판, 구원** (요 3:17 참조)
15. **사마리아에 있는 수가** (요 4:5-6) 사마리아에 있는 수가라 하는 동네에 이르시니 야곱이 그 아들 요셉에게 준 땅이 가깝고 거기 또 야곱의 우물이 있더라 예수께서 길 가시다가 피곤하여 우물 곁에 그대로 앉으시니 때가 여섯 시쯤 되었더라
16. **영생** (요 4:14 참조)

memo

17. "하나님은 영이시니 예배하는 자가 (　　　)로 예배할지니라"

18. 예수님은 자신이 '메시야'이심을 누구에게 처음으로 밝혔는가?

19. "예수께서 이르시되 나의 양식은 나를 보내신 이의 (　　)을 행하며 그의 (　　)을 온전히 이루는 이것이니라"

20. 요한복음에서, 예루살렘에 있는 양문 곁에 있는 '못의 이름'은?

21. 예수님이 베데스다 못가의 38년 된 병자를 고쳐 주신 날은?

22. "진실로 진실로 너희에게 이르노니 죽은 자들이 하나님의 아들의 (　　)을 들을 때가 오나니 곧 이 때라 듣는 자는 살아나리라"

17. **영과 진리** (요 4:24 참조)
18. **사마리아 여자** (요 4:25-26) 여자가 이르되 메시야 곧 그리스도라 하는 이가 오실 줄을 내가 아노니 그가 오시면 모든 것을 우리에게 알려 주시리이다 예수께서 이르시되 네게 말하는 내가 그라 하시니라
19. **뜻, 일** (요 4:34 참조)
20. **베데스다** (요 5:2) 예루살렘에 있는 양문 곁에 히브리 말로 베데스다라 하는 못이 있는데 거기 행각 다섯이 있고
21. **안식일** (요 5:5-9) 거기 서른여덟 해 된 병자가 있더라 … 예수께서 이르시되 일어나 네 자리를 들고 걸어가라 하시니 그 사람이 곧 나아서 자리를 들고 걸어가니라 이 날은 안식일이니
22. **음성** (요 5:25 참조)

memo

23. "선한 일을 행한 자는 (   )의 부활로, 악한 일을 행한 자는 (   )의 부활로 나오리라"

24. 성경은 '누구'에 대하여 증언하는가?

25. "이에 거두니 보리떡 다섯 개로 먹고 남은 조각이 열두 바구니에 찼더라 그 사람들이 예수께서 행하신 이 표적을 보고 말하되 이는 참으로 세상에 오실 그 (   )라 하더라"

26. "제자들이 노를 저어 십여 리쯤 가다가 예수께서 (   ) 위로 걸어 배에 가까이 오심을 보고 두려워하거늘"

27. "썩을 (   )을 위하여 일하지 말고 영생하도록 있는 (   )을 위하여 하라 이 (   )은 인자가 너희에게 주리니 인자는 아버지 하나님께서 인치신 자니라"

28. 요한복음 6장에서, 예수님은 어떤 자만 하나님 아버지를 보았다고 했는가?

23. 생명, 심판 (요 5:29 참조)
24. 예수 그리스도 (요 5:39) 너희가 성경에서 영생을 얻는 줄 생각하고 성경을 연구하거니와 이 성경이 곧 내게 대하여 증언하는 것이니라
25. 선지자 (요 6:13-14 참조)
26. 바다 (요 6:19 참조)
27. 양식, 양식, 양식 (요 6:27 참조)
28. 하나님에게서 온 자 (요 6:46) 이는 아버지를 본 자가 있다는 것이 아니니라 오직 하나님에게서 온 자만 아버지를 보았느니라
* 본 절에서 '하나님에게서 온 자'는 예수 그리스도를 가리킨다.

memo

29. "내 살은 참된 (　　)이요 내 피는 참된 (　　)로다"

30. 가룟 유다의 아버지 이름은?

31. "예수께서 대답하여 이르시되 내 교훈은 내 것이 아니요 나를 (　　　) 이의 것이니라"

32. "그들이 예수를 잡고자 하나 손을 대는 자가 없으니 이는 그의 (　)가 아직 이르지 아니하였음이러라"

33. "그들이 묻기를 마지 아니하는지라 이에 일어나 이르시되 너희 중에 (　　　)가 먼저 돌로 치라 하시고 다시 몸을 굽혀 손가락으로 땅에 쓰시니 그들이 이 말씀을 듣고 양심에 가책을 느껴 어른으로 시작하여 젊은이까지 하나씩 하나씩 나가고 오직 예수와 그 가운데 섰는 여자만 남았더라"

34. "예수께서 또 말씀하여 이르시되 나는 (　　　)이니 나를 따르는 자는 어둠에 다니지 아니하고 (　　　)을 얻으리라"

29. 양식, 음료 (요 6:55 참조)
30. 가룟 시몬 (요 6:71) 이 말씀은 가룟 시몬의 아들 유다를 가리키심이라 그는 열둘 중의 하나로 예수를 팔 자러라
31. 보내신 (요 7:16 참조)
32. 때 (요 7:30 참조)
33. 죄 없는 자 (요 8:7-9 참조)
34. 세상의 빛, 생명의 빛 (요 8:12 참조)

memo

35. "진실로 진실로 너희에게 이르노니 사람이 내 말을 지키면 영원히 (　　)을 보지 아니하리라"

36. "때가 아직 낮이매 나를 보내신 이의 일을 우리가 하여야 하리라 밤이 오리니 그 때는 아무도 일할 수 없느니라 내가 세상에 있는 동안에는 (　　)이로라"

37. "그러므로 예수께서 다시 이르시되 내가 진실로 진실로 너희에게 말하노니 나는 (　　)이라 나보다 먼저 온 자는 다 절도요 강도니 양들이 듣지 아니하였느니라"

38. 요한복음 10장 10절을 쓰시오.

39. "나는 선한 목자라 선한 목자는 양들을 위하여 (　　)을 버리거니와 (　　)은 목자가 아니요 양도 제 양이 아니라 이리가 오는 것을 보면 양을 버리고 달아나나니 이리가 양을 물어 가고 또 헤치느니라"

35. 죽음 (요 8:51 참조)
36. 세상의 빛 (요 9:4–5 참조)
37. 양의 문 (요 10:7–8 참조)
38. 도둑이 오는 것은 도둑질하고 죽이고 멸망시키려는 것뿐이요 내가 온 것은 양으로 생명을 얻게 하고 더 풍성히 얻게 하려는 것이라
39. 목숨, 삯꾼 (요 10:11–12 참조)

memo

40. "성경은 폐하지 못하나니 하나님의 말씀을 받은 사람들을 ( )이라 하셨거든"

41. "예수께서 들으시고 이르시되 이 병은 죽을 병이 아니라 하나님의 ( )을 위함이요 하나님의 아들이 이로 말미암아 ( )을 받게 하려 함이라 하시더라"

42. "예수께서 이르시되 돌을 옮겨 놓으라 하시니 그 죽은 자의 누이 마르다가 이르되 주여 죽은 지가 ( )이 되었으매 벌써 냄새가 나나이다"

43. 요한복음에서, 순전한 나드 한 근을 가져다가 예수님의 발에 붓고 머리털로 발을 닦은 사람은?

44. "내가 진실로 진실로 너희에게 이르노니 한 알의 ( )이 땅에 떨어져 죽지 아니하면 한 알 그대로 있고 죽으면 많은 ( )를 맺느니라"

40. 신 (요 10:35 참조)

* '하나님의 말씀을 받은 사람들'이란 하나님의 말씀을 받아 사람들에게 전하는 선지자들을 가리킨다. 예수님은 성경의 전례에 비추어(시 82:6 참조) 이들을 하나님을 대신하여 그 뜻을 전하는 자들이란 의미에서 '신'이라 부를 수 있다고 말씀하신 것이다.

41. 영광, 영광 (요 11:4 참조)

42. 나흘 (요 11:39 참조)

43. 마리아 (요 12:3) 마리아는 지극히 비싼 향유 곧 순전한 나드 한 근을 가져다가 예수의 발에 붓고 자기 머리털로 그의 발을 닦으니 향유 냄새가 집에 가득하더라

* 본 절의 '마리아'는 베다니에 사는 나사로의 누이이며 마르다의 동생인 마리아이다(요 11:1 참조).

44. 밀, 열매 (요 12:24 참조)

memo

45. “예수께서 외쳐 이르시되 나를 믿는 자는 나를 믿는 것이 아니요 나를 (　　　) 이를 믿는 것이며 나를 보는 자는 나를 (　　　) 이를 보는 것이니라”

46. “유월절 전에 예수께서 자기가 세상을 떠나 아버지께로 돌아가실 때가 이른 줄 아시고 세상에 있는 자기 사람들을 사랑하시되 (　　) 사랑하시니라”

47. “내가 너희 모두를 가리켜 말하는 것이 아니니라 나는 내가 택한 자들이 누구인지 앎이라 그러나 내 떡을 먹는 자가 내게 (　　)를 들었다 한 성경을 응하게 하려는 것이니라”

48. “너희는 마음에 근심하지 말라 하나님을 믿으니 또 나를 믿으라 내 아버지 집에 거할 곳이 많도다 그렇지 않으면 너희에게 일렀으리라 내가 너희를 위하여 거처를 (　　)하러 가노니 가서 너희를 위하여 거처를 (　　)하면 내가 다시 와서 너희를 내게로 영접하여 나 있는 곳에 너희도 있게 하리라”

49. “예수께서 이르시되 내가 곧 (　　)이요 (　　)요 (　　)이니 나로 말미암지 않고는 아버지께로 올 자가 없느니라”

45. 보내신, 보내신 (요 12:44–45 참조)

46. 끝까지 (요 13:1 참조)

* 본 절에서 ‘끝까지’는 ‘완전히’ 또는 ‘죽기까지’라는 뜻이다.

47. 발꿈치 (요 13:18 참조)

* 본 절은 다윗이 자신의 가장 가까운 모사였던 아히도벨에게 배신을 당했듯이 예수님도 가까이에 있는 제자에게 배신당하신 것을 가리킨다. 한편 ‘내 떡을 먹는 자가 내게 발꿈치를 들었다’는 말은 다윗의 모사였던 아히도벨이 다윗을 배반하여 죽이려 한 것을 탄식하며 지은 시 41:9을 인용한 것이다(삼하 15:12 참조). 또한 발꿈치를 들어 발바닥을 보이는 행동은 근동 지방에서 경멸의 표시이며, ‘내 떡을 먹는 자’란 식탁 교제를 할 만큼 가까운 친구를 가리킨다.

48. 예비, 예비 (요 14:1–3 참조)

49. 길, 진리, 생명 (요 14:6 참조)

memo

50. "너희가 내 (　　　)으로 무엇을 구하든지 내가 행하리니 이는 아버지로 하여금 아들로 말미암아 (　　　)을 받으시게 하려 함이라"

51. "너희가 나를 사랑하면 나의 (　　　)을 지키리라"

52. "내가 너희를 (　　　)와 같이 버려두지 아니하고 너희에게로 오리라"

53. "나의 (　　　)을 지키는 자라야 나를 사랑하는 자니 나를 사랑하는 자는 내 아버지께 사랑을 받을 것이요 나도 그를 사랑하여 그에게 나를 나타내리라"

54. 예수께서 제자들에게 말씀하신 모든 것을 생각나게 하실 분은?

55. "내가 (　　　)께로부터 너희에게 보낼 보혜사 곧 (　　　)께로부터 나오시는 진리의 성령이 오실 때에 그가 나를 증언하실 것이요"

50. 이름, 영광 (요 14:13 참조)
51. 계명 (요 14:15 참조)
52. 고아 (요 14:18 참조)
53. 계명 (요 14:21 참조)
54. 보혜사 성령 (요 14:26) 보혜사 곧 아버지께서 내 이름으로 보내실 성령 그가 너희에게 모든 것을 가르치고 내가 너희에게 말한 모든 것을 생각나게 하리라

* 본 절은 예수께서 보내실 보혜사 성령의 사역이, 예수님이 제자들을 3년 동안 가르치신 것보다 더 큰 영역으로 확대될 것을 의미한다. 한편 '보혜사'에 해당하는 헬라어 '파라클레토스'는 '곁에'라는 뜻의 '파라'와 '부름 받은'이라는 뜻의 '클레토스'의 합성어로서 '곁에서 돕기 위해 부름 받은 자'라는 뜻이다.

55. 아버지, 아버지 (요 15:26 참조)

* 본 절은 보혜사를 보내는 주체가 예수님 자신인 것을 강조한 말씀이다.

memo

56. “그러나 내가 너희에게 실상을 말하노니 내가 떠나가는 것이 너희에게 유익이라 내가 떠나가지 아니하면 (   )가 너희에게로 오시지 아니할 것이요 가면 내가 그를 너희에게로 보내리니”

57. “(   )에 대하여라 함은 그들이 나를 믿지 아니함이요 (   )에 대하여라 함은 내가 아버지께로 가니 너희가 다시 나를 보지 못함이요 (   )에 대하여라 함은 이 세상 임금이 심판을 받았음이라”

58. “내가 (   )에게서 나와 (   )에 왔고 다시 (   )을 떠나 (   )께로 가노라 하시니”

59. “이것을 너희에게 이르는 것은 너희로 내 안에서 (   )을 누리게 하려 함이라 세상에서는 너희가 (   )을 당하나 (   )하라 내가 세상을 이기었노라”

60. “아버지여 (   )에 내가 아버지와 함께 가졌던 영화로써 지금도 아버지와 함께 나를 영화롭게 하옵소서”

56. **보혜사** (요 16:7 참조)
57. **죄, 의, 심판** (요 16:9–11 참조)
58. **아버지, 세상, 세상, 아버지** (요 16:28 참조)
59. **평안, 환난, 담대** (요 16:33 참조)
60. **창세 전** (요 17:5 참조)
*본 절은 ‘성자 하나님’이신 예수께서 창세 전부터 존재하셨으며 영원하신 ‘성부 하나님’과 교제하시면서 영광을 누리셨음을 보여 준다.

memo

61. “나는 세상에 더 있지 아니하오나 그들은 세상에 있사옵고 나는 아버지께로 가옵나니 거룩하신 아버지여 내게 주신 아버지의 이름으로 그들을 보전하사 우리와 같이 그들도 (   )가 되게 하옵소서”

62. “예수께서 대답하시되 내 나라는 (   )에 속한 것이 아니니라 만일 내 나라가 (   )에 속한 것이었더라면 내 종들이 싸워 나로 유대인들에게 넘겨지지 않게 하였으리라 이제 내 나라는 여기에 속한 것이 아니니라”

63. “빌라도가 이르되 내게 말하지 아니하느냐 내가 너를 놓을 권한도 있고 십자가에 못 박을 권한도 있는 줄 알지 못하느냐 예수께서 대답하시되 (   ) 주지 아니하셨더라면 나를 해할 권한이 없었으리니 그러므로 나를 네게 넘겨 준 자의 죄는 더 크다 하시니라”

64. 빌라도가 예수님을 끌고 나가서 재판석에 앉아 있던 ‘돌을 깐 뜰’은 히브리 말로 무엇이라 하는가?

61. 하나 (요 17:11 참조)

* 본 절은 성도들이 세상에 대항할 때 하나로 연합해야 함을 의미한다.

62. 이 세상, 이 세상 (요 18:36 참조)

63. 위에서 (요 19:10-11 참조)

* ‘위에서’란 ‘하나님’을 의미한다(요 8:23 참조). 한편 ‘나를 네게 넘겨 준 자의 죄는 더 크다’는 말은, 빌라도는 예수님의 처형에 적극적이고 자발적으로 참여하지 않았지만 산헤드린을 비롯한 유대인들은 그 일에 적극적이고 자발적으로 참여했기 때문에 그 죄가 더 크다는 의미이다.

64. 가바다 (요 19:13) 빌라도가 이 말을 듣고 예수를 끌고 나가서 돌을 깐 뜰(히브리 말로 가바다)에 있는 재판석에 앉아 있더라

* ‘돌을 깐 뜰’(박석)이란 얇고 넓게 뜬 돌을 바둑판 모양으로 바닥에 깐 곳을 말하는데, 이곳은 헤롯 성전 뜰에 붙어 있는 안토니아 성의 정원을 가리키는 것으로 추정된다.

memo

65. 요한복음에서, 히브리 말로 '골고다'는 무슨 뜻인가?

66. "유대인의 대제사장들이 빌라도에게 이르되 유대인의 왕이라 쓰지 말고 (　　) 유대인의 왕이라 쓰라 하니"

67. 예수께서 '영혼이 떠나가시기 직전'에 하신 말씀은?

68. "시몬 베드로는 따라와서 무덤에 들어가 보니 (　　　)가 놓였고 또 머리를 쌌던 (　　)은 (　　　)와 함께 놓이지 않고 딴 곳에 쌌던 대로 놓여 있더라"

69. "예수께서 마리아야 하시거늘 마리아가 돌이켜 히브리 말로 (　) 하니 (이는 선생님이라는 말이라)"

70. "다른 제자들이 그에게 이르되 우리가 주를 보았노라 하니 (　　)가 이르되 내가 그의 손의 못 자국을 보며 내 손가락을 그 못 자국에 넣으며 내 손을 그 옆구리에 넣어 보지 않고는 믿지 아니하겠노라 하니라"

65. **해골** (요 19:17) 그들이 예수를 맡으매 예수께서 자기의 십자가를 지시고 해골(히브리 말로 골고다)이라 하는 곳에 나가시니

* 예수님이 처형당하신 곳을 '해골' 또는 '해골의 곳'(마 27:33; 막 15:22 참조)이라 부른 이유는 분명하지 않지만 그곳이 유명한 처형 장소였기 때문에 붙여진 이름일 수도 있고, 그 지형이 해골 모양을 하고 있기 때문일 수도 있다.

66. **자칭** (요 19:21 참조)
67. **다 이루었다** (요 19:30) 예수께서 신 포도주를 받으신 후에 이르시되 다 이루었다 하시고 머리를 숙이니 영혼이 떠나가시니라
68. **세마포, 수건, 세마포** (요 20:6–7 참조)
69. **랍오니** (요 20:16 참조)
70. **도마** (요 20:25 참조)

memo

71. 요한복음을 기록한 목적은?

72. 요한복음에서, 베드로의 아버지 이름은?

73. "예수께서 행하신 ( )이 이 외에도 많으니 만일 낱낱이 기록된 다면 이 ( )이라도 이 기록된 책을 두기에 부족할 줄 아노라"

74. 요한복음은 모두 몇 장으로 기록되어 있는가?

71. 예수께서 하나님의 아들 그리스도이심을 믿게 하려 함이요, 또 그 이름을 힘입어 생명을 얻게 하려 함이다 (요 20:31) 오직 이것을 기록함은 너희로 예수께서 하나님의 아들 그리스도이심을 믿게 하려 함이요 또 너희로 믿고 그 이름을 힘입어 생명을 얻게 하려 함이니라

72. 요한 (요 21:15) 그들이 조반 먹은 후에 예수께서 시몬 베드로에게 이르시되 요한의 아들 시몬아 네가 이 사람들보다 나를 더 사랑하느냐 하시니 이르되 주님 그러하나이다 내가 주님을 사랑하는 줄 주님께서 아시나이다 이르시되 내 어린 양을 먹이라 하시고

* 마태복음에는 '바요나 시몬'이라고 기록되어 있는데(마 16:17), 이는 시몬 베드로가 '요나의 아들'임을 뜻한다. 따라서 베드로의 아버지 이름은 '요나' 또는 '요한'이라 할 수 있다.

73. 일, 세상 (요 21:25 참조)

74. 21장

역사서

사도행전

사도행전 Acts

연대 및 저자

A.D. 61–63년경 의사 누가에 의해 기록된 것으로 추정된다.

중심 내용

본서는 성령 강림으로 시작된 교회의 탄생과 예수 그리스도에 의해 시작된 복음이 사도들을 통해 점점 확산되어 가는 내용을 다루고 있다.

특징

1. 신약성경 중 유일한 역사서이다.
2. '성령행전'이라고 불릴 만큼 성령의 역사를 강조하고 있다.
3. 베드로와 바울을 중심으로 한 복음의 확산이 잘 나타나 있다.

내용 분해

1. 예루살렘에서의 복음 증거(1:1–7:60)

1) 성령 강림과 교회의 탄생(1:1–2:47)
2) 예루살렘에서의 복음 증거(3:1–7:60)

2. 유대와 사마리아에서의 복음 증거(8:1–12:25)

1) 유대와 사마리아에서의 복음 증거(8:1–40)
2) 사울의 회심과 베드로의 복음 증거(9:1–12:25)

3. 땅끝까지 이르는 복음 증거(13:1–28:31)

1) 바울의 제1차 전도 여행(13:1–14:28)
2) 예루살렘 공의회(15:1–35)
3) 바울의 제2차 전도 여행(15:36–18:22)
4) 바울의 제3차 전도 여행(18:23–21:16)
5) 바울의 로마 전도(21:17–28:31)

memo

객관식

1. 신약성경의 역사서에 해당되는 책은?
① 누가복음 ② 사도행전 ③ 로마서 ④ 요한계시록

2. 사도행전과 관계없는 것은?
① 신약성경 중 유일한 역사서이다
② 예수 그리스도의 생애와 사역이 잘 나타나 있다
③ 베드로와 바울을 중심으로 한 복음의 확산이 잘 나타나 있다
④ '성령행전'이라고 불릴 만큼 성령의 역사를 강조하고 있다

3. 사도행전이 기록된 연대로 추정되는 때는?
① A.D. 41-43년경 ② A.D. 51-53년경
③ A.D. 61-63년경 ④ A.D. 71-73년경

4. 사도행전을 기록한 사람은?
① 의사 누가 ② 데오빌로 ③ 베드로 ④ 바나바

1. ② 신약성경의 역사서는 사도행전이다.
2. ② 사도행전은 성령 강림으로 시작된 교회의 탄생과 예수 그리스도에 의해 시작된 복음이 사도들을 통해 점점 확산되어 가는 내용을 다루고 있다. 또한 신약성경 중 유일한 역사서로서 '성령행전'이라고 불릴 만큼 성령의 역사를 강조하고 있으며, 베드로와 바울을 중심으로 한 복음의 확산이 잘 나타나 있다.
3. ③ 사도행전은 A.D. 61-63년경 기록된 것으로 추정된다.
4. ① 사도행전은 의사 누가에 의해 기록된 것으로 추정된다.

memo

5. 사도행전의 수신자는?
① 베드로 ② 바나바 ③ 사울 ④ 데오빌로

6. 예수님은 부활하신 후 얼마 동안 하나님 나라의 일을 말씀하시다가 승천하셨는가?
① 10일 ② 20일 ③ 30일 ④ 40일

7. 예수께서 부활하신 후 제자들에게 분부하신 말씀이 아닌 것은?
① 예루살렘을 떠나지 말라
② 아버지께서 약속하신 것을 기다리라
③ 몇 날이 못되어 물로 침례를 받으리라
④ 성령이 너희에게 임하시면 너희가 내 증인이 되리라

5. ④ (행 1:1) 데오빌로여 내가 먼저 쓴 글에는 무릇 예수께서 행하시며 가르치시기를 시작하심부터

* '데오빌로'는 '하나님의 사랑하는 자' 또는 '하나님의 친구'라는 뜻을 가지고 있으며, 누가복음에도 수신자로 기록되어 있다(눅 1:3 참조). '데오빌로'가 누구인지는 확실히 알 수 없지만 기독교에 대해 상당한 관심을 가진 실제 인물이었던 것은 분명하다. 한편 본 절에서 '내가 먼저 쓴 글'이란 누가복음을 가리킨다(눅 1:3 참조).

6. ④ (행 1:3) 그가 고난 받으신 후에 또한 그들에게 확실한 많은 증거로 친히 살아 계심을 나타내사 사십 일 동안 그들에게 보이시며 하나님 나라의 일을 말씀하시니라

7. ③

예수께서 부활하신 후 제자들에게 분부하신 말씀

예루살렘을 떠나지 말라	행 1:4
아버지께서 약속하신 것을 기다리라	행 1:4
몇 날이 못되어 성령으로 침례를 받으리라	행 1:5
때와 시기는 아버지께서 자기의 권한에 두셨다	행 1:7
성령이 너희에게 임하시면 너희가 내 증인이 되리라	행 1:8

* 여기서 '아버지께서 약속하신 것'이란 성령 강림에 대한 약속을 가리킨다(욜 2:28-29; 눅 24:49 참조).

memo

8. 예수께서 승천하신 후 다락방에 모여 기도에 힘쓴 사람은 약 몇 명인가?

① 100명 ② 120명 ③ 140명 ④ 160명

9. 다음 ( ) 안에 들어갈 말은?

"형제들아 성령이 ( )의 입을 통하여 예수 잡는 자들의 길잡이가 된 유다를 가리켜 미리 말씀하신 성경이 응하였으니 마땅하도다"

① 모세 ② 아브라함 ③ 다윗 ④ 엘리야

10. 가룟 유다를 대신하여 '사도로 뽑힌' 사람은?

① 바사바 ② 유스도 ③ 요셉 ④ 맛디아

11. 사도행전에서, 다락방에 모여 기도에 힘쓴 자들에게 '성령이 임한' 절기는?

① 유월절 ② 무교절 ③ 오순절 ④ 초막절

8. ② (행 1:14-15) 여자들과 예수의 어머니 마리아와 예수의 아우들과 더불어 마음을 같이하여 오로지 기도에 힘쓰더라 모인 무리의 수가 약 백이십 명이나 되더라 그 때에 베드로가 그 형제들 가운데 일어서서 이르되

9. ③ (행 1:16 참조)

* 본 절에서 '성경'은 행 1:20에서 인용한 시 69:25; 109:8을 가리킨다. 한편 가룟 유다가 예수님을 배반한 것은 이 시편의 예언이 성취된 것이다.

10. ④ (행 1:25-26) 봉사와 및 사도의 직무를 대신할 자인지를 보이시옵소서 유다는 이 직무를 버리고 제 곳으로 갔나이다 하고 제비 뽑아 맛디아를 얻으니 그가 열한 사도의 수에 들어가니라

11. ③ (행 2:1-4) 오순절 날이 이미 이르매 … 그들이 다 성령의 충만함을 받고 성령이 말하게 하심을 따라 다른 언어들로 말하기를 시작하니라

memo

12. 사도행전에서, 오순절 성령 강림 때 나타난 현상이 아닌 것은?
   ① 홀연히 하늘이 열리며 음성이 들렸다
   ② 불의 혀처럼 갈라지는 것들이 각 사람 위에 하나씩 임하였다
   ③ 기도한 자들이 다 성령의 충만함을 받았다
   ④ 성령이 말하게 하심을 따라 다른 언어들로 말하기를 시작했다

13. 선지자 요엘이 예언한 '말세에 성령 받은 자들에게서 나타날 현상'이 아닌 것은?
   ① 자녀들은 예언을 할 것이다
   ② 부모들은 병을 고칠 것이다
   ③ 젊은이들은 환상을 볼 것이다
   ④ 늙은이들은 꿈을 꿀 것이다

14. 다음 ( ) 안에 들어갈 말은?
   "하나님이 ( )으로 예수를 높이시매 그가 약속하신 성령을 아버지께 받아서 너희가 보고 듣는 이것을 부어 주셨느니라"
   ① 능력 ② 말씀 ③ 오른손 ④ 왼손

12. ①

오순절 성령 강림 때 나타난 현상

홀연히 하늘로부터 급하고 강한 바람 같은 소리가 났다	행 2:2
불의 혀처럼 갈라지는 것들이 각 사람 위에 하나씩 임하였다	행 2:3
기도한 자들이 다 성령의 충만함을 받았다	행 2:4
성령이 말하게 하심을 따라 다른 언어들로 말하기를 시작했다	행 2:4

13. ② (행 2:16-17) 이는 곧 선지자 요엘을 통하여 말씀하신 것이니 일렀으되 하나님이 말씀하시기를 말세에 내가 내 영을 모든 육체에 부어 주리니 너희의 자녀들은 예언할 것이요 너희의 젊은이들은 환상을 보고 너희의 늙은이들은 꿈을 꾸리라

14. ③ (행 2:33 참조)
   * 본 절에서 '오른손'은 하나님의 권능을 상징한다.

memo

15. 사도행전 2장에서, 베드로의 설교를 듣고 침례를 받은 신도의 수는?
① 1천 명 ② 2천 명 ③ 3천 명 ④ 4천 명

16. 사도행전 2장에서, 초대 교회의 특징이 아닌 것은?
① 서로 교제했다 ② 서로 가르쳤다
③ 서로 떡을 뗐다 ④ 온 백성에게 칭송을 받았다

17. 사도행전에서, 나면서 못 걷게 된 이를 예수 그리스도의 이름으로 걷게 한 사람은?
① 베드로 ② 야고보 ③ 요한 ④ 바울

15. ③ (행 2:38-41) 베드로가 이르되 너희가 회개하여 각각 예수 그리스도의 이름으로 침례를 받고 죄 사함을 받으라 … 그 말을 받은 사람들은 침례를 받으매 이 날에 신도의 수가 삼천이나 더하더라

16. ②

초대 교회의 특징

사도의 가르침을 받았다	행 2:42
서로 교제했다	행 2:42
서로 떡을 뗐다	행 2:42
오로지 기도하기를 힘썼다	행 2:42
사도들로 말미암아 기사와 표적이 많이 나타났다	행 2:43
믿는 사람이 다 함께 있어 모든 물건을 서로 통용했다	행 2:44
재산과 소유를 팔아 각 사람의 필요를 따라 나눠 주었다	행 2:45
날마다 마음을 같이하여 성전에 모이기를 힘썼다	행 2:46
집에서 떡을 떼며 기쁨과 순전한 마음으로 음식을 먹었다	행 2:46
하나님을 찬미했다	행 2:47
온 백성에게 칭송을 받았다	행 2:47
주께서 구원 받는 사람을 날마다 더하게 하셨다	행 2:47

17. ① (행 3:2-8) 나면서 못 걷게 된 이를 사람들이 메고 오니 … 베드로가 … 나사렛 예수 그리스도의 이름으로 일어나 걸으라 하고 오른손을 잡아 일으키니 발과 발목이 곧 힘을 얻고 뛰어 서서 걸으며 그들과 함께 성전으로 들어가면서 걷기도 하고 뛰기도 하며 하나님을 찬송하니

memo

18. 사도행전에서, 베드로가 두 번째 설교를 한 곳은?

① 회당 ② 성전
③ 압비오 광장 ④ 솔로몬의 행각

19. 다음 (　　　) 안에 들어갈 말은?

"(　　　)가 말하되 주 하나님이 너희를 위하여 너희 형제 가운데서 나 같은 선지자 하나를 세울 것이니 너희가 무엇이든지 그의 모든 말을 들을 것이라"

① 모세 ② 엘리야 ③ 엘리사 ④ 요나

20. 사도행전에서, 베드로가 '두 번째 설교'를 할 때 언급하지 않은 사람은?

① 모세 ② 사무엘 ③ 다윗 ④ 아브라함

18. ④ (행 3:11-12) 모든 백성이 크게 놀라며 달려 나아가 솔로몬의 행각이라 불리우는 행각에 모이거늘 베드로가 이것을 보고 백성에게 말하되 이스라엘 사람들아

* 베드로의 두 번째 설교는 오순절 성령 강림 직후에 한 첫 번째 설교(행 2:14-36 참조)와 그 내용이나 구조가 비슷하다. 한편 '솔로몬의 행각'은 헤롯 성전 동편에 위치했던 회랑으로서 당시 랍비들이 제자들이나 민중들에게 종종 교훈을 한 곳이며, 예수님께서도 이곳에서 교훈하신 적이 있다(요 10:23-30 참조).

19. ① (행 3:22 참조)

* 본 절에서 '나'는 모세를 가리키고, '선지자'는 메시아를 가리킨다.

20. ③ (행 3:22-25) 모세가 말하되 주 하나님이 너희를 위하여 너희 형제 가운데서 나 같은 선지자 하나를 세울 것이니 … 또한 사무엘 때부터 이어 말한 모든 선지자도 이 때를 가리켜 말하였느니라 … 아브라함에게 이르시기를 땅 위의 모든 족속이 너의 씨로 말미암아 복을 받으리라 하셨으니

* 베드로는 자신의 증언의 역사성을 입증하기 위해 이스라엘 사람들이 추앙하는 모세와 사무엘과 아브라함의 증언을 언급한 것이다.

memo

21. 사도행전에서, 베드로의 두 번째 설교를 통해 믿은 남자의 수는?
① 약 1천 명 ② 약 3천 명
③ 약 5천 명 ④ 약 7천 명

22. '바나바'를 번역하면 어떤 뜻인가?
① 사람의 아들 ② 위로의 아들
③ 권위의 아들 ④ 우레의 아들

23. 구브로에서 난 레위족 사람으로 '밭을 판 값을 사도들의 발 앞에 둔' 사람은?
① 아나니아 ② 삽비라 ③ 바나바 ④ 빌레몬

24. 사도행전에서, 병든 사람들이 낫기 위해 '누구'의 그림자라도 덮이기를 바랐는가?
① 베드로 ② 바나바 ③ 바울 ④ 스데반

25. 사도들이 옥에 갇혔을 때 밤에 옥문을 열고 끌어내 준 자는?
① 백부장 ② 공회원 ③ 간수 ④ 주의 사자

21. ③ (행 4:4) 말씀을 들은 사람 중에 믿는 자가 많으니 남자의 수가 약 오천이나 되었더라
22. ② (행 4:36) 구브로에서 난 레위족 사람이 있으니 이름은 요셉이라 사도들이 일컬어 바나바라(번역하면 위로의 아들이라) 하니
23. ③ (행 4:36-37) 구브로에서 난 레위족 사람이 있으니 이름은 요셉이라 사도들이 일컬어 바나바라(번역하면 위로의 아들이라) 하니 그가 밭이 있으매 팔아 그 값을 가지고 사도들의 발 앞에 두니라
24. ① (행 5:15) 심지어 병든 사람을 메고 거리에 나가 침대와 요 위에 누이고 베드로가 지날 때에 혹 그의 그림자라도 누구에게 덮일까 바라고
* 바울의 몸에서 손수건이나 앞치마를 가져다가 병든 사람에게 얹으면 그 병이 떠나고 악귀가 나간 경우도 있다(행 19:11-12 참조).
25. ④ (행 5:18-19) 사도들을 잡아다가 옥에 가두었더니 주의 사자가 밤에 옥문을 열고 끌어내어 이르되

memo

26. 베드로와 사도들은 '예수님의 죽음과 부활의 증인'으로 자신들 외에 누구를 말했는가?

① 하나님　② 예수 그리스도
③ 성령　④ 천사

27. 바리새인이며 율법교사로 모든 백성에게 존경을 받는 자로서 사도들을 변호해 준 사람은?

① 니고데모　② 가말리엘　③ 세나　④ 아볼로

28. 초대 교회 당시 일곱 집사를 택한 기준이 아닌 것은?

① 성령이 충만한 사람　② 지혜가 충만한 사람
③ 칭찬 받는 사람　④ 구제를 많이 한 사람

29. 초대 교회 때 구제하는 일은 일곱 집사에게 맡기고 '사도들이 힘쓴 일'은?

① 일곱 집사 관리　② 기도와 말씀 사역
③ 치유와 순회 전도　④ 치유와 축사 사역

26. ③ (행 5:29–32) 베드로와 사도들이 대답하여 이르되 … 너희가 나무에 달아 죽인 예수를 우리 조상의 하나님이 살리시고 … 우리는 이 일에 증인이요 하나님이 자기에게 순종하는 사람들에게 주신 성령도 그러하니라 하더라

27. ② (행 5:34–35) 바리새인 가말리엘은 율법교사로 모든 백성에게 존경을 받는 자라 공회 중에 일어나 명하여 사도들을 잠깐 밖에 나가게 하고 말하되 이스라엘 사람들아 너희가 이 사람들에게 대하여 어떻게 하려는지 조심하라
＊'가말리엘'은 당시 바리새인들의 탁월한 지도자로서 사도 바울의 스승이기도 하다(행 22:3 참조).

28. ④ (행 6:3) 형제들아 너희 가운데서 성령과 지혜가 충만하여 칭찬 받는 사람 일곱을 택하라 우리가 이 일을 그들에게 맡기고

29. ② (행 6:3–4) 형제들아 너희 가운데서 성령과 지혜가 충만하여 칭찬 받는 사람 일곱을 택하라 우리가 이 일을 그들에게 맡기고 우리는 오로지 기도하는 일과 말씀 사역에 힘쓰리라 하니

memo

30. 사도행전에서, 스데반의 설교와 순교 장면이 기록된 장은?
① 6장 ② 7장 ③ 8장 ④ 9장

31. 스데반이 설교에서 언급하지 않은 사람은?
① 아담 ② 아브라함 ③ 요셉 ④ 모세

32. 다음 (   ) 안에 들어갈 말은?
"하나님이 또 이같이 말씀하시되 그 후손이 다른 땅에서 나그네가 되리니 그 땅 사람들이 종으로 삼아 (   ) 동안을 괴롭게 하리라 하시고 또 이르시되 종 삼는 나라를 내가 심판하리니 그 후에 그들이 나와서 이 곳에서 나를 섬기리라 하시고"
① 이백 년 ② 삼백 년 ③ 사백 년 ④ 오백 년

30. ② (행 7:1–60 참조)

* 스데반의 설교는 이스라엘의 구속사를 통해 신앙의 선조들이 지녔던 신앙의 본질을 제시하고 복음의 보편성을 말하고 있다.

31. ①

스데반이 설교에서 언급한 사람

아브라함	행 7:2-8
요셉	행 7:9-16
모세	행 7:17-36

32. ③ (행 7:6–7 참조)

* 스데반은 창 15:13에 근거하여 이스라엘 백성이 애굽에서 종살이한 기간을 400년이라고 말하고 있으나, 출 12:40은 430년으로 언급하고 있다. 이는 유대인들이 정확한 숫자를 말해야 할 때를 제외하고 대략적으로 말하는 관습이 있기 때문인 것으로 보인다. 따라서 400년은 대략적으로 표현한 것이며, 430년은 정확하게 표현한 것이라고 볼 수 있다.

memo

33. 요셉이 애굽으로 청한 그의 아버지 야곱과 친족의 수는?

① 72명 ② 73명 ③ 74명 ④ 75명

34. 모세는 몇 세 때 애굽 사람을 쳐 죽였는가?

① 20세 ② 40세 ③ 80세 ④ 120세

35. 출애굽 한 후 광야에서 생활하던 이스라엘 백성을 '광야 교회'라 고 칭한 사람은?

① 베드로 ② 바나바 ③ 바울 ④ 스데반

36. 성령이 충만하여 '예수께서 하나님 우편에 서신 것'을 본 사람은?

① 베드로 ② 고넬료 ③ 스데반 ④ 루디아

33. ④ (행 7:14) 요셉이 사람을 보내어 그의 아버지 야곱과 온 친족 일흔다섯 사람을 청하였더니

* 요셉이 바로 왕의 허락을 받고(창 45:17-18 참조) 그의 아버지와 친족을 애굽에 청한 수가 본문에서는 75명으로 기록되어 있으나 창 46:27에는 70명으로 기록되어 있는데, 이는 스데반이 75명으로 기록된 70인역(LXX)을 따랐기 때문인 것으로 보인다. 한편 70인역의 75명이라는 숫자는 애굽에 내려간 야곱의 자손 66명(창 46:26 참조)과 이미 애굽에 있던 요셉과 두 아들(므낫세와 에브라임)과 야곱을 더하면 70명인데 여기에 요셉의 손자 5명을 합하여 기록한 것으로 볼 수 있다(민 26:28-37; 대상 7:14-27 참조).

34. ② (행 7:22-24) 모세가 애굽 사람의 모든 지혜를 배워 그의 말과 하는 일들이 능하더라 나이가 사십이 되매 그 형제 이스라엘 자손을 돌볼 생각이 나더니 한 사람이 원통한 일 당함을 보고 보호하여 압제 받는 자를 위하여 원수를 갚아 애굽 사람을 쳐 죽이니라

35. ④ (행 7:38) 시내 산에서 말하던 그 천사와 우리 조상들과 함께 광야 교회에 있었고 또 살아 있는 말씀을 받아 우리에게 주던 자가 이 사람이라

* 본 절에서 '광야 교회'는 출애굽 한 후 광야에서 생활하던 이스라엘 백성, 즉 이스라엘의 총회를 가리킨다(출 19:1-25; 신 18:16 참조). 한편 행 7:2-53은 스데반이 설교한 내용이다.

36. ③ (행 7:55-56) 스데반이 성령 충만하여 하늘을 우러러 주목하여 하나님의 영광과 및 예수께서 하나님 우편에 서신 것을 보고 말하되 보라 하늘이 열리고 인자가 하나님 우편에 서신 것을 보노라 한대

memo

37. 스데반을 성 밖으로 내치고 돌로 칠 때 증인들이 옷을 벗어 누구의 발 앞에 두었는가?
① 사울 ② 바나바 ③ 백부장 ④ 베드로

38. 스데반이 돌에 맞아 죽어가면서 마지막으로 한 말은?
① 아버지 저들을 사하여 주옵소서
② 주 예수여 내 영혼을 받으시옵소서
③ 내 영혼을 아버지 손에 부탁하나이다
④ 주여 이 죄를 그들에게 돌리지 마옵소서

39. 초대 교회 성도들이 유대와 사마리아 각지로 흩어지게 된 원인은?
① 스데반이 순교했기 때문이다
② 스데반의 유언이기 때문이다
③ 예수님의 지상명령이기 때문이다
④ 예루살렘 교회에 큰 박해가 있었기 때문이다

40. 사도행전 8장에서, 빌립이 복음을 전파한 곳은?
① 예루살렘 ② 온 유대 ③ 사마리아 ④ 땅끝

37. ① (행 7:57-58) 그들이 큰 소리를 지르며 귀를 막고 일제히 그에게 달려들어 성 밖으로 내치고 돌로 칠새 증인들이 옷을 벗어 사울이라 하는 청년의 발 앞에 두니라
38. ④ (행 7:60) 무릎을 꿇고 크게 불러 이르되 주여 이 죄를 그들에게 돌리지 마옵소서 이 말을 하고 자니라
39. ④ (행 8:1) 사울은 그가 죽임 당함을 마땅히 여기더라 그 날에 예루살렘에 있는 교회에 큰 박해가 있어 사도 외에는 다 유대와 사마리아 모든 땅으로 흩어지니라
40. ③ (행 8:5) 빌립이 사마리아 성에 내려가 그리스도를 백성에게 전파하니

memo

41. 성령 받게 하는 권능을 '돈으로 사려고 한' 사람은?
① 빌립 집사 ② 에디오피아 내시
③ 마술사 시몬 ④ 에디오피아 여왕 간다게

42. 빌립이 주의 사자의 지시로 에디오피아 내시에게 갔을 때 '내시가 읽고 있던 글'은?
① 이사야의 글 ② 예레미야의 글
③ 에스겔의 글 ④ 다니엘의 글

43. 사울의 회심 사건이 기록된 성경과 장은?
① 행 3장 ② 행 6장 ③ 행 9장 ④ 행 12장

44. 사도행전에서, 사울이 길을 가다가 자신을 부르는 예수님의 소리를 들은 곳은?
① 안디옥에 가까이 이르렀을 때
② 다메섹에 가까이 이르렀을 때
③ 이고니온에 가까이 이르렀을 때
④ 루스드라에 가까이 이르렀을 때

41. ③ (행 8:18–19) 시몬이 사도들의 안수로 성령 받는 것을 보고 돈을 드려 이르되 이 권능을 내게도 주어 누구든지 내가 안수하는 사람은 성령을 받게 하여 주소서 하니
* 본 절에서 '시몬'은 사마리아에서 마술을 행하다가 빌립을 통해 믿고 침례를 받은 후 빌립을 따라다닌 사람이다(행 8:9–13 참조).

42. ① (행 8:26–28) 주의 사자가 빌립에게 말하여 이르되 일어나서 남쪽으로 향하여 예루살렘에서 가사로 내려가는 길까지 가라 … 에디오피아 사람 곧 에디오피아 여왕 간다게의 모든 국고를 맡은 관리인 내시가 … 수레를 타고 선지자 이사야의 글을 읽더라

43. ③ (행 9:1–19 참조)

44. ② (행 9:3–5) 사울이 길을 가다가 다메섹에 가까이 이르더니 … 땅에 엎드러져 들으매 소리가 있어 이르시되 사울아 사울아 네가 어찌하여 나를 박해하느냐 하시거늘 대답하되 주여 누구시니이까 이르시되 나는 네가 박해하는 예수라

memo

45. 사울이 '보지 못하고 먹지도 마시지도 아니한' 기간은?
① 3일 동안 ② 4일 동안 ③ 5일 동안 ④ 6일 동안

46. 예수님의 보내심을 받아 '사울에게 안수하여 다시 보게 한' 사람은?
① 베드로 ② 브리스길라
③ 아굴라 ④ 아나니아

47. 사울은 '누구의 도움으로' 예수님의 제자들과 교제할 수 있게 되었는가?
① 베드로 ② 아나니아 ③ 바나바 ④ 빌립

48. '베드로가 룻다에서 고친' 8년 된 중풍병자는?
① 루디아 ② 애니아 ③ 다마리 ④ 드루실라

45. ① (행 9:8-9) 사울이 땅에서 일어나 눈은 떴으나 아무 것도 보지 못하고 사람의 손에 끌려 다메섹으로 들어가서 사흘 동안 보지 못하고 먹지도 마시지도 아니하니라

46. ④ (행 9:17-18) 아나니아가 떠나 그 집에 들어가서 그에게 안수하여 이르되 형제 사울아 … 예수께서 나를 보내어 너로 다시 보게 하시고 성령으로 충만하게 하신다 하니 즉시 사울의 눈에서 비늘 같은 것이 벗어져 다시 보게 된지라 일어나 침례를 받고

47. ③ (행 9:27-28) 바나바가 데리고 사도들에게 가서 그가 길에서 어떻게 주를 보았는지와 주께서 그에게 말씀하신 일과 다메섹에서 그가 어떻게 예수의 이름으로 담대히 말하였는지를 전하니라 사울이 제자들과 함께 있어 예루살렘에 출입하며

48. ② (행 9:32-34) 베드로가 … 룻다에 사는 성도들에게도 내려갔더니 거기서 애니아라 하는 사람을 만나매 그는 중풍병으로 침상 위에 누운 지 여덟 해라 베드로가 이르되 애니아야 예수 그리스도께서 너를 낫게 하시니 일어나 네 자리를 정돈하라 한대 곧 일어나니

memo

49. 욥바에서 선행과 구제를 많이 하던 사람으로, 죽었다가 '베드로의 기도를 통해 살아난 여제자'는?
① 다비다 ② 다마리 ③ 드루실라 ④ 로데

50. '고넬료'에 대한 설명으로 맞지 않는 것은?
① 이달리야 부대라 하는 군대의 천부장이다
② 경건하여 온 집안과 더불어 하나님을 경외했다
③ 백성을 많이 구제했다
④ 하나님께 항상 기도했다

51. 사도행전 10장에서, 고넬료가 환상을 본 시간은?
① 제3시쯤 ② 제6시쯤 ③ 제9시쯤 ④ 제11시쯤

52. 베드로가 환상 중에 본 것이 아닌 것은?
① 각종 물고기
② 땅에 있는 기는 것
③ 공중에 나는 것들
④ 땅에 있는 각종 네 발 가진 짐승

49. ① (행 9:36-40) 욥바에 다비다라 하는 여제자가 있으니 그 이름을 번역하면 도르가라 선행과 구제하는 일이 심히 많더니 그 때에 병들어 죽으매 … 베드로가 사람을 다 내보내고 무릎을 꿇고 기도하고 … 다비다야 일어나라 하니 그가 눈을 떠 베드로를 보고 일어나 앉는지라

50. ① (행 10:1-2) 가이사랴에 고넬료라 하는 사람이 있으니 이달리야 부대라 하는 군대의 백부장이라 그가 경건하여 온 집안과 더불어 하나님을 경외하며 백성을 많이 구제하고 하나님께 항상 기도하더니

* 당시 가이사랴에는 로마 총독의 관저를 경비하기 위해 로마의 군대가 주둔하고 있었는데, 이런 파견 부대로는 이달리야 부대 외에도 아구스도대가 있었다(행 27:1 참조). 한편 '백부장'은 100명의 군병을 지휘하는 지휘관으로서 오늘날 중대장 정도의 직위에 해당되지만 당시 식민지역에서는 권한이 막강했다.

51. ③ (행 10:3) 하루는 제 구 시쯤 되어 환상 중에 밝히 보매 하나님의 사자가 들어와 이르되 고넬료야 하니

* 유대인은 하루에 3번씩(오전 9시, 낮 12시, 오후 3시) 기도했는데, 하나님을 경외하는 고넬료는 이방인이었지만 이러한 유대인의 관습을 따라 정해진 시간에 기도했던 것으로 보인다.

52. ① (행 10:12) 그 안에는 땅에 있는 각종 네 발 가진 짐승과 기는 것과 공중에 나는 것들이 있더라

memo

53. 베드로는 환상 중에 '부정한 짐승을 잡아 먹으라'는 소리를 몇 번 들었는가?
① 1번 ② 2번 ③ 3번 ④ 4번

54. 고넬료의 집에 모인 사람들은 '언제' 성령을 받았는가?
① 말씀을 들을 때 ② 기도할 때
③ 안수를 받을 때 ④ 찬양할 때

55. 사도행전에서, 유대에 있는 사도들과 형제들이 베드로를 비난한 이유는?
① 베드로가 고넬료의 집을 방문했기 때문이다
② 베드로가 고넬료의 집에 가서 안수를 했기 때문이다
③ 베드로가 고넬료의 집에 가서 말씀을 전했기 때문이다
④ 베드로가 무할례자의 집에 들어가 함께 먹었기 때문이다

53. ③ (행 10:13-16) 소리가 있으되 베드로야 일어나 잡아 먹어라 하거늘 … 또 두 번째 소리가 있으되 하나님께서 깨끗하게 하신 것을 네가 속되다 하지 말라 하더라 이런 일이 세 번 있은 후 그 그릇이 곧 하늘로 올려져 가니라

* 베드로는 기도 중에 부정하게 여겨지는 각종 짐승(레 11:1-47; 신 14:3-20 참조)을 잡아 먹으라는 하나님의 음성을 3번 들었으나 순종하기를 거절했다. 율법에는 부정한 음식을 금한 규례가 있지만(레 11:9-47 참조) 그리스도 안에서는 이 규례에서 자유롭게 되는데(막 7:19; 롬 14:2; 딤전 4:4 참조) 베드로는 아직 이런 진리에 익숙하지 못했기 때문에 하나님의 말씀을 거절했던 것으로 보인다.

54. ① (행 10:44) 베드로가 이 말을 할 때에 성령이 말씀 듣는 모든 사람에게 내려오시니

55. ④ (행 11:1-3) 유대에 있는 사도들과 형제들이 이방인들도 하나님의 말씀을 받았다 함을 들었더니 베드로가 예루살렘에 올라갔을 때에 할례자들이 비난하여 이르되 네가 무할례자의 집에 들어가 함께 먹었다 하니

* 본 절에서 '무할례자의 집'이란 고넬료의 집을 가리키는 것으로 보인다. 한편 '할례자들'은 유대교에서 기독교로 개종한 자들이지만 유대주의적 성향이 강하여 이방인 선교에 대하여 거부감을 가지고 있었던 것으로 보인다.

memo

56. 사도행전에서, 안디옥에 있는 헬라인에게도 복음을 전한 사람은?

① 바나바　② 베니게와 구레네 몇 사람
③ 바울　④ 구브로와 구레네 몇 사람

57. 예루살렘 교회가 '안디옥의 수많은 헬라인들이 주께 돌아왔다'는 소문을 듣고 안디옥에 보낸 사람은?

① 베드로　② 요한　③ 바나바　④ 바울

58. '바나바'에 대한 설명으로 맞지 않는 것은?

① 착한 사람이다　② 성령이 충만한 사람이다
③ 베드로와 동역했다　④ 믿음이 충만한 사람이다

59. 제자들이 비로소 '그리스도인'이라 일컬음을 받게 된 곳은?

① 예루살렘　② 안디옥　③ 구브로　④ 베니게

56. ④ (행 11:19-20) 그 때에 스데반의 일로 일어난 환난으로 말미암아 흩어진 자들이 베니게와 구브로와 안디옥까지 이르러 유대인에게만 말씀을 전하는데 그 중에 구브로와 구레네 몇 사람이 안디옥에 이르러 헬라인에게도 말하여 주 예수를 전파하니

* 본 절에서 '헬라인'은 유대인이 아닌 이방인을 지칭한 것으로 볼 수 있다. 한편 구브로와 구레네의 디아스포라 유대인들이 이방인들에게도 복음을 전한 것은, 선민의식이 강한 유대주의자들과는 달리 그들은 이방인들 가운데 흩어져 사는 동안 배타적 선민의식을 어느 정도 극복했기 때문인 것으로 보인다.

57. ③ (행 11:20-22) 구브로와 구레네 몇 사람이 안디옥에 이르러 헬라인에게도 말하여 주 예수를 전파하니 주의 손이 그들과 함께 하시매 수많은 사람들이 믿고 주께 돌아오더라 예루살렘 교회가 이 사람들의 소문을 듣고 바나바를 안디옥까지 보내니

* 예루살렘 교회가 바나바를 안디옥에 보낸 것은 안디옥의 수많은 헬라인들이 주를 믿고 주께 돌아왔다는 소문이 사실인지 알아보고 그것이 사실이라면 선교의 기틀을 확고히 하기 위함이었을 것이다. 한편 이를 위해 바나바를 보낸 것은, 바나바는 안디옥에 전도한 구브로 사람들과 같은 고향(구브로) 출신이었기 때문인 것으로 보인다.

58. ③ (행 11:24) 바나바는 착한 사람이요 성령과 믿음이 충만한 사람이라 이에 큰 무리가 주께 더하여지더라

* '바나바'는 '위로의 아들'이라는 뜻을 가지고 있으며, 구브로 섬 출신의 레위인이다(행 4:36 참조). 한편 그는 사도 바울과 초기에 동역하였으며(행 11:25-26 참조), '마가'가 그의 생질이다(골 4:10 참조).

59. ② (행 11:26) 제자들이 안디옥에서 비로소 그리스도인이라 일컬음을 받게 되었더라

memo

60. 예루살렘에서 안디옥에 온 선지자 중에 '천하에 큰 흉년이 들리라'고 예언한 사람은?
① 시므온　② 유다　③ 실라　④ 아가보

61. 헤롯 왕의 손에 순교한 예수님의 제자는?
① 베드로　② 야고보　③ 요한　④ 빌립

62. 헤롯 왕이 야고보를 죽이자 유대인들이 기뻐하는 것을 보고 '누구'를 잡아 옥에 가두었는가?
① 베드로　② 요한　③ 안드레　④ 도마

63. 헤롯 왕이 베드로를 잡아 옥에 가둔 때는?
① 유월절 기간　② 무교절 기간
③ 초막절 기간　④ 맥추절 기간

60. ④ (행 11:27-28) 그 때에 선지자들이 예루살렘에서 안디옥에 이르니 그 중에 아가보라 하는 한 사람이 일어나 성령으로 말하되 천하에 큰 흉년이 들리라 하더니 글라우디오 때에 그렇게 되니라
* 아가보는 '예루살렘에서 유대인들이 바울을 이방인의 손에 넘겨줄 것'에 대해서도 예언한(행 21:10-11 참조) 것으로 보아 초대 교회 당시 상당한 예언의 능력을 가졌던 선지자로 여겨진다.

61. ② (행 12:1-2) 그 때에 헤롯 왕이 손을 들어 교회 중에서 몇 사람을 해하려 하여 요한의 형제 야고보를 칼로 죽이니
* 헤롯은 유대인들에게 환심을 사기 위해 유대인들이 싫어하는 기독교인들을 박해하였다.

62. ① (행 12:1-4) 헤롯 왕이 … 야고보를 칼로 죽이니 유대인들이 이 일을 기뻐하는 것을 보고 베드로도 잡으려 할새 때는 무교절 기간이라 잡으매 옥에 가두어

63. ② (행 12:3-4) 유대인들이 이 일을 기뻐하는 것을 보고 베드로도 잡으려 할새 때는 무교절 기간이라 잡으매 옥에 가두어 군인 넷씩인 네 패에게 맡겨 지키고 유월절 후에 백성 앞에 끌어 내고자 하더라

베드로의 투옥 사건

첫 번째	행 4:1-3
두 번째	행 5:17-18
세 번째	행 12:1-5

memo

64. 하나님께 영광을 돌리지 않아 벌레에게 먹혀 죽은 왕은?
① 아그립바 ② 헤롯 ③ 간다게 ④ 가이사

65. 안디옥 교회 선지자들과 교사들이 금식할 때에 '바나바와 사울을 따로 세우라'고 한 분은?
① 하나님 ② 예수님 ③ 성령 ④ 천사

66. 바나바와 사울이 살라미의 여러 회당에서 말씀을 전할 때 수행원으로 둔 사람은?
① 시므온 ② 루기오 ③ 마나엔 ④ 요한

67. 바울이 제1차 전도 여행을 할 때 버가에서 일행을 떠나 예루살렘으로 돌아간 자는?
① 바나바 ② 누가 ③ 마가 요한 ④ 디모데

64. ② (행 12:23) 헤롯이 영광을 하나님께로 돌리지 아니하므로 주의 사자가 곧 치니 벌레에게 먹혀 죽으니라
65. ③ (행 13:1-2) 안디옥 교회에 선지자들과 교사들이 있으니 … 주를 섬겨 금식할 때에 성령이 이르시되 내가 불러 시키는 일을 위하여 바나바와 사울을 따로 세우라 하시니
* 본 절에서 '따로 세우라'는 말은 바나바와 사울을 이방인의 사도로 성별하여 세울 것을 의미한다.
66. ④ (행 13:4-5) 두 사람이 성령의 보내심을 받아 실루기아에 내려가 거기서 배 타고 구브로에 가서 살라미에 이르러 하나님의 말씀을 유대인의 여러 회당에서 전할새 요한을 수행원으로 두었더라
* 본 절에서 '요한'은 바나바의 생질인 '마가 요한'을 가리킨다(골 4:10 참조).
67. ③ (행 13:13) 바울과 및 동행하는 사람들이 바보에서 배 타고 밤빌리아에 있는 버가에 이르니 요한은 그들에게서 떠나 예루살렘으로 돌아가고
* 바나바와 사울을 수행하던 마가 요한이(행 13:5 참조) 버가에서 그들을 떠나 예루살렘으로 돌아간 이유가 무엇인지는 알 수 없지만, 이 일로 나중에 바울과 바나바가 갈라서게 된 것으로 보아 마가 요한이 예루살렘으로 돌아간 것에 대해 바울이 크게 실망한 것으로 보인다(행 15:37-39 참조).

memo

68. 바울이 제1차 전도 여행을 할 때 '걸어 본 적이 없는 자'를 고친 곳은?
① 구브로 ② 바보 ③ 버가 ④ 루스드라

69. 바울이 돌에 맞아 죽은 줄 알고 내쳤으나 일어나 성에 들어갔다가 이튿날 간 곳은?
① 안디옥 ② 이고니온 ③ 루스드라 ④ 더베

70. 할례 문제로 시작된 '예루살렘 공의회'가 기록된 성경과 장은?
① 행 14장 ② 행 15장 ③ 행 16장 ④ 행 17장

71. 예루살렘 공의회에서 바리새인들의 주장에 반대하여 '이방인의 목에 멍에를 두지 말자'고 말한 자는?
① 베드로 ② 야고보 ③ 바울 ④ 바나바

72. 예루살렘 공의회에서 바리새인과 베드로의 의견을 중재한 자는?
① 야고보 ② 요한 ③ 바나바 ④ 바울

68. ④ (행 14:8-10) 루스드라에 발을 쓰지 못하는 한 사람이 앉아 있는데 나면서 걷지 못하게 되어 걸어 본 적이 없는 자라 바울이 … 큰 소리로 이르되 네 발로 바로 일어서라 하니 그 사람이 일어나 걷는지라

69. ④ (행 14:19-20) 유대인들이 안디옥과 이고니온에서 와서 무리를 충동하니 그들이 돌로 바울을 쳐서 죽은 줄로 알고 시외로 끌어 내치니라 제자들이 둘러섰을 때에 바울이 일어나 그 성에 들어갔다가 이튿날 바나바와 함께 더베로 가서

70. ② (행 15:1-29 참조)

71. ① (행 15:7-10) 베드로가 일어나 말하되 … 형제들아 너희도 알거니와 하나님이 이방인들로 내 입에서 복음의 말씀을 들어 믿게 하시려고 … 그런데 지금 너희가 어찌하여 하나님을 시험하여 우리 조상과 우리도 능히 메지 못하던 멍에를 제자들의 목에 두려느냐

72. ① (행 15:13-20) 야고보가 대답하여 이르되 … 내 의견에는 이방인 중에서 하나님께로 돌아오는 자들을 괴롭게 하지 말고 다만 우상의 더러운 것과 음행과 목매어 죽인 것과 피를 멀리하라고 편지하는 것이 옳으니

memo

73. 예루살렘 교회에서 '공의회의 결과'를 안디옥에 전달하기 위해 보낸 사람이 아닌 자는?
① 바울 ② 바나바 ③ 실라 ④ 야고보

74. 예루살렘 공의회에서 결정된 사항이 아닌 것은?
① 음행을 멀리하라
② 우상의 제물을 멀리하라
③ 거짓 증거하지 말라
④ 피와 목매어 죽인 것을 멀리하라

75. 제2차 전도 여행에서 바울과 바나바가 갈라서게 된 이유는?
① 전도 여행 지역에 대한 일로 서로 심히 다투었기 때문이다
② 마가 요한을 데리고 가는 일로 서로 심히 다투었기 때문이다
③ 실라를 데리고 가는 일로 서로 심히 다투었기 때문이다
④ 디모데를 데리고 가는 일로 서로 심히 다투었기 때문이다

76. 바울이 제2차 전도 여행 때 동역자로 택한 사람은?
① 디도 ② 디모데 ③ 실라 ④ 마가 요한

73. ④ (행 15:22) 이에 사도와 장로와 온 교회가 그 중에서 사람들을 택하여 바울과 바나바와 함께 안디옥으로 보내기를 결정하니 곧 형제 중에 인도자인 바사바라 하는 유다와 실라더라
* 예루살렘 총회는 야고보의 결론적 말을 총회의 의결로 채택하여 예루살렘 교회의 지도자 위치에 있는 바사바라 하는 유다와 실라를 바울과 바나바와 함께 안디옥으로 보내기로 결정한 것이다.

74. ③ (행 15:29) 우상의 제물과 피와 목매어 죽인 것과 음행을 멀리할지니라 이에 스스로 삼가면 잘되리라 평안함을 원하노라 하였더라

75. ② (행 15:37-39) 바나바는 마가라 하는 요한도 데리고 가고자 하나 바울은 밤빌리아에서 자기들을 떠나 함께 일하러 가지 아니한 자를 데리고 가는 것이 옳지 않다 하여 서로 심히 다투어 피차 갈라서니 바나바는 마가를 데리고 배 타고 구브로로 가고

76. ③ (행 15:39-40) 바나바는 마가를 데리고 배 타고 구브로로 가고 바울은 실라를 택한 후에 형제들에게 주의 은혜에 부탁함을 받고 떠나

memo

77. 다음 (　　　　) 안에 들어갈 말은?
"바울이 더베와 루스드라에도 이르매 거기 (　　　　)라 하는 제자가 있으니 그 어머니는 믿는 유대 여자요 아버지는 헬라인이라"
① 디모데　② 디도　③ 아굴라　④ 바사바

78. 바울이 무시아를 지나 드로아로 내려갔을 때 밤에 본 환상에서 '도움을 요청한' 사람은?
① 마게도냐 사람　② 브루기아 사람
③ 갈라디아 사람　④ 비두니아 사람

79. 바울 당시 로마의 식민지로서 '마게도냐 지방의 첫 성'은?
① 갈라디아　② 빌립보　③ 베뢰아　④ 데살로니가

80. 두아디라 시에 있는 자색 옷감 장사로서 '바울 일행을 자기 집에 머물게 한' 여자는?
① 뵈뵈　② 다마리　③ 루디아　④ 두루실라

77. ① (행 16:1 참조)

78. ① (행 16:8-9) 무시아를 지나 드로아로 내려갔는데 밤에 환상이 바울에게 보이니 마게도냐 사람 하나가 서서 그에게 청하여 이르되 마게도냐로 건너와서 우리를 도우라 하거늘

79. ② (행 16:12) 거기서 빌립보에 이르니 이는 마게도냐 지방의 첫 성이요 또 로마의 식민지라 이 성에서 수일을 유하다가

* '마게도냐'는 빌립보, 데살로니가, 베뢰아 등이 속한 곳이며, 당시 '빌립보'는 유럽으로 가는 관문으로서 마게도냐 지방에서 매우 중요한 성이었다.

80. ③ (행 16:13-15) 안식일에 우리가 기도할 곳이 있을까 하여 … 모인 여자들에게 말하는데 두아디라 시에 있는 자색 옷감 장사로서 하나님을 섬기는 루디아라 하는 한 여자가 … 내 집에 들어와 유하라 하고 강권하여 머물게 하니라

memo

81. 바울과 실라가 빌립보 감옥에 갇히게 된 이유는?
① 범죄자로 오해를 받았기 때문이다
② 빌립보의 법을 어겼기 때문이다
③ 복음을 전한다는 이유로 유대인들이 고발했기 때문이다
④ 점치는 귀신을 쫓아낸 일로 모함을 당했기 때문이다

82. 다음 (　　) 안에 들어갈 말은?
"바울이 이르되 (　　) 사람인 우리를 죄도 정하지 아니하고 공중 앞에서 때리고 옥에 가두었다가 이제는 가만히 내보내고자 하느냐 아니라 그들이 친히 와서 우리를 데리고 나가야 하리라 한대"
① 유대　② 헬라　③ 로마　④ 다메섹

83. 데살로니가에 있는 사람들보다 더 너그러워서 간절한 마음으로 말씀을 받고 날마다 성경을 상고한 사람들은?
① 고린도에 있는 사람들　② 드로아에 있는 사람들
③ 베뢰아에 있는 사람들　④ 빌립보에 있는 사람들

84. 바울이 '성에 우상이 가득한 것을 보고 마음에 격분한' 곳은?
① 아덴　② 베뢰아　③ 드로아　④ 데살로니가

81. ④ (행 16:16-20) 점치는 귀신 들린 여종 하나를 만나니 점으로 그 주인들에게 큰 이익을 주는 자라 … 여종의 주인들은 자기 수익의 소망이 끊어진 것을 보고 바울과 실라를 붙잡아 … 상관들 앞에 데리고 가서 말하되 이 사람들이 유대인인데 우리 성을 심히 요란하게 하여

82. ③ (행 16:37 참조)

* 바울은 나면서부터 로마 시민권을 가지고 있었는데(행 22:28 참조), 당시 로마 시민권이 있으면 로마의 행정 구역 안에서는 어느 곳에서나 로마법의 보호를 받았다고 한다. 한편 본 절에서 바울이 '로마 사람인 우리'라고 말하고 있는데, 만약 실라에게는 로마 시민권이 없었다면 바울이 자신을 대표로 지칭해서 그렇게 말한 것으로 보인다.

83. ③ (행 17:11) 베뢰아에 있는 사람들은 데살로니가에 있는 사람들보다 더 너그러워서 간절한 마음으로 말씀을 받고 이것이 그러한가 하여 날마다 성경을 상고하므로

84. ① (행 17:16) 바울이 아덴에서 그들을 기다리다가 그 성에 우상이 가득한 것을 보고 마음에 격분하여

memo

85. 아덴의 에피쿠로스와 스토아 철학자들이 바울과 쟁론한 이유는?
① 바울이 예수와 부활을 전했기 때문이다
② 바울이 회당에서 유대인들과 변론했기 때문이다
③ 바울이 장터에서 사람들과 소란을 피웠기 때문이다
④ 바울이 이방 신들을 비난했기 때문이다

86. 바울이 아굴라와 브리스길라 부부를 만난 곳은?
① 베뢰아 ② 아덴 ③ 고린도 ④ 로마

87. 바울이 복음을 대적하는 자들에게 '너희 피가 너희 머리로 돌아갈 것이요 나는 깨끗하니라'고 말한 곳은?
① 로마 ② 고린도 ③ 아덴 ④ 데살로니가

85. ① (행 17:18) 어떤 에피쿠로스와 스토아 철학자들도 바울과 쟁론할새 어떤 사람은 이르되 이 말쟁이가 무슨 말을 하고자 하느냐 하고 어떤 사람은 이르되 이방 신들을 전하는 사람인가보다 하니 이는 바울이 예수와 부활을 전하기 때문이러라
* '에피쿠로스'는 '에피쿠로스'라는 사람이 창설한 학파로서 '마음의 평정'을 통한 쾌락을 인생의 최고의 목표로 삼는 학파이며, '스토아 학파'는 '제노'라는 사람이 창설한 학파로서 제노가 회당에서 강의했기 때문에 '회당'이라는 뜻을 가진 헬라어 '스토아'라고 명명한 것이다.

86. ③ (행 18:1-2) 그 후에 바울이 아덴을 떠나 고린도에 이르러 아굴라라 하는 본도에서 난 유대인 한 사람을 만나니 글라우디오가 모든 유대인을 명하여 로마에서 떠나라 한 고로 그가 그 아내 브리스길라와 함께 이달리야로부터 새로 온지라 바울이 그들에게 가매

87. ② (행 18:1-6) 바울이 아덴을 떠나 고린도에 이르러 … 예수는 그리스도라 밝히 증언하니 그들이 대적하여 비방하거늘 바울이 옷을 털면서 이르되 너희 피가 너희 머리로 돌아갈 것이요 나는 깨끗하니라 이 후에는 이방인에게로 가리라 하고
* '너희 피가 너희 머리로 돌아갈 것이요 나는 깨끗하니라'는 말은 바울이 선포한 복음을 듣고도 회개하지 않은 자에게 심판의 책임이 있다는 것을 의미한다. 즉, 죄에서 떠나라는 경고를 듣고도 돌이키지 않아 멸망할 경우 그 책임이 말씀을 선포한 자에게 있는 것이 아니라 회개하지 않은 자에게 있다는 것을 가리킨다(겔 33:4-5, 9 참조).

memo

88. 바울이 고린도에서 복음을 전할 때 '회당 옆에 있는 자기 집'을 제공해 준 사람은?

① 디오누시오 ② 회당장 그리스보
③ 디도 유스도 ④ 아굴라와 브리스길라

89. 고린도에 사는 회당장으로, 온 집안과 더불어 주를 믿으며 바울에게 침례를 받은 사람은?

① 디도 유스도 ② 그리스보
③ 가이오 ④ 스데바나

90. 바울은 '얼마 동안' 고린도에 머물며 하나님의 말씀을 가르쳤는가?

① 1년 6개월 ② 2년 6개월
③ 3년 6개월 ④ 4년 6개월

88. ③ (행 18:5-7) 바울이 하나님의 말씀에 붙잡혀 유대인들에게 예수는 그리스도라 밝히 증언하니 그들이 대적하여 비방하거늘 바울이 … 거기서 옮겨 하나님을 경외하는 디도 유스도라 하는 사람의 집에 들어가니 그 집은 회당 옆이라

* '디도 유스도'는 유대인 회당에서 바울이 전한 복음을 듣고 감동을 받아 자기 집을 고린도 전도 사역의 본부로 사용하도록 제공한 것으로 보인다.

89. ② (행 18:8) 또 회당장 그리스보가 온 집안과 더불어 주를 믿으며 수많은 고린도 사람도 듣고 믿어 침례를 받더라

* 바울이 고린도에서 친히 침례를 준 사람은 그리스보, 가이오, 스데바나뿐이었다(고전 1:14-16 참조). 따라서 그 외 사람들은 실라와 디모데에게 침례를 받은 것으로 보인다.

90. ① (행 18:11) 일 년 육 개월을 머물며 그들 가운데서 하나님의 말씀을 가르치니라

memo

91. 바울이 고린도에서 복음을 전할 때 '바울에 대한 유대인들의 고소'를 기각한 아가야의 총독은?

① 빌라도 ② 구레뇨 ③ 갈리오 ④ 서기오 바울

92. 바울이 '머리를 깎은 곳'은?

① 고린도 ② 아덴 ③ 로마 ④ 겐그레아

93. 알렉산드리아에서 난 유대인으로 '언변이 좋고 성경에 능통한 자'는?

① 아볼로 ② 아굴라 ③ 알렉산더 ④ 브리스길라

94. 요한의 침례만 알고 있는 아볼로에게 '하나님의 도를 정확하게 풀어 준' 사람은?

① 바울 ② 실라
③ 디모데 ④ 브리스길라와 아굴라

91. ③ (행 18:12-16) 갈리오가 아가야 총독 되었을 때에 유대인이 일제히 일어나 바울을 대적하여 법정으로 데리고 가서 … 갈리오가 유대인들에게 이르되 … 너희가 스스로 처리하라 나는 이러한 일에 재판장 되기를 원하지 아니하노라 하고 그들을 법정에서 쫓아내니

92. ④ (행 18:18) 바울은 더 여러 날 머물다가 형제들과 작별하고 배 타고 수리아로 떠나갈새 브리스길라와 아굴라도 함께 하더라 바울이 일찍이 서원이 있었으므로 겐그레아에서 머리를 깎았더라

* 바울은 고린도에서 자신의 사역과 관련하여 어떤 목적을 가지고 서원을 하고 나실인의 규례를 지켜 머리를 길렀다가 서원한 기간이 끝나자 머리를 깎은 것으로 보인다. 한편 본 절은 바울이 믿음으로 말미암아 구원을 얻는다는 이신득의의 원리에 투철했지만 하나님을 경건하게 섬기도록 제정된 율법을 버린 것은 아니었으며, 유대인의 관습도 완전히 버리지 않았다는 것을 보여 준다(행 23:6 참조).

93. ① (행 18:24) 알렉산드리아에서 난 아볼로라 하는 유대인이 에베소에 이르니 이 사람은 언변이 좋고 성경에 능통한 자라

94. ④ (행 18:25-26) 그가 일찍이 주의 도를 배워 열심으로 예수에 관한 것을 자세히 말하며 가르치나 요한의 침례만 알 따름이라 그가 회당에서 담대히 말하기 시작하거늘 브리스길라와 아굴라가 듣고 데려다가 하나님의 도를 더 정확하게 풀어 이르더라

* 브리스길라와 아굴라는 지식에만 의존하여 설교하는 아볼로를 자기 집으로 데려가 예수 그리스도의 죽음과 부활, 성령의 침례 등 복음에 관한 내용을 자세히 설명해 준 것으로 보인다.

memo

95. '성령을 받았느냐'는 바울의 질문에 '성령이 계심도 듣지 못했다' 고 대답한 사람들은?
① 고린도의 어떤 제자들　② 에베소의 어떤 제자들
③ 빌립보의 어떤 제자들　④ 드로아의 어떤 제자들

96. 바울이 안수하자 '성령이 임하여 방언과 예언을 한' 에베소 성도의 수는?
① 약 10명　② 약 11명　③ 약 12명　④ 약 13명

97. 바울이 에베소의 '두란노 서원에서' 주의 말씀을 강론한 기간은?
① 1년 동안　② 2년 동안　③ 3년 동안　④ 4년 동안

98. 다음 (　　) 안에 들어갈 말은?
"심지어 사람들이 (　　)의 몸에서 손수건이나 앞치마를 가져다가 병든 사람에게 얹으면 그 병이 떠나고 악귀도 나가더라"
① 베드로　② 바울　③ 아볼로　④ 실라

95. ② (행 19:1-2) 아볼로가 고린도에 있을 때에 바울이 윗지방으로 다녀 에베소에 와서 어떤 제자들을 만나 이르되 너희가 믿을 때에 성령을 받았느냐 이르되 아니라 우리는 성령이 계심도 듣지 못하였노라

96. ③ (행 19:6-7) 바울이 그들에게 안수하매 성령이 그들에게 임하시므로 방언도 하고 예언도 하니 모두 열두 사람쯤 되니라

97. ② (행 19:9-10) 어떤 사람들은 마음이 굳어 … 이 도를 비방하거늘 바울이 그들을 떠나 제자들을 따로 세우고 두란노 서원에서 날마다 강론하니라 두 해 동안 이같이 하니 아시아에 사는 자는 유대인이나 헬라인이나 다 주의 말씀을 듣더라

* 바울은 유대인들의 방해로 회당에서 더 이상 가르칠 수 없게 되자 두란노 서원을 빌려서 2년 동안 날마다 말씀을 강론하였던 것이다.

98. ② (행 19:12 참조)

memo

99. 에베소의 마술사들이 사람들 앞에서 '불사른 책 값'은?
① 은 1만 ② 은 3만 ③ 은 5만 ④ 은 7만

100. 에베소에서 바울의 복음 전도로 '영업에 타격을 입은 은장색들'을 선동하여 소요를 일으킨 사람은?
① 데메드리오 ② 가이오
③ 아리스다고 ④ 알렉산더

101. 에베소 은장색들의 소요를 진정시키고 무리를 해산시킨 사람은?
① 가이오 ② 서기장 ③ 알렉산더 ④ 아리스다고

102. 바울은 에베소의 은장색 소요가 그친 후 어디로 갔는가?
① 예루살렘 ② 안디옥 ③ 마게도냐 ④ 고린도

99. ③ (행 19:19) 또 마술을 행하던 많은 사람이 그 책을 모아 가지고 와서 모든 사람 앞에서 불사르니 그 책 값을 계산한즉 은 오만이나 되더라

* 스게와의 일곱 아들이 예수의 이름을 빙자하여 악귀를 쫓아내려다 낭패를 당했다는 소식이 에베소 전역에 퍼지자 많은 사람이 두려워하며 회개하였는데(행 19:17-18 참조), 이때 마술사들도 복음을 받아들여 마술과 관련된 책들을 모아 불사르게 되었던 것이다. 한편 '은 오만'은 당시 노동자 137명의 1년치 품삯에 해당하는 큰돈이었다.

100. ① (행 19:24-28) 데메드리오라 하는 어떤 은장색이 … 영업하는 자들을 모아 … 그들이 이 말을 듣고 분노가 가득하여 외쳐 이르되 크다 에베소 사람의 아데미여 하니

* 에베소에서 아데미 신상의 모형을 만들어 파는 자들이 바울의 복음 전도로 영업에 큰 타격을 입자, 은장색인 데메드리오가 같은 직종의 사람들을 선동하여 소요를 일으킨 것이다.

101. ② (행 19:35-41) 서기장이 무리를 진정시키고 이르되 에베소 사람들아 … 오늘 아무 까닭도 없는 이 일에 우리가 소요 사건으로 책망 받을 위험이 있고 우리는 이 불법 집회에 관하여 보고할 자료가 없다 하고 이에 그 모임을 흩어지게 하니라

* 에베소의 서기장은 이 소요 사태가 합법적이지 않다는 것을 무리들에게 이해시켜 소요를 진정시켰다. 한편 '서기장'은 에베소 시의회에서 선출된 최고 행정 관리인데, 이 사태로 인한 로마 당국의 문책을 염려하여 일단 소요를 진정시켰던 것이다.

102. ③ (행 20:1) 소요가 그치매 바울은 제자들을 불러 권한 후에 작별하고 떠나 마게도냐로 가니라

* 바울은 마게도냐로 가기 전에 드로아를 경유하여 디도를 만나려고 했으나 만나지 못하고 마게도냐로 갔다(고후 2:12-13 참조).

memo

103. 바울은 제2차 전도 여행 중 '헬라'에서 얼마 동안 있었는가?

① 한 달 ② 두 달 ③ 석 달 ④ 넉 달

104. 바울이 에베소에서 사역한 기간은?

① 2년 ② 3년 ③ 4년 ④ 5년

105. 일곱 집사 중 한 사람으로서 '처녀로 예언하는 딸 넷'을 둔 전도자는?

① 빌립 ② 브로고로 ③ 니가노르 ④ 디몬

106. '예루살렘에서 유대인들이 바울을 결박하여 이방인의 손에 넘겨 줄 것'을 예언한 선지자는?

① 바나바 ② 시므온 ③ 루기오 ④ 아가보

103. ③ (행 20:1–3) 소요가 그치매 바울은 제자들을 불러 권한 후에 작별하고 떠나 마게도냐로 가니라 그 지방으로 다녀가며 여러 말로 제자들에게 권하고 헬라에 이르러 거기 석 달 동안 있다가

* 본 절에서 '헬라'는 아가야 지방을 가리키는데, 바울이 머물렀던 곳은 아가야 지방의 수도라 할 수 있는 고린도였다. 바울은 이곳 가이오의 집에서 3개월 동안(A.D. 56–57년) 따뜻한 대접을 받으며 복음을 전하면서 로마서도 기록하였다(롬 16:23 참조).

104. ② (행 20:31) 그러므로 여러분이 일깨어 내가 삼 년이나 밤낮 쉬지 않고 눈물로 각 사람을 훈계하던 것을 기억하라

105. ① (행 21:8–9) 이튿날 떠나 가이사랴에 이르러 일곱 집사 중 하나인 전도자 빌립의 집에 들어가서 머무르니라 그에게 딸 넷이 있으니 처녀로 예언하는 자라

106. ④ (행 21:10–11) 아가보라 하는 한 선지자가 유대로부터 내려와 우리에게 와서 바울의 띠를 가져다가 자기 수족을 잡아매고 말하기를 성령이 말씀하시되 예루살렘에서 유대인들이 이같이 이 띠 임자를 결박하여 이방인의 손에 넘겨 주리라 하거늘

memo

107. 바울에 대한 설명으로 맞지 않는 것은?
① 헬라인이다
② 길리기아 다소에서 났고 그 성에서 자랐다
③ 가말리엘의 문하에서 율법의 엄한 교훈을 받았다
④ 하나님께 대하여 열심이 있는 자이다

108. 바울이 공회에서 '범사에 양심을 따라 하나님을 섬겼다'고 말하자 바울의 입을 치라고 명한 사람은?
① 대제사장 안나스 ② 대제사장 아나니아
③ 대제사장 가야바 ④ 대제사장 여호수아

109. 사두개인이 부인한 것이 아닌 것은?
① 부활 ② 천사 ③ 영 ④ 개인의 자유

110. '바울을 죽이기 전에는 먹지도 아니하고 마시지도 아니하겠다'고 동맹한 유대인의 수는?
① 20여 명 ② 30여 명 ③ 40여 명 ④ 50여 명

107. ① (행 22:3) 나는 유대인으로 길리기아 다소에서 났고 이 성에서 자라 가말리엘의 문하에서 우리 조상들의 율법의 엄한 교훈을 받았고 오늘 너희 모든 사람처럼 하나님께 대하여 열심이 있는 자라

108. ② (행 23:1-2) 바울이 공회를 주목하여 이르되 여러분 형제들아 오늘까지 나는 범사에 양심을 따라 하나님을 섬겼노라 하거늘 대제사장 아나니아가 바울 곁에 서 있는 사람들에게 그 입을 치라 명하니
* 본 절에서 '공회'는 유대의 최고 의결 기관인 '산헤드린 공회'를 가리키며, 의장인 대제사장과 70명의 공회원으로 구성되어 있다. 당시의 대제사장 '아나니아'는 헤롯 아그립바 2세에 의해 A.D. 48년에 대제사장이 되어 58년까지 대제사장직을 수행한 사람이다. 한편 헤롯은 난폭하고 거만한 사람으로서 친로마 정책을 편 결과 유대 전쟁(A.D. 66-70년) 초기인 A.D. 66년에 유대 군중들에게 붙잡혀 살해당했다.

109. ④ (행 23:8) 이는 사두개인은 부활도 없고 천사도 없고 영도 없다 하고 바리새인은 다 있다 함이라
* 사두개인들은 영혼 불멸 사상을 부정했기 때문에 육체의 부활이나 천사 등 영적 세계도 믿지 않았다. 그 대신 개인의 자유를 주장하면서 자신들의 이해득실에 따라 행하려고 하였다.

110. ③ (행 23:12-13) 날이 새매 유대인들이 당을 지어 맹세하되 바울을 죽이기 전에는 먹지도 아니하고 마시지도 아니하겠다 하고 이같이 동맹한 자가 사십여 명이더라

memo

111. 천부장이 바울을 가이사랴까지 보내기 위해 준비하게 한 병력이 아닌 것은?

① 보병 200명　　② 기병 70명

③ 창병 200명　　④ 공병 70명

112. 바울이 벨릭스와 드루실라에게 강론한 내용이 아닌 것은?

① 의　　② 절제

③ 구원　　④ 장차 오는 심판

113. 다음 (　　　) 안에 들어갈 말은?

"우리가 다 땅에 엎드러지매 내가 소리를 들으니 (　　　) 말로 이르되 사울아 사울아 네가 어찌하여 나를 박해하느냐 가시채를 뒷발질하기가 네게 고생이니라"

① 아람　　② 헬라　　③ 로마　　④ 히브리

114. 바울에게 "네 많은 학문이 너를 미치게 한다"라고 말한 자는?

① 벨릭스　　② 드루실라　　③ 베스도　　④ 더둘로

---

111. ④ (행 23:22–23) 이에 천부장이 청년을 보내며 경계하되 이 일을 내게 알렸다고 아무에게도 이르지 말라 하고 백부장 둘을 불러 이르되 밤 제 삼 시에 가이사랴까지 갈 보병 이백 명과 기병 칠십 명과 창병 이백 명을 준비하라 하고

112. ③ (행 24:24–25) 수일 후에 벨릭스가 그 아내 유대 여자 드루실라와 함께 와서 바울을 불러 그리스도 예수 믿는 도를 듣거늘 바울이 의와 절제와 장차 오는 심판을 강론하니 벨릭스가 두려워하여 대답하되 지금은 가라 내가 틈이 있으면 너를 부르리라 하고

* 바울이 벨릭스와 그의 아내 드루실라에게 '의'를 강론한 것은 벨릭스가 노예 출신으로서 로마 황실의 왕자 팔라스의 후광을 힘입어 불법으로 유대 총독이 되었을 뿐만 아니라 악한 정치를 했기 때문이며, '절제'를 강론한 것은 남편이 있는 드루실라와 불법으로 결혼한 것을 지적한 것이다. 또한 '장차 오는 심판'을 강론한 것은 그러한 삶을 산 벨릭스가 장차 심판을 받을 것이 명백하다는 것을 지적한 것이다.

113. ④ (행 26:14 참조)

114. ③ (행 26:24) 바울이 이같이 변명하매 베스도가 크게 소리 내어 이르되 바울아 네가 미쳤도다 네 많은 학문이 너를 미치게 한다 하니

memo

115. 바울이 백부장에게 '항해하기 어렵다'고 말한 곳은?
① 시돈 ② 가우다 ③ 미항 ④ 뵈닉스

116. 사도행전에서 '유라굴로 광풍을 만난 배'가 표류한 기간은?
① 12일 ② 14일 ③ 16일 ④ 18일

117. 바울이 로마로 호송될 때 '유라굴로 광풍을 만난 배'에 탄 사람의 수는?
① 176명 ② 276명 ③ 376명 ④ 476명

118. 바울 일행이 구조된 후 상륙한 섬은?
① 가우다 ② 그레데 ③ 멜리데 ④ 구브로

119. 바울 일행이 멜리데 섬에 머문 기간은?
① 석 달 ② 넉 달 ③ 다섯 달 ④ 여섯 달

115. ③ (행 27:8–11) 미항이라는 곳에 이르니 … 항해하기가 위태한지라 바울이 그들을 권하여 말하되 여러분이여 내가 보니 이번 항해가 하물과 배만 아니라 우리 생명에도 타격과 많은 손해를 끼치리라 하되 백부장이 선장과 선주의 말을 바울의 말보다 더 믿더라

116. ② (행 27:27–29) 열나흘째 되는 날 밤에 … 물을 재어 보니 스무 길이 되고 조금 가다가 다시 재니 열다섯 길이라 암초에 걸릴까 하여 고물로 닻 넷을 내리고 날이 새기를 고대하니라

117. ② (행 27:37) 배에 있는 우리의 수는 전부 이백칠십육 명이더라

118. ③ (행 28:1) 우리가 구조된 후에 안즉 그 섬은 멜리데라 하더라

119. ① (행 28:11) 석 달 후에 우리가 그 섬에서 겨울을 난 알렉산드리아 배를 타고 떠나니 그 배의 머리 장식은 디오스구로라

* 바울 일행이 9–10월경에 그레데의 미항을 떠나(행 27:8–13 참조) 2주간 유라굴로 광풍에 시달리다 멜리데 섬에 도착하여(행 27:27–28:1 참조) 3개월을 머문 후 다시 로마로 가기 위해 탄 배는 유라굴로 광풍을 만난 배와 마찬가지로 알렉산드리아에서 곡물을 싣고 로마로 가는 배였다(행 27:6 참조). 한편 이 배의 머리 장식에 새겨 놓은 '디오스구로'는 그리스 신화에 나오는 제우스의 '쌍둥이 아들'을 가리키는데, 사공들은 이들을 수호신으로 여겼다.

memo

120. 바울이 로마에서 아침부터 저녁까지 강론한 핵심 내용은?

① 모세의 율법

② 가이사에게 상소한 내용

③ 구약 선지자들의 말

④ 하나님의 나라와 예수 그리스도

120. ④ (행 28:23-31) 바울이 아침부터 저녁까지 강론하여 하나님의 나라를 증언하고 모세의 율법과 선지자의 말을 가지고 예수에 대하여 권하더라 … 바울이 온 이태를 자기 셋집에 머물면서 … 하나님의 나라를 전파하며 주 예수 그리스도에 관한 모든 것을 담대하게 거침없이 가르치더라

memo

주관식

1. "요한은 (　　)로 침례를 베풀었으나 너희는 몇 날이 못되어 (　　)으로 침례를 받으리라 하셨느니라"

2. 사도행전 1장 8절을 쓰시오.

3. 사도행전에서, '몸이 곤두박질하여 배가 터져 창자가 다 흘러 나온' 사람은?

4. 가룟 유다가 '예수님을 판 돈으로 산 밭'을 일컫는 말은?

5. 가룟 유다 대신 '사도의 후보'에 오른 두 사람은?

1. **물, 성령** (행 1:5 참조)
2. **오직 성령이 너희에게 임하시면 너희가 권능을 받고 예루살렘과 온 유대와 사마리아와 땅 끝까지 이르러 내 증인이 되리라 하시니라**
3. **가룟 유다** (행 1:16–18) 성령이 다윗의 입을 통하여 예수 잡는 자들의 길잡이가 된 유다를 가리켜 미리 말씀하신 성경이 응하였으니 … (이 사람이 불의의 삯으로 밭을 사고 후에 몸이 곤두박질하여 배가 터져 창자가 다 흘러 나온지라
4. **아겔다마** (행 1:18–19) (이 사람이 불의의 삯으로 밭을 사고 후에 몸이 곤두박질하여 배가 터져 창자가 다 흘러 나온지라 이 일이 예루살렘에 사는 모든 사람에게 알리어져 그들의 말로는 그 밭을 아겔다마라 하니 이는 피밭이라는 뜻이라)
5. **요셉, 맛디아** (행 1:23) 그들이 두 사람을 내세우니 하나는 바사바라고도 하고 별명은 유스도라고 하는 요셉이요 하나는 맛디아라
   * '바사바'와 '요셉'은 히브리식 이름으로 '안식일의 아들'이라는 뜻이고, '유스도'는 로마식 이름으로 '의로운 자'란 뜻이다. 그리고 '맛디아'는 '야훼의 선물'이라는 뜻으로 70인 제자(눅 10:1 참조) 중의 한 사람이었을 것으로 추정된다.

memo

6. 사도행전 2장 11절에서, 오순절 성령 강림 때 제자들이 성령이 말하게 하심을 따라 다른 언어들로 말하는 것을 여러 지방에서 온 사람들이 듣고 말한 내용은?

7. "이는 곧 선지자 (   )을 통하여 말씀하신 것이니 일렀으되 하나님이 말씀하시기를 말세에 내가 내 영을 모든 육체에 부어 주리니 너희의 자녀들은 예언할 것이요 너희의 젊은이들은 환상을 보고 너희의 늙은이들은 꿈을 꾸리라"

8. "형제들아 내가 조상 다윗에 대하여 담대히 말할 수 있노니 다윗이 죽어 장사되어 그 묘가 오늘까지 우리 중에 있도다 그는 (   )라 하나님이 이미 맹세하사 그 자손 중에서 한 사람을 그 위에 앉게 하리라 하심을 알고"

9. "베드로가 이르되 너희가 (   )하여 각각 예수 그리스도의 이름으로 (   )를 받고 (   )을 받으라 그리하면 (   )의 선물을 받으리니"

6. **우리가 다 우리의 각 언어로 하나님의 큰 일을 말함을 듣는도다** (행 2:9–11) 우리는 바대인과 메대인과 엘람인과 … 그레데인과 아라비아인들이라 우리가 다 우리의 각 언어로 하나님의 큰 일을 말함을 듣는도다 하고
   * 본 절에서 '하나님의 큰 일'이란 베드로가 한 설교를 가리키는데(행 2:14–36 참조), 그 핵심은 '예수 그리스도를 통한 구속'이다. 제자들은 성령 충만을 받은 후 여러 지방에서 온 사람들이 알아들을 수 있는 언어로 '하나님의 구속 사역'에 대해 증거한 것이다.

7. **요엘** (행 2:16–17 참조)

8. **선지자** (행 2:29–30 참조)
   * 다윗은 성령의 감동을 받아 메시아에 대해 예언을 했다는 점에서 선지자적 기능을 수행한 자라고 할 수 있다(삼하 23:1–2; 마 22:43–44 참조).

9. **회개, 침례, 죄 사함, 성령** (행 2:38 참조)

memo

10. “이 예수는 너희 건축자들의 버린 돌로서 집 모퉁이의 (   )이 되었느니라”

11. “다른 이로써는 구원을 받을 수 없나니 천하 사람 중에 구원을 받을 만한 (   )을 우리에게 주신 일이 없음이라 하였더라”

12. 소유를 팔아 얼마를 감추고 얼마만 가져다가 사도들의 발 앞에 둔 사람은?

13. “베드로가 이르되 아나니아야 어찌하여 (   )이 네 마음에 가득하여 네가 (   )을 속이고 땅 값 얼마를 감추었느냐”

10. **머릿돌** (행 4:11 참조)

* 본 절은 시 118:22을 인용한 것으로, 예수님도 자신이 유대인들에게 배척당한 것과 관련하여 인용하셨다(마 21:42; 막 12:10 참조). 한편 ‘집 모퉁이의 머릿돌’은 건물의 양벽이 연결되는 곳에 두는 돌을 말하는데, 여기서 베드로는 십자가에 돌아가셨으나 부활하신 예수님에 비유하였다.

11. **다른 이름** (행 4:12 참조)

12. **아나니아와 삽비라** (행 5:1-2) 아나니아라 하는 사람이 그의 아내 삽비라와 더불어 소유를 팔아 그 값에서 얼마를 감추매 그 아내도 알더라 얼마만 가져다가 사도들의 발 앞에 두니

* ‘아나니아’는 ‘야훼는 은혜로우시다’는 뜻으로, 유대인들이 흔히 사용하는 이름이었다(행 9:10; 23:2 참조).

13. **사탄, 성령** (행 5:3 참조)

memo

14. 사도행전에서, '스스로 선전하매 사람이 약 400명이나 따랐던 자'는?

15. 사도행전에서, '호적할 때에 백성을 꾀어 따르게 했던 갈릴리 사람'은?

16. 초대 교회 때 일곱 집사를 택하게 된 이유는?

17. "열두 사도가 모든 제자를 불러 이르되 우리가 하나님의 (   )을 제쳐 놓고 (   )를 일삼는 것이 마땅하지 아니하니"

14. **드다** (행 5:34–36) 바리새인 가말리엘은 율법교사로 모든 백성에게 존경을 받는 자라 공회 중에 일어나 … 이 전에 드다가 일어나 스스로 선전하매 사람이 약 사백 명이나 따르더니 그가 죽임을 당하매 따르던 모든 사람들이 흩어져 없어졌고
   * 가말리엘이 첫 번째로 언급한 '드다'는 누구인지 확실하지 않지만, B.C. 4년 헤롯 왕이 죽던 해에 팔레스틴 지역에서 많은 반란이 일어났는데 그 반란 지도자들 중 한 사람일 것으로 추정된다.
15. **유다** (행 5:37) 호적할 때에 갈릴리의 유다가 일어나 백성을 꾀어 따르게 하다가 그도 망한즉 따르던 모든 사람들이 흩어졌느니라
   * 가말리엘이 두 번째로 언급한 '유다'는 가이사에게 세금을 바치는 것은 하나님을 반역하는 행위라고 하면서 민족주의 운동을 주도한 사람으로 추정된다.
16. **헬라파 유대인의 과부들이 구제의 대상에서 빠지므로 히브리파 사람을 원망했기 때문이다** (행 6:1–3) 헬라파 유대인들이 자기의 과부들이 매일의 구제에 빠지므로 히브리파 사람을 원망하니 열두 사도가 모든 제자를 불러 이르되 … 형제들아 너희 가운데서 성령과 지혜가 충만하여 칭찬 받는 사람 일곱을 택하라
   * 본 절에서 '헬라파 유대인'은 유대 본토를 떠나 살다가 돌아온 사람들로서 헬라어를 사용한 사람들과 본토에 살면서도 히브리어를 모르고 헬라어를 사용한 유대인들을 말한다. 그리고 '히브리파 유대인'은 본토에 살면서 히브리어를 사용한 유대인들을 가리킨다. 한편 당시 헬라파 과부들은 구제에서 누락되었거나 히브리파 과부들보다 푸대접을 받았기 때문에 불만을 표시했던 것으로 보인다.
17. **말씀, 접대** (행 6:2 참조)

memo

18. “공회 중에 앉은 사람들이 다 스데반을 주목하여 보니 그 얼굴이 (　　)의 얼굴과 같더라”

19. “이스라엘 자손에 대하여 하나님이 너희 형제 가운데서 나와 같은 (　　)를 세우리라 하던 자가 곧 이 모세라”

20. “(　　)이 교회를 잔멸할새 각 집에 들어가 남녀를 끌어다가 옥에 넘기니라”

21. 성령 받게 하는 권능을 돈으로 사려고 한 ‘시몬을 책망한’ 사람은?

22. ‘사울의 회심’을 사도들에게 변호해 준 사람은?

18. **천사** (행 6:15 참조)
19. **선지자** (행 7:37 참조)
   * 본 절은 신 18:15을 인용한 것이다. 한편 ‘나와 같은 선지자’는 모세와 같은 선지자로, 메시아를 가리킨다.
20. **사울** (행 8:3 참조)
21. **베드로** (행 8:18–20) 시몬이 사도들의 안수로 성령 받는 것을 보고 돈을 드려 이르되 이 권능을 내게도 주어 누구든지 내가 안수하는 사람은 성령을 받게 하여 주소서 하니 베드로가 이르되 네가 하나님의 선물을 돈 주고 살 줄로 생각하였으니 네 은과 네가 함께 망할지어다
22. **바나바** (행 9:26–27) 사울이 예루살렘에 가서 제자들을 사귀고자 하나 다 두려워하여 그가 제자 됨을 믿지 아니하니 바나바가 데리고 사도들에게 가서 … 그가 어떻게 예수의 이름으로 담대히 말하였는지를 전하니라

memo

23. "그들이 이 말을 듣고 잠잠하여 하나님께 영광을 돌려 이르되 그러면 하나님께서 이방인에게도 (   ) 얻는 (   )를 주셨도다 하니라"

24. "베드로가 대문을 두드린대 (   )라 하는 여자 아이가 영접하러 나왔다가 베드로의 음성인 줄 알고 기뻐하여 문을 미처 열지 못하고 달려 들어가 말하되 베드로가 대문 밖에 섰더라 하니"

25. 사도행전에서, 헤롯 왕의 침소를 맡은 신하는?

26. 바나바와 사울이 바보에서 만난 '유대인 거짓 선지자인 마술사'는?

23. 생명, 회개 (행 11:18 참조)

*본 절은 베드로가 무할례자의 집에 들어가 함께 먹었다고 비난하던 할례자들이 베드로의 설명(행 11:1–17 참조)을 들은 후 이방인들도 구원받을 수 있다는 것을 인정함으로써 이방 선교의 정당성을 인정받게 된 것을 보여 준다. 한편 이를 교회의 공식적인 입장으로 가결한 것은 예루살렘 공의회의 결의라고 할 수 있다(행 15:1–29 참조).

24. 로데 (행 12:13–14 참조)

25. 블라스도 (행 12:20) 헤롯이 두로와 시돈 사람들을 대단히 노여워하니 그들의 지방이 왕국에서 나는 양식을 먹는 까닭에 한마음으로 그에게 나아와 왕의 침소 맡은 신하 블라스도를 설득하여 화목하기를 청한지라

*헤롯이 무역 상대국이었던 두로와 시돈 사람들에 대해 노여워한 이유는 무역상의 마찰이 있었기 때문인 것으로 보인다. 그런데 두로와 시돈 사람들은 솔로몬 때부터(왕상 5:7–9; 스 3:7 참조) 그들의 식량 대부분을 유대에서 수입해 갔기 때문에 헤롯의 마음을 돌리기 위해 헤롯의 침소를 관리하던 신하를 통해 헤롯과 화해하고자 한 것으로 보인다. 한편 헤롯의 침소를 관리한 블라스도는 로마인으로서 내시일 가능성이 많은데, 당시 사회에서는 내시가 상당한 영향력을 행사하는 경우가 많았다(행 8:27 참조).

26. 바예수 (행 13:6) 온 섬 가운데로 지나서 바보에 이르러 바예수라 하는 유대인 거짓 선지자인 마술사를 만나니

memo

27. '바나바와 사울을 불러 하나님의 말씀을 듣고자 한' 구브로의 로마 총독은?

28. 바나바와 바울을 대적하여 구브로의 총독으로 하여금 하나님의 말씀을 믿지 못하게 힘쓰다 맹인이 된 자는?

29. "바울과 바나바가 담대히 말하여 이르되 하나님의 말씀을 마땅히 먼저 너희에게 전할 것이로되 너희가 그것을 버리고 영생을 얻기에 합당하지 않은 자로 자처하기로 우리가 (　　　)에게로 향하노라"

27. 서기오 바울 (행 13:7) 그가 총독 서기오 바울과 함께 있으니 서기오 바울은 지혜 있는 사람이라 바나바와 사울을 불러 하나님의 말씀을 듣고자 하더라

* 구브로는 B.C. 57년에 로마에 합병되었고 단독 지방으로 승격되어 로마 총독의 지배를 받았는데 당시 구브로를 다스린 로마 총독은 서기오 바울이었다.

28. 마술사 엘루마 (행 13:8-11) 마술사 엘루마는 … 그들을 대적하여 총독으로 믿지 못하게 힘쓰니 바울이라고 하는 사울이 … 네가 맹인이 되어 얼마 동안 해를 보지 못하리라 하니 즉시 안개와 어둠이 그를 덮어 인도할 사람을 두루 구하는지라

* '엘루마'의 본명은 바예수이다(행 13:6 참조). 한편 이 사건은 바울이 행한 첫 번째 이적으로, '얼마 동안 해를 보지 못하리라'는 말은 바예수가 일정 기간 동안에만 맹인이 되었다가 다시 보게 될 것을 의미한다. 또한 '안개와 어둠이 덮었다'는 것은 백내장과 같은 질병으로 인해 눈이 어두워지고 흐려진 것을 가리킨다.

29. 이방인 (행 13:46 참조)

* 본 절은 바울과 바나바가 유대인들이 거부한 복음을 이방인에게 전하겠다는 의미이다.

memo

30. "무리가 바울이 한 일을 보고 루가오니아 방언으로 소리 질러 이르되 신들이 사람의 형상으로 우리 가운데 내려오셨다 하여 바나바는 (   )라 하고 바울은 그 중에 말하는 자이므로 (   )라 하더라"

31. 사도행전 15장에서, '예루살렘 공의회'의 주요 안건은?

32. "디모데는 루스드라와 이고니온에 있는 형제들에게 칭찬 받는 자니 바울이 그를 데리고 떠나고자 할새 그 지역에 있는 유대인으로 말미암아 그를 데려다가 (   )를 행하니 이는 그 사람들이 그의 아버지는 헬라인인 줄 다 앎이러라"

30. **제우스, 헤르메스** (행 14:11-12 참조)

* '제우스'는 헬라(그리스) 신화에서 모든 신들의 우두머리이며, '헤르메스'는 제우스의 대변자이다. 그런데 바나바를 '제우스'라고 부르고 바울을 '헤르메스'라고 부른 것은 바나바가 바울보다 나이가 많고 체구가 당당하며 근엄해 보였고, 바울이 주로 말하였기 때문인 것으로 보인다.

31. **이방인의 할례 문제** (행 15:1) 어떤 사람들이 유대로부터 내려와서 형제들을 가르치되 너희가 모세의 법대로 할례를 받지 아니하면 능히 구원을 받지 못하리라 하니

* 바울과 바나바가 제1차 전도 여행을 마치고 안디옥으로 돌아왔을 때 유대 개종자들이 안디옥 교회로 찾아와 이방인도 모세의 율법대로 할례를 받아야 구원을 얻는다고 주장했기 때문에 '예루살렘 공의회'에서 이 문제를 주요 안건으로 다루게 되었던 것이다.

32. **할례** (행 16:2-3 참조)

* 바울은 이방인의 할례에 반대하여 유대인 할례파와 다툰 적이 있으며(행 15:1-2 참조), 헬라인인 디도에게도 할례를 강요하지 않았다(갈 2:3 참조). 그런데 디모데에게 할례를 행한 것은 앞으로 전도 여행에서 만나게 될 유대인들과 원만한 관계를 유지하기 위함이었던 것으로 보인다(고전 9:20 참조). 즉, 바울이 디모데에게 할례를 행한 것은 많은 유대인을 구원하기 위한 선교적 전략이었을 것으로 여겨진다.

memo

33. “(   )이 아시아에서 말씀을 전하지 못하게 하시거늘 그들이 브루기아와 갈라디아 땅으로 다녀가 무시아 앞에 이르러 비두니아로 가고자 애쓰되 (   )이 허락하지 아니하시는지라”

34. 주께서 마음을 열어 ‘바울의 말을 듣고 따른’ 루디아의 직업은?

35. “한밤중에 바울과 실라가 (   )하고 하나님을 (   )하매 죄수들이 듣더라 이에 갑자기 큰 지진이 나서 옥터가 움직이고 문이 곧 다 열리며 모든 사람의 매인 것이 다 벗어진지라”

36. “이르되 주 예수를 (   ) 그리하면 너와 네 집이 (   )을 받으리라 하고”

33. **성령, 예수의 영** (행 16:6-7 참조)
 * 바울은 더베와 루스드라에서 디모데를 동역자로 삼고 제2차 전도 여행을 시작한(행 16:1-5 참조) 후 계속해서 소아시아 지역을 중심으로 복음을 전하려고 했지만 성령께서 막으셨다. 이에 바울은 방향을 바꾸어 브루기아와 갈라디아 땅을 거쳐 비두니아 지역으로 가려고 했으나 그 길도 성령께서 허락하지 않으셨다. 따라서 본 절은 복음 전파는 예수님이 성령을 통해 하시는 일이라는 사실을 보여 준다.

34. **자색 옷감 장사** (행 16:14) 두아디라 시에 있는 자색 옷감 장사로서 하나님을 섬기는 루디아라 하는 한 여자가 말을 듣고 있을 때 주께서 그 마음을 열어 바울의 말을 따르게 하신지라

35. **기도, 찬송** (행 16:25-26 참조)

36. **믿으라, 구원** (행 16:31 참조)

memo

37. 바울은 제2차 전도 여행 중 데살로니가에 이르러 '어디에서' 성경을 강론하였는가?

38. 바울이 에피쿠로스와 스토아 철학자들과 쟁론한 곳은?

39. 바울이 '아덴 사람들 앞에서' 담대히 복음을 선포한 곳은?

37. 유대인의 회당 (행 17:1-2) 그들이 암비볼리와 아볼로니아로 다녀가 데살로니가에 이르니 거기 유대인의 회당이 있는지라 바울이 자기의 관례대로 그들에게로 들어가서 세 안식일에 성경을 가지고 강론하며

* 본 절에서 '관례'는 습관을 의미한다. 바울은 새로운 선교지에 도착하면 유대인의 회당을 찾아가 복음을 전하는 것을 습관화하였다. 그는 '먼저는 유대인에게요 그리고 헬라인에게로다'(롬 1:16 참조)라는 그의 전도 원칙에 따라 안식일에 유대인의 회당에서 복음을 전하였던 것이다. 한편 바울은 살라미(행 13:5 참조), 비시디아 안디옥(행 13:14 참조), 이고니온(행 14:1 참조), 베뢰아(행 17:10 참조), 아덴(행 17:16-17 참조)에서도 유대인의 회당에서 복음을 전하였다.

38. 아덴 (행 17:16-18) 바울이 아덴에서 그들을 기다리다가 그 성에 우상이 가득한 것을 보고 마음에 격분하여 회당에서는 유대인과 경건한 사람들과 또 장터에서는 날마다 만나는 사람들과 변론하니 어떤 에피쿠로스와 스토아 철학자들도 바울과 쟁론할새

* '아덴'은 헬라의 수도이며 헬라 문화의 중심지로서 당시 로마, 알렉산드리아와 함께 세계 3대 도시 중 하나였다. 또한 철학, 수사학, 문학, 과학 등이 발달한 곳으로 소크라테스, 플라톤, 아리스토텔레스의 고향이기도 하다. 그런데 당시 아덴은 약 300개의 공식화된 우상과 3만여 개의 신상이 있을 만큼 영적으로는 매우 부패한 도시였다. 바울은 이처럼 우상 숭배에 빠져 있는 아덴 사람들을 보고 분개하며 그들에게 복음을 전하기 위해 철학적이고 사변적인 논쟁을 벌였던 것이다.

39. 아레오바고 (행 17:22-23) 바울이 아레오바고 가운데 서서 말하되 아덴 사람들아 너희를 보니 범사에 종교심이 많도다 내가 … 알지 못하는 신에게라고 새긴 단도 보았으니 그런즉 너희가 알지 못하고 위하는 그것을 내가 너희에게 알게 하리라

* '아레오바고'는 '화성의 언덕'이란 뜻으로, 아크로폴리스에 있는 평평한 바위 광장이다. 아덴 사람들이 바울을 아레오바고로 데려간 것은 공식 석상에서 바울의 말을 들어보기 위함이었는데 바울은 그곳에서 담대히 복음을 선포하였던 것이다.

memo

40. 바울이 아덴에서 전한 '복음을 듣고 믿은' 아레오바고 관리는?

41. 바울과 아굴라와 브리스길라 부부의 생업은?

42. 바울이 전파하는 예수님의 이름을 빙자하여 악귀를 쫓아내려다 망신을 당한 사람들은?

40. **디오누시오** (행 17:33-34) 이에 바울이 그들 가운데서 떠나매 몇 사람이 그를 가까이하여 믿으니 그 중에는 아레오바고 관리 디오누시오와 다마리라 하는 여자와 또 다른 사람들도 있었더라

* 바울이 아덴에서 전한 복음을 듣고 믿은 사람은 소수였지만 아레오바고 관리인 디오누시오가 믿은 것은 큰 성과였다. 왜냐하면 그는 아덴에서 매우 영향력 있는 사람이었기 때문이다. 아덴에는 12명으로 구성된 재판위원회가 있었는데 '디오누시오'는 그중 한 사람이었다. 한편 다른 사람들의 이름은 없는데 '다마리'라는 이름이 언급된 것으로 보아 그녀는 아덴의 귀부인이었을 것으로 추정된다.

41. **천막을 만드는 것** (행 18:1-3) 바울이 아덴을 떠나 고린도에 이르러 아굴라라 하는 본도에서 난 유대인 한 사람을 만나니 … 그가 그 아내 브리스길라와 함께 이달리야로부터 새로 온지라 바울이 그들에게 가매 생업이 같으므로 함께 살며 일을 하니 그 생업은 천막을 만드는 것이더라

42. **유대의 제사장 스게와의 일곱 아들** (행 19:13-16) 마술하는 어떤 유대인들이 … 바울이 전파하는 예수를 의지하여 너희에게 명하노라 하더라 유대의 한 제사장 스게와의 일곱 아들도 이 일을 행하더니 … 악귀 들린 사람이 그들에게 뛰어올라 눌러 이기니 그들이 상하여 벗은 몸으로 그 집에서 도망하는지라

memo

43. 바울이 강론할 때 창에 걸터 앉아 졸다가 떨어져 죽었으나 바울에 의해 살아난 청년은?

44. 바울이 '주 예수께 받은 사명'은?

45. 바울은 하나님께서 '무엇으로' 교회를 사셨다고 했는가?

46. "범사에 여러분에게 모본을 보여준 바와 같이 수고하여 약한 사람들을 돕고 또 주 예수께서 친히 말씀하신 바 (   )이 (   )보다 복이 있다 하심을 기억하여야 할지니라"

43. **유두고** (행 20:7-10) 바울이 이튿날 떠나고자 하여 그들에게 강론할새 말을 밤중까지 계속하매 … 유두고라 하는 청년이 창에 걸터 앉아 있다가 깊이 졸더니 … 삼 층에서 떨어지거늘 일으켜보니 죽었는지라 바울이 내려가서 그 위에 엎드려 그 몸을 안고 말하되 떠들지 말라 생명이 그에게 있다 하고

성경에서 죽은 자를 살린 사례

엘리야	사르밧 과부의 아들	왕상 17:17-24
엘리사	수넴 여인의 아들	왕하 4:8-37
예수님	나인성 과부의 아들	눅 7:11-16
	야이로의 딸	눅 8:41-42, 49-56
	나사로	요 11:17-44
베드로	다비다	행 9:36-42
바울	유두고	행 20:9-12

44. **복음을 증언하는 일** (행 20:24) 내가 달려갈 길과 주 예수께 받은 사명 곧 하나님의 은혜의 복음을 증언하는 일을 마치려 함에는 나의 생명조차 조금도 귀한 것으로 여기지 아니하노라
45. **자기 피(예수 그리스도의 피)** (행 20:28) 여러분은 자기를 위하여 또는 온 양 떼를 위하여 삼가라 성령이 그들 가운데 여러분을 감독자로 삼고 하나님이 자기 피로 사신 교회를 보살피게 하셨느니라
46. **주는 것, 받는 것** (행 20:35 참조)

memo

47. "(   )이 대답하되 나는 돈을 많이 들여 이 시민권을 얻었노라 (   )이 이르되 나는 나면서부터라 하니"

48. "그 말을 한즉 바리새인과 사두개인 사이에 다툼이 생겨 무리가 나누어지니 이는 (   )은 부활도 없고 천사도 없고 영도 없다 하고 (   )은 다 있다 함이라"

49. "그 날 밤에 주께서 바울 곁에 서서 이르시되 담대하라 네가 예루살렘에서 나의 일을 증언한 것 같이 (   )에서도 증언하여야 하리라 하시니라"

50. 유대인들이 '바울을 죽이려고 매복하여 있는 것'을 바울에게 알린 사람은?

51. 바울을 '총독 벨릭스에게 보내려고' 편지를 쓴 천부장의 이름은?

47. 천부장, 바울 (행 22:28 참조)
48. 사두개인, 바리새인 (행 23:7-8 참조)
49. 로마 (행 23:11 참조)
50. 바울의 생질 (행 23:15-16) 바울을 너희에게로 데리고 내려오게 하라 우리는 그가 가까이 오기 전에 죽이기로 준비하였노라 하더니 바울의 생질이 그들이 매복하여 있다 함을 듣고 와서 영내에 들어가 바울에게 알린지라
51. 글라우디오 루시아 (행 23:24-26) 또 바울을 태워 총독 벨릭스에게로 무사히 보내기 위하여 짐승을 준비하라 명하며 또 이 아래와 같이 편지하니 일렀으되 글라우디오 루시아는 총독 벨릭스 각하께 문안하나이다

* 천부장은 로마 시민권을 가지고 있는 바울을 유대인의 손에 죽게 할 수 없었기 때문에 유대 지방을 다스리고 있던 로마 총독 벨릭스에게 보내려고 했던 것이다. 한편 당시 로마 황제는 혼자 제국 전체를 통치할 수 없었기 때문에 황제 관할 지역과 그 밑의 원로원 관할 지역을 구분하여 다스렸는데, 본 절의 벨릭스는 황제 관할 지역을 다스리던 총독으로서 때로 황제의 권한과 기능을 행사하기도 했다.

memo

52. 대제사장 아나니아가 총독 앞에서 '바울을 고발하려고' 데려온 변호사는?

53. 벨릭스와 함께 '바울을 불러 그리스도 예수 믿는 도를 들은' 벨릭스의 아내는?

54. 벨릭스 총독의 소임을 이어받은 사람은?

52. **더둘로** (행 24:1) 닷새 후에 대제사장 아나니아가 어떤 장로들과 한 변호사 더둘로와 함께 내려와서 총독 앞에서 바울을 고발하니라

* 본 절에서 '닷새 후'는 바울이 가이사랴에 도착한 지 닷새 후를 가리킨다.

53. **드루실라** (행 24:24) 수일 후에 벨릭스가 그 아내 유대 여자 드루실라와 함께 와서 바울을 불러 그리스도 예수 믿는 도를 듣거늘

* '드루실라'는 유대 왕 헤롯 아그립바 1세의 딸이자 아그립바 2세의 누이로서 15세 때 아메사의 왕인 '아지주스'와 결혼했으나 이혼하고 벨릭스의 세 번째 아내가 되었다.

54. **보르기오 베스도** (행 24:27) 이태가 지난 후 보르기오 베스도가 벨릭스의 소임을 이어받으니 벨릭스가 유대인의 마음을 얻고자 하여 바울을 구류하여 두니라

* 당시 가이사랴에 있던 유대인들과 헬라인 사이에 주도권 분쟁이 있을 때 벨릭스가 자신의 지휘 아래 있던 수리아 군대를 개입시켜 진압하는 과정에서 많은 유대인들이 죽고 투옥되며 재산을 몰수당하게 되었다. 이에 유대인들이 로마 정부에 탄원하여 벨릭스에 대한 불만을 토로하자, 네로 황제가 벨릭스를 로마로 소환하고 베스도를 총독으로 보냈다. 한편 베스도는 총독이 된 지 2년 만에 죽었는데, 그는 비교적 선정을 한 것으로 전해진다.

memo

55. 바울은 베스도 앞에서 '누구에게' 상소하겠다고 하였는가?

56. 바울의 '로마행 호송'을 맡은 자는?

57. 바울이 로마로 호송될 때 '누가와 함께 바울을 수행한' 데살로니가 사람은?

58. 바울이 '로마로 호송될 때 탄 배'가 만난 광풍의 이름은?

59. "바울이 그 짐승을 불에 떨어 버리매 조금도 상함이 없더라 그들은 그가 붓든지 혹은 갑자기 쓰러져 죽을 줄로 기다렸다가 오래 기다려도 그에게 아무 이상이 없음을 보고 돌이켜 생각하여 말하되 그를 (　　)이라 하더라"

55. 가이사 (행 25:10–12) 바울이 이르되 내가 가이사의 재판 자리 앞에 섰으니 … 내가 가이사께 상소하노라 한대 베스도가 배석자들과 상의하고 이르되 네가 가이사에게 상소하였으니 가이사에게 갈 것이라 하니라

* 바울은 로마 시민의 권리를 내세워 로마에 가서 가이사에게 재판을 받게 해 줄 것을 요구하였으며, 베스도는 바울의 요구를 정당한 것으로 받아들여 허락한 것이다.

56. 백부장 율리오 (행 27:1) 우리가 배를 타고 이달리야에 가기로 작정되매 바울과 다른 죄수 몇 사람을 아구스도대의 백부장 율리오란 사람에게 맡기니

* '아구스도대'는 로마 황제 직할 부대로서 황제와 지방 주둔군 사이의 연락 업무를 맡았던 부대였을 것으로 보인다.

57. 아리스다고 (행 27:2) 아시아 해변 각처로 가려 하는 아드라뭇데노 배에 우리가 올라 항해할새 마게도냐의 데살로니가 사람 아리스다고도 함께 하니라

* 아리스다고는 고린도에서부터 아시아까지 전도 여행을 할 때에도 바울과 동행한 것으로 나타나 있다(행 20:4 참조).

58. 유라굴로 (행 27:14) 얼마 안 되어 섬 가운데로부터 유라굴로라는 광풍이 크게 일어나니

59. 신 (행 28:5–6 참조)

memo

60. 바울이 '로마 자기 셋집에 머물면서' 복음을 전파한 기간은?

60. 2년 (행 28:30-31) 바울이 온 이태를 자기 셋집에 머물면서 자기에게 오는 사람을 다 영접하고 하나님의 나라를 전파하며 주 예수 그리스도에 관한 모든 것을 담대하게 거침없이 가르치더라

바울 서신

로마서
고린도전서
고린도후서
갈라디아서
에베소서
빌립보서
골로새서
데살로니가전서
데살로니가후서
디모데전서
디모데후서
디도서
빌레몬서

로마서 Rome

연대 및 저자

A.D. 57–58년경 사도 바울이 기록한 것으로 추정된다.

중심 내용

본서는 이신득의, 즉 오직 믿음으로 말미암아 의롭게 된다는 내용을 다루고 있다.

특징

1. 기독교의 교리를 체계적으로 다루고 있다.
2. 구원의 교리와 실천적 교훈이 잘 조화되어 있다.
3. 어거스틴, 루터 등의 회심에 큰 영향을 끼쳤다(13:13–14; 1:17 참조).

내용 분해

1. 하나님의 구원(1:1–11:36)

1) 구원의 필요성(1:1–3:20)

2) 구원의 방법(3:21–5:21)

3) 구원의 과정(6:1–8:39)

4) 구원의 범위(9:1–11:36)

2. 구원받은 성도의 삶(12:1–16:27)

1) 그리스도인의 윤리(12:1–15:13)

2) 결론과 인사(15:14–16:27)

memo

객관식

1. 바울서신에 해당되지 않는 책은?
   ① 로마서 ② 갈라디아서
   ③ 빌립보서 ④ 히브리서

2. 로마서와 관계없는 것은?
   ① 이신득의의 내용을 다루고 있다
   ② 기독교의 교리를 체계적으로 다루고 있다
   ③ 구원의 교리와 초대 교회의 역사를 잘 다루고 있다
   ④ 어거스틴, 루터 등의 회심에 큰 영향을 끼쳤다

3. 로마서가 기록된 연대로 추정되는 때는?
   ① A.D. 37-38년경 ② A.D. 47-48년경
   ③ A.D. 57-58년경 ④ A.D. 67-68년경

1. ④ 바울서신은 로마서, 고린도전·후서, 갈라디아서, 에베소서, 빌립보서, 골로새서, 데살로니가전·후서, 디모데전·후서, 디도서, 빌레몬서 등 13권이다.
2. ③ 로마서는 이신득의, 즉 오직 믿음으로 말미암아 의롭게 되는 내용을 다루고 있다. 또한 기독교 교리를 체계적으로 다루고 있으며, 구원의 교리와 실천적 교훈이 잘 조화되어 있고, 어거스틴, 루터 등의 회심에 큰 영향을 끼쳤다.
3. ③ 로마서는 A.D. 57-58년경 기록된 것으로 추정된다.

memo

4. 다음 (   ) 안에 들어갈 말은?

"예수 그리스도의 종 바울은 (   )로 부르심을 받아 하나님의 복음을 위하여 택정함을 입었으니"

① 선지자　② 사도　③ 목사　④ 교사

5. 바울이 자신을 '빚진 자'로 묘사한 대상이 아닌 자는?

① 헬라인　② 야만인

③ 지혜 없는 자　④ 어리석은 자

6. 로마서에서, 이방인의 죄에 대한 하나님의 진노를 다루고 있는 장은?

① 1장　② 2장　③ 3장　④ 4장

7. 로마서 1장에서, 하나님께서 내버려 두신 것이 아닌 것은?

① 마음의 정욕　② 부끄러운 욕심

③ 상실한 마음　④ 판단하는 마음

4. ② (롬 1:1 참조)

5. ③ (롬 1:14) 헬라인이나 야만인이나 지혜 있는 자나 어리석은 자에게 다 내가 빚진 자라

* 본 절에서 '헬라인'은 헬라 문화를 받아들여 헬라화된 '지혜 있는 자'를 가리키고, '야만인'은 헬라 문화를 접하지 않은 자를 가리킨다.

6. ① (롬 1:18–32 참조)

7. ④

하나님께서 내버려 두신 것

마음의 정욕	롬 1:24
부끄러운 욕심	롬 1:26
상실한 마음	롬 1:28

memo

8. 로마서에서, 하나님의 심판의 특징이 아닌 것은?
① 진리대로 된다 ② 의로우신 심판이다
③ 사랑의 표현이다 ④ 행한 대로 보응하신다

9. 하나님께서 '율법 없는 이방인을 심판하실 때' 증거가 되는 것은?
① 양심 ② 행위 ③ 복음 ④ 말

10. 로마서에서, "의인은 없나니 하나도 없으며"라는 말씀이 나오는 장과 절은?
① 1:10 ② 2:10 ③ 3:10 ④ 4:10

11. 로마서에서, 율법으로는 '무엇을' 깨닫는다고 하였는가?
① 은혜 ② 지혜 ③ 사랑 ④ 죄

12. 다음 (　　　) 안에 들어갈 말은?
"그러므로 사람이 의롭다 하심을 얻는 것은 율법의 행위에 있지 않고 (　　　)으로 되는 줄 우리가 인정하노라"
① 말씀 ② 믿음 ③ 능력 ④ 성령

8. ③

하나님의 심판의 특징

진리대로 된다	롬 2:2
의로우신 심판이다	롬 2:5
행한 대로 보응하신다	롬 2:6
진노와 분노로 하신다	롬 2:8

9. ① (롬 2:14-15) (율법 없는 이방인이 본성으로 율법의 일을 행할 때에는 이 사람은 율법이 없어도 자기가 자기에게 율법이 되나니 이런 이들은 그 양심이 증거가 되어 그 생각들이 서로 혹은 고발하며 혹은 변명하여 그 마음에 새긴 율법의 행위를 나타내느니라)

10. ③ (롬 3:10) 기록된 바 의인은 없나니 하나도 없으며
* 본 절은 시 14:1-3을 인용한 것이다.

11. ④ (롬 3:20) 그러므로 율법의 행위로 그의 앞에 의롭다 하심을 얻을 육체가 없나니 율법으로는 죄를 깨달음이니라

12. ② (롬 3:28 참조)

memo

13. 아브라함은 어떻게 의롭다 함을 받았는가?

① 율법을 지킴으로 ② 하나님을 믿음으로

③ 이삭을 바침으로 ④ 하나님께 순종함으로

14. 다음 (　　　　) 안에 들어갈 말은?

"(　　　　)이 바랄 수 없는 중에 바라고 믿었으니 이는 네 후손이 이같으리라 하신 말씀대로 많은 민족의 조상이 되게 하려 하심이라"

① 아브라함 ② 이삭 ③ 야곱 ④ 요셉

15. 로마서에서, 환난 중에도 즐거워하는 이유가 아닌 것은?

① 환난은 인내를 이루는 줄 알기 때문이다

② 인내는 연단을 이루는 줄 알기 때문이다

③ 연단은 소망을 이루는 줄 알기 때문이다

④ 소망은 사랑을 이루는 줄 알기 때문이다

13. ② (롬 4:3) 성경이 무엇을 말하느냐 아브라함이 하나님을 믿으매 그것이 그에게 의로 여겨진 바 되었느니라

14. ① (롬 4:18 참조)

15. ④ (롬 5:3-4) 다만 이뿐 아니라 우리가 환난 중에도 즐거워하나니 이는 환난은 인내를, 인내는 연단을, 연단은 소망을 이루는 줄 앎이로다

memo

16. 다음 (　　　) 안에 들어갈 말은?
"소망이 우리를 부끄럽게 하지 아니함은 우리에게 주신 (　　　) 으로 말미암아 하나님의 사랑이 우리 마음에 부은 바 됨이니"
① 사랑　② 생명　③ 성령　④ 믿음

17. 다음 (　　　) 안에 들어갈 말은?
"우리가 아직 죄인 되었을 때에 그리스도께서 우리를 위하여 죽으심으로 하나님께서 우리에 대한 자기의 (　　　)을 확증하셨느니라"
① 믿음　② 소망　③ 사랑　④ 구원

18. 로마서에서, 아담과 그리스도를 대조하여 이신득의의 원리를 설명한 장과 절은?
① 3:12–21　② 4:12–21　③ 5:12–21　④ 6:12–21

19. 로마서에서, 죄를 죄로 여기게 된 때는 언제부터인가?
① 아담이 범죄한 후부터　② 율법이 있기 전부터
③ 가인이 범죄한 후부터　④ 율법이 있은 후부터

16. ③ (롬 5:5 참조)
17. ③ (롬 5:8 참조)
18. ③ (롬 5:12–21 참조)
* 본문은 아담과 그리스도를 대조시키면서 죄의 보편성과 '이신득의'의 원리를 제시한 것이다. 한편 롬 5:15–19을 가리켜 '대표와 연합의 원리'라고 하며, 이는 첫째 아담이 범죄함으로 온 인류가 죄인이 되었으나 둘째 아담인 그리스도께서 온 인류의 죄를 대속하심으로 그리스도와 연합한 자는 다 의롭게 되는 것을 말한다.
19. ④ (롬 5:13) 죄가 율법 있기 전에도 세상에 있었으나 율법이 없었을 때에는 죄를 죄로 여기지 아니하였느니라
* 본 절에서 '율법이 있기 전'이란 아담 이후로부터 모세 때까지를 가리킨다(롬 5:14 참조). 이 기간에도 죄가 있었는데 이때는 죄를 지은 사람들이 율법에 의해 정죄를 당하지 않고 하나님의 공의에 의해 정죄를 당했다. 예컨대 아벨을 죽인 가인은 하나님의 저주를 받았으며(창 4:1–12 참조) 패역한 노아 시대 사람들은 하나님의 홍수 심판을 받았다(창 6–7장 참조). 한편 '율법이 없었을 때에는 죄를 죄로 여기지 않았다'는 말은 모세의 율법이 있기 전에는 사람들이 죄를 죄로 여기지 않는 경향이 있었지만 모세의 율법이 주어진 후부터는 진정한 의미에서 죄를 죄로 인식하게 되었다는 것을 의미한다.

memo

20. 로마서에서, '무엇이' 우리 몸을 지배하지 못하게 해야 하는가?
① 식물　② 의복　③ 죄　④ 사망

21. 바울이 '자신이 원하지 아니하는 것을 행하는 자'로 지목한 것은?
① 양심　② 육신　③ 죄　④ 사탄

22. 로마서에서, '육신의 생각'이 가져오는 것은?
① 환난　② 저주　③ 죄　④ 사망

23. 다음 (　　) 안에 들어갈 말은?
"만일 너희 속에 하나님의 (　　)이 거하시면 너희가 육신에 있지 아니하고 (　　)에 있나니 누구든지 그리스도의 (　　)이 없으면 그리스도의 사람이 아니라"
① 마음　② 형상　③ 영　④ 말씀

20. ③ (롬 6:12) 그러므로 너희는 죄가 너희 죽을 몸을 지배하지 못하게 하여 몸의 사욕에 순종하지 말고
*본 절에서 '죽을 몸'이란 아담의 범죄로 말미암아 모든 인간에게 내려진 죽음의 형벌(창 2:17 참조)을 피할 수 없는 연약한 육신을 가리킨다(창 3:19 참조).

21. ③ (롬 7:20) 만일 내가 원하지 아니하는 그것을 하면 이를 행하는 자는 내가 아니요 내 속에 거하는 죄니라
*본 절은 하나님 앞에서 의롭다 함을 받은 자라도 부패하고 타락한 죄의 성향이 여전히 남아 있음을 보여 준다.

22. ④ (롬 8:6) 육신의 생각은 사망이요 영의 생각은 생명과 평안이니라

23. ③ (롬 8:9 참조)

memo

24. 우리가 하나님을 '아빠 아버지라고 부를 수 있는' 이유는?
   ① 종의 영을 받았기 때문이다
   ② 양자의 영을 받았기 때문이다
   ③ 하나님의 사랑을 받았기 때문이다
   ④ 그리스도의 은혜를 받았기 때문이다

25. 우리의 영과 더불어 우리가 하나님의 자녀인 것을 증언하시는 분은?
   ① 하나님　② 예수님　③ 성령님　④ 천사

26. 우리가 그리스도와 함께 영광을 받기 위해서는 '무엇'도 함께 받아야 하는가?
   ① 은혜　② 축복　③ 상속　④ 고난

27. 로마서에서, 현재의 고난은 '무엇'과 비교할 수 없는가?
   ① 장차 우리에게 나타날 영광과 비교할 수 없다
   ② 장차 우리에게 나타날 축복과 비교할 수 없다
   ③ 장차 우리에게 나타날 은혜와 비교할 수 없다
   ④ 장차 우리에게 나타날 상급과 비교할 수 없다

24. ② (롬 8:15) 너희는 다시 무서워하는 종의 영을 받지 아니하고 양자의 영을 받았으므로 우리가 아빠 아버지라고 부르짖느니라
25. ③ (롬 8:16) 성령이 친히 우리의 영과 더불어 우리가 하나님의 자녀인 것을 증언하시나니
26. ④ (롬 8:17) 자녀이면 또한 상속자 곧 하나님의 상속자요 그리스도와 함께 한 상속자니 우리가 그와 함께 영광을 받기 위하여 고난도 함께 받아야 할 것이니라
27. ① (롬 8:18) 생각하건대 현재의 고난은 장차 우리에게 나타날 영광과 비교할 수 없도다

memo

28. 로마서 8장에서, '탄식하는 자'가 아닌 것은?

① 피조물　② 우리(성도)　③ 성령　④ 사탄

29. 다음 (　　) 안에 들어갈 말은?

"자기 아들을 아끼지 아니하시고 우리 모든 사람을 위하여 내주신 이가 어찌 그 아들과 함께 (　　)을 우리에게 주시지 아니하겠느냐"

① 평강　② 기쁨　③ 복　④ 모든 것

30. 다음 (　　) 안에 들어갈 말은?

"내가 확신하노니 사망이나 생명이나 천사들이나 권세자들이나 현재 일이나 장래 일이나 능력이나 높음이나 깊음이나 다른 어떤 피조물이라도 우리를 우리 주 그리스도 예수 안에 있는 (　　)에서 끊을 수 없으리라"

① 하나님의 사랑　② 하나님의 은혜

③ 하나님의 축복　④ 하나님의 언약

31. 바울은 '누구' 때문에 마음에 그치지 않는 고통이 있었는가?

① 이방인들　② 골육의 친척

③ 불신자들　④ 유대 지도자들

28. ④ (롬 8:22-26) 피조물이 다 이제까지 함께 탄식하며 … 우리까지도 속으로 탄식하여 … 성령이 말할 수 없는 탄식으로 우리를 위하여 친히 간구하시느니라

* 본 절에서 '이제까지'란 아담이 타락한 후부터 지금까지를 가리키는데, 이는 예수님이 재림하실 때까지 계속될 것이다. 즉, 예수님이 재림하셔서 피조 세계를 회복하실 때까지 만물은 원치 않는 고통을 겪게 될 것을 가리킨다.

29. ④ (롬 8:32 참조)

30. ① (롬 8:38-39 참조)

31. ② (롬 9:1-3) 나에게 큰 근심이 있는 것과 마음에 그치지 않는 고통이 있는 것을 내 양심이 성령 안에서 나와 더불어 증언하노니 나의 형제 곧 골육의 친척을 위하여 내 자신이 저주를 받아 그리스도에게서 끊어질지라도 원하는 바로라

* 바울은 그의 동족인 유대인들이 복음을 거부함으로 멸망할 수밖에 없는 운명에 처했기 때문에 괴로워했던 것이다.

memo

32. 로마서 9장에서, 이스라엘 민족이 가진 '특권'이 아닌 것은?
① 양자 됨 ② 영광 ③ 언약들 ④ 믿음

33. 로마서 9장에서, 바울이 말하는 '토기장이'는 누구를 가리키는가?
① 하나님 ② 예수님 ③ 성령님 ④ 천사

34. 로마서에서, '하나님의 절대주권'을 설명한 비유는?
① 씨 뿌리는 비유 ② 무화과나무의 비유
③ 겨자씨 비유 ④ 토기장이와 진흙 비유

35. 로마서에서, '이방인들이 얻은 의'는 어디에서 난 의인가?
① 믿음 ② 소망 ③ 사랑 ④ 마음

32. ④ (롬 9:4–5) 그들은 이스라엘 사람이라 그들에게는 양자 됨과 영광과 언약들과 율법을 세우신 것과 예배와 약속들이 있고 조상들도 그들의 것이요 육신으로 하면 그리스도가 그들에게서 나셨으니 그는 만물 위에 계셔서 세세에 찬양을 받으실 하나님이시니라 아멘

* 본 절에서 '양자 됨'은 이스라엘 백성이 하나님의 자녀로 선택받은 것을 가리키며(출 4:22–23; 신 14:1 참조), '영광'은 시내산에 임했던 하나님의 영광(출 24:16–17 참조)을 비롯하여 성막(출 40:34–38 참조), 속죄소(레 16:2 참조), 성전(왕상 8:10–11 참조) 등에 임했던 영광을 말한다. 또한 '언약'은 시내산 언약을 가리키며(출 24:8 참조), '율법을 세우신 것'은 하나님께서 모세를 통해 율법을 수여하신 것(출 20:1–17 참조)을 가리킨다. 그리고 '약속들'은 메시아에 대한 약속들을 가리키며(사 55:3; 갈 3:16 참조), '조상들'은 1차적으로 아브라함, 이삭, 야곱, 다윗과 같은 조상들을 가리키지만 궁극적으로는 구속사에 있어서 중요한 역할을 했던 모든 조상들을 가리키는 것으로 볼 수 있다.

33. ① (롬 9:20–21) 이 사람아 네가 누구이기에 감히 하나님께 반문하느냐 지음을 받은 물건이 지은 자에게 어찌 나를 이같이 만들었느냐 말하겠느냐 토기장이가 진흙 한 덩이로 하나는 귀히 쓸 그릇을, 하나는 천히 쓸 그릇을 만들 권한이 없느냐

34. ④ (롬 9:21) 토기장이가 진흙 한 덩이로 하나는 귀히 쓸 그릇을, 하나는 천히 쓸 그릇을 만들 권한이 없느냐

35. ① (롬 9:30) 그런즉 우리가 무슨 말을 하리요 의를 따르지 아니한 이방인들이 의를 얻었으니 곧 믿음에서 난 의요

memo

36. 이스라엘이 율법에 이르지 못한 이유는?
① 믿음을 의지했기 때문이다
② 행위를 의지했기 때문이다
③ 조상을 의지했기 때문이다
④ 자신을 의지했기 때문이다

37. 로마서 10장에서, 바울이 '마음에 원하는 바'는 무엇인가?
① 가이사 앞에 서는 것이다
② 데살로니가에 가는 것이다
③ 이스라엘이 구원을 받게 하는 것이다
④ 이방인이 구원을 받게 하는 것이다

38. 다음 (　　) 안에 들어갈 말은?
"누구든지 주의 이름을 부르는 자는 (　　)을 받으리라"
① 성령　② 축복　③ 상　④ 구원

36. ② (롬 9:31-32) 의의 법을 따라간 이스라엘은 율법에 이르지 못하였으니 어찌 그러하냐 이는 그들이 믿음을 의지하지 않고 행위를 의지함이라 부딪칠 돌에 부딪쳤느니라

*본 절에서 '율법'은 의의 법을 가리킨다. 한편 이스라엘은 율법, 즉 의의 법을 지키고자 했지만 율법의 본질을 외면한 채 형식적으로만 지키려고 했기 때문에 진정한 의의 법에 이르지 못했던 것이다.

37. ③ (롬 10:1) 형제들아 내 마음에 원하는 바와 하나님께 구하는 바는 이스라엘을 위함이니 곧 그들로 구원을 받게 함이라

38. ④ (롬 10:13 참조)

memo

39. 사도 바울에 대한 설명으로 맞지 않는 것은?
① 이스라엘인이다 ② 사두개인이다
③ 베냐민 지파이다 ④ 아브라함의 씨에서 난 자이다

40. 엘리야 때에 하나님께서 '바알에게 무릎을 꿇지 아니한 사람' 몇 명을 남겨 두셨는가?
① 4천 명 ② 5천 명 ③ 6천 명 ④ 7천 명

41. 로마서 11장에서, 이방인을 비유한 나무는?
① 감람나무 ② 참감람나무
③ 돌감람나무 ④ 무화과나무

39. ② (롬 11:1) 그러므로 내가 말하노니 하나님이 자기 백성을 버리셨느냐 그럴 수 없느니라 나도 이스라엘인이요 아브라함의 씨에서 난 자요 베냐민 지파라
* 바울은 회심하기 전 바리새파 사람이었고 당시 유명한 율법학자였던 가말리엘의 문하생으로서 모세의 율법을 엄격히 준수하는 자였다(행 23:6; 26:1-5 참조).

40. ④ (롬 11:2-4) 성경이 엘리야를 가리켜 말한 것을 알지 못하느냐 … 주여 그들이 주의 선지자들을 죽였으며 주의 제단들을 헐어 버렸고 나만 남았는데 내 목숨도 찾나이다 하니 … 바알에게 무릎을 꿇지 아니한 사람 칠천 명을 남겨 두었다 하셨으니

41. ③ (롬 11:17-18) 가지 얼마가 꺾이었는데 돌감람나무인 네가 그들 중에 접붙임이 되어 참감람나무 뿌리의 진액을 함께 받는 자가 되었은즉 그 가지들을 향하여 자랑하지 말라 자랑할지라도 네가 뿌리를 보전하는 것이 아니요 뿌리가 너를 보전하는 것이니라
* 본 절에서 '참감람나무'는 이스라엘을, '돌감람나무'는 이방인을, '참감람나무의 뿌리'는 이스라엘의 믿음의 조상을, '참감람나무의 꺾인 가지'는 복음을 거절하여 버림받은 유대인을 가리킨다.

memo

42. 이스라엘은 언제까지 복음을 거부하고 '우둔한' 상태로 있게 되는가?
① 최후의 심판 때까지
② 그리스도가 공중에 재림할 때까지
③ 그리스도가 지상에 재림할 때까지
④ 이방인의 충만한 수가 들어오기까지

43. 다음 (　　) 안에 들어갈 말은?
"그러므로 형제들아 내가 하나님의 모든 자비하심으로 너희를 권하노니 너희 (　　)을 하나님이 기뻐하시는 거룩한 산 제물로 드리라 이는 너희가 드릴 영적 예배니라"
① 영　② 마음　③ 몸　④ 재물

44. 다음 (　　) 안에 들어갈 말은?
"내게 주신 은혜로 말미암아 너희 각 사람에게 말하노니 마땅히 생각할 그 이상의 생각을 품지 말고 오직 하나님께서 각 사람에게 나누어 주신 믿음의 (　　)대로 지혜롭게 생각하라"
① 기준　② 유업　③ 은사　④ 분량

42. ④ (롬 11:25) 형제들아 너희가 스스로 지혜 있다 하면서 이 신비를 너희가 모르기를 내가 원하지 아니하노니 이 신비는 이방인의 충만한 수가 들어오기까지 이스라엘의 더러는 우둔하게 된 것이라

* 본 절에서 '이방인의 충만한 수가 들어오기까지'란 이방인으로서 하나님의 선택을 받은 자들이 다 구원을 얻을 때까지를 의미한다. 따라서 본 절은 선택된 이방인이 모두 구원을 받으면 하나님께서 우둔한 이스라엘 민족의 마음을 돌이키셔서 온 이스라엘로 하여금 구원에 이르게 한다는 의미이다.

43. ③ (롬 12:1 참조)

44. ④ (롬 12:3 참조)

memo

45. 로마서 12장에 나타난 은사가 아닌 것은?
① 예언 ② 방언 ③ 섬김 ④ 가르침

46. 로마서에서, 은사의 사용에 대한 설명으로 잘못된 것은?
① 예언이면 믿음의 분수대로
② 가르치는 자면 가르치는 일로
③ 구제하는 자는 성실함으로
④ 다스리는 자는 사랑으로

47. 로마서에서, 원수를 대하는 성도의 자세는 어떠해야 하는가?
① 원수를 갚아야 한다 ② 하나님께 맡겨야 한다
③ 교회에 맡겨야 한다 ④ 내 몸같이 사랑해야 한다

45. ②

로마서 12장에 나타난 은사

예언	롬 12:6	구제	롬 12:8
섬김	롬 12:7	다스림	롬 12:8
가르침	롬 12:7	긍휼	롬 12:8
위로	롬 12:8		

46. ④

로마서의 은사 사용 방법

예언	믿음의 분수대로	롬 12:6
섬기는 일	섬기는 일로	롬 12:7
가르치는 자	가르치는 일로	롬 12:7
위로하는 자	위로하는 일로	롬 12:8
구제하는 자	성실함으로	롬 12:8
다스리는 자	부지런함으로	롬 12:8
긍휼을 베푸는 자	즐거움으로	롬 12:8

47. ② (롬 12:19) 내 사랑하는 자들아 너희가 친히 원수를 갚지 말고 하나님의 진노하심에 맡기라 기록되었으되 원수 갚는 것이 내게 있으니 내가 갚으리라고 주께서 말씀하시니라

memo

48. 다음 (　　) 안에 들어갈 말은?

"악에게 지지 말고 (　　)으로 악을 이기라"

① 믿음　　② 소망　　③ 사랑　　④ 선

49. 세상의 모든 권세는 다 누가 정하는가?

① 왕　　② 백성　　③ 하나님　　④ 악의 영들

50. 다음 (　　　　) 안에 들어갈 말은?

"밤이 깊고 낮이 가까웠으니 그러므로 우리가 어둠의 일을 벗고 (　　　　)을 입자"

① 의의 갑옷　　② 믿음의 갑옷

③ 빛의 갑옷　　④ 소망의 갑옷

48. ④ (롬 12:21 참조)

49. ③ (롬 13:1) 각 사람은 위에 있는 권세들에게 복종하라 권세는 하나님으로부터 나지 않음이 없나니 모든 권세는 다 하나님께서 정하신 바라

50. ③ (롬 13:12 참조)

memo

51. '이방인을 위하여' 그리스도 예수의 일꾼이 되었다고 말한 사도는?
① 베드로 ② 야고보 ③ 요한 ④ 바울

52. 로마서에서, 바울이 '그리스도의 복음을 편만하게 전했다'고 말한 지역은?
① 다메섹으로부터 일루리곤까지
② 안디옥으로부터 일루리곤까지
③ 사마리아로부터 일루리곤까지
④ 예루살렘으로부터 일루리곤까지

53. 바울이 '그리스도의 이름을 부르는 곳'에는 복음을 전하지 않으려고 힘쓴 이유는?
① 박해가 심했기 때문이다
② 이방인들이 없었기 때문이다
③ 성령께서 막으셨기 때문이다
④ 남의 터 위에 건축하지 않기 위함이다

51. ④ (롬 15:16) 이 은혜는 곧 나로 이방인을 위하여 그리스도 예수의 일꾼이 되어 하나님의 복음의 제사장 직분을 하게 하사 이방인을 제물로 드리는 것이 성령 안에서 거룩하게 되어 받으실 만하게 하려 하심이라
* 본 절에서 '나'는 사도 바울을 가리킨다.

52. ④ (롬 15:19) 표적과 기사의 능력으로 성령의 능력으로 이루어졌으며 그리하여 내가 예루살렘으로부터 두루 행하여 일루리곤까지 그리스도의 복음을 편만하게 전하였노라
* 바울은 다메섹에서 회심한 직후 그곳에서 복음을 전하기 시작하였으며(행 9:19-20; 갈 1:17 참조), 이방 선교는 안디옥에서 시작하였다(행 13:1-4 참조). 따라서 바울이 본 절에서 '예루살렘으로부터 일루리곤까지' 복음을 편만하게 전했다는 것은 바울이 지금까지 전도한 모든 지역을 포괄하여 언급한 것으로 여겨진다.

53. ④ (롬 15:20) 또 내가 그리스도의 이름을 부르는 곳에는 복음을 전하지 않기를 힘썼노니 이는 남의 터 위에 건축하지 아니하려 함이라
* 본 절은 다른 사람이 이미 복음을 전파한 곳에서는 전도하지 않는 것이 바울의 선교 원칙이고 목회 윤리임을 보여 준다. 바울은 이미 복음이 전파된 곳에 또 가서 복음을 전하기보다 하루라도 빨리 땅끝까지 그리스도의 복음을 전하고자 하는 열망에서 그러한 선교 원칙을 세운 것으로 보인다.

memo

54. 로마서에서, 예루살렘의 가난한 성도들을 위해 연보한 사람들은?
① 마게도냐와 아가야 사람들
② 안디옥과 아가야 사람들
③ 갈라디아와 데살로니가 사람들
④ 에베소와 데살로니가 사람들

55. 로마서에서, 바울이 로마에 들렀다가 가려고 한 곳은?
① 예루살렘 ② 안디옥 ③ 서바나 ④ 아시아

56. 바울이 로마 교회에 추천한 '겐그레아 교회의 일꾼인 자매'는?
① 마리아 ② 뵈뵈 ③ 브리스가 ④ 로이스

54. ① (롬 15:26) 이는 마게도냐와 아가야 사람들이 예루살렘 성도 중 가난한 자들을 위하여 기쁘게 얼마를 연보하였음이라
* 마게도냐와 아가야 지역은 바울이 제3차 전도 여행을 할 때 방문했던 곳이다. 한편 마게도냐에서는 빌립보 교회가 대표적인 교회였고, 아가야에서는 고린도 교회가 대표적인 교회였다.

55. ③ (롬 15:28) 그러므로 내가 이 일을 마치고 이 열매를 그들에게 확증한 후에 너희에게 들렀다가 서바나로 가리라
* 마게도냐와 아가야 사람들이 예루살렘 교회의 가난한 성도들을 위해 한 연보는 바울의 이방 선교 사역이 성공적이었음을 보여 주는 결정적인 열매였다. 한편 바울은 그 연보를 예루살렘 교회에 전달한 후에 로마에 들렀다가 서바나로 가겠다고 말했는데, 바울이 실제로 서바나에 가서 복음을 증거했는지는 확실하지 않다. 왜냐하면 바울이 로마에서 2년 동안 전도를 한(행 28:30-31 참조) 이후 서바나에 가서 전도했다는 기록이 성경에 나타나 있지 않기 때문이다.

56. ② (롬 16:1) 내가 겐그레아 교회의 일꾼으로 있는 우리 자매 뵈뵈를 너희에게 추천하노니
* 바울은 로마에 갈 계획을 세웠으나 곧바로 갈 형편이 아니었기 때문에(롬 15:22-25 참조) 로마로 여행을 떠나는 뵈뵈를 통해 로마서를 전달한 것으로 보인다.

memo

57. 로마서를 대필한 사람은?

① 누기오 ② 야손 ③ 소시바더 ④ 더디오

58. 바울 당시 고린도 시의 재무관은?

① 율리아 ② 가이오 ③ 에라스도 ④ 구아도

57. ④ (롬 16:22) 이 편지를 기록하는 나 더디오도 주 안에서 너희에게 문안하노라

58. ③ (롬 16:23) 나와 온 교회를 돌보아 주는 가이오도 너희에게 문안하고 이 성의 재무관 에라스도와 형제 구아도도 너희에게 문안하느니라

* 본 절에서 '성의 재무관'은 고린도 시의 재무관을 가리킨다. 한편 당시 고린도는 무역업이 활발했기 때문에 관세 수입의 규모가 컸을 것이므로 에라스도는 고린도에서 상당한 영향력을 끼치는 사람이었을 것으로 추측된다.

memo

주관식

1. 로마서 1장에서, 사도 바울은 무엇을 위하여 택정함을 입었다고 했는가?

2. 로마서 1장 16절을 쓰시오.

3. "복음에는 (　　　　)가 나타나서 (　　　)으로 믿음에 이르게 하나니 기록된 바 오직 의인은 (　　　)으로 말미암아 살리라 함과 같으니라"

4. "창세로부터 그의 보이지 아니하는 것들 곧 그의 영원하신 능력과 신성이 그가 만드신 (　　　)에 분명히 보여 알려졌나니 그러므로 그들이 핑계하지 못할지니라"

5. 이방인들은 '썩어지지 아니하는 하나님의 영광'을 무엇으로 바꾸었는가?

1. **하나님의 복음** (롬 1:1) 예수 그리스도의 종 바울은 사도로 부르심을 받아 하나님의 복음을 위하여 택정함을 입었으니
2. **내가 복음을 부끄러워하지 아니하노니 이 복음은 모든 믿는 자에게 구원을 주시는 하나님의 능력이 됨이라 먼저는 유대인에게요 그리고 헬라인에게로다**
3. **하나님의 의, 믿음, 믿음** (롬 1:17 참조)
4. **만물** (롬 1:20 참조)
5. **우상** (롬 1:23) 썩어지지 아니하는 하나님의 영광을 썩어질 사람과 새와 짐승과 기어다니는 동물 모양의 우상으로 바꾸었느니라

memo

6. “하나님 앞에서는 율법을 (　　　) 자가 의인이 아니요 오직 율법을 (　　　) 자라야 의롭다 하심을 얻으리니”

7. “오직 이면적 유대인이 유대인이며 할례는 (　　　)에 할지니 영에 있고 율법 조문에 있지 아니한 것이라 그 칭찬이 사람에게서가 아니요 다만 하나님에게서니라”

8. 로마서 3장에서, 유대인이 이방인보다 우선적으로 나은 것은?

9. “이제는 율법 외에 하나님의 한 (　　　)가 나타났으니 율법과 선지자들에게 증거를 받은 것이라 곧 예수 그리스도를 믿음으로 말미암아 모든 믿는 자에게 미치는 하나님의 의니 (　　　)이 없느니라”

10. “모든 사람이 (　　　)를 범하였으매 하나님의 영광에 이르지 못하더니 그리스도 예수 안에 있는 (　　　)으로 말미암아 하나님의 은혜로 값 없이 의롭다 하심을 얻은 자 되었느니라”

6. **듣는, 행하는** (롬 2:13 참조)
7. **마음** (롬 2:29 참조)
8. **하나님의 말씀을 맡은 것이다** (롬 3:1-2) 그런즉 유대인의 나음이 무엇이며 할례의 유익이 무엇이냐 범사에 많으니 우선은 그들이 하나님의 말씀을 맡았음이니라
9. **의, 차별** (롬 3:21-22 참조)
10. **죄, 속량** (롬 3:23-24 참조)

memo

11. "할례자도 (　　　)으로 말미암아 또한 무할례자도 (　　　)으로 말미암아 의롭다 하실 하나님은 한 분이시니라"

12. 로마서 4장에서, 아브라함의 믿음이 의로 여겨진 때는?

13. "예수는 우리가 (　　　)한 것 때문에 내줌이 되고 또한 우리를 (　　　) 하시기 위하여 살아나셨느니라"

14. 사망이 모든 사람에게 이르게 된 이유는?

15. 아담은 '누구'의 모형인가?

11. **믿음, 믿음** (롬 3:30 참조)
12. **무할례시이다** (롬 4:9-10) 그런즉 이 복이 할례자에게냐 혹은 무할례자에게도냐 무릇 우리가 말하기를 아브라함에게는 그 믿음이 의로 여겨졌다 하노라 그런즉 그것이 어떻게 여겨졌느냐 할례시냐 무할례시냐 할례시가 아니요 무할례시니라
    * 아브라함은 99세에 13살 된 이스마엘과 함께 할례를 받았다(창 17:23-25 참조). 그러므로 아브라함은 적어도 할례를 받기 14년 전에 믿음으로 의롭다 함을 받은 것이다(창 15:1-6 참조). 이는 믿음으로 의롭게 되는 것이 할례와 전혀 상관이 없다는 것을 보여 준다.
13. **범죄, 의롭다** (롬 4:25 참조)
14. **모든 사람이 죄를 지었기 때문이다** (롬 5:12) 그러므로 한 사람으로 말미암아 죄가 세상에 들어오고 죄로 말미암아 사망이 들어왔나니 이와 같이 모든 사람이 죄를 지었으므로 사망이 모든 사람에게 이르렀느니라
15. **오실 자(예수 그리스도)** (롬 5:14) 그러나 아담으로부터 모세까지 아담의 범죄와 같은 죄를 짓지 아니한 자들까지도 사망이 왕 노릇 하였나니 아담은 오실 자의 모형이라
    * 본 절에서 '오실 자'는 예수 그리스도를 가리킨다(사 7:14 참조).

memo

16. “한 사람이 순종하지 아니함으로 많은 사람이 (　　　) 된 것 같이 한 사람이 순종하심으로 많은 사람이 (　　　)이 되리라”

17. “이와 같이 너희도 너희 자신을 (　　　)에 대하여는 죽은 자요 그리스도 예수 안에서 (　　　)께 대하여는 살아 있는 자로 여길지어다”

18. “또한 너희 지체를 (　　　　)로 죄에게 내주지 말고 오직 너희 자신을 죽은 자 가운데서 다시 살아난 자 같이 하나님께 드리며 너희 지체를 (　　　)로 하나님께 드리라”

19. “죄의 삯은 (　　　)이요 하나님의 은사는 그리스도 예수 우리 주 안에 있는 (　　　)이니라”

20. “(　　　)가 기회를 타서 (　　　)으로 말미암아 나를 속이고 그것으로 나를 죽였는지라”

16. 죄인, 의인 (롬 5:19 참조)
17. 죄, 하나님 (롬 6:11 참조)
18. 불의의 무기, 의의 무기 (롬 6:13 참조)
＊본 절에서 ‘불의의 무기’는 죄의 종이 되어 불의를 행하는 도구를 가리키며, ‘의의 무기’는 죄에 대항하여 싸우는 도구를 가리킨다.
19. 사망, 영생 (롬 6:23 참조)
20. 죄, 계명 (롬 7:11 참조)
＊본 절은 ‘죄의 속성’을 강조하는 말로서, 죄가 계명을 통해 사람들에게 좌절감을 느끼게 하는 것을 가리킨다.

memo

21. “우리 주 예수 그리스도로 말미암아 하나님께 감사하리로다 그런즉 내 자신이 마음으로는 (   )을 육신으로는 (   )을 섬기노라”

22. “그러므로 이제 그리스도 예수 안에 있는 자에게는 결코 (   )이 없나니”

23. 로마서에서, ‘죄와 사망의 법’에서 우리를 해방시킨 것은?

24. “육신을 따르는 자는 (   )의 일을, 영을 따르는 자는 (   )의 일을 생각하나니”

25. “너희가 육신대로 살면 반드시 죽을 것이로되 (   )으로써 몸의 행실을 죽이면 살리니”

26. 로마서 8장 26절을 쓰시오.

21. **하나님의 법, 죄의 법** (롬 7:25 참조)
22. **정죄함** (롬 8:1 참조)
23. **생명의 성령의 법** (롬 8:2) 이는 그리스도 예수 안에 있는 생명의 성령의 법이 죄와 사망의 법에서 너를 해방하였음이라
24. **육신, 영** (롬 8:5 참조)
25. **영** (롬 8:13 참조)
26. **이와 같이 성령도 우리의 연약함을 도우시나니 우리는 마땅히 기도할 바를 알지 못하나 오직 성령이 말할 수 없는 탄식으로 우리를 위하여 친히 간구하시느니라**

memo

27. 로마서 8장 28절을 쓰시오.

28. 모든 믿는 자에게 의를 이루기 위하여 '율법의 마침'이 되신 분은?

29. "사람이 마음으로 (   ) 의에 이르고 입으로 (   ) 구원에 이르느니라"

30. "그러므로 믿음은 (   )에서 나며 (   )은 그리스도의 (   )으로 말미암았느니라"

31. "하나님의 (   )와 (   )에는 후회하심이 없느니라"

32. "이는 만물이 (   )에게서 나오고 (   )로 말미암고 (   )에게로 돌아감이라 그에게 영광이 세세에 있을지어다 아멘"

33. 로마서 12장 2절을 쓰시오.

27. **우리가 알거니와 하나님을 사랑하는 자 곧 그의 뜻대로 부르심을 입은 자들에게는 모든 것이 합력하여 선을 이루느니라**
28. **그리스도** (롬 10:4) 그리스도는 모든 믿는 자에게 의를 이루기 위하여 율법의 마침이 되시니라
29. **믿어, 시인하여** (롬 10:10 참조)
30. **들음, 들음, 말씀** (롬 10:17 참조)
31. **은사, 부르심** (롬 11:29 참조)
32. **주, 주, 주** (롬 11:36 참조)
33. **너희는 이 세대를 본받지 말고 오직 마음을 새롭게 함으로 변화를 받아 하나님의 선하시고 기뻐하시고 온전하신 뜻이 무엇인지 분별하도록 하라**

memo

34. "(   ) 중에 즐거워하며 (   ) 중에 참으며 (   )에 항상 힘쓰며"

35. "피차 (   )의 빚 외에는 아무에게든지 아무 빚도 지지 말라 남을 (   )하는 자는 율법을 다 이루었느니라"

36. "오직 주 예수 그리스도로 (   ) 입고 정욕을 위하여 육신의 일을 도모하지 말라"

37. 바울은 '우리는 사나 죽으나 누구의 것'이라고 하였는가?

38. "하나님의 나라는 먹는 것과 마시는 것이 아니요 오직 성령 안에 있는 (   )와 (   )과 (   )이라"

39. 바울의 목숨을 위하여 자기들의 목까지도 내놓았던 자들은?

34. **소망, 환난, 기도** (롬 12:12 참조)
35. **사랑, 사랑** (롬 13:8 참조)
36. **옷** (롬 13:14 참조)
  * 본 절에서 '예수 그리스도로 옷 입는다'는 것은 예수 그리스도로 말미암아 새사람의 인격으로 살아가는 것을 말한다.
37. **주의 것** (롬 14:8) 우리가 살아도 주를 위하여 살고 죽어도 주를 위하여 죽나니 그러므로 사나 죽으나 우리가 주의 것이로다
38. **의, 평강, 희락** (롬 14:17 참조)
39. **브리스가와 아굴라** (롬 16:3-4) 너희는 그리스도 예수 안에서 나의 동역자들인 브리스가와 아굴라에게 문안하라 그들은 내 목숨을 위하여 자기들의 목까지도 내놓았나니 나뿐 아니라 이방인의 모든 교회도 그들에게 감사하느니라
  * 브리스가와 아굴라가 바울의 목숨을 위하여 '자기들의 목까지도 내놓았다'는 것은 브리스가와 아굴라 부부가 복음 전파를 위해 바울과 생사고락을 함께한 것을 가리킨다.

1 Corinthians

고린도전서

연대 및 저자

A.D. 55년경 사도 바울이 기록한 것으로 추정된다.

중심 내용

본서는 고린도 교회에서 일어난 여러 가지 문제에 대한 바울의 책망과 권면을 다루고 있다.

특징

1. 교회 내의 실질적인 문제를 다루고 있다.
2. 초대 교회 당시 생활상이 잘 드러나 있다.
3. 바울서신 중 가장 문학적 가치가 있는 서신이다.

내용 분해

1. 고린도 교회의 문제(1:1–6:20)

1) 문안과 감사(1:1–9)
2) 분열의 문제(1:10–4:21)
3) 무질서의 문제(5:1–6:20)

2. 고린도 교회의 질문에 대한 답변(7:1–16:24)

1) 개인적인 문제(7:1–11:1)
2) 공공 예배에 대한 문제(11:2–14:40)
3) 부활의 문제(15:1–58)
4) 연보 방법과 맺는 말(16:1–24)

memo

객관식

1. 고린도전서와 관계없는 것은?
   ① 교회 내의 실질적인 문제를 다루고 있다
   ② 초대 교회 당시 생활상이 잘 드러나 있다
   ③ 바울서신 중 가장 문학적 가치가 있는 서신이다
   ④ 기독교의 교리적인 문제를 조직적으로 다루고 있다

2. 고린도전서가 기록된 연대로 추정되는 때는?
   ① A.D. 35년경 ② A.D. 45년경
   ③ A.D. 55년경 ④ A.D. 65년경

3. 고린도전서에서, 바울이 고린도 교회의 문제로 책망한 내용이 아닌 것은?
   ① 교회 내의 분열 ② 성도 간의 송사
   ③ 근친상간의 죄 ④ 다른 복음을 전함

1. ④ 고린도전서는 고린도 교회에서 일어난 여러 가지 문제에 대한 바울의 책망과 권면을 다루고 있다. 또한 교회 내의 실질적인 문제를 다루고 있으며, 초대 교회 당시 생활상이 잘 드러나 있고, 바울서신 중 가장 문학적 가치가 있는 서신이다.
2. ③ 고린도전서는 A.D. 55년경 기록된 것으로 추정된다.
3. ④

고린도 교회의 문제

분열	고전 1:10-17	우상 숭배	고전 10:7, 14
근친상간	고전 5:1-2	무질서한 성찬	고전 11:17-34
성도 간의 송사	고전 6:1-11	은사의 남용	고전 14:16-19, 26-33
우상 제물	고전 8:7-13	죽은 자의 부활	고전 15:12-19, 29-49

memo

4. 바울과 함께 고린도 교회에 문안 인사를 한 형제는?
① 디모데 ② 소스데네 ③ 디도 ④ 그리스보

5. 바울은 '누구를 통해' 고린도 교회 성도들 가운데 분쟁이 있다는 말을 들었는가?
① 소스데네의 집 사람들 ② 글로에의 집 사람들
③ 그리스보의 집 사람들 ④ 가이오의 집 사람들

6. 고린도 교회에 있었던 분파가 아닌 것은?
① 바울 파 ② 아볼로 파 ③ 바나바 파 ④ 그리스도 파

7. 다음 ( ) 안에 들어갈 말은?
"( )의 도가 멸망하는 자들에게는 미련한 것이요 구원을 받는 우리에게는 하나님의 능력이라"
① 십자가 ② 말씀 ③ 구원 ④ 믿음

4. ② (고전 1:1-3) 하나님의 뜻을 따라 그리스도 예수의 사도로 부르심을 받은 바울과 형제 소스데네는 … 하나님 우리 아버지와 주 예수 그리스도로부터 은혜와 평강이 있기를 원하노라
* 바울이 이 서신을 쓸 당시 바울 곁에는 아굴라와 브리스길라 부부와 같은 중요한 사람들이 있었음에도 불구하고(행 18:18 참조) 바울이 문안 인사에서 소스데네만을 언급한 것은 그가 고린도 교회와 친숙한 관계에 있었기 때문인 것으로 보인다. 한편 본 절의 소스데네는 행 18:17에 언급된 회당장 소스데네와 동일한 인물로 추정하는 학자들이 많다.

5. ② (고전 1:11) 내 형제들아 글로에의 집 편으로 너희에 대한 말이 내게 들리니 곧 너희 가운데 분쟁이 있다는 것이라
* '글로에'는 상업에 종사하는 여인으로서 바울이 증거하는 복음을 듣고 그리스도인이 된 것으로 추측된다. 한편 '글로에의 집 사람들'이란 글로에의 가족 중 한 사람일 수 있으나 그녀의 집 노예들을 가리키는 것으로 보인다.

6. ③ (고전 1:12) 내가 이것을 말하거니와 너희가 각각 이르되 나는 바울에게, 나는 아볼로에게, 나는 게바에게, 나는 그리스도에게 속한 자라 한다는 것이니

7. ① (고전 1:18 참조)

memo

8. 다음 (　　) 안에 들어갈 말은?

"하나님의 지혜에 있어서는 이 세상이 자기 지혜로 하나님을 알지 못하므로 하나님께서 (　　)의 미련한 것으로 믿는 자들을 구원하시기를 기뻐하셨도다"

① 믿음　　② 말씀　　③ 십자가　　④ 전도

9. 다음 (　　) 안에 들어갈 말은?

"기록된 바 자랑하는 자는 (　　) 안에서 자랑하라 함과 같게 하려 함이라"

① 믿음　　② 말씀　　③ 주　　④ 성령

10. 바울이 '그리스도 안에서 어린 아이들을 대함과 같이' 한 교회는?

① 고린도 교회　　② 갈라디아 교회
③ 에베소 교회　　④ 데살로니가 교회

11. 하나님의 비밀을 맡은 자들에게 구할 것은 무엇인가?

① 믿음　　② 소망　　③ 사랑　　④ 충성

8. ④ (고전 1:21 참조)
9. ③ (고전 1:31 참조)
10. ① (고전 3:1) 형제들아 내가 신령한 자들을 대함과 같이 너희에게 말할 수 없어서 육신에 속한 자 곧 그리스도 안에서 어린 아이들을 대함과 같이 하노라
11. ④ (고전 4:1-2) 사람이 마땅히 우리를 그리스도의 일꾼이요 하나님의 비밀을 맡은 자로 여길지어다 그리고 맡은 자들에게 구할 것은 충성이니라
* 본 절에서 '하나님의 비밀'은 '예수 그리스도를 통한 인류의 구원에 관한 것'을 가리킨다(골 2:2 참조). 따라서 '하나님의 비밀을 맡은 자'란 '그리스도를 통한 구원의 일을 맡아 하는 청지기'를 말한다. 한편 '충성'은 '자신의 모든 것을 다해 따르는 것'을 의미한다.

memo

12. 바울은 '무엇으로' 고린도 교회 성도들을 낳았다고 했는가?

① 사랑　② 믿음　③ 복음　④ 전도

13. 바울은 고린도 교회 성도들에게 '누구를' 본받는 자가 되라고 하였는가?

① 그리스도　② 바울 자신　③ 아볼로　④ 디모데

14. 바울은 어느 교회에 '매를 가지고 나아가랴 사랑과 온유한 마음으로 나아가랴'고 물었는가?

① 고린도 교회　② 갈라디아 교회

③ 에베소 교회　④ 데살로니가 교회

15. 바울 당시 '아버지의 아내를 취한' 자가 있던 교회는?

① 빌립보 교회　② 골로새 교회

③ 고린도 교회　④ 안디옥 교회

12. ③ (고전 4:15) 그리스도 안에서 일만 스승이 있으되 아버지는 많지 아니하니 그리스도 예수 안에서 내가 복음으로써 너희를 낳았음이라

＊본 절은 바울이 온갖 박해를 받으면서 전도하여 고린도 교회 성도들이 구원을 받게 하였음을 가리킨다(행 18:1-17 참조).

13. ② (고전 4:16) 그러므로 내가 너희에게 권하노니 너희는 나를 본받는 자가 되라

14. ① (고전 4:21) 너희가 무엇을 원하느냐 내가 매를 가지고 너희에게 나아가랴 사랑과 온유한 마음으로 나아가랴

＊본 절은 고린도 교회 성도들이 바울의 권면을 무시하고 계속 시기와 분쟁을 일삼는다면 매를 들고 갈 것이며, 뉘우치고 화합한다면 사랑과 온유한 마음으로 가겠다는 의미이다.

15. ③ (고전 5:1) 너희 중에 심지어 음행이 있다 함을 들으니 그런 음행은 이방인 중에서도 없는 것이라 누가 그 아버지의 아내를 취하였다 하는도다

＊바울 당시 사회는 일부일처제를 허용했다. 따라서 '아버지의 아내'는 친어머니가 아닌 계모나 아버지의 첩이었을 가능성이 높다.

memo

16. 바울은 고린도 교회 성도 중에 '음행하는 자'가 있으면 어떻게 대하라고 했는가?

① 내쫓으라고 했다　② 사랑하라고 했다
③ 용서하라고 했다　④ 설득하라고 했다

17. 고린도전서에서, 그리스도가 재림하실 때 성도가 판단할 것은?

① 천사와 마귀　② 불신자와 마귀
③ 세상과 천사　④ 불신자와 천사

16. ① (고전 5:11-13) 만일 어떤 형제라 일컫는 자가 음행하거나 … 교회 안에 있는 사람들이야 너희가 판단하지 아니하랴 밖에 있는 사람들은 하나님이 심판하시려니와 이 악한 사람은 너희 중에서 내쫓으라

* 바울이 음행하는 자들에 대해 이처럼 무거운 권징을 하는 이유는 그 죄가 온 교회에 악영향을 끼치기 때문이다(고전 5:6 참조).

17. ③ (고전 6:2-3) 성도가 세상을 판단할 것을 너희가 알지 못하느냐 … 우리가 천사를 판단할 것을 너희가 알지 못하느냐 그러하거든 하물며 세상 일이랴

* 성도들은 그리스도가 재림하실 때 그리스도와 함께 왕 노릇 하며 이 세상과 타락한 천사들을 심판하게 된다(마 19:28 참조). 따라서 교회에서 성도들 간에 문제가 생겼을 때에는 교회 안에서 신앙적으로 해결해야지 세상 법정에 가서 해결하려고 하는 것은 바람직하지 않은 것이다.

memo

18. 고린도전서에서, '하나님의 나라를 유업으로 받지 못하는 자'가 아닌 자는?
① 우상 숭배하는 자　　② 남색하는 자
③ 거짓 증거하는 자　　④ 탐욕을 부리는 자

19. 다음 (　　　) 안에 들어갈 말은?
"너희 몸은 너희가 하나님께로부터 받은 바 너희 가운데 계신 (　　　)의 전인 줄을 알지 못하느냐 너희는 너희 자신의 것이 아니라 값으로 산 것이 되었으니 그런즉 너희 몸으로 하나님께 영광을 돌리라"
① 하나님　② 그리스도　③ 성령　④ 천사

20. 고린도전서에서, '결혼 문제'에 대하여 다룬 장은?
① 6장　② 7장　③ 8장　④ 9장

21. 남편과 아내가 '합의상 얼마 동안 분방'할 수 있는 경우는?
① 여행할 틈을 얻기 위하여　② 휴식할 틈을 얻기 위하여
③ 기도할 틈을 얻기 위하여　④ 선교할 틈을 얻기 위하여

18. ③

하나님의 나라를 유업으로 받지 못하는 자

음행하는 자	고전 6:9	도적	고전 6:10
우상 숭배하는 자	고전 6:9	탐욕을 부리는 자	고전 6:10
간음하는 자	고전 6:9	술 취하는 자	고전 6:10
탐색하는 자	고전 6:9	모욕하는 자	고전 6:10
남색하는 자	고전 6:9	속여 빼앗는 자들	고전 6:10

* 본 절에서 바울은 불의한 자는 구원을 받을 수 없다는 것을 강조하기 위해 불의를 행하는 자들의 죄목을 언급한 것이다. 한편 불의한 자들의 죄목은 성적인 죄(음란, 간음, 탐색, 남색), 종교적인 죄(우상 숭배), 물질적인 죄(도적, 탐람, 술 취함, 토색)로 나눌 수 있다.

19. ③ (고전 6:19-20 참조)
20. ② (고전 7:1-40 참조)
21. ③ (고전 7:5) 서로 분방하지 말라 다만 기도할 틈을 얻기 위하여 합의상 얼마 동안은 하되 다시 합하라 이는 너희가 절제 못함으로 말미암아 사탄이 너희를 시험하지 못하게 하려 함이라

memo

22. 바울이 '결혼한 자들에게' 명한 내용이 아닌 것은?
① 여자는 남편에게서 갈라서지 말라
② 남편과 갈라섰으면 다른 사람과 재혼하라
③ 갈라섰으면 그대로 지내든지 다시 남편과 화합하든지 하라
④ 남편도 아내를 버리지 말라

23. 바울이 '독신 생활'을 권한 이유는?
① 임박한 환난 때문이다
② 결혼생활이 힘들기 때문이다
③ 신앙생활에 유익하기 때문이다
④ 주님을 본받게 하기 위함이다

24. 고린도전서에서, 우상의 제물에 관하여 언급한 장은?
① 6장 ② 7장 ③ 8장 ④ 9장

25. 바울의 사도권을 의심한 자들이 있던 교회는?
① 고린도 교회 ② 데살로니가 교회
③ 골로새 교회 ④ 갈라디아 교회

22. ② (고전 7:10–11) 결혼한 자들에게 내가 명하노니 (명하는 자는 내가 아니요 주시라) 여자는 남편에게서 갈라서지 말고 (만일 갈라섰으면 그대로 지내든지 다시 그 남편과 화합하든지 하라) 남편도 아내를 버리지 말라
* 본 절은 특별히 그리스도인 부부의 이혼 문제에 대한 권면이다.

23. ① (고전 7:26) 내 생각에는 이것이 좋으니 곧 임박한 환난으로 말미암아 사람이 그냥 지내는 것이 좋으니라
* 본 절에서 '임박한 환난'이란 주의 재림 직전에 있을 '대환난'을 가리키는 것으로 보인다.

24. ③ (고전 8:1–13 참조)

25. ① (고전 9:2–3) 다른 사람들에게는 내가 사도가 아닐지라도 너희에게는 사도이니 나의 사도 됨을 주 안에서 인친 것이 너희라 나를 비판하는 자들에게 변명할 것이 이것이니
* 고린도 교회는 몇 개의 당파로 나뉘어져 있었는데 각각의 당파는 서로 상대 당파 지도자의 자격 여부에 대하여 노골적으로 비난하기도 하였다. 한편 바울을 추종하는 자들의 반대파였던 자들은 바울이 사도의 자격이 없다고 주장했던 것으로 보인다(고전 1:12–17 참조).

memo

26. 다음 (　　) 안에 들어갈 말은?
"우리가 다른 사도들과 주의 형제들과 (　　)와 같이 믿음의 자매 된 아내를 데리고 다닐 권리가 없겠느냐"
① 야고보　② 안드레　③ 게바　④ 도마

27. 바울이 '재정적인 지원을 받을 권리'를 쓰지 아니하고 범사에 참는 이유는?
① 복음에 아무 장애가 없게 하기 위함이다
② 믿음에 아무 장애가 없게 하기 위함이다
③ 사랑에 아무 장애가 없게 하기 위함이다
④ 교제에 아무 장애가 없게 하기 위함이다

28. 바울은 복음을 전하지 아니하면 자기에게 '무엇이' 있을 것이라고 하였는가?
① 저주　② 화　③ 병　④ 고난

29. 바울이 스스로 모든 사람에게 종이 된 이유는?
① 더 많은 상을 받고자 함이다
② 더 많은 복을 받고자 함이다
③ 더 많은 칭찬을 받고자 함이다
④ 더 많은 사람을 얻고자 함이다

26. ③ (고전 9:5 참조)
＊본 절은 바울도 다른 사도들과 동일하게 결혼할 자유가 있고, 아내를 데리고 다니며 사역할 수 있는 권한을 가지고 있으며, 아내가 교회를 통해 부양을 받을 권리가 있다는 것을 가리킨다.

27. ① (고전 9:12) 다른 이들도 너희에게 이런 권리를 가졌거든 하물며 우리일까보냐 그러나 우리가 이 권리를 쓰지 아니하고 범사에 참는 것은 그리스도의 복음에 아무 장애가 없게 하려 함이로다
＊바울은 '생계를 위한 방편으로 복음을 전한다'는 오해를 막기 위해 자신이 사용할 수 있는 권리를 포기한 것이다.

28. ② (고전 9:16) 내가 복음을 전할지라도 자랑할 것이 없음은 내가 부득불 할 일임이라 만일 복음을 전하지 아니하면 내게 화가 있을 것이로다

29. ④ (고전 9:19) 내가 모든 사람에게서 자유로우나 스스로 모든 사람에게 종이 된 것은 더 많은 사람을 얻고자 함이라
＊'더 많은 사람을 얻고자 함이라'는 말은 '더 많은 사람이 구원을 받도록 하는 것'을 가리킨다.

memo

30. 고린도전서에서, 바울이 '더 많은 사람을 구원하기 위해' 한 일이 아닌 것은?
① 유대인들에게 유대인과 같이 되었다
② 율법 아래에 있는 자들에게 율법 아래에 있는 자 같이 되었다
③ 율법 없는 자들에게 율법 없는 자와 같이 되었다
④ 강한 자들에게 강한 자와 같이 되었다

31. 고린도전서 10장에서, 이스라엘 백성이 광야에서 행한 죄가 아닌 것은?
① 우상 숭배 ② 음행 ③ 살인 ④ 원망

32. 고린도전서에서, 이스라엘 백성이 음행하다 하루에 죽은 사람의 수는?
① 13,000명 ② 23,000명 ③ 33,000명 ④ 43,000명

30. ④

바울이 '더 많은 사람을 구원하기 위해' 한 일

유대인들에게는 유대인과 같이 되었다	고전 9:20
율법 아래에 있는 자들에게는 율법 아래에 있는 자 같이 되었다	고전 9:20
율법 없는 자들에게는 율법 없는 자와 같이 되었다	고전 9:21
약한 자들에게는 약한 자와 같이 되었다	고전 9:22

31. ③

이스라엘 백성이 광야에서 행한 죄

우상 숭배	고전 10:7
음행	고전 10:8
주를 시험	고전 10:9
원망	고전 10:10

32. ② (고전 10:8) 그들 중의 어떤 사람들이 음행하다가 하루에 이만 삼천 명이 죽었나니 우리는 그들과 같이 음행하지 말자

* 본 절은 이스라엘 백성이 모압 땅에 거주할 때 이스라엘 남자들이 모압 여인들의 유혹을 받아 바알브올 숭배에 참가하여 음행하다 염병으로 죽은 사건을 가리킨다(민 25:1–9 참조). 한편 이 사건으로 죽은 사람이 민 25:9에는 24,000명으로 기록된 데 비해 본 절에는 23,000명으로 언급되어 있는데, 이는 대략적인 숫자를 기록한 것으로서 모세는 최대의 수를, 바울은 최소의 수를 기록했기 때문인 것으로 보인다.

memo

33. 고린도전서 10장에서, 바울이 '양심을 위하여 묻지 말고 먹으라'고 한 것은?

① 집에서 만든 것　② 이웃집에서 가져온 것
③ 시장에서 파는 것　④ 잔칫집에서 가져온 것

34. 바울은 고린도 교회 성도들에게 '먹든지 마시든지 다 무엇을 위하여' 하라고 했는가?

① 하나님의 영광　② 그리스도의 이름
③ 하나님의 나라　④ 그리스도의 복음

35. 고린도전서에서, 남자는 '누구의' 형상과 영광이라고 하였는가?

① 하나님　② 그리스도　③ 아담　④ 부모

33. ③ (고전 10:25) 무릇 시장에서 파는 것은 양심을 위하여 묻지 말고 먹으라
* 당시 로마와 소아시아 지방에서는 '황제 숭배'와 '우상 숭배'가 성행했으며 시장에서 파는 음식들은 대부분 제물로 바쳐졌던 것이었다. 그런데 시장에 나와 있는 음식들이 제물로 쓰였는지 아닌지를 가리기가 어려웠기 때문에 믿음이 연약한 자가 양심에 거리낌을 느끼지 않도록 하기 위해 묻지 말고 먹으라고 한 것이다.

34. ① (고전 10:31) 그런즉 너희가 먹든지 마시든지 무엇을 하든지 다 하나님의 영광을 위하여 하라

35. ① (고전 11:7) 남자는 하나님의 형상과 영광이니 그 머리를 마땅히 가리지 않거니와 여자는 남자의 영광이니라
* 남자는 하나님의 형상으로 창조되었기 때문에(창 1:27 참조) 하나님의 영광을 나타내도록 되어 있다. 그런데 만일 남자가 머리에 무엇을 쓴다면 하나님의 창조 목적을 감추는 것이 된다. 따라서 남자는 머리에 무엇을 쓰지 말아야 한다는 것이다. 한편 여자는 남자를 돕는 자로서 남자의 갈비뼈로 만들었기 때문에(창 2:21–22 참조) 남자의 영광이 된다. 따라서 여자는 머리에 수건을 씀으로 남자에 대해 순복의 표시를 해야 한다는 것이다.

memo

36. 고린도전서에서, 성만찬은 언제까지 해야 하는가?
① 주가 오실 때까지
② 하나님의 나라가 임할 때까지
③ 위로부터 능력으로 입혀질 때까지
④ 주께서 만물을 회복하실 때까지

37. 성만찬의 떡과 잔을 먹고 마시기 전에 먼저 해야 할 일은?
① 자기를 살펴야 한다 ② 이웃을 살펴야 한다
③ 성도를 살펴야 한다 ④ 교회를 살펴야 한다

38. 고린도전서에서 성령의 은사를 다루고 있는 장은?
① 11장 ② 12장 ③ 13장 ④ 14장

39. 고린도전서 12장에 기록된 은사가 아닌 것은?
① 지혜의 말씀 ② 능력 행함
③ 가르침 ④ 방언

36. ① (고전 11:26) 너희가 이 떡을 먹으며 이 잔을 마실 때마다 주의 죽으심을 그가 오실 때까지 전하는 것이니라
* 주께서 재림하실 때에는 주의 몸의 실체가 나타나기 때문에 더 이상 몸의 상징을 기념할 필요가 없다. 한편 주께서 재림하실 때에는 성만찬 대신에 어린양의 혼인 잔치가 배설될 것으로 보인다(계 19:7-8 참조).

37. ① (고전 11:28) 사람이 자기를 살피고 그 후에야 이 떡을 먹고 이 잔을 마실지니
* 본 절은 성만찬에 참여하기 위해서는 도덕적으로 흠이 없어야 한다는 말이 아니라, 성만찬에 참여하기 전에 자신의 죄를 자복하고 성만찬의 의미를 진지하게 생각해 보아야 한다는 것이다.

38. ② (고전 12:8-11 참조)

39. ③

고린도전서 12장에 기록된 은사

지혜의 말씀	고전 12:8	예언함	고전 12:10
지식의 말씀	고전 12:8	영들 분별함	고전 12:10
믿음	고전 12:9	방언 말함	고전 12:10
병 고치는 은사	고전 12:9	방언들 통역함	고전 12:10
능력 행함	고전 12:10		

memo

40. 은사를 각 사람에게 나누어 주시는 분은?
① 하나님 ② 예수님 ③ 성령 ④ 목사

41. 고린도전서에서, '사랑'에 대하여 다루고 있는 장은?
① 12장 ② 13장 ③ 14장 ④ 15장

42. 다음 ( ) 안에 들어갈 말은?
"내가 내게 있는 모든 것으로 구제하고 또 내 몸을 불사르게 내 줄지라도 ( )이 없으면 내게 아무 유익이 없느니라"
① 믿음 ② 소망 ③ 사랑 ④ 성령

43. 고린도전서 13장에서, '사랑의 속성'이 아닌 것은?
① 오래 참음 ② 온유함
③ 긍휼히 여김 ④ 시기하지 않음

40. ③ (고전 12:11) 이 모든 일은 같은 한 성령이 행하사 그의 뜻대로 각 사람에게 나누어 주시는 것이니라
41. ② (고전 13:1-13 참조)
42. ③ (고전 13:3 참조)
43. ③

고린도전서 13장에 기록된 사랑의 속성

오래 참음	고전 13:4	악한 것을 생각하지 아니함	고전 13:5
온유함	고전 13:4	불의를 기뻐하지 아니함	고전 13:6
시기하지 아니함	고전 13:4	진리와 함께 기뻐함	고전 13:6
자랑하지 아니함	고전 13:4	모든 것을 참음	고전 13:7
교만하지 아니함	고전 13:4	모든 것을 믿음	고전 13:7
무례히 행하지 아니함	고전 13:5	모든 것을 바람	고전 13:7
자기의 유익을 구하지 아니함	고전 13:5	모든 것을 견딤	고전 13:7
성내지 아니함	고전 13:5		

memo

44. '사람에게 말하여 덕을 세우며 권면하며 위로하는' 은사는?
① 예언의 은사 ② 지혜의 말씀의 은사
③ 방언의 은사 ④ 지식의 말씀의 은사

45. 바울은 방언을 말하는 자는 '무엇을 위해' 기도하라고 하였는가?
① 예언하기를 위해 ② 통역하기를 위해
③ 구제하기를 위해 ④ 봉사하기를 위해

46. 바울은 성도가 모였을 때에 무엇을 위해 찬송, 가르침, 계시, 방언, 통역을 하라고 했는가?
① 하나님의 영광을 위하여 ② 이웃 사랑을 위하여
③ 덕을 세우기 위하여 ④ 복음 전파를 위하여

47. 고린도전서에서, '부활'에 대하여 다루고 있는 장은?
① 13장 ② 14장 ③ 15장 ④ 16장

48. 그리스도께서 죽으시고 살아나사 몇 명에게 일시에 보이셨는가?
① 300여 명 ② 400여 명 ③ 500여 명 ④ 600여 명

44. ① (고전 14:3) 그러나 예언하는 자는 사람에게 말하여 덕을 세우며 권면하며 위로하는 것이요

45. ② (고전 14:13) 그러므로 방언을 말하는 자는 통역하기를 기도할지니

46. ③ (고전 14:26) 그런즉 형제들아 어찌할까 너희가 모일 때에 각각 찬송시도 있으며 가르치는 말씀도 있으며 계시도 있으며 방언도 있으며 통역함도 있나니 모든 것을 덕을 세우기 위하여 하라

* 본 절은 교회 안에서 은사를 사용할 때에 지켜야 할 원칙을 말하고 있다. 즉, 모든 은사는 사랑의 원리를 따라 교회에 덕을 세우기 위해 사용해야 한다는 것이다.

47. ③ (고전 15:1–58 참조)

48. ③ (고전 15:3–6) 그리스도께서 우리 죄를 위하여 죽으시고 장사 지낸 바 되셨다가 성경대로 사흘 만에 다시 살아나사 … 게바에게 보이시고 후에 열두 제자에게와 그 후에 오백여 형제에게 일시에 보이셨나니

memo

49. 자신을 '만삭되지 못하여 난 자' 같다고 말한 사도는?
① 베드로 ② 야고보 ③ 요한 ④ 바울

50. 자신을 '사도 중에 가장 작은 자'라고 말한 사도는?
① 안드레 ② 빌립 ③ 바울 ④ 도마

51. 고린도전서 15장에서, 맨 나중에 멸망 받을 원수는 무엇인가?
① 마귀 ② 거짓 선지자
③ 사망 ④ 죄

52. "나는 날마다 죽노라"고 단언한 사도는?
① 베드로 ② 야고보 ③ 요한 ④ 바울

53. 다음 ( ) 안에 들어갈 말은?
"그러므로 내 사랑하는 형제들아 견실하며 흔들리지 말고 항상 ( )에 더욱 힘쓰는 자들이 되라 이는 너희 수고가 주 안에서 헛되지 않은 줄 앎이라"
① 기도 ② 주의 일 ③ 전도 ④ 구제

49. ④ (고전 15:8) 맨 나중에 만삭되지 못하여 난 자 같은 내게도 보이셨느니라
* 본 절은 바울이 자신을 미숙아인 것처럼 겸손하게 표현한 것이다.

50. ③ (고전 15:9) 나는 사도 중에 가장 작은 자라 나는 하나님의 교회를 박해하였으므로 사도라 칭함 받기를 감당하지 못할 자니라

51. ③ (고전 15:26) 맨 나중에 멸망 받을 원수는 사망이니라
* 본 절은 인간이 범죄한 결과로 들어온 사망은(롬 5:12 참조) 그리스도의 재림 때 이루어지게 될 성도의 부활로 그 영향력을 완전히 상실하게 될 것을 가리킨다.

52. ④ (고전 15:31) 형제들아 내가 그리스도 예수 우리 주 안에서 가진 바 너희에 대한 나의 자랑을 두고 단언하노니 나는 날마다 죽노라

53. ② (고전 15:58 참조)

memo

54. 바울은 고린도 교회 성도들에게 '언제' 연보를 하라고 하였는가?

① 매주 첫날 ② 매주 둘째 날
③ 매월 첫날 ④ 매월 둘째 날

55. 바울이 "깨어 믿음에 굳게 서서 남자답게 강건하라"고 권면한 교회는?

① 에베소 교회 ② 고린도 교회
③ 빌립보 교회 ④ 갈라디아 교회

56. 바울이 '아가야의 첫 열매'라고 말한 집은?

① 가이사의 집 ② 스데바나의 집
③ 글로에의 집 ④ 오네시보로의 집

54. ① (고전 16:2) 매주 첫날에 너희 각 사람이 수입에 따라 모아 두어서 내가 갈 때에 연보를 하지 않게 하라
 * 초대 교회 당시 그리스도인들은 주로 안식일에 정기 모임을 가졌으나(행 15:21; 18:4 참조) 예수님이 부활하신 후부터는 '안식 후 첫날'에 모였다(행 20:7 참조). 한편 유대인들의 기독교 박해로 인하여 유대교와 기독교 간의 갈등이 심화되면서 A.D. 4세기 초부터 기독교는 주일을 공식적인 모임의 날로 정하게 되었다.

55. ② (고전 16:13) 깨어 믿음에 굳게 서서 남자답게 강건하라
 * 당시 남자는 힘이 세고 용기가 있으며 굳센 것의 상징이었다. 따라서 바울은 그러한 의미에서 고린도 교회 성도들에게 강건하라고 권면한 것이다.

56. ② (고전 16:15) 형제들아 스데바나의 집은 곧 아가야의 첫 열매요 또 성도 섬기기로 작정한 줄을 너희가 아는지라 내가 너희를 권하노니
 * 본 절에서 '스데바나의 집'이란 아가야 지방에서 제일 먼저 그리스도를 영접한 집안 사람들을 말한다(고전 1:16 참조).

memo

주관식

1. "유대인은 ( )을 구하고 헬라인은 ( )를 찾으나 우리는 십자가에 못 박힌 ( )를 전하니 유대인에게는 거리끼는 것이요 이방인에게는 미련한 것이로되"

2. "나는 심었고 ( )는 물을 주었으되 오직 ( )께서 자라나게 하셨나니"

3. "우리는 하나님의 ( )이요 너희는 하나님의 ( )이요 하나님의 ( )이니라"

4. "너희는 너희가 하나님의 ( )인 것과 하나님의 ( )이 너희 안에 계시는 것을 알지 못하느냐"

5. "하나님의 나라는 ( )에 있지 아니하고 오직 ( )에 있음이라"

1. **표적, 지혜, 그리스도** (고전 1:22-23 참조)
2. **아볼로, 하나님** (고전 3:6 참조)
3. **동역자들, 밭, 집** (고전 3:9 참조)
4. **성전, 성령** (고전 3:16 참조)
5. **말, 능력** (고전 4:20 참조)

memo

6. "음식은 배를 위하여 있고 배는 음식을 위하여 있으나 하나님은 이것 저것을 다 폐하시리라 몸은 (　　　)을 위하여 있지 않고 오직 (　　)를 위하여 있으며 주는 몸을 위하여 계시느니라"

7. "할례 받는 것도 아무 것도 아니요 할례 받지 아니하는 것도 아무 것도 아니로되 오직 하나님의 (　　　)을 지킬 따름이니라"

8. "주 안에서 부르심을 받은 자는 종이라도 주께 속한 (　　　)이요 또 그와 같이 자유인으로 있을 때에 부르심을 받은 자는 (　　　　)이니라"

9. 고린도전서 7장에서, 성도가 '사람들의 종'이 되지 말아야 하는 이유는?

10. 바울은 '약한 양심을 상하게 하는 것'은 곧 누구에게 죄를 짓는 것이라고 하였는가?

6. 음란, 주 (고전 6:13 참조)
7. 계명 (고전 7:19 참조)
8. 자유인, 그리스도의 종 (고전 7:22 참조)
* 본 절은 주 안에서는 자유인과 노예의 차이가 없다는 것을 가리킨다. 즉, 그리스도 안에서는 다 자유인이요, 동시에 다 종이라는 것이다.

9. 그리스도의 피값으로 사셨기 때문이다 (고전 7:23) 너희는 값으로 사신 것이니 사람들의 종이 되지 말라
* 바울은 그리스도의 피로 구속함을 받은 성도는 그리스도의 종이 되었으므로 사람들의 뜻을 따라 살지 말고 주의 뜻을 따라 살라고 당부하고 있는 것이다.

10. 그리스도 (고전 8:12) 이같이 너희가 형제에게 죄를 지어 그 약한 양심을 상하게 하는 것이 곧 그리스도에게 죄를 짓는 것이니라
* 그리스도인이 자유를 남용하여 믿음이 연약한 자를 실족하게 한다면 그는 곧 그리스도께 죄를 범하는 것이 된다. 따라서 본 절은 그리스도인의 자유는 믿음을 굳게 세우는 데 사용되어야지 연약하게 하는 데 사용되어서는 안 된다는 것을 가르쳐 준다.

memo

11. “그러므로 만일 음식이 내 형제를 실족하게 한다면 나는 영원히 (　　)를 먹지 아니하여 내 형제를 실족하지 않게 하리라”

12. “이기기를 다투는 자마다 모든 일에 (　　)하나니 그들은 썩을 승리자의 관을 얻고자 하되 우리는 썩지 아니할 것을 얻고자 하노라”

13. “내가 내 몸을 쳐 복종하게 함은 내가 남에게 전파한 후에 자신이 도리어 (　　)을 당할까 두려워함이로다”

14. 선 줄로 생각하는 자는 ‘무엇을’ 조심해야 하는가?

15. “그러나 나는 너희가 알기를 원하노니 각 남자의 머리는 (　　)요 여자의 머리는 (　　)요 그리스도의 머리는 (　　)이시라”

16. “무릇 여자로서 머리에 쓴 것을 (　　) 기도나 예언을 하는 자는 그 머리를 욕되게 하는 것이니 이는 머리를 민 것과 다름이 없음이라”

11. 고기 (고전 8:13 참조)
12. 절제 (고전 9:25 참조)
＊본 절은 장차 받을 승리의 면류관을 바라보며 현재의 고난과 역경을 잘 이겨 내야 한다는 의미이다.
13. 버림 (고전 9:27 참조)
14. 넘어질까 (고전 10:12) 그런즉 선 줄로 생각하는 자는 넘어질까 조심하라
15. 그리스도, 남자, 하나님 (고전 11:3 참조)
＊본 절은 바울이 하나님, 그리스도, 남자, 여자의 관계를 ‘머리’라는 단어를 사용하여 설명한 것이다.
16. 벗고 (고전 11:5 참조)
＊본 절은 여자가 기도나 예언을 할 때는 남자에 대한 순종의 표시로 머리에 무엇(머리에 쓰는 수건, 너울, 베일 따위)을 써야 하며, 여자가 머리에 그것을 쓰지 않는 것은 마치 머리를 민 것과 같다는 것이다. 한편 당시 로마 사회에서는 여자 노예의 머리를 밀었으며 유대 사회에서는 간음한 여자의 머리를 밀었다는 것을 감안하면, 여자가 머리에 쓰지 않는 것은 스스로 자신을 노예나 간음한 여인으로 취급하는 것과 같았다.

memo

17. "식후에 또한 그와 같이 잔을 가지시고 이르시되 이 잔은 내 피로 세운 (   )이니 이것을 행하여 마실 때마다 나를 (   )하라 하셨으니"

18. 성만찬 때 주의 몸을 분별하지 못하고 먹고 마시는 자는 '무엇을' 먹고 마시는 것과 같은가?

19. "그러므로 내가 너희에게 알리노니 (   )으로 말하는 자는 누구든지 예수를 저주할 자라 하지 아니하고 또 (   )으로 아니하고는 누구든지 예수를 주시라 할 수 없느니라"

20. "(   )는 여러 가지나 성령은 같고 (   )은 여러 가지나 주는 같으며 또 (   )은 여러 가지나 모든 것을 모든 사람 가운데서 이루시는 하나님은 같으니"

21. "우리가 유대인이나 헬라인이나 종이나 자유인이나 다 한 (   )으로 침례를 받아 한 몸이 되었고 또 다 한 (   )을 마시게 하셨느니라"

17. 새 언약, 기념 (고전 11:25 참조)

18. 자기의 죄 (고전 11:29) 주의 몸을 분별하지 못하고 먹고 마시는 자는 자기의 죄를 먹고 마시는 것이니라

*본 절은 성만찬이 세속적인 식사와 구별되어 주의 죽으심을 기념하는 거룩한 의식임을 이해하지 못하고 참여하면 자기 죄를 먹고 마시는 것과 같다는 말이다. 한편 '자기의 죄를 먹고 마신다'는 말은 하나님의 심판을 자초한다는 의미이다.

19. 하나님의 영, 성령 (고전 12:3 참조)

20. 은사, 직분, 사역 (고전 12:4-6 참조)

21. 성령, 성령 (고전 12:13 참조)

*본 절에서 '다 한 성령으로 침례를 받았다'는 말은 거듭남을 표현한 것이고, '다 한 성령을 마시게 하셨다'는 말은 성령의 내재를 강조한 표현이다.

memo

22. 고린도전서에서, 믿음, 소망, 사랑 중의 제일은 무엇인가?

23. "사랑을 추구하며 신령한 것들을 사모하되 특별히 (　　　)을 하려고 하라"

24. '알아 듣는 자가 없고 영으로 비밀을 말하는' 은사는?

25. "형제들아 (　　　)에는 아이가 되지 말고 (　　　)에는 어린 아이가 되라 (　　　)에는 장성한 사람이 되라"

26. "그런즉 내 형제들아 예언하기를 사모하며 방언 말하기를 금하지 말라 모든 것을 (　　　) 있게 하고 (　　　) 있게 하라"

27. 부활하신 그리스도를 맨 나중에 본 사람은?

22. **사랑** (고전 13:13) 그런즉 믿음, 소망, 사랑, 이 세 가지는 항상 있을 것인데 그 중의 제일은 사랑이라
23. **예언** (고전 14:1 참조)
   * 본 절은 자신에게만 유익을 주는 방언보다 많은 사람에게 유익을 주는 예언이 더 낫다는 것을 의미한다.
24. **방언의 은사** (고전 14:2) 방언을 말하는 자는 사람에게 하지 아니하고 하나님께 하나니 이는 알아 듣는 자가 없고 영으로 비밀을 말함이라
25. **지혜, 악, 지혜** (고전 14:20 참조)
26. **품위, 질서** (고전 14:39–40 참조)
   * 본 절은 은사를 사용할 때는 교회에 덕을 세우기 위해 절제하며 질서를 지켜 사용해야 한다는 것이다. 한편 '품위 있게'라는 말은 '어울리게'라는 뜻으로 절제 가운데 조화 있게 하라는 의미이다.
27. **사도 바울** (고전 15:3–8) 그리스도께서 우리 죄를 위하여 죽으시고 장사 지낸 바 되셨다가 성경대로 사흘 만에 다시 살아나사 게바에게 보이시고 … 맨 나중에 만삭되지 못하여 난 자 같은 내게도 보이셨느니라

memo

28. “그러나 내가 나 된 것은 하나님의 (   )로 된 것이니 내게 주신 그의 (   )가 헛되지 아니하여 내가 모든 사도보다 더 많이 수고하였으나 내가 한 것이 아니요 오직 나와 함께 하신 하나님의 (   )로라”

29. 고린도전서 15장에서, 잠자는 자들의 첫 열매가 되신 분은?

30. “(   )이 한 사람으로 말미암았으니 죽은 자의 (   )도 한 사람으로 말미암는도다 아담 안에서 모든 사람이 죽은 것 같이 그리스도 안에서 모든 사람이 삶을 얻으리라”

31. “육의 몸으로 심고 신령한 몸으로 다시 살아나나니 (   )이 있은즉 또 (   )도 있느니라”

32. “사망아 너의 승리가 어디 있느냐 사망아 네가 쏘는 것이 어디 있느냐 사망이 쏘는 것은 (   )요 죄의 권능은 (   )이라”

28. **은혜, 은혜, 은혜** (고전 15:10 참조)
29. **그리스도** (고전 15:20) 그러나 이제 그리스도께서 죽은 자 가운데서 다시 살아나사 잠자는 자들의 첫 열매가 되셨도다
 * 그리스도께서 부활의 첫 열매가 되셨다는 것은 성도들도 그리스도를 따라 부활할 것을 가리킨다.
30. **사망, 부활** (고전 15:21-22 참조)
 * 본 절은 예수 그리스도의 부활을 '대표와 연합의 원리'로 설명한 것이다.
31. **육의 몸, 영의 몸** (고전 15:44 참조)
 * 본 절은 부활이 있을 수 없다는 질문(고전 15:35 참조)에 대한 답변으로서 부활은 반드시 있다는 것을 가리킨다.
32. **죄, 율법** (고전 15:55-56 참조)
 * 본 절에서 '사망이 쏘는 것은 죄'라는 말은 죄의 결과로 사망이 온 것을 가리킨다(창 2:17; 롬 5:12; 6:23 참조). 또한 '죄의 권능은 율법'이라는 말은 율법은 선한 것이지만 인간은 선한 자가 없기 때문에 모든 인간은 율법 앞에서 악한 자로 드러나게 되는 것을 가리킨다(롬 3:9-18; 5:20 참조).

2 Corinthians

고린도후서

연대 및 저자

A.D. 55–56년경 사도 바울이 기록한 것으로 추정된다.

중심 내용

본서는 바울이 자신의 사도권을 의심하게 하는 거짓 교사들의 주장을 반박하고 자신을 변호하는 내용을 다루고 있다.

특징

1. 바울의 개인적이고 자서전적인 내용이 많다.
2. 비조직적이고, 주관적이며, 감정적이다.
3. 금언 형식의 단편적 교훈이 많다.

내용 분해

1. 바울의 사도권에 대한 해명(1:1–7:16)

1) 고린도 방문 계획의 변경(1:1–2:13)

2) 바울의 사역 정신(2:14–6:10)

3) 바울의 권면(6:11–7:16)

2. 예루살렘 교회를 위한 구제 연보(8:1–9:15)

3. 바울의 사도권에 대한 변호(10:1–13:13)

memo

객관식

1. 고린도후서와 관계없는 것은?
   ① 기독교의 교리적인 문제를 다루고 있다
   ② 바울의 개인적이고 자서전적인 내용이 많다
   ③ 비조직적이고, 주관적이며, 감정적이다
   ④ 금언 형식의 단편적 교훈이 많다

2. 고린도후서가 기록된 연대로 추정되는 때는?
   ① A.D. 35-36년경　② A.D. 45-46년경
   ③ A.D. 55-56년경　④ A.D. 65-66년경

3. 고린도후서는 누가 누구에게 보낸 서신인가?
   ① 바울과 실라가 고린도 교회와 구브로에 있는 성도들에게
   ② 바울과 디도가 고린도 교회와 베뢰아에 있는 성도들에게
   ③ 바울과 디모데가 고린도 교회와 아가야에 있는 성도들에게
   ④ 바울과 바나바가 고린도 교회와 그레데에 있는 성도들에게

1. ① 고린도후서는 바울이 자신의 사도권을 의심하게 하는 거짓 교사들의 주장을 반박하고 자신을 변호하는 내용을 다루고 있다. 또한 바울의 개인적이고 자서전적인 내용이 많으며, 비조직적이고, 주관적이며, 감정적이고, 금언 형식의 단편적 교훈이 많다.
2. ③ 고린도후서는 A.D. 55-56년경 기록된 것으로 추정된다.
3. ③ (고후 1:1) 하나님의 뜻으로 말미암아 그리스도 예수의 사도 된 바울과 형제 디모데는 고린도에 있는 하나님의 교회와 또 온 아가야에 있는 모든 성도에게

memo

4. 고린도후서 1장에서, 가장 많이 나타나는 단어는?
① 믿음 ② 소망 ③ 감사 ④ 위로

5. 고린도후서 1장에서, 바울이 2차 고린도 방문 계획을 변경한 이유는?
① 유대인들이 방해하였기 때문이다
② 고린도 교인들을 아꼈기 때문이다
③ 고린도 교인들이 원치 않았기 때문이다
④ 마게도냐 사람들이 도움을 요청했기 때문이다

6. 바울이 눈물로 쓴 편지는?
① 로마서 ② 고린도전서
③ 고린도후서 ④ 디도서

4. ④ (고후 1:3-7 참조)
＊고후 1:3-7에 '위로'라는 단어가 10번 나온다.

5. ② (고후 1:23) 내가 내 목숨을 걸고 하나님을 불러 증언하시게 하노니 내가 다시 고린도에 가지 아니한 것은 너희를 아껴려 함이라
＊본 절은 바울이 고린도 방문을 늦춘 이유를 말하고 있다. 바울은 본래 고린도를 지나 마게도냐로 갔다가 다시 고린도를 거쳐 유대로 가려고 계획하였다(고후 1:15-16). 그러나 그 계획을 변경하여 마게도냐를 먼저 들른 후에 고린도로 가기로 하였는데(고전 16:5-6 참조), 이는 바울이 고린도 교인들을 아꼈기 때문이다. 바울이 고린도를 먼저 갔다면 고린도 교인들에게 '매'(고전 4:21 참조)와 '근심'(고후 2:1 참조)을 가지고 가야 했을 것이다. 왜냐하면 당시 고린도 교회는 벌을 받아야 할 만큼 바울에게 근심을 끼친 사람이 많았기 때문이다.

6. ③ (고후 2:4) 내가 마음에 큰 눌림과 걱정이 있어 많은 눈물로 너희에게 썼노니 이는 너희로 근심하게 하려 한 것이 아니요 오직 내가 너희를 향하여 넘치는 사랑이 있음을 너희로 알게 하려 함이라
＊바울이 고린도 교회에 눈물로 편지를 쓴 이유는 그들에 대한 넘치는 사랑이 있음을 알게 하기 위함이었다. 한편 고린도 교인들은 자기들의 잘못에도 불구하고 변함없이 사랑하고 있는 바울의 편지를 받고 양심의 가책을 받아 회개하기에 이르렀을 것으로 보인다(고후 7:9 참조).

memo

7. 바울이 드로아에 이르렀을 때 심령이 편하지 못한 이유는?
① 유대인의 박해 때문에 ② 디도를 만나지 못해서
③ 육체의 고통이 심해서 ④ 사역의 성과가 없어서

8. 고린도후서 2장에서, 바울이 '그리스도인'을 일컫은 표현이 아닌 것은?
① 생명에 이르는 냄새 ② 구원에 이르는 냄새
③ 사망에 이르는 냄새 ④ 그리스도를 아는 냄새

9. 다음 ( ) 안에 들어갈 말은?
"우리는 구원 받는 자들에게나 망하는 자들에게나 하나님 앞에서 그리스도의 ( )니"
① 자녀 ② 지체 ③ 편지 ④ 향기

7. ② (고후 2:12-13) 내가 그리스도의 복음을 위하여 드로아에 이르매 주 안에서 문이 내게 열렸으되 내가 내 형제 디도를 만나지 못하므로 내 심령이 편하지 못하여 그들을 작별하고 마게도냐로 갔노라

* 바울은 고린도 교회의 문제를 해결하기 위해 눈물로 편지를 써서 디도 편에 보낸 후 드로아에서 디도와 만나기로 했으나 디도가 늦어져서 만나지 못하자 고린도 교회의 상황이 더 악화되지 않았는지 염려했던 것 같다. 그러므로 바울은 드로아에서 복음을 전할 수 있는 문이 열렸음에도 불구하고 포기하고 마게도냐로 떠난 것이다. 그만큼 고린도 교회를 향한 바울의 사랑이 컸던 것으로 보인다.

8. ②

바울이 '그리스도인'을 일컬은 표현

그리스도를 아는 냄새	고후 2:14
사망에 이르는 냄새	고후 2:16
생명에 이르는 냄새	고후 2:16

9. ④ (고후 2:15 참조)

memo

10. 다음 (　　　) 안에 들어갈 말은?

"너희는 우리의 (　　　)라 우리 마음에 썼고 뭇 사람이 알고 읽는 바라 너희는 우리로 말미암아 나타난 그리스도의 (　　　)니 이는 먹으로 쓴 것이 아니요 오직 살아 계신 하나님의 영으로 쓴 것이며 또 돌판에 쓴 것이 아니요 오직 육의 마음판에 쓴 것이라"

① 제자　② 동역자　③ 형제　④ 편지

11. 고린도후서에서, 바울은 주의 영이 계신 곳에는 '무엇이' 있다고 하였는가?

① 믿음　② 소망　③ 사랑　④ 자유

12. 고린도후서에서, 우리가 항상 예수의 죽음을 몸에 짊어지는 이유는?

① 예수의 능력이 우리 삶에 나타나게 하려 함이다
② 예수의 기적이 우리 삶에 나타나게 하려 함이다
③ 예수의 흔적이 우리 몸에 나타나게 하려 함이다
④ 예수의 생명이 우리 몸에 나타나게 하려 함이다

10. ④ (고후 3:2-3 참조)

＊본 절에서 '너희는 우리의 편지'라는 말은, 고린도 교회는 바울의 사역의 열매라는 뜻이다. 또한 '너희는 우리로 말미암아 나타난 그리스도의 편지'라는 말은 고린도 교인들은 예수님이 사도 바울을 대필자로 하여 쓴 편지라는 의미로, 바울의 사도직이 사람들에 의해 위임된 것이 아니라 예루살렘 교회의 사도들과 같이 예수 그리스도에게서 유래하였음을 강조한 말이다.

11. ④ (고후 3:17) 주는 영이시니 주의 영이 계신 곳에는 자유가 있느니라

12. ④ (고후 4:10) 우리가 항상 예수의 죽음을 몸에 짊어짐은 예수의 생명이 또한 우리 몸에 나타나게 하려 함이라

＊본 절에서 '예수의 죽음을 몸에 짊어졌다'는 것은 바울이 예수님의 고난에 동참했음을 의미한다. 그리고 '예수의 생명이 우리 몸에 나타난다'는 말은 우리가 그리스도와 함께 고난을 받으면 영광도 함께 받으며(롬 8:17 참조), 주와 함께 죽으면 또한 주와 함께 살게 되는 것을 가리킨다(딤후 2:11 참조).

memo

13. 죽을 것이 생명에 삼킨 바 되게 하려고 하나님께서 우리에게 보증으로 주신 것은?

① 성경 ② 성령 ③ 천사 ④ 구원

14. 고린도후서에서, 차라리 몸을 떠나 주와 함께 있기를 원했던 사도는?

① 베드로 ② 요한 ③ 도마 ④ 바울

15. 고린도후서에서, 사람이 새로운 피조물이 되기 위해서는 어떻게 해야 하는가?

① 복음을 들어야 한다 ② 교회에 출석해야 한다
③ 죄를 깨달아야 한다 ④ 그리스도 안에 있어야 한다

16. 하나님께서 '그리스도로 말미암아 하나님과 화목하게 된' 우리에게 주신 직분은?

① 섬기게 하는 직분 ② 사랑하게 하는 직분
③ 화목하게 하는 직분 ④ 구제하게 하는 직분

13. ② (고후 5:4-5) 우리가 짐진 것 같이 탄식하는 것은 벗고자 함이 아니요 오히려 덧입고자 함이니 죽을 것이 생명에 삼킨 바 되게 하려 함이라 곧 이것을 우리에게 이루게 하시고 보증으로 성령을 우리에게 주신 이는 하나님이시니라
* 본 절은 주님께서 재림하실 때 성도들의 몸이 신령한 몸으로 변화될 것인데, 그 은총의 보증으로 하나님께서 성령을 주셨음을 가리킨다. 한편 성령이 신령한 몸의 보증이 되는 것은 성령이 예수 그리스도를 살리신 하나님의 영이시기 때문이다(롬 8:11 참조).

14. ④ (고후 5:8) 우리가 담대하여 원하는 바는 차라리 몸을 떠나 주와 함께 있는 그것이라
* 본 절은 바울이 몸을 떠나 주와 함께 거하기를 소망한 것을 보여 준다(빌 1:23 참조).

15. ④ (고후 5:17) 그런즉 누구든지 그리스도 안에 있으면 새로운 피조물이라 이전 것은 지나갔으니 보라 새 것이 되었도다
* 본 절에서 '그리스도 안에 있다'는 것은 그리스도와의 영적 연합을 의미한다.

16. ③ (고후 5:18) 모든 것이 하나님께로서 났으며 그가 그리스도로 말미암아 우리를 자기와 화목하게 하시고 또 우리에게 화목하게 하는 직분을 주셨으니

memo

17. 고린도후서에서, 은혜와 구원을 받을 만한 때는?
① 지금 ② 예수님이 다시 오실 때
③ 성령님이 역사하실 때 ④ 복음이 땅끝까지 전파될 때

18. 바울이 마게도냐에서 환난 가운데 있을 때 위로를 받고 기뻐하게 된 이유는?
① 바울을 대적하던 자들이 떠났기 때문이다
② 바울의 기도로 귀신이 쫓겨났기 때문이다
③ 바울의 기도로 병자들이 고침을 받았기 때문이다
④ 디도가 고린도 교회의 소식을 가지고 왔기 때문이다

19. 초대 교회 당시 환난과 극심한 가난 가운데서도 힘에 지나도록 자원하여 연보한 교회는?
① 고린도 교회 ② 갈라디아 교회
③ 에베소 교회 ④ 마게도냐 교회

17. ① (고후 6:2) 이르시되 내가 은혜 베풀 때에 너에게 듣고 구원의 날에 너를 도왔다 하셨으니 보라 지금은 은혜 받을 만한 때요 보라 지금은 구원의 날이로다

18. ④ (고후 7:5-7) 우리가 마게도냐에 이르렀을 때에도 우리 육체가 편하지 못하였고 사방으로 환난을 당하여 … 하나님이 디도가 옴으로 우리를 위로하셨으니 … 너희의 사모함과 애통함과 나를 위하여 열심 있는 것을 우리에게 보고함으로 나를 더욱 기쁘게 하였느니라

* 바울은 고린도 교인들의 잘못을 책망하는 눈물의 편지를 고린도 교회에 보낸 바 있는데(고후 2:4 참조), 디도가 '고린도 교인들이 바울의 책망과 권면을 받아들여 회개하고 있다'는 소식을 가지고 왔기 때문에 위로를 받고 기뻐하게 되었던 것이다.

19. ④ (고후 8:1-3) 하나님께서 마게도냐 교회들에게 주신 은혜를 우리가 너희에게 알리노니 환난의 많은 시련 가운데서 그들의 넘치는 기쁨과 극심한 가난이 그들의 풍성한 연보를 넘치도록 … 힘에 지나도록 자원하여

* 당시 마게도냐 지방에 있던 교회들(빌립보, 데살로니가, 베뢰아 교회 등)은 로마 제국의 박해와 착취로 인해 가난한 중에도 예루살렘 교회의 성도들을 위해 풍성한 연보를 하였던 것이다.

memo

20. 예수 그리스도께서 '부요하신 이로서 가난하게 되신' 이유는?
① 부친 요셉이 가난했기 때문이다
② 돈에 관심이 없으셨기 때문이다
③ 돈을 부정하게 여기셨기 때문이다
④ 믿는 자들을 부요하게 하려 하심이다

21. 바울은 어느 지역 교회가 '1년 전부터 연보를 준비했다'고 마게도냐인들에게 자랑했는가?
① 아가야 지역 ② 아덴 지역
③ 안디옥 지역 ④ 겐그레아 지역

22. 바울이 고린도 교인들에게 가르친 '연보를 드리는 자세'가 아닌 것은?
① 가능한 한 많이 하라
② 마음에 정한 대로 하라
③ 즐겨 내라
④ 인색함으로나 억지로 하지 말라

20. ④ (고후 8:9) 우리 주 예수 그리스도의 은혜를 너희가 알거니와 부요하신 이로서 너희를 위하여 가난하게 되심은 그의 가난함으로 말미암아 너희를 부요하게 하려 하심이라

21. ① (고후 9:2) 이는 내가 너희의 원함을 앎이라 내가 너희를 위하여 마게도냐인들에게 아가야에서는 일 년 전부터 준비하였다는 것을 자랑하였는데 과연 너희의 열심이 퍽 많은 사람들을 분발하게 하였느니라

* 바울은 본 절에서 고린도 교회를 포함한 아가야 지역의 교회들이 이미 1년 전부터 예루살렘 교회의 구제를 위한 연보를 준비했다는 것을 마게도냐 지역의 교인들에게 자랑 삼아 이야기한 것을 고백한 것이다. 한편 '많은 사람들을 분발하게 했다'는 것은 고린도 교회가 시작한 구제 연보 모금 소식이 각지에 알려져서 다른 지역의 교회들도 적극 동참하게 되었음을 가리킨다.

22. ① (고후 9:7) 각각 그 마음에 정한 대로 할 것이요 인색함으로나 억지로 하지 말지니 하나님은 즐겨 내는 자를 사랑하시느니라

memo

23. 다음 (　　　) 안에 들어갈 말은?

"자랑하는 자는 (　　　) 안에서 자랑할지니라"

① 믿음　　② 말씀　　③ 사랑　　④ 주

24. 바울은 어떤 사람이 '옳다 인정함을 받는 자'라고 하였는가?

① 자기를 칭찬하는 자　　② 다른 사람을 칭찬하는 자

③ 주께서 칭찬하시는 자　　④ 다른 사람의 칭찬을 받는 자

25. 고린도후서에서, 바울이 '자신을 자랑한 내용'이 아닌 것은?

① 히브리인이다　　② 아브라함의 후손이다

③ 다윗의 후손이다　　④ 그리스도의 일꾼이다

26. 다음 (　　　) 안에 들어갈 말은?

"내가 부득불 자랑할진대 내가 (　　　)을 자랑하리라"

① 지식　　② 경험　　③ 약한 것　　④ 강한 것

23. ④ (고후 10:17 참조)

24. ③ (고후 10:18) 옳다 인정함을 받는 자는 자기를 칭찬하는 자가 아니요 오직 주께서 칭찬하시는 자니라

* 본 절은 바울과 거짓 사도들이 서로 다른 정체성을 가지고 있는 것을 말한다. 즉, 거짓 사도들은 자기를 칭찬하는 자들인 반면 바울은 하나님께서 칭찬하시는 자라는 것이다.

25. ③ (고후 11:22-23) 그들이 히브리인이냐 나도 그러하며 그들이 이스라엘인이냐 나도 그러하며 그들이 아브라함의 후손이냐 나도 그러하며 그들이 그리스도의 일꾼이냐 정신 없는 말을 하거니와 나는 더욱 그러하도다

* 바울이 자신을 자랑한 것은 그의 대적자들의 악행에 맞서기 위함이었다. 한편 바울은 종종 자기 자랑을 해야 할 필요를 느낀 적이 있었다(고후 10:8 참조).

26. ③ (고후 11:30 참조)

* 본 절은 바울이 인간적인 면에서 약하면 약할수록 영적인 면에서 하나님의 능력으로 충만하게 되기 때문에 인간적인 연약함이 오히려 그에게 자랑거리가 된다는 것을 의미한다.

memo

27. 바울이 광주리를 타고 들창문으로 탈출했던 곳은?
① 다메섹 ② 더베 ③ 이고니온 ④ 루스드라

28. 바울이 '셋째 하늘에 이끌려 간' 때는 고린도후서를 쓰기 몇 년 전 인가?
① 11년 전 ② 12년 전 ③ 13년 전 ④ 14년 전

29. 고린도후서에서, 바울이 '주의 환상과 계시'를 본 것을 언급한 장은?
① 10장 ② 11장 ③ 12장 ④ 13장

30. 하나님께서 바울의 육체에 가시를 주신 이유는?
① 교육하시기 위함이다
② 연단하시기 위함이다
③ 순종하게 하시기 위함이다
④ 자만하지 않게 하시기 위함이다

27. ① (고후 11:32-33) 다메섹에서 아레다 왕의 고관이 나를 잡으려고 다메섹 성을 지켰으나 나는 광주리를 타고 들창문으로 성벽을 내려가 그 손에서 벗어났노라
* 본 절은 바울이 회심한 직후 다메섹에서 복음을 증거하다가 유대인들에 의해 매수된 아레다 왕의 고관에 의해 체포될 위기에서 광주리를 타고 다메섹 성 밖으로 탈출한 사실을 가리키는 것으로 보인다(행 9:19-25 참조).

28. ④ (고후 12:1-2) 내가 부득불 자랑하노니 주의 환상과 계시를 말하리라 … 그는 십사 년 전에 셋째 하늘에 이끌려 간 자라 (그가 몸 안에 있었는지 몸 밖에 있었는지 나는 모르거니와 하나님은 아시느니라)
* 본 절에서 '셋째 하늘'은 바울의 언어로는 묘사할 수 없는 지극히 높은 곳, 즉 하나님께서 거하시는 곳으로 볼 수 있다.

29. ③ (고후 12:1-10 참조)

30. ④ (고후 12:7) 여러 계시를 받은 것이 지극히 크므로 너무 자만하지 않게 하시려고 내 육체에 가시 곧 사탄의 사자를 주셨으니 이는 나를 쳐서 너무 자만하지 않게 하려 하심이라

memo

31. 바울은 '육체의 가시가 떠나가게 하기 위해' 몇 번 기도하였는가?

① 1번 ② 2번 ③ 3번 ④ 4번

32. 바울이 그리스도를 위하여 '약한 것들과 능욕과 궁핍과 박해와 곤고를 기뻐한' 이유는?

① 항상 기뻐해야 하기 때문이다
② 약한 그 때에 강하기 때문이다
③ 하나님께서 허락하신 일이기 때문이다
④ 사도로서 마땅히 겪어야 할 일이기 때문이다

33. 고린도후서에서, 바울이 '사도의 표'로 언급한 것이 아닌 것은?

① 표적을 행한 것 ② 사랑을 행한 것
③ 능력을 행한 것 ④ 기사를 행한 것

31. ③ (고후 12:7-8) 내 육체에 가시 곧 사탄의 사자를 주셨으니 이는 나를 쳐서 너무 자만하지 않게 하려 하심이라 이것이 내게서 떠나가게 하기 위하여 내가 세 번 주께 간구하였더니

32. ② (고후 12:10) 그러므로 내가 그리스도를 위하여 약한 것들과 능욕과 궁핍과 박해와 곤고를 기뻐하노니 이는 내가 약한 그 때에 강함이라

33. ② (고후 12:12) 사도의 표가 된 것은 내가 너희 가운데서 모든 참음과 표적과 기사와 능력을 행한 것이라
* 본 절에서 '사도의 표'란 하나님께서 사도들에게 징표로 주신 일종의 신임장으로 볼 수 있는데(마 10:1; 막 3:13-15 참조), 여기서는 하나님께서 바울에게 부여하신 초자연적인 능력과 행위를 말한다.

memo

주관식

1. "그리스도의 고난이 우리에게 넘친 것 같이 우리가 받는 (　　)도 그리스도로 말미암아 넘치는도다"

2. "우리가 다 수건을 벗은 얼굴로 거울을 보는 것 같이 주의 (　　)을 보매 그와 같은 형상으로 변화하여 (　　)에서 (　　)에 이르니 곧 주의 영으로 말미암음이니라"

3. "만일 우리의 복음이 가리었으면 (　　　　)에게 가리어진 것이라"

4. "그 중에 이 세상의 신이 믿지 아니하는 자들의 마음을 혼미하게 하여 그리스도의 영광의 복음의 광채가 비치지 못하게 함이니 그리스도는 하나님의 (　　)이니라"

1. **위로** (고후 1:5 참조)
   * 본 절에서 '그리스도의 고난이 우리에게 넘쳤다'는 것은 성도가 그리스도의 고난에 참여하게 되는 것을 말한다(빌 3:10; 골 1:24 참조). 한편 성도가 그리스도의 영광에 참여하기 위해서는 고난도 함께 받아야 한다(롬 8:17 참조).
2. **영광, 영광, 영광** (고후 3:18 참조)
   * 본 절에서 '수건을 벗은 얼굴로 주의 영광을 본다'는 말은 수건으로 덮인 마음을 가지고(고후 3:15 참조) 율법을 읽고 있는 유대인들과는 달리, 새 언약 가운데 있는 성도들은 수건을 벗은 얼굴로 그리스도의 영광을 보게 되는 것을 가리킨다. 한편 '그리스도와 같은 형상으로 변화하여 영광에서 영광에 이른다'는 말은 그리스도께서 재림하실 때 성도들의 몸이 부활하신 그리스도의 몸과 같은 영광의 형체로 변화하게 될 것을 가리킨다(빌 3:21 참조).
3. **망하는 자들** (고후 4:3 참조)
4. **형상** (고후 4:4 참조)
   * 본 절에서 '그리스도는 하나님의 형상'이라는 말은 그리스도께서 하나님과 동일한 인격과 성품을 지니신 분임을 나타내는 말이다(요 12:45; 빌 2:6 참조).

memo

5. “우리가 이 (　　　)를 질그릇에 가졌으니 이는 심히 큰 능력은 하나님께 있고 우리에게 있지 아니함을 알게 하려 함이라”

6. “그러므로 우리가 낙심하지 아니하노니 우리의 (　　　)은 낡아지나 우리의 (　　　)은 날로 새로워지도다”

7. “우리가 주목하는 것은 보이는 것이 아니요 보이지 않는 것이니 보이는 것은 (　　　)이요 보이지 않는 것은 (　　　)이라”

8. “만일 땅에 있는 우리의 (　　　)이 무너지면 하나님께서 지으신 집 곧 손으로 지은 것이 아니요 하늘에 있는 (　　　)이 우리에게 있는 줄 아느니라”

9. “우리가 만일 미쳤어도 (　　　)을 위한 것이요 정신이 온전하여도 (　　　)를 위한 것이니”

10. 고린도후서에서, 세상 근심은 무엇을 이루게 되는가?

5. **보배** (고후 4:7 참조)
   * 여기서 ‘보배’는 예수 그리스도로 말미암는 구원의 복음을 가리킨다. 한편 본 절에서 바울은 자신이 복음 전하는 일을 가능하게 하신 분은 오직 하나님이시라는 것을 밝히고 있는 것이다.
6. **겉사람, 속사람** (고후 4:16 참조)
7. **잠깐, 영원함** (고후 4:18 참조)
8. **장막 집, 영원한 집** (고후 5:1 참조)
9. **하나님, 너희** (고후 5:13 참조)
   * 본 절에서 바울은 자신의 사역이 오직 하나님과 고린도 교회를 위해 집중되어 있음을 말하고 있는 것이다.
10. **사망** (고후 7:10) 하나님의 뜻대로 하는 근심은 후회할 것이 없는 구원에 이르게 하는 회개를 이루는 것이요 세상 근심은 사망을 이루는 것이니라

memo

11. "하나님이 능히 모든 은혜를 너희에게 넘치게 하시나니 이는 너희로 모든 일에 항상 모든 것이 넉넉하여 모든 (　　　)을 넘치게 하게 하려 하심이라"

12. "우리의 싸우는 (　　　)는 육신에 속한 것이 아니요 오직 어떤 견고한 진도 무너뜨리는 (　　　　)이라 모든 이론을 무너뜨리며"

13. 바울은 사탄도 자기를 '무엇으로' 가장한다고 하였는가?

14. 바울은 자기 '육체에 있는 가시'를 무엇이라고 표현하였는가?

11. 착한 일 (고후 9:8 참조)

12. 무기, 하나님의 능력 (고후 10:4 참조)

* 본 절은 바울을 대적하는 자들은 육신에 속한 무기, 곧 세상적인 학문이나 권위 있는 추천서(고후 3:1 참조), 수사학적 달변(고전 2:1 참조) 등 인간적인 것들을 가지고 대적하지만 바울은 하나님의 무기, 곧 성령의 역사와 하나님의 능력으로 대응하기 때문에 그 어떤 대적자도 바울을 당할 수 없다는 것을 가리킨다(고전 2:4-5 참조).

13. 광명의 천사 (고후 11:14) 이것은 이상한 일이 아니니라 사탄도 자기를 광명의 천사로 가장하나니

* 본 절은 바울이 거짓 교사들을 사탄에 비유하고 자신을 광명의 천사에 비유한 것이다. 한편 '광명의 천사'란 항상 빛이신 하나님(요일 1:5 참조)을 섬기는 천사를 가리킨다.

14. 사탄의 사자 (고후 12:7) 여러 계시를 받은 것이 지극히 크므로 너무 자만하지 않게 하시려고 내 육체에 가시 곧 사탄의 사자를 주셨으니 이는 나를 쳐서 너무 자만하지 않게 하려 하심이라

* 본 절에서 바울이 자신의 질병을 '사탄의 사자'라고 표현한 것은 그만큼 고통이 심했다는 것을 가리킬 뿐만 아니라(욥 2:1-10 참조) 그 질병으로 인해 복음 전파 사역이 방해를 받았기 때문인 것으로 보인다.

memo

15. "그리스도께서 (　　　)으로 십자가에 못 박히셨으나 하나님의 능력으로 살아 계시니 우리도 그 안에서 약하나 너희에게 대하여 하나님의 (　　)으로 그와 함께 살리라"

16. "너희는 믿음 안에 있는가 너희 자신을 (　　　)하고 너희 자신을 (　　　)하라 예수 그리스도께서 너희 안에 계신 줄을 너희가 스스로 알지 못하느냐 그렇지 않으면 너희는 버림 받은 자니라"

17. "우리는 (　　　)를 거슬러 아무 것도 할 수 없고 오직 (　　　)를 위할 뿐이니"

18. 고린도후서 13장 13절을 쓰시오.

15. 약하심, 능력 (고후 13:4 참조)

*본 절에서 '그리스도께서 약하심'이란 그리스도께서 인성을 지니신 것을 가리킨다(히 2:18; 4:15; 5:7-10 참조).

16. 시험, 확증 (고후 13:5 참조)

*본 절은 자신의 믿음이 그리스도에 의해 인정받을 수 있는지 없는지에 대해 스스로 확증해야 한다는 의미이다.

17. 진리, 진리 (고후 13:8 참조)

*본 절은 바울이 자기의 행동과 처신이 사리사욕이 아니라 진리에 근거하고 있음을 밝힌 것이다.

18. 주 예수 그리스도의 은혜와 하나님의 사랑과 성령의 교통하심이 너희 무리와 함께 있을지어다

*본 절은 바울의 축도 가운데 가장 완벽한 형태의 것으로 오늘날에도 교회에서 목회자들의 축도에 인용되는 구절이다.

Galatians
갈라디아서

연대 및 저자

A.D. 56년경 사도 바울이 기록한 것으로 추정된다.

중심 내용

본서는 바울이 자신의 사도직을 변호하고, 율법의 행위가 아니라 오직 예수 그리스도를 믿음으로 의롭게 된다는 내용을 다루고 있다.

특징

1. 내용이 전투적이고 논쟁적이다.
2. 바울의 개인적인 경험이 많이 언급되어 있다.
3. 이신득의의 교리를 다루고 있다.

내용 분해

1. **이신득의에 대한 변호(1:1-2:21)**

2. **이신득의에 대한 설명(3:1-4:31)**

3. **이신득의의 적용(5:1-6:10)**

4. **권면(6:11-18)**

memo

객관식

1. 갈라디아서와 관계없는 것은?
   ① 이단을 경계하는 내용이 많다
   ② 내용이 전투적이고 논쟁적이다
   ③ 이신득의의 교리를 다루고 있다
   ④ 바울의 개인적인 경험이 많이 언급되어 있다

2. 갈라디아서가 기록된 연대로 추정되는 때는?
   ① A.D. 36년경　　② A.D. 46년경
   ③ A.D. 56년경　　④ A.D. 66년경

3. 바울이 갈라디아 교인들을 이상하게 여긴 이유는?
   ① 교회가 심하게 분열되어 있었기 때문이다
   ② 바울의 사도직을 인정하지 않았기 때문이다
   ③ 복음을 속히 받아들이지 않았기 때문이다
   ④ 하나님을 속히 떠나 다른 복음을 따랐기 때문이다

1. ① 갈라디아서는 바울이 자신의 사도직을 변호하고, 율법의 행위가 아니라 오직 예수 그리스도를 믿음으로 의롭게 된다는 내용을 다루고 있다. 또한 내용이 전투적이고 논쟁적이며, 바울의 개인적인 경험이 많이 언급되어 있고, 이신득의의 교리를 다루고 있다.
2. ③ 갈라디아서는 A.D. 56년경 기록된 것으로 추정된다.
3. ④ (갈 1:6) 그리스도의 은혜로 너희를 부르신 이를 이같이 속히 떠나 다른 복음을 따르는 것을 내가 이상하게 여기노라

memo

4. 하나님께서 바울을 택정하신 때는?
   ① 어머니의 태로부터
   ② 다메섹에 가까이 이르렀을 때
   ③ 다소에서 바나바를 만났을 때
   ④ 안디옥 교회에서 주를 섬겨 금식할 때

5. 바울이 예루살렘에 올라가서 게바와 함께 15일을 머무는 동안 만난 사도는?
   ① 야고보 ② 요한 ③ 빌립 ④ 바돌로매

6. 바울은 몇 년 후에 바나바와 함께 디도를 데리고 다시 예루살렘에 올라갔는가?
   ① 10년 ② 12년 ③ 14년 ④ 16년

4. ① (갈 1:15) 그러나 내 어머니의 태로부터 나를 택정하시고 그의 은혜로 나를 부르신 이가
＊본 절에서 '내 어머니의 태로부터 나를 택정하시고'는 바울이 태어나기 전부터 하나님께서 선택하신 것을 가리킨다(사 49:1; 렘 1:5 참조).

5. ① (갈 1:18-19) 그 후 삼 년 만에 내가 게바를 방문하려고 예루살렘에 올라가서 그와 함께 십오 일을 머무는 동안 주의 형제 야고보 외에 다른 사도들을 보지 못하였노라
＊바울이 예루살렘을 방문했을 때 다른 사도들을 만날 수 없었던 것은 당시 팔레스틴 지역에 흩어져 살고 있던 유대인들과 이방인들을 전도하는 데 사도들이 지도자 역할을 하기 위해 예루살렘을 떠나 있었기 때문인 것으로 보인다(행 11:1-30 참조).

6. ③ (갈 2:1) 십사 년 후에 내가 바나바와 함께 디도를 데리고 다시 예루살렘에 올라갔나니
＊본 절에서 '14년 후'는 바울이 1차 예루살렘 방문 후 14년이 지나서 다시 예루살렘을 방문한 것을 말한다. 바울은 회심한 후 5번 예루살렘을 방문하였다. 첫 번째는 다메섹을 떠난 후 방문하였으며(행 9:26-30; 갈 1:18-20 참조), 두 번째는 예루살렘 기근 때 방문하였고(행 11:27-30 참조), 세 번째는 제1차 전도 여행 이후 예루살렘 총회 때 방문하였다(행 15:1-29 참조). 그리고 네 번째는 제2차 전도 여행을 마치고 잠시 예루살렘을 방문하였으며(행 18:22 참조), 다섯 번째는 제3차 전도 여행 이후 예루살렘을 방문하였다(행 21:15-17 참조). 한편 본 절은 예루살렘 총회 때 방문한 것을 가리킨다.

memo

7. 다음 (   ) 안에 들어갈 말은?

"그러나 나와 함께 있는 헬라인 (   )까지도 억지로 할례를 받게 하지 아니하였으니"

① 바나바 ② 디도 ③ 디모데 ④ 실라

8. 이방인과 함께 먹다가 외식한 일로 바울에게 책망받은 사도는?

① 게바 ② 야고보 ③ 안드레 ④ 빌립

9. 바울이 '성령으로 시작하였다가 이제는 육체로 마치겠느냐'고 책망한 교회는?

① 고린도 교회 ② 갈라디아 교회
③ 에베소 교회 ④ 데살로니가 교회

10. 아브라함과 함께 복을 받을 자는 누구인가?

① 말씀으로 말미암은 자 ② 율법으로 말미암은 자
③ 믿음으로 말미암은 자 ④ 약속으로 말미암은 자

11. 갈라디아 3장에서, 하나님께서 '오직 한사람'을 가리켜 아브라함의 자손이라 하였는데 그는 누구인가?

① 그리스도 ② 이삭 ③ 이스마엘 ④ 야곱

7. ② (갈 2:3 참조)
* 바울은 갈라디아 교회에서 존경을 받던 디도도 할례를 받지 않았다는 사실을 예로 들어 갈라디아 교인들을 미혹케 하는 율법주의자들의 잘못을 지적한 것이다.

8. ① (갈 2:11-13) 게바가 안디옥에 이르렀을 때에 책망 받을 일이 있기로 내가 그를 대면하여 책망하였노라 … 게바가 이방인과 함께 먹다가 그들이 오매 그가 할례자들을 두려워하여 떠나 물러가매 남은 유대인들도 그와 같이 외식하므로

9. ② (갈 3:3) 너희가 이같이 어리석으냐 성령으로 시작하였다가 이제는 육체로 마치겠느냐

10. ③ (갈 3:9) 그러므로 믿음으로 말미암은 자는 믿음이 있는 아브라함과 함께 복을 받느니라

11. ① (갈 3:16) 이 약속들은 아브라함과 그 자손에게 말씀하신 것인데 여럿을 가리켜 그 자손들이라 하지 아니하시고 오직 한 사람을 가리켜 네 자손이라 하셨으니 곧 그리스도라
* 본 절은 하나님께서 아브라함과 그의 믿음의 자손들에게 구원을 약속하셨는데, 이 약속은 오직 그리스도를 통해서만 이루어진다는 것을 가리킨다.

memo

12. '하나님께서 미리 정하신 언약'은 율법보다 몇 년 전에 있었는가?
① 410년 ② 420년 ③ 430년 ④ 440년

13. 다음 ( ) 안에 들어갈 말은?
"너희는 유대인이나 헬라인이나 종이나 자유인이나 남자나 여자나 다 그리스도 예수 안에서 ( )이니라"
① 형제 ② 지체 ③ 자녀 ④ 하나

14. 바울을 하나님의 천사나 그리스도 예수와 같이 영접하고 '눈이라도 빼어 주었을' 교회는?
① 고린도 교회 ② 갈라디아 교회
③ 에베소 교회 ④ 골로새 교회

15. 갈라디아서에서, 우리가 '그리스도의 법을 성취하기 위해' 해야 할 일은?
① 서로 짐을 져야 한다 ② 서로 사랑해야 한다
③ 서로 용서해야 한다 ④ 서로 돌아보아야 한다

12. ③ (갈 3:17) 내가 이것을 말하노니 하나님께서 미리 정하신 언약을 사백삼십 년 후에 생긴 율법이 폐기하지 못하고 그 약속을 헛되게 하지 못하리라
* 본 절에서 '하나님께서 미리 정하신 언약'이란 하나님께서 아브라함에게 약속하신 '그리스도를 통한 구원의 언약'을 의미한다. 따라서 본 절은 예수 그리스도를 통한 구원에 대한 약속이 율법보다 훨씬 먼저 주어졌다는 것을 가르쳐 준다.

13. ④ (갈 3:28 참조)

14. ② (갈 4:14-15) 너희를 시험하는 것이 내 육체에 있으되 … 나를 하나님의 천사와 같이 또는 그리스도 예수와 같이 영접하였도다 … 너희의 눈이라도 빼어 나에게 주었으리라
* 본 절에서 '시험하는 것'은 바울의 육체적 질병을 가리키는 것으로 보인다.

15. ① (갈 6:2) 너희가 짐을 서로 지라 그리하여 그리스도의 법을 성취하라

memo

16. 다음 (   ) 안에 들어갈 말은?

"스스로 (   ) 하나님은 업신여김을 받지 아니하시나니 사람이 무엇으로 심든지 그대로 거두리라"

① 비판하지 말라　② 속이지 말라
③ 외식하지 말라　④ 정죄하지 말라

17. 갈라디아서에서, '자기의 육체를 위하여 심는 자'가 거두는 것은?

① 욕된 것　② 썩어질 것
③ 헛된 것　④ 이 세상의 것

18. 다음 (   ) 안에 들어갈 말은?

"우리가 선을 행하되 낙심하지 말지니 (   )하지 아니하면 때가 이르매 거두리라"

① 교만　② 자랑　③ 포기　④ 염려

19. 갈라디아서에서, 바울이 자랑한 것은?

① 예수 그리스도의 이름　② 예수 그리스도의 능력
③ 예수 그리스도의 영광　④ 예수 그리스도의 십자가

16. ② (갈 6:7 참조)
17. ② (갈 6:8) 자기의 육체를 위하여 심는 자는 육체로부터 썩어질 것을 거두고 성령을 위하여 심는 자는 성령으로부터 영생을 거두리라
18. ③ (갈 6:9 참조)
19. ④ (갈 6:14) 그러나 내게는 우리 주 예수 그리스도의 십자가 외에 결코 자랑할 것이 없으니 그리스도로 말미암아 세상이 나를 대하여 십자가에 못 박히고 내가 또한 세상을 대하여 그러하니라

memo

주관식

1. "그러나 우리나 혹은 하늘로부터 온 천사라도 우리가 너희에게 전한 복음 외에 다른 복음을 전하면 (   )를 받을지어다"

2. 바울이 받은 복음은 '누구'의 계시로 말미암은 것인가?

3. 바울이 주님의 부르심을 받은 후 3년 동안 머문 곳은?

4. 주께서 '이방인의 사도'로 삼으신 사람은?

5. "또 기둥 같이 여기는 야고보와 게바와 요한도 내게 주신 은혜를 알므로 나와 바나바에게 (   )를 하였으니 우리는 이방인에게로, 그들은 할례자에게로 가게 하려 함이라"

1. **저주** (갈 1:8 참조)
2. **예수 그리스도** (갈 1:11–12) 형제들아 내가 너희에게 알게 하노니 내가 전한 복음은 사람의 뜻을 따라 된 것이 아니니라 이는 내가 사람에게서 받은 것도 아니요 배운 것도 아니요 오직 예수 그리스도의 계시로 말미암은 것이라
3. **다메섹** (갈 1:17–18) 또 나보다 먼저 사도 된 자들을 만나려고 예루살렘으로 가지 아니하고 아라비아로 갔다가 다시 다메섹으로 돌아갔노라 그 후 삼 년 만에 내가 게바를 방문하려고 예루살렘에 올라가서 그와 함께 십오 일을 머무는 동안
   * 본 절에서 '그 후 삼 년 만에'는 바울이 '아라비아에서 다메섹으로 돌아온 지 3년 후'라는 말이 아니라 '바울이 다메섹에서 회심한 후 3년이 지나서'라는 의미로 보는 견해도 있다. 이 견해에 따르면, 바울은 회심한 이후 다메섹에 며칠 있었으며(행 9:19 참조) 아라비아에서 얼마 동안 있었고 돌아온 후에도 다메섹에 여러 날 있었는데(행 9:22–23 참조) 본 절의 3년은 이 모든 기간을 합한 기간으로 본다는 것이다.
4. **사도 바울** (갈 2:8) 베드로에게 역사하사 그를 할례자의 사도로 삼으신 이가 또한 내게 역사하사 나를 이방인의 사도로 삼으셨느니라
5. **친교의 악수** (갈 2:9 참조)
   * 본 절에서 '친교의 악수'를 했다는 것은 바울보다 먼저 사도가 된 야고보와 게바와 요한도 바울의 사도직의 권위를 인정한 것을 가리킨다.

memo

6. 갈라디아서 2장 20절을 쓰시오.

7. “(　　　)께서 우리를 위하여 저주를 받은 바 되사 (　　　)의 저주에서 우리를 속량하셨으니 기록된 바 나무에 달린 자마다 저주 아래에 있는 자라 하였음이라”

8. “누구든지 그리스도와 합하기 위하여 (　　　)를 받은 자는 그리스도로 (　　) 입었느니라”

9. “이와 같이 우리도 어렸을 때에 이 세상의 (　　　) 아래에 있어서 종 노릇 하였더니”

10. “때가 차매 하나님이 그 아들을 보내사 (　　　)에게서 나게 하시고 (　　) 아래에 나게 하신 것은”

6. 내가 그리스도와 함께 십자가에 못 박혔나니 그런즉 이제는 내가 사는 것이 아니요 오직 내 안에 그리스도께서 사시는 것이라 이제 내가 육체 가운데 사는 것은 나를 사랑하사 나를 위하여 자기 자신을 버리신 하나님의 아들을 믿는 믿음 안에서 사는 것이라

7. 그리스도, 율법 (갈 3:13 참조)

8. 침례, 옷 (갈 3:27 참조)

* ‘그리스도로 옷 입었다’는 말은 세상의 정욕과 옛 사람을 벗어 버리고 하나님의 전신 갑주(엡 6:11-17 참조), 구원의 옷을 입는 것을 가리킨다(사 61:10 참조).

9. 초등학문 (갈 4:3 참조)

* 본 절에서 ‘초등학문’이란 유대인의 율법주의나 천체 숭배 또는 그리스도의 신앙에 미치지 못하는 모든 의식과 사상들을 가리킨다. 따라서 본 절은 그리스도가 이 세상에 오시기 전까지는 모든 사람이 구원의 진리를 깨닫지 못한 상태에 있었다는 것을 의미한다.

10. 여자, 율법 (갈 4:4 참조)

* 본 절에서 ‘여자에게서 나셨다’는 말은 예수님이 성육신 하신 것을 가리키며, ‘율법 아래 나셨다’는 것은 예수님이 율법 아래 있는 유대인의 한 사람으로서 율법을 지키신 것을 의미한다. 예수님은 율법을 따라 할례를 받으시고(눅 2:21 참조) 유월절 절기를 지키셨다(요 2:13 참조).

memo

11. 하나님이 '그 아들의 영을 우리 마음에 보내사' 하나님을 누구라 고 부르게 하셨는가?

12. 갈라디아서에서, 바울이 복음과 율법을 설명하기 위해 비유로 든 두 여자는?

13. 갈라디아서 5장 1절을 쓰시오.

14. "그리스도 예수 안에서는 할례나 무할례나 효력이 없으되 사랑으로써 역사하는 (　　)뿐이니라"

11. 아빠 아버지 (갈 4:6) 너희가 아들이므로 하나님이 그 아들의 영을 우리 마음 가운데 보내사 아빠 아버지라 부르게 하셨느니라

* 본 절에서 '아빠 아버지라 부르게 했다'는 말은 우리와 하나님이 매우 친밀한 관계임을 나타낸다.

12. 여종과 자유 있는 여자(하갈과 사라) (갈 4:22-24) 아브라함에게 두 아들이 있으니 하나는 여종에게서, 하나는 자유 있는 여자에게서 났다 하였으며 … 이것은 비유니 이 여자들은 두 언약이라

13. 그리스도께서 우리를 자유롭게 하려고 자유를 주셨으니 그러므로 굳건하게 서서 다시는 종의 멍에를 메지 말라

14. 믿음 (갈 5:6 참조)

memo

15. “형제들아 너희가 (   )를 위하여 부르심을 입었으나 그러나 그 (   )로 육체의 기회를 삼지 말고 오직 사랑으로 서로 종 노릇 하라”

16. 갈라디아서에서, 육체의 소욕은 누구를 거스르는가?

17. 갈라디아서에서 바울이 말한 ‘성령의 열매’는?

18. “그리스도 예수의 사람들은 육체와 함께 그 정욕과 탐심을 (   )에 못 박았느니라”

19. 갈라디아서에서, 바울은 자기 몸에 ‘무엇’을 지니고 있다고 하였는가?

15. 자유, 자유 (갈 5:13 참조)

* 본 절은 복음을 통해 얻은 자유를 방종의 기회로 삼지 말라는 경고로, 갈라디아 교인들이 ‘새 언약’을 통해 자유를 얻었으므로 율법주의의 유혹에 빠지거나 육체적 쾌락에 빠져서는 안 된다는 것을 가리킨다.

16. 성령 (갈 5:17) 육체의 소욕은 성령을 거스르고 성령은 육체를 거스르나니 이 둘이 서로 대적함으로 너희가 원하는 것을 하지 못하게 하려 함이니라

17. 사랑, 희락, 화평, 오래 참음, 자비, 양선, 충성, 온유, 절제 (갈 5:22–23) 오직 성령의 열매는 사랑과 희락과 화평과 오래 참음과 자비와 양선과 충성과 온유와 절제니 이같은 것을 금지할 법이 없느니라

18. 십자가 (갈 5:24 참조)

* 그리스도는 인간의 죄를 담당하기 위해 십자가에서 고난을 당하셨다. 그러므로 ‘그리스도 예수의 사람들’은 그리스도를 본받아 육체의 일을 십자가에 못 박아야 한다.

19. 예수의 흔적 (갈 6:17) 이 후로는 누구든지 나를 괴롭게 하지 말라 내가 내 몸에 예수의 흔적을 지니고 있노라

memo

20. 신약성경 가운데 갈라디아서와 가장 유사한 내용을 다루고 있는 성경은?

20. 로마서

* 갈라디아서와 로마서는 '이신득의' 즉, 율법의 행위가 아니라 오직 예수 그리스도를 믿음으로 의롭게 된다는 내용을 다루고 있다.

에베소서 Ephesians

연대 및 저자

A.D. 61–62년경 사도 바울이 기록한 것으로 추정된다.

중심 내용

본서는 그리스도의 몸인 교회의 본질과 목적을 설명하고
교회의 일치를 강조하는 내용을 다루고 있다.

특징

1. 교회론을 깊이 있게 다루고 있다.
2. '그리스도 안에'라는 용어를 많이 사용하고 있다.
3. 골로새서와 유사한 내용이 많다.

내용 분해

1. 구속에 대한 찬양과 기도(1:1–23)

2. 유기적 공동체로서의 교회(2:1–3:21)

3. 성도의 바른 신앙생활(4:1–6:24)

memo

객관식

1. 옥중서신에 해당되지 않는 책은?
   ① 로마서 ② 에베소서 ③ 빌립보서 ④ 골로새서

2. 에베소서와 관계없는 것은?
   ① 교회의 일치를 강조하고 있다
   ② 교회론을 깊이 있게 다루고 있다
   ③ 빌립보서와 유사한 내용이 많다
   ④ '그리스도 안에'라는 용어를 많이 사용하고 있다

3. 에베소서가 기록된 연대로 추정되는 때는?
   ① A.D. 31-32년경 ② A.D. 41-42년경
   ③ A.D. 51-52년경 ④ A.D. 61-62년경

1. ① 옥중서신은 에베소서, 빌립보서, 골로새서, 빌레몬서이다.
2. ③ 에베소서는 교회론을 깊이 있게 다루고 있으며, 특히 교회의 일치를 강조하고 있다. 또한 '그리스도 안에'라는 용어를 많이 사용하고 있으며, 골로새서와 유사한 내용이 많다.
3. ④ 에베소서는 A.D. 61-62년경 기록된 것으로 추정된다.

memo

4. 하나님께서 우리를 택하신 때는?

① 창세 전　　② 천지 창조 때

③ 천지 창조 후　　④ 모친이 잉태했을 때

5. 에베소서에서, 구원받기 이전의 인간의 상태가 아닌 것은?

① 이 세상 풍조를 따랐다

② 허물과 죄로 죽어 있었다

③ 본질상 혈육의 자녀였다

④ 공중의 권세 잡은 자를 따랐다

4. ① (엡 1:4) 곧 창세 전에 그리스도 안에서 우리를 택하사 우리로 사랑 안에서 그 앞에 거룩하고 흠이 없게 하시려고

하나님의 예정

시기	창세 전에	엡 1:4
방법	그리스도 안에서	엡 1:4
이유	거룩하고 흠이 없게 하시려고	엡 1:4
근거	그(하나님) 기쁘신 뜻대로	엡 1:5
내용	자기의 아들들이 되게 하심	엡 1:5
목적	그의 은혜의 영광을 찬송하게 하려고	엡 1:6

5. ③

구원받기 이전의 인간의 상태

허물과 죄로 죽어 있었다	엡 2:1
이 세상 풍조를 따랐다	엡 2:2
공중의 권세 잡은 자를 따랐다	엡 2:2
육체의 욕심을 따라 지냈다	엡 2:3
육체와 마음의 원하는 것을 하였다	엡 2:3
본질상 진노의 자녀였다	엡 2:3

memo

6. 하나님께서 사람이 '행위'로는 구원을 받을 수 없게 하신 이유는?
   ① 누구든지 자랑하지 못하게 하려 함이다
   ② 사람의 행위는 항상 악하기 때문이다
   ③ 하나님의 선물이 헛되지 않게 하기 위함이다
   ④ 사람의 행위는 구원받기에 부족하기 때문이다

7. 바울이 '구원받기 이전의 에베소 교인들의 모습'을 표현한 것이 아닌 것은?
   ① 영으로는 이방인이었다
   ② 이스라엘 나라 밖의 사람이었다
   ③ 약속의 언약들에 대하여는 외인이었다
   ④ 세상에서 소망이 없고 하나님도 없는 자였다

8. 에베소 교인들은 그리스도 안에서 '무엇으로' 하나님과 가까워졌는가?
   ① 그리스도의 언약 ② 그리스도의 복음
   ③ 그리스도의 피 ④ 그리스도의 사랑

6. ① (엡 2:8-9) 너희는 그 은혜에 의하여 믿음으로 말미암아 구원을 받았으니 이것은 너희에게서 난 것이 아니요 하나님의 선물이라 행위에서 난 것이 아니니 이는 누구든지 자랑하지 못하게 함이라
7. ①

구원받기 이전의 에베소 교인들의 모습

육체로는 이방인이었다	엡 2:11
할례를 받지 않은 무리라 칭함을 받았다	엡 2:11
그리스도 밖에 있었다	엡 2:12
이스라엘 나라 밖의 사람이었다	엡 2:12
약속의 언약들에 대하여는 외인이었다	엡 2:12
세상에서 소망이 없고 하나님도 없는 자였다	엡 2:12

8. ③ (엡 2:13) 이제는 전에 멀리 있던 너희가 그리스도 예수 안에서 그리스도의 피로 가까워졌느니라
   * 이스라엘 백성은 하나님과 언약 관계(창 17:7-8 참조)이기 때문에 하나님과 가까운 관계로 인식되었으나(신 4:7 참조), 이방인들은 하나님과 무관한 자들이기 때문에 멀리 있는 관계이다. 한편 동물의 피로 맺어진 옛 언약은 이방인과 하나님, 이방인과 이스라엘 간에 담을 쌓아 가까이하지 못하게 하였으나, '그리스도의 피'는 하나님과 이방인들과의 관계를 회복시켜 가까워지게 하였으며 유대인과 이방인들 사이에 놓인 담을 헐어 하나가 되게 하였다.

memo

9. 다음 ( ) 안에 들어갈 말은?

"그는 우리의 ( )이신지라 둘로 하나를 만드사 원수 된 것 곧 중간에 막힌 담을 자기 육체로 허시고"

① 왕 ② 선지자 ③ 제사장 ④ 화평

10. 에베소서에서, 교회의 '모퉁잇돌'이 되신 분은?

① 사도들 ② 선지자들
③ 그리스도 예수 ④ 베드로

11. 에베소서에서, 바울은 누구를 위하여 갇힌 자가 되었다고 하였는가?

① 유대인 ② 이방인 ③ 사도들 ④ 죄인들

12. 바울은 자신이 겪는 여러 환난이 '에베소 교인들에게는' 오히려 무엇이 된다고 하였는가?

① 면류관 ② 사명 ③ 상급 ④ 영광

9. ④ (엡 2:14 참조)

*본 절에서 '둘'은 유대인과 이방인을 가리킨다. 예수님 당시의 성전 뜰에는 이방인의 뜰과 이스라엘의 뜰을 나누는 담이 있었다. 이 담은 유대인과 이방인 사이의 갈등을 상징하는데, 그리스도께서 구속 사역을 통해 이 담을 제거하신 것이다.

10. ③ (엡 2:20) 너희는 사도들과 선지자들의 터 위에 세우심을 입은 자라 그리스도 예수께서 친히 모퉁잇돌이 되셨느니라

*본 절에서 '사도들과 선지자들의 터'란 사도들과 선지자들이 가르친 복음의 교훈을 가리킨다. 한편 '그리스도 예수께서 친히 모퉁잇돌이 되셨다'는 것은 그리스도께서 성도와 성도를 연결하여 우주적 교회를 세워 나가는 중심이요, 기초가 되신 것을 의미한다.

11. ② (엡 3:1) 이러므로 그리스도 예수의 일로 너희 이방인을 위하여 갇힌 자 된 나 바울이 말하거니와

*본 절은 바울이 이방인들에게 복음을 증거하다 유대인들의 분노를 사서 체포된 것을 가리킨다(행 21:27-36 참조).

12. ④ (엡 3:13) 그러므로 너희에게 구하노니 너희를 위한 나의 여러 환난에 대하여 낙심하지 말라 이는 너희의 영광이니라

*당시 신앙이 약한 일부 에베소 교인들은 바울이 로마 감옥에 갇힌 것을 알고 크게 낙심하였던 것 같다. 이에 바울은 자신이 갇힌 것은 하나님의 섭리에 의한 것으로서 오히려 교회에 영광이 되는 일이라고 한 것이다(빌 1:12 참조).

memo

13. 에베소서 4장에서, 바울이 '하나'라고 말한 것이 아닌 것은?
① 마음 ② 몸 ③ 성령 ④ 주

14. 바울이 만유의 아버지로서의 '한 하나님'에 대해 언급한 내용이 아닌 것은?
① 만유 위에 계신다 ② 만유를 통일하신다
③ 만유 가운데 계신다 ④ 만유를 다스리신다

15. 에베소서에서, 그리스도께서 교회에 직분자를 세우신 목적이 아닌 것은?
① 복음을 전하게 하기 위함이다
② 성도를 온전하게 하기 위함이다
③ 봉사의 일을 하게 하기 위함이다
④ 그리스도의 몸을 세우기 위함이다

13. ①

바울이 '하나'라고 말한 것

몸	엡 4:4	믿음	엡 4:5
성령	엡 4:4	침례	엡 4:5
주	엡 4:5	하나님	엡 4:6

14. ④ (엡 4:6) 하나님도 한 분이시니 곧 만유의 아버지시라 만유 위에 계시고 만유를 통일하시고 만유 가운데 계시도다
* 하나님께서 '만유 위에 계신다'는 것은 하나님의 초월성을 나타내며, '만유를 통일하신다'는 것은 하나님의 역사하심을 나타내고, '만유 가운데 계신다'는 것은 하나님의 내재하심을 나타낸다.

15. ① (엡 4:12) 이는 성도를 온전하게 하여 봉사의 일을 하게 하며 그리스도의 몸을 세우려 하심이라

memo

16. 에베소서에서, 성도의 영적 성숙의 목표는?
① 거듭나는 데까지 이르는 것이다
② 성령 충만을 받는 데까지 이르는 것이다
③ 복음 전도자가 되는 데까지 이르는 것이다
④ 그리스도의 장성한 분량이 충만한 데까지 이르는 것이다

17. 다음 (   ) 안에 들어갈 말은?
"그런즉 너희가 어떻게 행할지를 자세히 주의하여 (   ) 없는 자 같이 하지 말고 오직 (   ) 있는 자 같이 하여"
① 믿음 ② 소망 ③ 사랑 ④ 지혜

18. 다음 (   ) 안에 들어갈 말은?
"(   )을 아끼라 때가 악하니라"
① 세월 ② 말 ③ 재물 ④ 생명

19. 바울이 '그리스도인의 부부 관계'를 비유한 것은?
① 하나님과 그리스도와의 관계
② 하나님과 성령과의 관계
③ 그리스도와 성령과의 관계
④ 그리스도와 교회와의 관계

16. ④ (엡 4:13) 우리가 다 하나님의 아들을 믿는 것과 아는 일에 하나가 되어 온전한 사람을 이루어 그리스도의 장성한 분량이 충만한 데까지 이르리니
17. ④ (엡 5:15 참조)
18. ① (엡 5:16 참조)
19. ④ (엡 5:22-32) 아내들이여 자기 남편에게 복종하기를 주께 하듯 하라 이는 남편이 아내의 머리 됨이 그리스도께서 교회의 머리 됨과 같음이니 … 나는 그리스도와 교회에 대하여 말하노라

memo

20. 에베소서에서, 바울이 말한 '약속이 있는 첫 계명'은?
① 아버지와 어머니를 공경하는 것
② 새긴 우상을 만들어 섬기지 않는 것
③ 안식일을 기억하여 거룩하게 지키는 것
④ 야훼 외에는 다른 신들을 우리 앞에 두지 않는 것

21. 에베소서에서, '자녀에 대한 부모의 태도'로 언급한 내용이 아닌 것은?
① 징계하지 말아야 한다 ② 주의 훈계로 양육해야 한다
③ 노엽게 하지 말아야 한다 ④ 주의 교훈으로 양육해야 한다

22. 하나님의 전신 갑주에 해당하지 않는 것은?
① 빛의 갑옷 ② 의의 호심경
③ 진리의 허리띠 ④ 평안의 복음의 신

20. ① (엡 6:2) 네 아버지와 어머니를 공경하라 이것은 약속이 있는 첫 계명이니

21. ① (엡 6:4) 또 아비들아 너희 자녀를 노엽게 하지 말고 오직 주의 교훈과 훈계로 양육하라

* 본 절에서 '교훈'은 자녀를 교육하는 데 있어서 '책벌을 통한 훈련', 즉 징계로 잘못된 점을 교정시키는 것을 가리키고, '훈계'는 '충고'를 의미한다. 따라서 '교훈'이 행위적 책벌을 통한 훈련인 반면, '훈계'는 말을 통하여 자녀를 훈련하는 것이라고 볼 수 있다.

22. ①

하나님의 전신 갑주

진리의 허리띠	엡 6:14
의의 호심경	엡 6:14
평안의 복음의 신	엡 6:15
믿음의 방패	엡 6:16
구원의 투구	엡 6:17
성령의 검	엡 6:17

memo

23. 하나님의 전신 갑주 중 '하나님의 말씀'을 의미하는 것은?

① 진리의 허리띠 ② 의의 호심경

③ 믿음의 방패 ④ 성령의 검

24. 바울이 자신의 사정을 에베소 교인들에게 알리기 위해 보낸 사람은?

① 실라 ② 디모데 ③ 뵈뵈 ④ 두기고

23. ④ (엡 6:17) 구원의 투구와 성령의 검 곧 하나님의 말씀을 가지라

24. ④ (엡 6:21) 나의 사정 곧 내가 무엇을 하는지 너희에게도 알리려 하노니 사랑을 받은 형제요 주 안에서 진실한 일꾼인 두기고가 모든 일을 너희에게 알리리라

* 두기고는 아시아 사람으로서(행 20:4 참조) 바울의 제3차 전도 여행에 동행하였는데, 본 절은 바울이 두기고를 오네시모와 함께 에베소서, 골로새서, 빌레몬서를 가지고 로마를 떠나 소아시아 지방으로 가게 한 것을 말한다(골 4:7-9 참조).

memo

주관식

1. 에베소서에서, '교회의 머리'와 '그리스도의 몸'이 각각 가리키는 것은?

2. "너희도 성령 안에서 하나님이 거하실 (　　　)가 되기 위하여 그리스도 예수 안에서 함께 지어져 가느니라"

3. "너희는 유혹의 욕심을 따라 썩어져 가는 구습을 따르는 (　　　)을 벗어 버리고 오직 너희의 심령이 새롭게 되어 하나님을 따라 의와 진리의 거룩함으로 지으심을 받은 (　　　)을 입으라"

4. "하나님의 (　　　)을 근심하게 하지 말라 그 안에서 너희가 구원의 날까지 (　　　)을 받았느니라"

5. "누추함과 어리석은 말이나 희롱의 말이 마땅치 아니하니 오히려 (　　　) 말을 하라"

1. **예수 그리스도와 교회** (엡 1:22-23) 또 만물을 그의 발 아래에 복종하게 하시고 그를 만물 위에 교회의 머리로 삼으셨느니라 교회는 그의 몸이니 만물 안에서 만물을 충만하게 하시는 이의 충만함이니라
   * 바울은 그리스도를 교회의 머리로 비유하였는데, 이는 그리스도께서 교회의 주인이심을 가리킨다. 한편 '만물 안에서 만물을 충만하게 하시는 이의 충만함'이라는 말은 교회는 만물을 충만하게 하시는 그리스도에 의해 충만하게 되는 것을 의미한다.
2. **처소** (엡 2:22 참조)
   * 본 절은 이방인들도 그리스도 안에서 하나님이 거하실 처소, 즉 교회로 연합되고 있음을 의미한다. 한편 본 절에서 '성령'은 성도들 속에 역사하시는 분으로, '예수 그리스도'는 성도들로 구성된 성전의 모퉁잇돌로, '하나님'은 성전에 거하시는 분으로 묘사되어 있다.
3. **옛 사람, 새 사람** (엡 4:22-24 참조)
4. **성령, 인치심** (엡 4:30 참조)
5. **감사하는** (엡 5:4 참조)

빌립보서 Philippians

연대 및 저자 A.D. 62–63년경 사도 바울이 기록한 것으로 추정된다.

중심 내용 본서는 바울이 옥중에 있을 때 빌립보 교인들이 보내 준 헌금에 대해 감사하고, 자신의 투옥이 오히려 복음 전파에 도움이 된 것을 말하고 있다.

특징

1. 수신자에 대한 바울의 애정이 잘 나타나 있는 개인적인 서신이다.
2. 기쁨을 강조하고 있다.
3. 구약의 인용이 전혀 없다.

내용 분해

1. 바울의 투옥과 해명(1:1–30)

2. 교회 공동체에 대한 권면(2:1–30)

3. 이단에 대한 경계(3:1–21)

4. 권면과 감사(4:1–23)

memo

객관식

1. 빌립보서와 관계없는 것은?
   ① 기쁨을 강조하고 있다
   ② 교회론을 다루고 있다
   ③ 구약의 인용이 전혀 없다
   ④ 수신자에 대한 바울의 애정이 잘 나타나 있는 개인적인 서신이다

2. 빌립보서가 기록된 연대로 추정되는 때는?
   ① A.D. 32-33년경 ② A.D. 42-43년경
   ③ A.D. 52-53년경 ④ A.D. 62-63년경

3. 바울이 빌립보 교인들을 위해 기쁨으로 간구한 이유는?
   ① 바울을 위해 열심히 기도하기 때문이다
   ② 첫날부터 이제까지 복음을 위한 일에 참여하고 있기 때문이다
   ③ 바울의 쓸 것을 보내주었기 때문이다
   ④ 교회가 평안하다는 소식을 들었기 때문이다

1. ② 빌립보서는 바울이 옥중에 있을 때 빌립보 교인들이 보내 준 헌금에 대해 감사하고, 자신의 투옥이 오히려 복음 전파에 도움이 된 것을 말하고 있다. 또한 수신자에 대한 바울의 애정이 잘 나타나 있는 개인적인 서신으로서, 기쁨을 강조하고 있으며, 구약의 인용이 전혀 없다.
2. ④ 빌립보서는 A.D. 62-63년경 기록된 것으로 추정된다.
3. ② (빌 1:4-5) 간구할 때마다 너희 무리를 위하여 기쁨으로 항상 간구함은 너희가 첫날부터 이제까지 복음을 위한 일에 참여하고 있기 때문이라
   * 본 절은 바울이 자신의 민족이나 고린도 교회, 그리고 갈라디아 교회를 위해 근심으로 기도한 것(롬 9:3; 고후 2:4; 갈 1:6 참조)과는 대조되는 내용으로서 빌립보 교회가 얼마나 충성스러운 교회였는지를 잘 보여 준다. 한편 '첫날'은 바울이 빌립보에 복음을 처음 전한 때(행 16:11-15 참조)를 가리키며, '이제'는 바울이 로마 감옥에서 본서를 기록할 때를 말한다. 그리고 '복음을 위한 일에 참여했다'는 것은 빌립보 교인들이 물질과 사랑과 기도로 바울의 복음 사역에 동참한 것을 가리킨다(고후 11:9; 빌 4:16; 살전 4:9-11 참조).

memo

4. 다음 (　　　) 안에 들어갈 말은?
"너희 안에서 (　　　)을 시작하신 이가 그리스도 예수의 날까지 이루실 줄을 우리는 확신하노라"
① 복음　② 가르치심　③ 착한 일　④ 말씀

5. 살든지 죽든지 자신을 통해 그리스도가 존귀하게 되기를 원한 사람은?
① 베드로　② 바울　③ 바나바　④ 디모데

6. 빌립보서에서, 세상을 떠나서 그리스도와 함께 있기 원했던 사람은?
① 바울　② 실라　③ 디모데　④ 디도

7. 바울이 말한 '그리스도의 일을 위하여 죽기에 이르러도 자기 목숨을 돌보지 아니한' 사람은?
① 유오디아　② 순두게　③ 글레멘드　④ 에바브로디도

4. ③ (빌 1:6 참조)
* 본 절에서 '착한 일'은 '구원'을, '그리스도 예수의 날'은 그리스도의 재림의 때를 가리킨다.

5. ② (빌 1:20) 나의 간절한 기대와 소망을 따라 아무 일에든지 부끄러워하지 아니하고 지금도 전과 같이 온전히 담대하여 살든지 죽든지 내 몸에서 그리스도가 존귀하게 되게 하려 하나니
* 바울은 재판의 결과로 자신이 감옥에서 풀려나 살게 되든지 아니면 사형 선고를 받아 죽게 되든지 그 결과에 상관없이 오직 그리스도를 증언함으로 그리스도가 존귀하게 되기를 원했던 것이다.

6. ① (빌 1:23) 내가 그 둘 사이에 끼었으니 차라리 세상을 떠나서 그리스도와 함께 있는 것이 훨씬 더 좋은 일이라 그렇게 하고 싶으나
* 바울이 개인적으로 원하는 것은 죽어서 그리스도와 함께 있는 것이었다. 그러나 그는 빌립보 교인들의 영적 성숙과 복음 전파를 위해서는 자신이 살아 있는 것이 더 유익하다고 말했다(빌 1:24 참조).

7. ④ (빌 2:25-30) 에바브로디도를 너희에게 보내는 것이 필요한 줄로 생각하노니 … 그가 그리스도의 일을 위하여 죽기에 이르러도 자기 목숨을 돌보지 아니한 것은 나를 섬기는 너희의 일에 부족함을 채우려 함이니라
* '에바브로디도'는 빌립보 교회의 대표자로서 로마에 있는 바울에게 헌금을 전달하러 가서 바울을 돕던 중 병이 들었다가 나아 빌립보 교인들에게 보내는 편지를 가지고 갔다.

memo

8. 바울이 빌립보 교인들에게 '삼가라'고 한 것이 아닌 것은?
① 개 같은 자들　② 몸을 상해하는 일
③ 행악하는 자들　④ 불법을 행하는 자들

9. 빌립보서 3장에서, 바울이 자신을 소개한 내용과 맞지 않는 것은?
① 유다 지파다　② 팔일 만에 할례를 받았다
③ 이스라엘 족속이다　④ 히브리인 중의 히브리인이다

10. 그리스도께서 재림하실 때 성도들은 어떻게 변하게 되는가?
① 천사와 같이 변하게 된다
② 해와 달과 별과 같이 빛나게 된다
③ 모세나 엘리야와 같이 변하게 된다
④ 그리스도의 영광의 몸의 형체와 같이 변하게 된다

11. 바울은 누구에게 '주 안에서 같은 마음을 품으라'고 했는가?
① 유오디아와 순두게　② 유오디아와 글레멘드
③ 순두게와 글레멘드　④ 순두게와 에바브로디도

8. ④ (빌 3:2) 개들을 삼가고 행악하는 자들을 삼가고 몸을 상해하는 일을 삼가라
* 바울은 본 절에서 빌립보 교회를 위협하고 있는 유대주의적 율법주의자들을 '개들', '행악하는 자들', '몸을 상해하는 일을 하는 자들'로 표현하면서 그러한 자들을 경계하라고 권하고 있다. 한편 '몸을 상해하는 일'이란 할례를 행하되 진정한 의미를 저버리고 의식적으로만 행하는 것을 가리킨다.
9. ① (빌 3:5–6) 나는 팔일 만에 할례를 받고 이스라엘 족속이요 베냐민 지파요 히브리인 중의 히브리인이요 율법으로는 바리새인이요 열심으로는 교회를 박해하고 율법의 의로는 흠이 없는 자라
10. ④ (빌 3:21) 그는 만물을 자기에게 복종하게 하실 수 있는 자의 역사로 우리의 낮은 몸을 자기 영광의 몸의 형체와 같이 변하게 하시리라
11. ① (빌 4:2) 내가 유오디아를 권하고 순두게를 권하노니 주 안에서 같은 마음을 품으라

memo

12. 빌립보서 4장에 등장하는 인물이 아닌 사람은?

① 디도 ② 유오디아 ③ 순두게 ④ 글레멘드

13. 바울이 데살로니가에 있을 때에 두 번이나 쓸 것을 보내 주었던 교회는?

① 고린도 교회 ② 에베소 교회

③ 빌립보 교회 ④ 예루살렘 교회

14. 빌립보서는 어떤 서신으로 불리는가?

① 사랑의 서신 ② 감사의 서신

③ 기쁨의 서신 ④ 눈물의 서신

12. ①

빌립보서에 등장하는 인물

바울	빌 1:1	순두게	빌 4:2
디모데	빌 1:1	글레멘드	빌 4:3
에바브로디도	빌 2:25	가이사	빌 4:22
유오디아	빌 4:2		

13. ③ (빌 4:15-16) 빌립보 사람들아 너희도 알거니와 복음의 시초에 내가 마게도냐를 떠날 때에 주고 받는 내 일에 참여한 교회가 너희 외에 아무도 없었느니라 데살로니가에 있을 때에도 너희가 한 번뿐 아니라 두 번이나 나의 쓸 것을 보내었도다

* 본 절에서 '복음의 시초'는 바울이 제2차 전도 여행 당시 빌립보 사람들에게 복음을 전했을 때를 말한다(행 16:11-40 참조). 한편 '주고 받는 내 일'은 바울이 빌립보 성도들에게 말씀을 전하며 가르치고, 빌립보 교인들은 재정적 지원으로 바울의 복음 사역을 도운 것을 의미한다.

14. ③

memo

주관식

1. "그리스도를 위하여 너희에게 은혜를 주신 것은 다만 그를 믿을 뿐 아니라 또한 그를 위하여 (   )도 받게 하려 하심이라"

2. "그는 근본 하나님의 (   )시나 하나님과 동등됨을 취할 것으로 여기지 아니하시고 오히려 자기를 비워 (   )의 형체를 가지사 사람들과 같이 되셨고 사람의 모양으로 나타나사 자기를 낮추시고 죽기까지 (   )하셨으니 곧 십자가에 죽으심이라"

3. "너희 안에서 행하시는 이는 하나님이시니 자기의 기쁘신 뜻을 위하여 너희에게 (   )을 두고 행하게 하시나니"

4. "형제들아 나는 아직 내가 잡은 줄로 여기지 아니하고 오직 한 일 즉 뒤에 있는 것은 잊어버리고 앞에 있는 것을 잡으려고 (   )를 향하여 그리스도 예수 안에서 하나님이 위에서 부르신 부름의 (   )을 위하여 달려가노라"

5. 성도의 시민권은 어디에 있는가?

1. 고난 (빌 1:29 참조)
2. 본체, 종, 복종 (빌 2:6-8 참조)
3. 소원 (빌 2:13 참조)
4. 푯대, 상 (빌 3:13-14 참조)
 * 본 절에서 '푯대'와 '상'은 구원받은 성도가 장차 받을 영생과 신앙의 경주를 마친 자가 받을 생명의 면류관을 의미하는 것으로 볼 수 있다(고전 9:25; 딤후 4:8 참조).

5. 하늘 (빌 3:20) 그러나 우리의 시민권은 하늘에 있는지라 거기로부터 구원하는 자 곧 주 예수 그리스도를 기다리노니
 * 본 절에서 '우리의 시민권은 하늘에 있다'는 말은 성도는 하늘나라에 속한 자들임을 가리키며, '거기로부터 구원하는 자를 기다린다'는 것은 하나님 우편에 앉아 계신 예수 그리스도의 재림을 기다리는 것을 의미한다.

memo

6. 빌립보서 4장 4절을 쓰시오.

7. 빌립보서 4장 6-7절을 쓰시오.

8. "내가 궁핍하므로 말하는 것이 아니니라 어떠한 형편에든지 나는 (　　)하기를 배웠노니"

9. 빌립보서 4장 13절을 쓰시오.

10 "내게는 모든 것이 있고 또 풍부한지라 에바브로디도 편에 너희가 준 것을 받으므로 내가 풍족하니 이는 받으실 만한 (　　　　) 이요 (　　)을 기쁘시게 한 것이라"

11. "나의 하나님이 그리스도 예수 안에서 영광 가운데 그 풍성한 대로 너희 모든 (　　)을 채우시리라"

12. 빌립보서는 모두 몇 장으로 기록되어 있는가?

6. 주 안에서 항상 기뻐하라 내가 다시 말하노니 기뻐하라
7. 아무 것도 염려하지 말고 다만 모든 일에 기도와 간구로, 너희 구할 것을 감사함으로 하나님께 아뢰라 그리하면 모든 지각에 뛰어난 하나님의 평강이 그리스도 예수 안에서 너희 마음과 생각을 지키시리라
8. 자족 (빌 4:11 참조)
9. 내게 능력 주시는 자 안에서 내가 모든 것을 할 수 있느니라
10. 향기로운 제물, 하나님 (빌 4:18 참조)
11. 쓸 것 (빌 4:19 참조)
12. 4장

골로새서 Colossians

연대 및 저자

A.D. 62–63년경 바울이 기록한 것으로 추정된다.

중심 내용

본서는 기독론을 통해 골로새 교회 안에 있는 확산되어 있는 잘못된 철학, 유대주의적 율법주의, 천사 숭배, 금욕주의 등을 불식시키기 위한 내용을 다루고 있다.

특징

1. 기독론을 강조하고 있다.
2. 그리스도와 교회와의 관계를 말하고 있다.
3. 성령에 대한 교훈이 없다.

내용 분해

1. 탁월하신 그리스도(1:1–2:23)

1) 그리스도의 신분과 사역(1:1–23)

2) 바울의 사역(1:24–2:7)

3) 이단 사상에 대한 경계(2:8–23)

2. 그리스도인의 삶(3:1–4:18)

memo

객관식

1. 골로새서와 관계없는 것은?
   ① 기독론을 강조하고 있다
   ② 성령에 대한 교훈이 없다
   ③ 로마서와 유사한 내용이 많다
   ④ 그리스도와 교회와의 관계를 말하고 있다

2. 골로새서가 기록된 연대로 추정되는 때는?
   ① A.D. 32–33년경　② A.D. 42–43년경
   ③ A.D. 52–53년경　④ A.D. 62–63년경

3. 골로새서에서, 바울이 디모데를 지칭한 말은?
   ① 아들　② 형제　③ 동역자　④ 제자

1. ③ 골로새서는 골로새 교회에 확산되어 있는 잘못된 철학, 유대주의적 율법주의, 천사 숭배, 금욕주의 등을 불식시키기 위한 내용을 다루고 있다. 또한 기독론을 강조하고 있으며, 그리스도와 교회와의 관계를 말하고 있다. 그러나 성령에 대한 교훈은 없는데, 이는 바울이 성령의 가르침을 소홀히 하였다기보다는 골로새 교회의 이단들에 대한 변증으로 기독론을 강조하였기 때문인 것으로 보인다.
2. ④ 골로새서는 A.D. 62–63년경 기록된 것으로 추정된다.
3. ② (골 1:1) 하나님의 뜻으로 말미암아 그리스도 예수의 사도 된 바울과 형제 디모데는
   * 바울이 디모데를 '형제'라고 부른 것은 친밀함(빌 2:19–24 참조)을 나타내기 위한 것으로 보인다.

memo

4. 골로새서에서, 만물과 그리스도와의 관계에 대한 설명으로 맞지 않는 것은?
① 그리스도는 만물보다 먼저 계셨다
② 그리스도는 만물의 으뜸이 되신다
③ 그리스도는 만물을 위하여 존재하신다
④ 만물이 그리스도를 위하여 창조되었다

5. 교회의 머리는 누구인가?
① 그리스도 ② 베드로 ③ 감독 ④ 목사

6. 그리스도의 '남은 고난'을 교회를 위하여 자기 육체에 채우겠다고 말한 사람은?
① 바울 ② 디모데 ③ 실라 ④ 에바브라

4. ③

만물과 그리스도와의 관계

만물이 그리스도에게서 창조되었다	골 1:16
만물이 그리스도를 위하여 창조되었다	골 1:16
그리스도는 만물보다 먼저 계셨다	골 1:17
그리스도는 만물의 으뜸이 되신다	골 1:18
그리스도의 십자가의 피로 하나님과 만물이 화목하게 된다	골 1:20

* 그리스도는 만물 위에 계신다(요 3:31; 롬 9:5 참조).

5. ① (골 1:18) 그는 몸인 교회의 머리시라 그가 근본이시요 죽은 자들 가운데서 먼저 나신 이시니 이는 친히 만물의 으뜸이 되려 하심이요

6. ① (골 1:24) 나는 이제 너희를 위하여 받는 괴로움을 기뻐하고 그리스도의 남은 고난을 그의 몸된 교회를 위하여 내 육체에 채우노라

* 본 절에서 '나'는 바울을 가리킨다. 바울이 고난을 기뻐할 수 있었던 것은 내세의 영광을 바라보았기 때문이며(롬 8:18; 고후 4:16–18 참조), 그가 받는 고난을 통해 복음이 전파되었기 때문이다(빌 1:12; 딤후 2:9 참조). 한편 '그리스도의 남은 고난'이란 그리스도인들이 '복음을 위하여 받는 고난'을 의미한다(고후 11:23–29 참조).

memo

7. 골로새서에서, 바울이 그리스도를 전파하여 각 사람을 가르친 목적은?
   ① 그리스도의 제자로 세우기 위함이다
   ② 그리스도의 일꾼으로 세우기 위함이다
   ③ 그리스도 안에서 전도자로 세우기 위함이다
   ④ 그리스도 안에서 완전한 자로 세우기 위함이다

8. 다음 (   ) 안에 들어갈 말은?
   "또 그 안에서 너희가 손으로 하지 아니한 할례를 받았으니 곧 육의 몸을 벗는 것이요 (   )의 할례니라"
   ① 아브라함 ② 모세 ③ 그리스도 ④ 언약

9. 예수님은 '통치자들과 권세들'을 무엇으로 이기셨는가?
   ① 십자가 ② 말씀 ③ 보혈 ④ 사랑

10. 바울이 '붙잡지도 말고 맛보지도 말고 만지지도 말라'고 한 것은?
   ① 세상의 재물 ② 세상의 명예
   ③ 세상의 지식 ④ 세상의 초등학문

7. ④ (골 1:28) 우리가 그를 전파하여 각 사람을 권하고 모든 지혜로 각 사람을 가르침은 각 사람을 그리스도 안에서 완전한 자로 세우려 함이니
* 본 절에서 '완전한 자'는 영적으로 성숙한 자를 가리킨다(엡 4:13 참조). 즉, '거룩하고 흠 없고 책망할 것이 없는 자'를 의미한다(골 1:22 참조).

8. ③ (골 2:11 참조)
'그리스도의 할례'는 마음에 하는 할례를 의미한다.

9. ① (골 2:15) 통치자들과 권세들을 무력화하여 드러내어 구경거리로 삼으시고 십자가로 그들을 이기셨느니라
* '통치자들과 권세들'은 일반적으로 '천사'를 가리키지만(골 1:16 참조), 본 절에서는 '악한 천사'를 가리키는 말로 사용되었다.

10. ④ (골 2:20-22) 너희가 세상의 초등학문에서 그리스도와 함께 죽었거든 어찌하여 세상에 사는 것과 같이 규례에 순종하느냐 (곧 붙잡지도 말고 맛보지도 말고 만지지도 말라 하는 것이니 이 모든 것은 한때 쓰이고는 없어지리라)
* 본 절에서 '세상의 초등학문'은 인간의 지식이나 영지주의자들이 주장하는 것과 같은 거짓된 진리를 가리킨다.

memo

11. 골로새서에서, 그리스도와 함께 다시 살리심을 받은 자가 찾아야 할 것은?
① 위의 것 ② 지혜 ③ 지식 ④ 잃은 양

12. 바울이 '우상 숭배'로 규정한 것은?
① 음란 ② 부정 ③ 탐심 ④ 정욕

13. 다음 ( ) 안에 들어갈 말은?
"너희 말을 항상 은혜 가운데서 ( )으로 맛을 냄과 같이 하라 그리하면 각 사람에게 마땅히 대답할 것을 알리라"
① 말씀 ② 믿음 ③ 사랑 ④ 소금

14. 바나바의 생질은 누구인가?
① 마가 ② 유스도 ③ 오네시모 ④ 눔바

11. ① (골 3:1-2) 그러므로 너희가 그리스도와 함께 다시 살리심을 받았으면 위의 것을 찾으라 거기는 그리스도께서 하나님 우편에 앉아 계시느니라 위의 것을 생각하고 땅의 것을 생각하지 말라
* 본 절에서 '위의 것을 찾으라'는 말은 하나님과 진리와 생명을 찾으라는 의미이다.

12. ③ (골 3:5-6) 그러므로 땅에 있는 지체를 죽이라 곧 음란과 부정과 사욕과 악한 정욕과 탐심이니 탐심은 우상 숭배니라 이것들로 말미암아 하나님의 진노가 임하느니라
* '탐심'은 경제적 욕구에 대한 무절제한 욕망을 가리키는데, 바울이 탐심을 우상 숭배로 규정한 것은 탐심이 물질을 하나님의 위치에 올려놓기 때문이다(마 6:24 참조).

13. ④ (골 4:6 참조)
* 본 절에서 '소금으로 맛을 냄과 같이 하라'는 말은 사람들에게 '은혜를 끼치는 말'을 하라는 의미이다.

14. ① (골 4:10) 나와 함께 갇힌 아리스다고와 바나바의 생질 마가와 (이 마가에 대하여 너희가 명을 받았으매 그가 이르거든 영접하라)

memo

15. 바울은 골로새 교회에 보낸 편지를 읽은 후에 어느 교회에서도 읽게 하라고 하였는가?

① 로마 교회 ② 빌립보 교회

③ 라오디게아 교회 ④ 데살로니가 교회

15. ③ (골 4:16) 이 편지를 너희에게서 읽은 후에 라오디게아인의 교회에서도 읽게 하고 또 라오디게아로부터 오는 편지를 너희도 읽으라

* 본 절에서 '라오디게아로부터 오는 편지'는 에베소를 비롯하여 인근 교회에 회람 서신으로 보낸 에베소서를 가리키는 것으로 보인다.

memo

주관식

1. 하나님은 우리를 흑암의 권세에서 건져내사 어디로 옮기셨는가?

2. 만물은 누구를 위하여 창조되었는가?

3. "하나님이 그들로 하여금 이 비밀의 영광이 이방인 가운데 얼마나 풍성한지를 알게 하려 하심이라 이 비밀은 너희 안에 계신 (　　)시니 곧 영광의 소망이니라"

4. '먹고 마시는 것과 절기나 초하루나 안식일'은 장래 무엇의 그림자인가?

1. **그의 사랑의 아들의 나라로** (골 1:13) 그가 우리를 흑암의 권세에서 건져내사 그의 사랑의 아들의 나라로 옮기셨으니
   * 본 절에서 '그의 사랑의 아들의 나라'는 하나님께서 사랑하는 아들의 나라, 즉 마음속에 현존하는 하나님의 나라(눅 17:21 참조)와 종말론적인 하나님의 나라를 의미한다.
2. **예수 그리스도** (골 1:15-16) 그는 보이지 아니하는 하나님의 형상이시요 모든 피조물보다 먼저 나신 이시니 … 만물이 다 그로 말미암고 그를 위하여 창조되었고
3. **그리스도** (골 1:27 참조)
   * '비밀의 영광'은 이방인이 그리스도의 구속으로 말미암아 구원을 받게 된 것을 가리킨다. 따라서 본 절은 이방인인 골로새 교인들이 그리스도를 믿음으로 하늘의 영광을 누리게 될 것을 의미한다.
4. **그리스도** (골 2:16-17) 그러므로 먹고 마시는 것과 절기나 초하루나 안식일을 이유로 누구든지 너희를 비판하지 못하게 하라 이것들은 장래 일의 그림자이나 몸은 그리스도의 것이니라
   * 본 절에서 '먹고 마시는 것과 절기나 초하루나 안식일'은 율법의 규례를 가리킨다. 한편 '몸은 그리스도의 것'이라는 말은 '실체는 그리스도에게 속한 것'이라는 말로서 그리스도가 곧 실체라는 의미이다. 따라서 본 절은 '율법은 그림자이고 그리스도는 실체'라는 뜻으로, 실체이신 그리스도가 오신 이후에도 예표에 불과한 율법에 집착하는 것은 어리석은 일이라는 의미이다.

memo

5. 골로새서 3장에서, 그리스도 안에서 '새 사람을 입은 자들'에게는 무엇이 있을 수 없는가?

6. "그리스도의 말씀이 너희 속에 풍성히 거하여 모든 지혜로 피차 가르치며 권면하고 시와 찬송과 (   ) 노래를 부르며 감사하는 마음으로 하나님을 찬양하고"

7. "또 무엇을 하든지 (   )에나 (   )에나 다 주 예수의 이름으로 하고 그를 힘입어 하나님 아버지께 감사하라"

8. "무슨 일을 하든지 마음을 다하여 (   )께 하듯 하고 (   )에게 하듯 하지 말라"

5. **차별** (골 3:10-11) 새 사람을 입었으니 … 거기에는 헬라인이나 유대인이나 할례파나 무할례파나 야만인이나 스구디아인이나 종이나 자유인이 차별이 있을 수 없나니 오직 그리스도는 만유시요 만유 안에 계시니라
   * 본 절은 '그리스도 안에서는 모든 사람이 동등하다'는 의미이다. 한편 '스구디아인'은 흑해 주변에 살던 유목민으로서 매우 천박하고 야만적인 사람들을 말하며, '그리스도는 만유시요 만유 안에 계신다'는 말은 만유의 주재자이신 그리스도께서 만유 안에 내재하시어 만유를 통일되게 하시므로 그리스도 안에 있는 자들은 누구나 차별이 없다는 것을 의미한다.
6. **신령한** (골 3:16 참조)
   * 본 절에서 '시'는 구약의 시편과 시 형태의 새로운 노래를 의미하고, '신령한 노래'는 성령의 영감으로 만들어진 노래로 일반적인 성가를 가리킨다.
7. **말, 일** (골 3:17 참조)
8. **주, 사람** (골 3:23 참조)

1 Thessalonians

데살로니가전서

연대 및 저자

A.D. 51년경 사도 바울이 기록한 것으로 추정된다.

중심 내용

본서는 그리스도의 재림에 관한 잘못된 주장을 바로잡아 주고 거룩하고 질서 있는 삶을 살게 하는 내용을 다루고 있다.

특징

1. 그리스도의 재림에 관한 언급이 많다.
2. 재림을 소망하는 자는 성결한 삶을 살아야 함을 강조하고 있다.
3. 교회와 성도들을 향한 바울의 애정이 잘 나타나 있다.

내용 분해

1. 바울의 칭찬과 격려(1:1–3:13)

1) 바울의 칭찬(1:1–10)
2) 바울의 전도 회고와 감사(2:1–20)
3) 디모데 파송(3:1–13)

2. 바울의 교훈과 권면(4:1–5:28)

1) 도덕적 교훈(4:1–12)
2) 교리적 교훈(4:13–5:11)
3) 생활적 교훈(5:12–22)
4) 결론(5:23–28)

memo

객관식

1. 데살로니가전서와 관계없는 것은?
   ① 기독론과 교회론을 강조하고 있다
   ② 그리스도의 재림에 관한 언급이 많다
   ③ 교회와 성도들을 향한 바울의 애정이 잘 나타나 있다
   ④ 재림을 소망하는 자는 성결한 삶을 살아야 함을 강조하고 있다

2. 데살로니가전서가 기록된 연대로 추정되는 때는?
   ① A.D. 31년경 ② A.D. 41년경
   ③ A.D. 51년경 ④ A.D. 61년경

3. 바울과 함께 데살로니가 교회에 첫 번째 편지를 보낸 사람은?
   ① 실루아노와 디도 ② 실루아노와 디모데
   ③ 디모데와 유스도 ④ 디모데와 아리스다고

1. ① 데살로니가전서는 그리스도의 재림에 관한 잘못된 주장을 바로잡아 주고 거룩하고 질서 있는 삶을 살게 하는 내용을 다루고 있다. 또한 그리스도의 재림에 관한 언급이 많고, 재림을 소망하는 자는 성결한 삶을 살아야 함을 강조하고 있으며, 교회와 성도들을 향한 바울의 애정이 잘 나타나 있다.
2. ③ 데살로니가전서는 A.D. 51년경 기록된 것으로 추정된다.
3. ② (살전 1:1) 바울과 실루아노와 디모데는 하나님 아버지와 주 예수 그리스도 안에 있는 데살로니가인의 교회에 편지하노니 은혜와 평강이 너희에게 있을지어다
   * '실루아노'는 '실라'와 동일한 사람이다(행 15:22; 17:10 참조). 한편 '실라'는 히브리식 발음이고, '실루아노'는 로마식 발음이다. 그런데 누가는 주로 '실라'라는 이름을 사용하였고(행 16:19, 25, 29 참조), 바울은 '실루아노'라는 이름을 사용하였다(고후 1:19; 살후 1:1 참조).

memo

4. 바울이 데살로니가 교회에 대하여 감사하며 칭찬한 내용이 아닌 것은?
   ① 믿음의 역사 ② 사랑의 수고
   ③ 소망의 인내 ④ 헌신의 열매

5. 바울 일행이 복음뿐 아니라 목숨까지도 주기를 기뻐했던 교회는?
   ① 안디옥 교회 ② 예루살렘 교회
   ③ 빌립보 교회 ④ 데살로니가 교회

6. 아무에게도 폐를 끼치지 아니하려고 밤낮으로 일하면서 복음을 전한 사람은?
   ① 베드로와 그 일행 ② 바울과 그 일행
   ③ 야고보와 그 일행 ④ 바나바와 그 일행

7. 바울이 전한 복음을 사람의 말로 받지 아니하고 하나님의 말씀으로 받은 교회는?
   ① 고린도 교회 ② 갈라디아 교회
   ③ 빌립보 교회 ④ 데살로니가 교회

4. ④ (살전 1:2–3) 우리가 너희 모두로 말미암아 항상 하나님께 감사하며 기도할 때에 너희를 기억함은 너희의 믿음의 역사와 사랑의 수고와 우리 주 예수 그리스도에 대한 소망의 인내를 우리 하나님 아버지 앞에서 끊임없이 기억함이니

5. ④ (살전 2:8) 우리가 이같이 너희를 사모하여 하나님의 복음뿐 아니라 우리의 목숨까지도 너희에게 주기를 기뻐함은 너희가 우리의 사랑하는 자 됨이라

* 본 절은 바울과 그 일행이 데살로니가 교인들을 위해 희생적으로 헌신한 것을 의미한다.

6. ② (살전 2:9) 형제들아 우리의 수고와 애쓴 것을 너희가 기억하리니 너희 아무에게도 폐를 끼치지 아니하려고 밤낮으로 일하면서 너희에게 하나님의 복음을 전하였노라

* 바울은 밤낮으로 천막을 만드는 일을 하면서 자비량으로 복음을 전했다(행 18:1–3; 20:34–35 참조).

7. ④ (살전 2:13) 이러므로 우리가 하나님께 끊임없이 감사함은 너희가 우리에게 들은 바 하나님의 말씀을 받을 때에 사람의 말로 받지 아니하고 하나님의 말씀으로 받음이니 진실로 그러하도다 이 말씀이 또한 너희 믿는 자 가운데에서 역사하느니라

memo

8. 데살로니가전서에서, 주께서 강림하실 때 일어나는 현상이 아닌 것은?
① 그리스도 안에서 죽은 자들이 먼저 일어난다
② 살아 남은 자들이 구름 속으로 끌어 올려간다
③ 수많은 천군이 그 천사들과 함께 하나님을 찬송한다
④ 호령과 천사장의 소리와 하나님의 나팔 소리가 난다

9. 데살로니가전서에서, 주의 재림에 관한 표현이 아닌 것은?
① 밤에 도둑 같이 이른다
② 평안하다, 안전하다 할 그 때에 이른다
③ 실족하게 하는 사람에게는 화가 있다
④ 빛의 아들들에게는 도둑 같이 임하지 못한다

8. ③

주께서 강림하실 때 일어나는 현상

호령과 천사장의 소리와 하나님의 나팔 소리가 난다	살전 4:16
그리스도 안에서 죽은 자들이 먼저 일어난다	살전 4:16
살아 남은 자들이 구름 속으로 끌어 올려간다	살전 4:17
살아 남은 자들이 공중에서 주를 영접하게 된다	살전 4:17

9. ③

주의 재림에 관한 표현

밤에 도둑 같이 이른다	살전 5:2
평안하다, 안전하다 할 그 때에 이른다	살전 5:3
임신한 여자에게 해산의 고통이 이름과 같이 이른다	살전 5:3
빛의 아들들에게는 도둑 같이 임하지 못한다	살전 5:4-5

memo

주관식

1. 바울 일행이 데살로니가에 가고자 한 것을 막은 자는?

2. “우리가 주의 말씀으로 너희에게 이것을 말하노니 주께서 강림하실 때까지 우리 살아 남아 있는 자도 (   )보다 결코 앞서지 못하리라”

3. “주께서 호령과 천사장의 소리와 하나님의 나팔 소리로 친히 하늘로부터 (   )하시리니 그리스도 안에서 (   ) 자들이 먼저 일어나고”

4. 데살로니가전서 5장 16–18절을 쓰시오.

5. 데살로니가전서에서, 바울은 ‘무엇을’ 소멸하지 말라고 하였는가?

1. **사탄** (살전 2:18) 그러므로 나 바울은 한번 두번 너희에게 가고자 하였으나 사탄이 우리를 막았도다
2. **자는 자** (살전 4:15 참조)
   * 본 절은 죽은 성도들이 영생을 누리는 것은 살아서 주의 재림을 맞이하는 성도들과 차별이 없는 것을 의미한다.
3. **강림, 죽은** (살전 4:16 참조)
4. **항상 기뻐하라 쉬지 말고 기도하라 범사에 감사하라 이것이 그리스도 예수 안에서 너희를 향하신 하나님의 뜻이니라**
5. **성령** (살전 5:19) 성령을 소멸하지 말며

memo

6. 데살로니가전서에서, 바울은 '무엇을' 멸시하지 말라고 하였는가?

7. "범사에 헤아려 좋은 것을 취하고 (   )은 어떤 모양이라도 버리라"

8. "평강의 하나님이 친히 너희를 온전히 거룩하게 하시고 또 너희의 온 (   )과 (   )과 (   )이 우리 주 예수 그리스도께서 강림하실 때에 흠 없게 보전되기를 원하노라"

6. **예언** (살전 5:20) 예언을 멸시하지 말고
7. **악** (살전 5:21-22 참조)
8. **영, 혼, 몸** (살전 5:23 참조)

2 Thessalonians

데살로니가후서

연대 및 저자

A.D. 51년경 사도 바울이 기록한 것으로 추정된다.

중심 내용

본서는 바울의 첫 번째 편지를 받고 그리스도의 재림에 관하여 잘못 생각한 데살로니가 교인들에 대한 훈계와 권면을 담고 있다.

특징

1. 그리스도의 재림에 대한 잘못된 열망을 제재하고 있다.
2. 데살로니가전서에 비해 엄격한 어투로 쓰여졌다.
3. 거짓 교사들과 바울과의 차이점을 암시하고 있다.

내용 분해

1. 박해에 대한 바울의 격려(1:1–12)

2. 그리스도의 재림에 대한 교훈(2:1–17)

3. 그리스도의 재림을 기다리는 성도의 자세(3:1–18)

memo

객관식

1. 데살로니가후서와 관계없는 것은?
   ① 그리스도와 교회와의 관계를 말하고 있다
   ② 그리스도의 재림에 대한 잘못된 열망을 제재하고 있다.
   ③ 데살로니가전서에 비해 엄격한 어투로 쓰여졌다
   ④ 거짓 교사들과 바울과의 차이점을 암시하고 있다

2. 데살로니가후서가 기록된 연대로 추정되는 때는?
   ① A.D. 21년경 ② A.D. 31년경
   ③ A.D. 41년경 ④ A.D. 51년경

3. 바울이 데살로니가 교회에 대해 감사하고 자랑한 내용이 아닌 것은?
   ① 믿음이 더욱 자란 것에 대해 감사했다
   ② 서로 사랑함이 풍성한 것에 대해 감사했다
   ③ 가난한 자들을 위하여 풍성한 연보를 한 것을 자랑했다
   ④ 박해와 환난 중에서 인내하고 믿음을 지킨 것을 자랑했다

1. ① 데살로니가후서는 바울의 첫 번째 편지를 받고 그리스도의 재림에 관하여 잘못 생각한 데살로니가 교인들에 대한 훈계와 권면을 담고 있다. 또한 그리스도의 재림에 대한 잘못된 열망을 제재하고 있으며, 데살로니가전서에 비해 엄격한 어투로 쓰여졌고, 거짓 교사들과 바울 사이에는 비진리와 진리의 차이점이 있다는 것을 암시하고 있다.
2. ④ 데살로니가후서는 A.D. 51년경 기록된 것으로 추정된다.
3. ③

바울이 데살로니가 교회에 대해 감사하고 자랑한 내용

믿음이 더욱 자란 것에 대해 감사했다	살후 1:3
서로 사랑함이 풍성한 것에 대해 감사했다	살후 1:3
박해와 환난 중에서 인내하고 믿음을 지킨 것을 자랑했다	살후 1:4

memo

4. 데살로니가후서에서 바울이 말한 '멸망의 아들'의 특징이 아닌 것은?
① 불법의 사람이다
② 전쟁을 일으킨다
③ 자기를 높인다
④ 자기를 하나님이라고 내세운다

5. '누가' 그리스도의 재림 전에 나타난 불법한 자를 죽이는가?
① 예수님 ② 천사 ③ 모세 ④ 엘리야

4. ②

멸망의 아들의 특징

불법의 사람이다	살후 2:3
(하나님을) 대적하는 자이다	살후 2:4
자기를 높인다	살후 2:4
하나님의 성전에 앉아 자기를 하나님이라고 내세운다	살후 2:4

* 본 절에서 '불법의 사람'과 '멸망의 아들'은 동의어로서 하나님을 대적하는 '적그리스도'를 가리킨다(요일 2:18 참조).

5. ① (살후 2:8) 그 때에 불법한 자가 나타나리니 주 예수께서 그 입의 기운으로 그를 죽이시고 강림하여 나타나심으로 폐하시리라
* 본 절은 예수께서 '불법의 사람', 즉 '적그리스도'를 멸망시키실 것을 의미한다.

memo

주관식

1. "너희로 환난을 받게 하는 자들에게는 (　　)으로 갚으시고 환난을 받는 너희에게는 우리와 함께 (　　)으로 갚으시는 것이 하나님의 공의시니 주 예수께서 자기의 능력의 천사들과 함께 하늘로부터 불꽃 가운데에 나타나실 때에"

2. "우리가 너희와 함께 있을 때에도 너희에게 명하기를 누구든지 일하기 싫어하거든 (　　　　) 하라 하였더니"

3. "우리가 들은즉 너희 가운데 게으르게 행하여 도무지 일하지 아니하고 일을 만들기만 하는 자들이 있다 하니 이런 자들에게 우리가 명하고 주 예수 그리스도 안에서 권하기를 조용히 일하여 (　　　　)을 먹으라 하노라"

4. "평강의 주께서 친히 (　　　　　　) 너희에게 평강을 주시고 주께서 너희 모든 사람과 함께 하시기를 원하노라"

1. **환난, 안식** (살후 1:6-7 참조)
2. **먹지도 말게** (살후 3:10 참조)
3. **자기 양식** (살후 3:11-12 참조)
   * 당시 데살로니가 교인들 중에는 그리스도의 재림에 대한 잘못된 열망을 가지고 생업도 포기하고 빈둥거리며 교회를 어지럽게 하는 자들이 있었다. 그래서 바울은 그들이 자신의 양식을 위해 스스로 일을 하여 다른 사람에게 폐를 끼치는 일이 없도록 하라고 명한 것이다.
4. **때마다 일마다** (살후 3:16 참조)

디모데전서 1 Timothy

연대 및 저자

A.D. 63–66년경 사도 바울이 기록한 것으로 추정된다.

중심 내용

본서는 바울이 디모데에게 보낸 서신으로서 목회자의 자세, 직무, 목회의 원리 등과 함께 이단과 사설을 경계하는 내용을 담고 있다.

특징

1. 교회와 목회 전반에 걸친 지침과 교훈을 담고 있다.
2. 이단의 가르침을 경계하며 복음의 진리 수호를 강조하고 있다.
3. 신학적인 면보다 윤리적이며 실천적인 면을 강조하고 있다.

내용 분해

1. 복음의 진리 수호에 관한 교훈(1:1–20)

2. 공중 예배와 교회 직분자에 관한 교훈(2:1–3:16)

3. 목회자의 직무와 사역에 관한 교훈(4:1–16)

4. 교회 질서에 관한 교훈(5:1–25)

5. 성도에 대한 목회자의 자세에 관한 교훈(6:1–21)

memo

객관식

1. 목회서신에 해당되지 않는 책은?
① 디모데전서 ② 디모데후서
③ 디도서 ④ 빌레몬서

2. 디모데전서와 관계없는 것은?
① 바울 서신 중 가장 교리적인 가치를 지니고 있다
② 교회와 목회 전반에 걸친 지침과 교훈을 담고 있다
③ 이단의 가르침을 경계하며 복음의 진리 수호를 강조하고 있다
④ 신학적인 면보다 윤리적이며 실천적인 면을 강조하고 있다

3. 디모데전서가 기록된 연대로 추정되는 때는?
① A.D. 33-36년경 ② A.D. 43-46년경
③ A.D. 53-56년경 ④ A.D. 63-66년경

1. ④ 목회서신은 디모데전서, 디모데후서, 디도서이다.
2. ① 디모데전서는 바울이 디모데에게 보낸 서신으로서 목회자의 자세, 직무, 목회의 원리 등과 함께 이단과 사설을 경계하는 내용을 다루고 있다. 또한 교회와 목회 전반에 걸친 지침과 교훈을 담고 있으며, 이단의 가르침을 경계하고, 복음의 진리 수호를 강조하며, 신학적인 면보다 윤리적이며 실천적인 면을 강조하고 있다.
3. ④ 디모데전서는 A.D. 63-66년경 기록된 것으로 추정된다.

memo

4. 바울이 마게도냐로 갈 때에 디모데를 권하여 에베소에 머물도록 한 이유가 아닌 것은?
① 어떤 사람들이 다른 교훈을 가르치지 말게 하기 위함이다
② 어떤 사람들이 신화에 몰두하지 말게 하기 위함이다
③ 어떤 사람들이 분란을 일으키지 않게 하기 위함이다
④ 어떤 사람들이 끝없는 족보에 몰두하지 말게 하기 위함이다

5. 바울이 '예수님을 믿기 전 자신의 모습'을 표현한 말이 아닌 것은?
① 가해자 ② 비방자 ③ 박해자 ④ 폭행자

6. 디모데전서에서, 바울이 '믿음과 착한 양심을 버린 자'로 지적한 사람은?
① 유오디오와 순두게 ② 후메내오와 알렉산더
③ 유스도와 맛디아 ④ 에바브라와 에바브라디도

4. ③ (딤전 1:3-4) 내가 마게도냐로 갈 때에 너를 권하여 에베소에 머물라 한 것은 어떤 사람들을 명하여 다른 교훈을 가르치지 말며 신화와 끝없는 족보에 몰두하지 말게 하려 함이라

* 본 절에서 '어떤 사람들'은 잘못된 교리를 가르치는 거짓 교사들을 가리키며, '다른 교훈'은 이단 사상을 의미한다. 한편 '신화'는 어떤 신이 세상에 내려와서 어떤 성을 세웠다느니, 신이 어느 집 여자와 혼인하여 한 가문을 세웠다고 하는 것이다. 또한 '끝없는 족보'는 자신의 족보를 아브라함이나 야곱과 같은 유명한 조상들에게까지 억지로 연결시키는 것을 가리킨다.

5. ① (딤전 1:13) 내가 전에는 비방자요 박해자요 폭행자였으나 도리어 긍휼을 입은 것은 내가 믿지 아니할 때에 알지 못하고 행하였음이라

6. ② (딤전 1:19-20) 믿음과 착한 양심을 가지라 어떤 이들은 이 양심을 버렸고 그 믿음에 관하여는 파선하였느니라 그 가운데 후메내오와 알렉산더가 있으니 내가 사탄에게 내준 것은 그들로 훈계를 받아 신성을 모독하지 못하게 하려 함이라

memo

7. 디모데전서에서, 감독의 자격 요건에 해당되지 않는 것은?
① 정숙해야 한다
② 책망할 것이 없어야 한다
③ 가르치기를 잘해야 한다
④ 한 아내의 남편이 되어야 한다

7. ①

감독의 자격 요건

책망할 것이 없어야 한다	딤전 3:2
한 아내의 남편이 되어야 한다	딤전 3:2
절제해야 한다	딤전 3:2
신중해야 한다	딤전 3:2
단정해야 한다	딤전 3:2
나그네를 대접해야 한다	딤전 3:2
가르치기를 잘해야 한다	딤전 3:2
술을 즐기지 않아야 한다	딤전 3:3
구타하지 않아야 한다	딤전 3:3
관용해야 한다	딤전 3:3
다투지 않아야 한다	딤전 3:3
돈을 사랑하지 않아야 한다	딤전 3:3
자기 집을 잘 다스려야 한다	딤전 3:4
새로 입교한 자가 아니어야 한다	딤전 3:6
외인에게서도 선한 증거를 얻은 자라야 한다	딤전 3:7

memo

8. 디모데전서에서, 집사의 자격 요건에 해당되지 않는 것은?
① 가르치기를 잘해야 한다
② 일구이언하지 않아야 한다
③ 책망할 것이 없어야 한다
④ 믿음의 비밀을 가진 자라야 한다

9. 디모데전서 3장에서, 감독과 집사의 공통 자격 요건이 아닌 것은?
① 책망할 것이 없어야 한다
② 한 아내의 남편이 되어야 한다
③ 나그네를 대접해야 한다
④ 자기 집을 잘 다스려야 한다

8. ①

집사의 자격 요건

남자	정중해야 한다	딤전 3:8
	일구이언을 하지 않아야 한다	딤전 3:8
	술에 인박히지 않아야 한다	딤전 3:8
	더러운 이를 탐하지 않아야 한다	딤전 3:8
	깨끗한 양심을 가진 자라야 한다	딤전 3:9
	믿음의 비밀을 가진 자라야 한다	딤전 3:9
	책망할 것이 없어야 한다	딤전 3:10
	한 아내의 남편이 되어야 한다	딤전 3:12
	자녀를 잘 다스려야 한다	딤전 3:12
	자기 집을 잘 다스려야 한다	딤전 3:12
여자	정숙해야 한다	딤전 3:11
	모함하지 말아야 한다	딤전 3:11
	절제해야 한다	딤전 3:11
	모든 일에 충성된 자라야 한다	딤전 3:11

9. ③

감독과 집사의 공통 자격 요건

책망할 것이 없어야 한다	딤전 3:2, 10
한 아내의 남편이 되어야 한다	딤전 3:2, 12
술을 즐기거나 인박히지 않아야 한다	딤전 3:3, 8
자기 집을 잘 다스려야 한다	딤전 3:4, 12

memo

10. 디모데전서에서, 말세에 믿음에서 떠난 자들의 특징이 아닌 것은?
① 미혹하는 영과 귀신의 가르침을 따른다
② 경건의 모양은 있으나 경건의 능력은 부인한다
③ 양심이 화인을 맞아서 외식함으로 거짓말을 한다
④ 혼인을 금하고 어떤 음식물은 먹지 말라고 한다

11. 다음 (　　) 안에 들어갈 말은?
"망령되고 허탄한 신화를 버리고 (　　　)에 이르도록 네 자신을 연단하라 육체의 연단은 약간의 유익이 있으나 (　　　)은 범사에 유익하니 금생과 내생에 약속이 있느니라"
① 믿음　　② 소망　　③ 사랑　　④ 경건

12. 디모데전서 5장에서, 바울이 디모데에게 권면한 '성도를 대하는 태도'가 아닌 것은?
① 늙은이를 꾸짖지 말고 권하되 아버지에게 하듯 하라
② 젊은이에게는 형제에게 하듯 하라
③ 늙은 과부에게는 어머니에게 하듯 하라
④ 젊은 여자에게는 온전히 깨끗함으로 자매에게 하듯 하라

10. ②

말세에 믿음에서 떠난 자들의 특징

미혹하는 영과 귀신의 가르침을 따른다	딤전 4:1
양심이 화인을 맞아서 외식함으로 거짓말을 한다	딤전 4:2
혼인을 금하고 어떤 음식물은 먹지 말라고 한다	딤전 4:3

* 딤전 4:1에서 '후일'은 말세를 가리킨다(딤후 3:1; 약 5:3 참조). 한편 '말세'란 좁은 의미로는 예수 그리스도의 재림 직전을 가리키고, 넓은 의미로는 초림부터 재림까지의 기간을 의미한다.

11. ④ (딤전 4:7-8 참조)

12. ③ (딤전 5:1-2) 늙은이를 꾸짖지 말고 권하되 아버지에게 하듯 하며 젊은이에게는 형제에게 하듯 하고 늙은 여자에게는 어머니에게 하듯 하며 젊은 여자에게는 온전히 깨끗함으로 자매에게 하듯 하라

memo

13. 디모데전서 5장에서, 과부의 명부에 올릴 자격 요건이 아닌 것은?

① 나이가 60세 이상인 자 ② 한 남편의 아내였던 자
③ 이혼 당한 자 ④ 선한 행실의 증거가 있는 자

14. 바울은 디모데에게 어떤 장로들을 '더욱 존경하라'고 하였는가?

① 전도를 많이 하는 장로들
② 구제를 많이 하는 장로들
③ 손 대접하기를 힘쓰는 장로들
④ 잘 다스리는 장로들과 말씀을 가르치는 장로들

15. 디모데전서에서, 장로에 대한 고발은 몇 명의 증인이 있어야 하는가?

① 1–2명 ② 2–3명 ③ 3–4명 ④ 4–5명

16. 디모데전서에서, 바울이 디모데를 통해 부한 자들에게 명한 말이 아닌 것은?

① 마음을 높이지 말라
② 썩을 양식을 위하여 일하지 말라
③ 선을 행하고 선한 사업을 많이 하라
④ 정함이 없는 재물에 소망을 두지 말라

13. ③ (딤전 5:9–10) 과부로 명부에 올릴 자는 나이가 육십이 덜 되지 아니하고 한 남편의 아내였던 자로서 선한 행실의 증거가 있어 혹은 자녀를 양육하며 혹은 나그네를 대접하며 혹은 성도들의 발을 씻으며 혹은 환난 당한 자들을 구제하며 혹은 모든 선한 일을 행한 자라야 할 것이요

＊본 절에서 '과부로 명부에 올린다'는 것은 교회에서 구제를 받을 수 있는 대상이 되는 것을 가리킨다.

14. ④ (딤전 5:17) 잘 다스리는 장로들은 배나 존경할 자로 알되 말씀과 가르침에 수고하는 이들에게는 더욱 그리할 것이니라

＊본 절은 교회에서 성도들이 치리 장로와 말씀을 가르치는 장로, 즉 목사들을 존경하고 그들의 쓸 것을 공급해야 함을 가리킨다.

15. ② (딤전 5:19) 장로에 대한 고발은 두세 증인이 없으면 받지 말 것이요

16. ② (딤전 6:17–18) 부한 자들을 명하여 마음을 높이지 말고 정함이 없는 재물에 소망을 두지 말고 오직 우리에게 모든 것을 후히 주사 누리게 하시는 하나님께 두며 선을 행하고 선한 사업을 많이 하고 나누어 주기를 좋아하며 너그러운 자가 되게 하라

memo

주관식

1. "우리 ( ) 하나님과 우리의 ( )이신 그리스도 예수의 명령을 따라 그리스도 예수의 사도 된 바울은"

2. "이 교훈의 목적은 청결한 마음과 선한 양심과 거짓이 없는 믿음에서 나오는 ( )이거늘"

3. "그러나 ( )은 사람이 그것을 적법하게만 쓰면 선한 것임을 우리는 아노라"

4. 바울은 디모데에게 어떤 양심을 가지라고 하였는가?

5. "그러므로 내가 첫째로 권하노니 모든 사람을 위하여 간구와 기도와 ( )와 ( )를 하되"

1. **구주, 소망** (딤전 1:1 참조)
   * 본 절에서 바울이 하나님과 그리스도를 '구주 하나님'과 '소망이신 그리스도'라고 지칭한 것은 구세주로서의 하나님과 소망으로서의 그리스도를 동시에 고백한 것으로 볼 수 있다.
2. **사랑** (딤전 1:5 참조)
   * 본 절에서 '교훈'은 '다른 교훈을 가르치지 말며 신화와 끝없는 족보에 몰두하지 말라'고 명한 것을 가리킨다. 그런데 이 교훈의 목적이 사랑을 이루기 위함이라는 것이다.
3. **율법** (딤전 1:8 참조)
4. **착한 양심** (딤전 1:19) 믿음과 착한 양심을 가지라 어떤 이들은 이 양심을 버렸고 그 믿음에 관하여는 파선하였느니라
5. **도고, 감사** (딤전 2:1 참조)
   * 본 절에서 '첫째로'란 중요성에 있어서 우선순위를 가리킨다. 한편 간구와 기도와 도고와 감사는 다 같은 의미의 동의어이지만 '간구'는 특별한 경우 필요한 것을 간절히 구하는 기도를 의미하고, '도고'는 중보기도를 의미한다.

memo

6. 바울이 '임금들과 높은 지위에 있는 모든 사람을 위하여' 기도하라고 한 이유는?

7. "하나님은 모든 사람이 (   )을 받으며 (   )를 아는 데에 이르기를 원하시느니라"

8. 하나님과 사람 사이의 중보자는?

9. 디모데전서 3장에서, 집사의 직분을 잘한 자들이 얻는 것은?

10. "크도다 경건의 비밀이여, 그렇지 않다 하는 이 없도다 그는 (   )으로 나타난 바 되시고 (   )으로 의롭다 하심을 받으시고 천사들에게 보이시고 만국에서 전파되시고 세상에서 믿은 바 되시고 영광 가운데서 올려지셨느니라"

6. **고요하고 평안한 생활을 하기 위함이다** (딤전 2:2) 임금들과 높은 지위에 있는 모든 사람을 위하여 하라 이는 우리가 모든 경건과 단정함으로 고요하고 평안한 생활을 하려 함이라
7. **구원, 진리** (딤전 2:4 참조)
8. **그리스도 예수** (딤전 2:5) 하나님은 한 분이시요 또 하나님과 사람 사이에 중보자도 한 분이시니 곧 사람이신 그리스도 예수라
9. **아름다운 지위와 믿음에 큰 담력을 얻는다** (딤전 3:13) 집사의 직분을 잘한 자들은 아름다운 지위와 그리스도 예수 안에 있는 믿음에 큰 담력을 얻느니라

   * 본 절에서 '아름다운 지위'를 얻는다는 것은 교회에서 좋은 평판을 얻는 것을 가리킨다.
10. **육신, 영** (딤전 3:16 참조)

    * 본 절에서 '비밀'은 계시된 진리를 의미하는 것으로 예수 그리스도를 가리킨다(딤전 3:9 참조). 한편 예수 그리스도는 숨겨져 있다가 성육신하여 이 세상에 나타나셨으므로 '비밀'로 불리는 것이다.

memo

11. “그러나 (   )이 밝히 말씀하시기를 후일에 어떤 사람들이 믿음에서 떠나 미혹하는 영과 귀신의 가르침을 따르리라 하셨으니”

12. “하나님께서 지으신 모든 것이 선하매 감사함으로 받으면 버릴 것이 없나니 하나님의 (   )과 (   )로 거룩하여짐이라”

13. “누구든지 네 (   )을 업신여기지 못하게 하고 오직 말과 행실과 사랑과 믿음과 정절에 있어서 믿는 자에게 (   )이 되어”

14. “(   )로서 외로운 자는 하나님께 소망을 두어 주야로 항상 간구와 기도를 하거니와 (   )을 좋아하는 자는 살았으나 죽었느니라”

15. “누구든지 자기 (   ) 특히 자기 (   )을 돌보지 아니하면 믿음을 배반한 자요 불신자보다 더 악한 자니라”

16. “그러나 (   )이 있으면 경건은 큰 이익이 되느니라”

11. **성령** (딤전 4:1 참조)
12. **말씀, 기도** (딤전 4:4-5 참조)
13. **연소함, 본** (딤전 4:12 참조)
14. **참 과부, 향락** (딤전 5:5-6 참조)
    * 본 절에서 '참 과부'란 남편과 사별한 자로서 돌보아 줄 가족이 없는 여자를 가리킨다. 한편 젊은 과부들은 구제의 대상에서 제외되는데, 이는 재혼하여 새 남편에게서 경제적으로 부양을 받을 수 있기 때문이다(딤전 5:9, 11 참조).
15. **친족, 가족** (딤전 5:8 참조)
16. **자족하는 마음** (딤전 6:6 참조)

memo

17. “우리가 세상에 아무 것도 가지고 온 것이 없으매 또한 아무 것도 가지고 가지 못하리니 우리가 (   )과 (   )이 있은즉 족한 줄로 알 것이니라”

18. 바울은 무엇이 ‘일만 악의 뿌리’가 된다고 하였는가?

17. **먹을 것, 입을 것** (딤전 6:7–8 참조)
18. **돈을 사랑함** (딤전 6:10) 돈을 사랑함이 일만 악의 뿌리가 되나니 이것을 탐내는 자들은 미혹을 받아 믿음에서 떠나 많은 근심으로써 자기를 찔렀도다

디모데후서 2 Timothy

연대 및 저자

A.D. 66–67년경 사도 바울이 기록한 것으로 추정된다.

중심 내용

본서는 바울이 죽음을 앞두고 자신의 동역자이자 후계자인 디모데를 격려하고 목회적 지침을 주는 내용을 담고 있다.

특징

1. 바울의 마지막 서신으로서 일종의 유언적인 성격을 띠고 있다.
2. 개인적인 성격이 두드러진 서신이다.
3. 복음과 함께 고난받는 복음 사역자들의 삶이 부각되어 있다.

내용 분해

1. 디모데에 대한 감사와 격려(1:1–18)

2. 사역자의 임무와 자세(2:1–26)

3. 말세의 현상과 대처 방법(3:1–17)

4. 바울의 개인적인 부탁과 권면(4:1–22)

memo

객관식

1. 디모데후서와 관계없는 것은?
   ① 이단의 가르침을 경계하고 있다
   ② 개인적인 성격이 두드러진 서신이다
   ③ 복음과 함께 고난받는 복음 사역자들의 삶이 부각되어 있다
   ④ 바울의 마지막 서신으로서 일종의 유언적인 성격을 띠고 있다

2. 디모데후서가 기록된 연대로 추정되는 때는?
   ① A.D. 36–37년경 ② A.D. 46–47년경
   ③ A.D. 56–57년경 ④ A.D. 66–67년경

3. 바울이 '디모데의 외조모와 어머니 속에 있던 것'이 디모데 속에도 있는 줄 확신한 것은?
   ① 용서하는 사랑 ② 고난을 이기는 인내
   ③ 거짓이 없는 믿음 ④ 천국에 대한 소망

4. 바울이 복음을 위하여 세우심을 입은 '직분'이 아닌 것은?
   ① 선포자 ② 선지자 ③ 사도 ④ 교사

1. ① 디모데후서는 바울이 죽음을 앞두고 자신의 동역자이자 후계자인 디모데를 격려하고 목회적 지침을 주는 내용을 담고 있다. 또한 바울의 마지막 서신으로서 일종의 유언적인 성격을 띠고 있고, 개인적인 성격이 두드러진 서신이며, 복음과 함께 고난받는 복음 사역자들의 삶이 부각되어 있다.
2. ④ 디모데후서는 A.D. 66–67년경 기록된 것으로 추정된다.
3. ③ (딤후 1:5) 이는 네 속에 거짓이 없는 믿음이 있음을 생각함이라 이 믿음은 먼저 네 외조모 로이스와 네 어머니 유니게 속에 있더니 네 속에도 있는 줄을 확신하노라
   * 디모데가 거짓 없는 믿음, 즉 참된 믿음을 갖게 된 것은 외조모 로이스와 어머니 유니게의 믿음을 이어받았기 때문인 것으로 보인다.
4. ② (딤후 1:11) 내가 이 복음을 위하여 선포자와 사도와 교사로 세우심을 입었노라

memo

5. 바울이 로마의 옥에 갇힌 것을 부끄러워하지 않고 부지런히 찾아와 준 사람은?
   ① 후메네오　② 빌레도　③ 그레스게　④ 오네시보로

6. 디모데후서 2장에서, 바울이 복음 전도자를 비유한 것이 아닌 것은?
   ① 씨 뿌리는 자　② 수고하는 농부
   ③ 경기하는 자　④ 병사로 복무하는 자

7. 디모데후서에서, 큰 집(교회)에 있는 '그릇의 종류'가 아닌 것은?
   ① 금 그릇　② 은 그릇　③ 놋 그릇　④ 질그릇

5. ④ (딤후 1:16-17) 원하건대 주께서 오네시보로의 집에 긍휼을 베푸시옵소서 그가 나를 자주 격려해 주고 내가 사슬에 매인 것을 부끄러워하지 아니하고 로마에 있을 때에 나를 부지런히 찾아와 만났음이라

6. ① (딤후 2:4-6) 병사로 복무하는 자는 자기 생활에 얽매이는 자가 하나도 없나니 이는 병사로 모집한 자를 기쁘게 하려 함이라 경기하는 자가 법대로 경기하지 아니하면 승리자의 관을 얻지 못할 것이며 수고하는 농부가 곡식을 먼저 받는 것이 마땅하니라

7. ③ (딤후 2:20) 큰 집에는 금 그릇과 은 그릇뿐 아니라 나무 그릇과 질그릇도 있어 귀하게 쓰는 것도 있고 천하게 쓰는 것도 있나니
   * 본 절에서 '큰 집'은 '교회'를 상징하는 것으로 볼 수 있다. 따라서 본 절은 교회 안에는 다양한 종류의 사람들이 있다는 것을 가리킨다.

memo

8. 디모데후서에서, 말세의 타락상이 아닌 것은?

① 자기를 사랑한다 ② 자녀를 사랑한다

③ 돈을 사랑한다 ④ 감사하지 아니한다

9. '성경'에 관한 설명으로 맞지 않는 것은?

① 하나님의 감동으로 된 것이다

② 교훈과 책망과 바르게 함과 의로 교육하기에 유익하다

③ 하나님의 사람으로 온전하게 한다

④ 모든 일을 행할 수 있는 능력을 갖추게 한다

8. ②

말세의 타락상

자신과의 관계	자기를 사랑한다	딤후 3:2
	돈을 사랑한다	딤후 3:2
	자랑한다	딤후 3:2
이웃과의 관계	교만하다	딤후 3:2
	비방한다	딤후 3:2
	부모를 거역한다	딤후 3:2
	감사하지 아니한다	딤후 3:2
	거룩하지 아니한다	딤후 3:2
	무정하다	딤후 3:3
	원통함을 풀지 아니한다	딤후 3:3
	모함한다	딤후 3:3
	절제하지 못한다	딤후 3:3
	사납다	딤후 3:3
	선한 것을 좋아하지 아니한다	딤후 3:3
	배반한다	딤후 3:4
	조급하다	딤후 3:4
	자만하다	딤후 3:4
하나님과의 관계	쾌락을 사랑하기를 하나님 사랑하는 것보다 더한다	딤후 3:4
	경건의 모양은 있으나 경건의 능력은 부인한다	딤후 3:5

9. ④ (딤후 3:16-17) 모든 성경은 하나님의 감동으로 된 것으로 교훈과 책망과 바르게 함과 의로 교육하기에 유익하니 이는 하나님의 사람으로 온전하게 하며 모든 선한 일을 행할 능력을 갖추게 하려 함이라

memo

10. 다음 (　　　　　　　　) 안에 들어갈 말은?

"이제 후로는 나를 위하여 (　　　　　　　　　)이 예비되었으므로 주 곧 의로우신 재판장이 그 날에 내게 주실 것이며 내게만 아니라 주의 나타나심을 사모하는 모든 자에게도니라"

① 금 면류관　　② 생명의 면류관

③ 의의 면류관　　④ 영광의 면류관

11. 이 세상을 사랑하여 바울을 버리고 데살로니가로 간 사람은?

① 데마　② 그레스게　③ 디도　④ 마가

10. ③ (딤후 4:8 참조)

11. ① (딤후 4:10) 데마는 이 세상을 사랑하여 나를 버리고 데살로니가로 갔고 그레스게는 갈라디아로, 디도는 달마디아로 갔고

* '데마'는 바울이 옥중서신을 기록할 당시(A.D. 61-63년)까지만 해도 바울을 도왔던 사람이다(골 4:14; 몬 1:24 참조). 그런데 바울이 투옥되자 자신의 신변에 위협을 느껴 신앙을 저버리고 바울을 떠난 것으로 보인다.

memo

12. 디모데후서 4장에서, 바울은 디모데에게 '누구'를 데리고 오라고 했는가?
① 두기고　② 알렉산더　③ 마가　④ 누가

13. 다음 (　　) 안에 들어갈 말은?
"너는 (　　) 전에 어서 오라 으불로와 부데와 리노와 글라우디아와 모든 형제가 다 네게 문안하느니라"
① 봄　② 여름　③ 가을　④ 겨울

12. ③ (딤후 4:11) 누가만 나와 함께 있느니라 네가 올 때에 마가를 데리고 오라 그가 나의 일에 유익하니라
* 본 절에서 '나의 일'이란 바울의 개인적인 일이 아니라 복음 사역을 가리킨다. 한편 마가는 바울이 로마 감옥에 1차 투옥되었을 때 바울과 함께 로마에 있었으며(골 4:10; 몬 1:24 참조), 이후에도 베드로와 함께 로마에 있었기 때문에(벧전 5:13 참조) 로마의 형편을 잘 알고 있었을 것이다. 그러므로 이제 로마 감옥에 2차 투옥된 바울은 로마의 형편을 잘 알고 있는 마가에게 복음 사역을 맡기기 위해 디모데에게 그를 데리고 오라고 한 것으로 보인다.

13. ④ (딤후 4:21 참조)
* 바울이 디모데에게 겨울 전에 오라고 한 것은 추위에 대비할 겉옷이 필요했기 때문인 것으로 보인다(딤후 4:13 참조).

memo

주관식

1. "하나님의 뜻으로 말미암아 그리스도 예수 안에 있는 생명의 약속 대로 그리스도 예수의 사도 된 바울은 사랑하는 아들 디모데에게 편지하노니 하나님 아버지와 그리스도 예수 우리 주께로부터 은혜와 (   )과 평강이 네게 있을지어다"

2. 디모데의 외조모와 어머니의 이름은?

3. "하나님이 우리에게 주신 것은 (   ) 마음이 아니요 오직 능력과 사랑과 절제하는 마음이니"

4. "그러므로 너는 내가 우리 주를 증언함과 또는 주를 위하여 갇힌 자 된 나를 부끄러워하지 말고 오직 하나님의 능력을 따라 복음과 함께 (   )을 받으라"

1. **긍휼** (딤후 1:1-2 참조)
   * 바울은 일반적으로 편지의 서두에 '은혜와 평강'이라는 말로 문안하는데 본 절에서는 '긍휼'이란 말을 첨가했다. 이는 당시 유대주의와 영지주의가 판을 치던 소아시아의 에베소 교회에서 사역한 디모데에게 하나님의 긍휼이 필요했기 때문인 것으로 보인다.
2. **로이스, 유니게** (딤후 1:5) 이는 네 속에 거짓이 없는 믿음이 있음을 생각함이라 이 믿음은 먼저 네 외조모 로이스와 네 어머니 유니게 속에 있더니 네 속에도 있는 줄을 확신하노라
3. **두려워하는** (딤후 1:7 참조)
4. **고난** (딤후 1:8 참조)
   * 본 절에서 '복음과 함께 고난을 받으라'는 말은 '복음을 위하여 고난을 받으라'는 뜻으로, 예수 그리스도의 복음에 근거한 정통 교리를 확립하고 수호하라는 것이다.

memo

5. 바울은 자신이 디모데에게 전해 준 복음을 '누구'에게 부탁하라고 하였는가?

6. "너는 그리스도 예수의 좋은 ( )로 나와 함께 ( )을 받으라"

7. "복음으로 말미암아 내가 죄인과 같이 매이는 데까지 고난을 받았으나 ( )은 매이지 아니하니라"

8. 디모데후서에서, 악성 종양이 퍼져나감과 같은 말을 한 두 사람은?

9. "그러므로 누구든지 이런 것에서 자기를 ( ) 하면 귀히 쓰는 그릇이 되어 거룩하고 주인의 쓰심에 합당하며 모든 선한 일에 준비함이 되리라"

5. **충성된 사람들** (딤후 2:1-2) 내 아들아 그러므로 너는 그리스도 예수 안에 있는 은혜 가운데서 강하고 또 네가 많은 증인 앞에서 내게 들은 바를 충성된 사람들에게 부탁하라 그들이 또 다른 사람들을 가르칠 수 있으리라
  * 본 절에서 '내게 들은 바'란 바울이 디모데에게 전해 준 복음을 가리킨다. 한편 '많은 증인'은 바울이 전한 복음을 들은 많은 사람들을 의미하는 것으로 보인다.
6. **병사, 고난** (딤후 2:3 참조)
  * 바울은 복음 전파와 관련하여 군대 용어를 자주 사용했다(롬 6:13; 고전 9:7; 고후 6:7; 10:3-5; 엡 6:10-17; 빌 2:25; 몬 1:2 참조). 한편 좋은 군사는 상관의 명령에 절대 복종하듯이, 복음을 전하는 자는 예수 그리스도의 명령에 전적으로 복종해야 한다.
7. **하나님의 말씀** (딤후 2:9 참조)
8. **후메내오와 빌레도** (딤후 2:17) 그들의 말은 악성 종양이 퍼져나감과 같은데 그 중에 후메내오와 빌레도가 있느니라
9. **깨끗하게** (딤후 2:21 참조)
  * 본 절에서 '이런 것'은 거짓 교사들의 '망령되고 헛된 말'을 가리키는데(딤후 2:16 참조), 궁극적으로는 기독교의 진리에서 벗어난 것을 가리킨다. 한편 '모든 선한 일에 준비함이 된다'는 말은 하나님의 말씀으로 깨끗하게 되어 선을 행함에 있어서 준비된 상태를 말한다(고후 9:8; 딤후 3:17 참조).

memo

10. "또한 너는 청년의 정욕을 피하고 주를 깨끗한 마음으로 부르는 자들과 함께 (   )와 (   )과 (   )과 (   )을 따르라"

11. "경건의 (   )은 있으나 경건의 (   )은 부인하니 이같은 자들에게서 네가 돌아서라"

12. "(   )와 (   )가 모세를 대적한 것 같이 그들도 진리를 대적하니 이 사람들은 그 마음이 부패한 자요 믿음에 관하여는 버림 받은 자들이라"

13. "무릇 그리스도 예수 안에서 경건하게 살고자 하는 자는 (   )를 받으리라"

14. 그리스도 예수 안에 있는 믿음으로 말미암아 '구원에 이르는 지혜'가 있게 하는 것은?

15. "너는 (   )을 전파하라 때를 얻든지 못 얻든지 항상 힘쓰라 범사에 오래 참음과 가르침으로 경책하며 경계하며 권하라"

10. **의, 믿음, 사랑, 화평** (딤후 2:22 참조)
11. **모양, 능력** (딤후 3:5 참조)
12. **얀네, 얌브레** (딤후 3:8 참조)
    * 얀네와 얌브레는 구약성경에 나오지 않지만, 후기 유대교 문헌이나 초기 기독교 문헌에는 얀네와 얌브레가 모세를 대적했던 애굽의 요술사들(출 7:11, 22; 8:7, 18 참조)로 언급되어 있다. 가말리엘의 문하생으로서 유대인들의 전통에 능했던 바울(행 22:3 참조)은 이러한 문헌에 의거해 본 절의 내용을 말한 것으로 보인다.
13. **박해** (딤후 3:12 참조)
14. **성경** (딤후 3:15) 또 어려서부터 성경을 알았나니 성경은 능히 너로 하여금 그리스도 예수 안에 있는 믿음으로 말미암아 구원에 이르는 지혜가 있게 하느니라
15. **말씀** (딤후 4:2 참조)

디도서 Titus

연대 및 저자

A.D. 66년경 바울이 기록한 것으로 추정된다.

중심 내용

본서는 하나님의 선택, 구원의 보편성, 영생, 그리스도의 신성, 재림, 칭의 등과 같은 기독교의 핵심 진리와 교회생활과 관련된 실제적인 교훈들을 담고 있다.

특징

1. 디모데전서와 흡사하여 '디모데전서의 축소판'이라고 불린다.
2. 하나님의 은혜와 더불어 신앙의 실천적인 면을 강조하고 있다.
3. 기독교의 핵심 진리가 논리적으로 제시되어 있다.

내용 분해

1. 교회 질서 확립과 거짓 교사 경계(1:1–16)

2. 교회 각층에 대한 지침(2:1–3:15)

memo

객관식

1. 디도서와 관계없는 것은?
   ① 디모데전서와 흡사하여 디모데전서의 축소판이라고 불린다
   ② 신앙의 실천적인 면보다 신학적인 면을 강조하고 있다
   ③ 하나님의 은혜와 더불어 신앙의 실천적인 면을 강조하고 있다
   ④ 기독교의 핵심 진리가 논리적으로 제시되어 있다

2. 디도서가 기록된 연대로 추정되는 때는?
   ① A.D. 36년경 ② A.D. 46년경
   ③ A.D. 56년경 ④ A.D. 66년경

1. ② 디도서는 하나님의 선택, 구원의 보편성, 영생, 그리스도의 신성, 재림, 칭의 등과 같은 기독교의 핵심 진리와 교회 생활과 관련된 실제적인 교훈들을 담고 있다. 또한 디모데전서와 흡사하여 '디모데전서의 축소판'이라고 불리는 본서는 하나님의 은혜와 더불어 신앙의 실천적인 면을 강조하고 있으며, 기독교의 핵심 진리가 논리적으로 제시되어 있다.
2. ④ 디도서는 A.D. 66년경 기록된 것으로 추정된다.

memo

3. 디도서에서, 바울은 디도를 '어디'에 남겨 두었는가?
① 안디옥 ② 에베소 ③ 그레데 ④ 구브로

4. 디도서 1장에서, 장로의 자격과 상관없는 것은?
① 책망할 것이 없어야 한다
② 한 아내의 남편이어야 한다
③ 믿는 자녀를 둔 자라야 한다
④ 성경에 능통한 자라야 한다

5. 다음 ( ) 안에 들어갈 말은?
"불순종하고 헛된 말을 하며 속이는 자가 많은 중 ( ) 가운데 특히 그러하니"
① 바리새파 ② 사두개인 ③ 할례파 ④ 그레데인

3. ③ (딛 1:5) 내가 너를 그레데에 남겨 둔 이유는 남은 일을 정리하고 내가 명한 대로 각 성에 장로들을 세우게 하려 함이니
4. ④

장로(감독)의 자격 요건

책망할 것이 없어야 한다	딛 1:6
한 아내의 남편이어야 한다	딛 1:6
믿는 자녀를 둔 자라야 한다	딛 1:6
제 고집대로 하지 않아야 한다	딛 1:7
급히 분내지 않아야 한다	딛 1:7
술을 즐기지 않아야 한다	딛 1:7
구타하지 않아야 한다	딛 1:7
더러운 이득을 탐하지 않아야 한다	딛 1:7
나그네를 대접해야 한다	딛 1:8
선행을 좋아해야 한다	딛 1:8
신중해야 한다	딛 1:8
의로워야 한다	딛 1:8
거룩해야 한다	딛 1:8
절제해야 한다	딛 1:8
말씀의 가르침을 그대로 지켜야 한다	딛 1:9

* 목회서신에서 '장로'와 '감독'이란 말은 동의어처럼 사용되고 있다(행 20:17, 28 참조).

5. ③ (딛 1:10 참조)
* '할례파'는 유대교에서 개종한 유대인 그리스도인들 가운데 '율법주의'를 고집하는 자들이다(행 10:45; 갈 2:12 참조).

memo

6. 디도서에서, 그레데인들을 일컫는 말이 아닌 것은?
① 거짓말쟁이다 ② 악한 짐승이다
③ 불의한 자들이다 ④ 배만 위하는 게으름뱅이다

7. 디도서에서, 늙은 남자들에 대한 교훈이 아닌 것은?
① 절제하라 ② 경건하라 ③ 신중하라 ④ 용서하라

8. 디도서 2장에 나오는 교훈의 대상이 아닌 자는?
① 늙은 남자 ② 늙은 여자 ③ 종들 ④ 상전들

6. ③ (딛 1:12) 그레데인 중의 어떤 선지자가 말하되 그레데인들은 항상 거짓말쟁이며 악한 짐승이며 배만 위하는 게으름뱅이라 하니

7. ④ (딛 2:2) 늙은 남자로는 절제하며 경건하며 신중하며 믿음과 사랑과 인내함에 온전하게 하고

8. ④

디도서 2장에 나오는 교훈의 대상

늙은 남자	딛 2:2
늙은 여자	딛 2:3
젊은 여자	딛 2:4-5
젊은 남자	딛 2:6-8
종들	딛 2:9-10

memo

9. 디도서에서, 늙은 여자들에 대한 교훈이 아닌 것은?

① 훔치지 말라　　② 술의 종이 되지 말라
③ 모함하지 말라　　④ 행실을 거룩하게 하라

10. 디도서에서, 젊은 남자들에 대한 교훈이 아닌 것은?

① 신중하라　　② 바른 말을 하라
③ 단정하라　　④ 담대하라

11. 디도서에서, 종들에 대한 교훈이 아닌 것은?

① 훔치지 말아야 한다
② 거짓말을 하지 말아야 한다
③ 자기 상전들에게 범사에 순종해야 한다
④ 자기 상전들에게 거슬러 말하지 말아야 한다

12. 디도서에서, 바울이 말한 '무익하고 헛된 것'이 아닌 것은?

① 족보 이야기　　② 어리석은 변론
③ 세대 이야기　　④ 율법에 대한 다툼

13. 다음 (　　　) 안에 들어갈 말은?

"이단에 속한 사람을 (　　　) 훈계한 후에 멀리하라"

① 한두 번　　② 두어 번　　③ 두세 번　　④ 서너 번

9. ① (딛 2:3) 늙은 여자로는 이와 같이 행실이 거룩하며 모함하지 말며 많은 술의 종이 되지 아니하며 선한 것을 가르치는 자들이 되고

10. ④ (딛 2:6-8) 너는 이와 같이 젊은 남자들을 신중하도록 권면하되 … 단정함과 책망할 것이 없는 바른 말을 하게 하라 이는 대적하는 자로 하여금 부끄러워 우리를 악하다 할 것이 없게 하려 함이라

11. ② (딛 2:9-10) 종들은 자기 상전들에게 범사에 순종하여 기쁘게 하고 거슬러 말하지 말며 훔치지 말고 오히려 모든 참된 신실성을 나타내게 하라 이는 범사에 우리 구주 하나님의 교훈을 빛나게 하려 함이라

12. ③ (딛 3:9) 그러나 어리석은 변론과 족보 이야기와 분쟁과 율법에 대한 다툼은 피하라 이것은 무익한 것이요 헛된 것이니라

13. ① (딛 3:10 참조)

memo

주관식

1. “우리를 구원하시되 우리가 행한 바 의로운 행위로 말미암지 아니하고 오직 그의 긍휼하심을 따라 (　　　)의 씻음과 (　　　)의 새롭게 하심으로 하셨나니”

2. “내가 아데마나 두기고를 네게 보내리니 그 때에 네가 급히 (　　　)로 내게 오라 내가 거기서 (　　)을 지내기로 작정하였노라”

3. “율법교사 (　　　)와 및 아볼로를 급히 먼저 보내어 그들로 부족함이 없게 하고”

1. 중생, 성령 (딛 3:5 참조)

2. 니고볼리, 겨울 (딛 3:12 참조)

* 바울이 니고볼리에서 겨울을 지내기로 작정한 이유는 그곳이 겨울을 보내기에 적절했을 뿐만 아니라 디도를 만나기에 편한 곳이었기 때문인 것으로 보인다.

3. 세나 (딛 3:13 참조)

* 본 절에서 '세나'는 유대인으로서 기독교로 개종한 자인 것으로 여겨진다. 한편 유대 율법에 정통한 세나와 성경에 능통한 아볼로(행 18:24 참조)는 당시 그레데에서 이단에 속한 사람들(딛 3:9-10 참조)에 대항한 것으로 보인다.

빌레몬서 Philemon

연대 및 저자

A.D. 62년경 사도 바울이 기록한 것으로 추정된다.

중심 내용

본서는 빌레몬과 그의 종인 오네시모와의 관계를 통해 그리스도인의 사랑과 용서와 화해를 보여 준다.

특징

1. 바울서신 중에서 가장 짧은 서신이다.
2. 바울서신 중에서 가장 개인적인 서신이다.
3. 그리스도인의 사랑과 용서를 강조하고 있다.

내용 분해

1. 빌레몬에 대한 바울의 감사(1:1-7)

2. 오네시모에 대한 바울의 부탁(1:8-22)

3. 끝맺는 인사(1:23-25)

memo

객관식

1. 빌레몬서와 관계없는 것은?
   ① 바울서신 중에서 가장 짧은 서신이다
   ② 바울서신 중에서 가장 개인적인 서신이다
   ③ 그리스도인의 고난과 축복을 강조하고 있다
   ④ 그리스도인의 사랑과 용서를 강조하고 있다

2. 빌레몬서가 기록된 연대로 추정되는 때는?
   ① A.D. 33년경 ② A.D. 43년경
   ③ A.D. 52년경 ④ A.D. 62년경

3. 빌레몬서에서, 바울은 자신을 어떻게 소개하고 있는가?
   ① 예수 그리스도의 종
   ② 사도로 부르심을 받은 자
   ③ 예수 그리스도의 사도
   ④ 그리스도 예수를 위하여 갇힌 자

1. ③ 빌레몬서는 빌레몬과 그의 종인 오네시모와의 관계를 통해 그리스도인의 사랑과 용서와 화해를 보여 준다. 또한 바울서신 중에서 가장 짧은 서신이며 가장 개인적인 서신으로, 그리스도인의 사랑과 용서를 강조하고 있다.
2. ④ 빌레몬서는 A.D. 62년경 기록된 것으로 추정된다.
3. ④ (몬 1:1) 그리스도 예수를 위하여 갇힌 자 된 바울과 및 형제 디모데는 우리의 사랑을 받는 자요 동역자인 빌레몬과
   * 바울은 일반적으로 다른 서신들에서는 자신을 '예수 그리스도의 종'(롬 1:1; 빌 1:1 참조), '사도로 부르심을 받은 자'(롬 1:1; 고전 1:1 참조), '예수 그리스도의 사도'(고후 1:1; 엡 1:1 참조) 등으로 소개하고 있는데, 본서에서는 자신을 '갇힌 자'로 소개하고 있다. 이는 바울이 빌레몬에게 '사도의 권위'로서가 아니라 '호소'를 통해 권면한 것이기 때문으로 보인다.

memo

4. 빌레몬서에서, 바울은 누구를 가리켜 '갇힌 중에서 낳은 아들'이라 고 하였는가?
   ① 디모데　② 디도　③ 빌레몬　④ 오네시모

5. 빌레몬서에서, 바울이 오네시모를 지칭한 말이 아닌 것은?
   ① 아들　② 형제　③ 동역자　④ 심복

6. 바울이 오네시모를 빌레몬에게 돌려보내는 이유는?
   ① 빌레몬이 선한 일을 자의로 하게 하려고
   ② 오네시모에게 회개할 수 있는 기회를 주기 위해
   ③ 빌레몬에게 오네시모를 용서할 기회를 주기 위해
   ④ 오네시모의 변화된 모습을 빌레몬에게 보여 주기 위해

7. 빌레몬과 오네시모는 원래 어떤 관계였는가?
   ① 주종 관계　② 군신 관계
   ③ 부자 관계　④ 형제 관계

4. ④ (몬 1:10) 갇힌 중에서 낳은 아들 오네시모를 위하여 네게 간구하노라

5. ③

바울의 오네시모에 대한 지칭

아들	몬 1:10
심복	몬 1:12
종	몬 1:16
형제	몬 1:16

6. ① (몬 1:14) 다만 네 승낙이 없이는 내가 아무 것도 하기를 원하지 아니하노니 이는 너의 선한 일이 억지 같이 되지 아니하고 자의로 되게 하려 함이라

7. ① (몬 1:16) 이 후로는 종과 같이 대하지 아니하고 종 이상으로 곧 사랑 받는 형제로 둘 자라 내게 특별히 그러하거든 하물며 육신과 주 안에서 상관된 네게랴

memo

8. 빌레몬서에서, 바울이 자신의 동역자로 소개한 사람이 아닌 자는?

① 마가 ② 누가 ③ 데마 ④ 게바

8. ④ (몬 1:23-24) 그리스도 예수 안에서 나와 함께 갇힌 자 에바브라와 또한 나의 동역자 마가, 아리스다고, 데마, 누가가 문안하느니라

＊본 절에서 '함께 갇힌 자'란 말은 에바브라가 바울과 함께 옥중에 있다는 뜻이 아니라, 옥중에 있는 바울을 보살핌으로 복음을 위해 고난을 받고 있다는 의미이다. 이는 에바브라가 자유롭게 왕래하며 골로새 교회의 소식을 옥중에 있는 바울에게 전해 주었다는 사실을 미루어 알 수 있다. 한편 에바브라는 골로새 사람으로서(골 4:12 참조) 골로새 교회를 세웠으며 히에라볼리와 라오디게아에서도 복음을 전했다(골 4:13 참조).

memo

주관식

1. 빌레몬서 1장에서, 바울이 빌레몬을 지칭한 말은?

2. "이러므로 내가 그리스도 안에서 아주 담대하게 네게 마땅한 일로 명할 수도 있으나 도리어 (   )으로써 간구하노라 나이가 많은 나 바울은 지금 또 예수 그리스도를 위하여 갇힌 자 되어"

3. 바울은 빌레몬에게 오네시모를 어떻게 대하라고 권했는가?

1. **사랑을 받는 자요 동역자** (몬 1:1) 그리스도 예수를 위하여 갇힌 자 된 바울과 및 형제 디모데는 우리의 사랑을 받는 자요 동역자인 빌레몬과
2. **사랑** (몬 1:8–9 참조)
3. **사랑 받는 형제로** (몬 1:16) 이 후로는 종과 같이 대하지 아니하고 종 이상으로 곧 사랑 받는 형제로 둘 자라 내게 특별히 그러하거든 하물며 육신과 주 안에서 상관된 네게랴
   * 본 절은 바울이 자신과 오네시모와의 관계를 설명하면서 빌레몬에게 오네시모를 형제로 받아들이도록 권면한 것이다.

공동
서신

히브리서

야고보서

베드로전서

베드로후서

요한1서

요한2서

요한3서

유다서

히브리서 Hebrews

연대 및 저자 A.D. 64년경 기록한 것으로 추정되며, 저자가 누구인지는 알 수 없다.

중심 내용 본서는 우월하시고, 완전하시며, 영원하신 예수 그리스도의 대제사장직을 독특한 관점에서 다루고 있다.

특징

1. 신약성경 중에서 구약의 인용이 가장 많은 책이다.
2. 예수 그리스도의 우월성과 완전성을 강조하고 있다.
3. 그리스도의 대제사장직을 논리적으로 전개하고 있다.

내용 분해

1. 우월하신 그리스도(1:1–4:13)

1) 선지자보다 우월하신 그리스도(1:1–3)
2) 천사보다 우월하신 그리스도(1:4–2:18)
3) 모세보다 우월하신 그리스도(3:1–4:13)

2. 우월하신 그리스도의 사역(4:14–10:18)

1) 대제사장으로서의 자격(4:14–7:28)
2) 대제사장으로서의 사역(8:1–10:18)

3. 그리스도 안에서 우월한 그리스도인(10:19–13:25)

1) 성숙한 믿음으로의 권면(10:19–39)
2) 믿음의 증인들(11:1–40)
3) 그리스도인의 믿음의 소망(12:1–29)
4) 마지막 권면(13:1–25)

memo

객관식

1. 공동서신에 해당되지 않는 책은?

① 디도서 ② 히브리서 ③ 야고보서 ④ 유다서

2. 히브리서와 관계없는 것은?

① 신약성경 중에서 구약의 인용이 가장 많은 책이다

② 예수 그리스도의 우월성과 완전성을 강조하고 있다

③ 구원의 교리와 실천적 교훈을 체계적으로 다루고 있다

④ 그리스도의 대제사장직을 논리적으로 전개하고 있다

3. 히브리서가 기록된 연대로 추정되는 때는?

① A.D. 34년경 ② A.D. 44년경

③ A.D. 54년경 ④ A.D. 64년경

4. 히브리서의 저자는?

① 누가 ② 바나바 ③ 아볼로 ④ 미상

1. ① 공동서신은 히브리서, 야고보서, 베드로전 · 후서, 요한일서, 요한이서, 요한삼서, 유다서 등 8권이다.
2. ③ 히브리서는 우월하시고, 완전하시며, 영원하신 예수 그리스도의 대제사장직을 독특한 관점에서 다루고 있다. 또한 신약성경 중에서 구약의 인용이 가장 많은 책으로, 예수 그리스도의 우월성과 완전성을 강조하고 있으며, 그리스도의 대제사장직을 논리적으로 전개하고 있다.
3. ④ 히브리서는 A.D. 64년경 기록된 것으로 추정된다.
4. ④ 히브리서의 저자가 누구인지는 알 수 없다.

memo

5. '이 모든 날 마지막'에는 하나님이 누구를 통하여 말씀하시는가?

① (하나님의) 아들　　② 성령

③ 제자들　　④ 주의 종

6. 히브리서에서, 하나님께서 천사들을 보내신 이유는?

① 하나님의 아들을 섬기라고 보내셨다

② 하나님의 종들을 섬기라고 보내셨다

③ 복음 전하는 자들을 섬기라고 보내셨다

④ 구원 받을 상속자들을 섬기라고 보내셨다

7. 히브리서에서, '그리스도와 함께 참여한 자'가 되기 위한 조건은?

① 찬송의 제사를 드리는 일에 힘써야 한다

② 때를 얻든지 못 얻든지 말씀 전파에 힘써야 한다

③ 모든 사람과 더불어 화평함과 거룩함을 따라야 한다

④ 시작할 때에 확신한 것을 끝까지 견고히 잡고 있어야 한다

5. ① (히 1:2) 이 모든 날 마지막에는 아들을 통하여 우리에게 말씀하셨으니 이 아들을 만유의 상속자로 세우시고 또 그로 말미암아 모든 세계를 지으셨느니라

* 본 절에서 '이 모든 날 마지막'은 그리스도의 초림으로부터 재림 때까지의 모든 날을 가리킨다. 한편 이 말은 '마지막 때'(요일 2:18; 유 1:18 참조), '말세'(행 2:17; 약 5:3 참조), '그리스도 예수의 날'(빌 1:6 참조), '주의 날'(살전 5:2; 살후 2:2 참조) 등으로도 표현되었다.

6. ④ (히 1:14) 모든 천사들은 섬기는 영으로서 구원 받을 상속자들을 위하여 섬기라고 보내심이 아니냐

7. ④ (히 3:14) 우리가 시작할 때에 확신한 것을 끝까지 견고히 잡고 있으면 그리스도와 함께 참여한 자가 되리라

* 본 절은 성도가 그리스도와 함께 하나님 나라를 상속받기 위해서는 처음 믿음을 저버리지 말고 끝까지 지켜야 한다는 의미이다.

memo

8. 출애굽 한 이스라엘 백성이 안식에 들어가지 못한 이유는?
   ① 율법을 잘 지키지 않았기 때문이다
   ② 우상 숭배의 죄를 범했기 때문이다
   ③ 이방 나라와 전쟁을 많이 했기 때문이다
   ④ 하나님께 순종하지 않고 믿지 않았기 때문이다

9. 그리스도는 자기를 죽음에서 구원하실 이에게 어떻게 간구와 소원을 올렸는가?
   ① 통곡과 눈물로 ② 근심과 애통함으로
   ③ 감사와 기쁨으로 ④ 탄식과 부르짖음으로

10. 예수님이 하나님의 아들이시면서도 고난을 받으심으로 배운 것은?
   ① 믿음 ② 사랑 ③ 인내 ④ 순종

8. ④ (히 3:18–19) 또 하나님이 누구에게 맹세하사 그의 안식에 들어오지 못하리라 하셨느냐 곧 순종하지 아니하던 자들에게가 아니냐 이로 보건대 그들이 믿지 아니하므로 능히 들어가지 못한 것이라
   * 본 절에서 '순종하지 아니했다'는 말은 이스라엘 백성이 하나님께서 약속하신 가나안 땅(출 3:8 참조)을 믿음으로 정복하려 하지 않고 애굽으로 돌아가려 한 것을 가리킨다.

9. ① (히 5:7) 그는 육체에 계실 때에 자기를 죽음에서 능히 구원하실 이에게 심한 통곡과 눈물로 간구와 소원을 올렸고 그의 경건하심으로 말미암아 들으심을 얻었느니라
   * 본 절은 그리스도께서 죽음을 앞두고 땀이 땅에 떨어지는 핏방울같이 되기까지 기도하신 것을 가리킨다(눅 22:44 참조).

10. ④ (히 5:8–9) 그가 아들이시면서도 받으신 고난으로 순종함을 배워서 온전하게 되셨은즉 자기에게 순종하는 모든 자에게 영원한 구원의 근원이 되시고
   * 본 절에서 '배웠다'는 말은 '체험하였다'는 의미이다. 한편 그리스도는 하나님의 아들로서 고난을 받으실 필요가 없었지만, 성육신하시어 고난을 받으면서도 하나님께 순종하는 삶을 사셨다(빌 2:5–8 참조).

memo

11. 히브리서에서, 다시 새롭게 하여 회개하게 할 수 없는 자가 아닌 자는?
① 하늘의 은사를 맛보고 타락한 자
② 예배에 참여한 바 되고 타락한 자
③ 하나님의 선한 말씀을 맛보고도 타락한 자
④ 내세의 능력을 맛보고도 타락한 자

12. '성령에 참여한 바 되고 타락한 자들'이 다시 새롭게 하여 회개할 수 없는 이유는?
① 하나님을 모독하는 죄를 짓는 것이기 때문이다
② 그리스도를 모독하는 죄를 짓는 것이기 때문이다
③ 성령을 모독하는 죄를 짓는 것이기 때문이다
④ 하나님의 아들을 다시 십자가에 못 박는 것이기 때문이다

13. 하나님께서 아브라함에게 복 주시겠다고 약속하실 때에 '누구'를 가리켜 맹세하셨는가?
① 하나님 자신 ② 예수 그리스도
③ 선지자들 ④ 제사장들

11. ②

다시 새롭게 하여 회개하게 할 수 없는 자

한 번 빛을 받고 타락한 자	히 6:4
하늘의 은사를 맛보고 타락한 자	히 6:4
성령에 참여한 바 되고 타락한 자	히 6:4
하나님의 선한 말씀을 맛보고도 타락한 자	히 6:5
내세의 능력을 맛보고도 타락한 자	히 6:5

12. ④ (히 6:4-6) 한 번 빛을 받고 하늘의 은사를 맛보고 성령에 참여한 바 되고 … 타락한 자들은 다시 새롭게 하여 회개하게 할 수 없나니 이는 그들이 하나님의 아들을 다시 십자가에 못 박아 드러내 놓고 욕되게 함이라

13. ① (히 6:13-14) 하나님이 아브라함에게 약속하실 때에 가리켜 맹세할 자가 자기보다 더 큰 이가 없으므로 자기를 가리켜 맹세하여 이르시되 내가 반드시 너에게 복 주고 복 주며 너를 번성하게 하고 번성하게 하리라 하셨더니
＊본 절은 하나님보다 더 큰 존재가 없기 때문에 하나님께서 자기 자신의 이름을 걸고 아브라함과 언약을 맺으신 것을 가리킨다.

memo

14. '살렘 왕이요 지극히 높으신 하나님의 제사장'이라 불린 사람은?
① 아론 ② 멜기세덱 ③ 엘리아십 ④ 여호야다

15. 히브리서에서, 멜기세덱에 대한 설명으로 맞지 않는 것은?
① 살렘 왕이요 하나님의 제사장이다
② 아브라함에게서 십일조를 받았다
③ 만왕의 왕이요 의의 왕이다
④ 아버지도 없고 어머니도 없고 족보도 없다

16. 멜기세덱과 그리스도의 '공통점'이 아닌 것은?
① 레위 자손 제사장이다
② 항상 제사장으로 있다
③ 의의 왕이요 평강의 왕이다
④ 시작한 날도 없고 생명의 끝도 없다

14. ② (히 7:1) 이 멜기세덱은 살렘 왕이요 지극히 높으신 하나님의 제사장이라 여러 왕을 쳐서 죽이고 돌아오는 아브라함을 만나 복을 빈 자라

15. ③

멜기세덱

살렘(평강) 왕이요 하나님의 제사장이다	히 7:1-2
아브라함을 만나 복을 빌었다	히 7:1
아브라함에게서 십일조를 받았다	히 7:2
의의 왕이다	히 7:2
아버지도 없고 어머니도 없고 족보도 없다	히 7:3
시작한 날도 없고 생명의 끝도 없다	히 7:3
하나님의 아들과 닮아서 항상 제사장으로 있다	히 7:3

16. ① (히 7:1-3) 멜기세덱은 살렘 왕이요 지극히 높으신 하나님의 제사장이라 … 의의 왕이요 그 다음은 살렘 왕이니 곧 평강의 왕이요 아버지도 없고 어머니도 없고 족보도 없고 시작한 날도 없고 생명의 끝도 없어 하나님의 아들과 닮아서 항상 제사장으로 있느니라

memo

17. 예수 그리스도는 '어느 지파'로부터 나신 제사장인가?

① 요셉 지파 ② 시므온 지파

③ 유다 지파 ④ 르우벤 지파

18. 예수 그리스도는 제사를 몇 번에 이루셨는가?

① 단번 ② 두 번 ③ 세 번 ④ 네 번

19. 주께서 세우신 성소와 참 장막에서 섬기는 분은?

① 대제사장 ② 제사장

③ 예수 그리스도 ④ 성령

17. ③ (히 7:14-15) 우리 주께서는 유다로부터 나신 것이 분명하도다 이 지파에는 모세가 제사장들에 관하여 말한 것이 하나도 없고 멜기세덱과 같은 별다른 한 제사장이 일어난 것을 보니 더욱 분명하도다

＊본 절은 그리스도께서 유다 지파 다윗의 후손이신 것을 가리킨다(렘 23:5 참조). 한편 성경에는 그리스도께서 '유다 지파'의 계보에서 나실 것에 대한 예언(창 49:10 참조)과 성취(마 1:1; 22:42; 눅 3:33 참조)가 기록되어 있다

18. ① (히 7:27) 그는 저 대제사장들이 먼저 자기 죄를 위하고 다음에 백성의 죄를 위하여 날마다 제사 드리는 것과 같이 할 필요가 없으니 이는 그가 단번에 자기를 드려 이루셨음이라

＊본 절은 구약의 대제사장들이 희생 제물을 가지고 반복적으로 하나님께 속죄 제사를 드린 반면 그리스도께서는 자신의 몸으로 단번에 대제사장의 직무와 희생 제물의 역할을 완전히 수행하신 것을 가리킨다.

19. ③ (히 8:1-2) 지금 우리가 하는 말의 요점은 이러한 대제사장이 우리에게 있다는 것이라 그는 하늘에서 지극히 크신 이의 보좌 우편에 앉으셨으니 성소와 참 장막에서 섬기는 이시라 이 장막은 주께서 세우신 것이요 사람이 세운 것이 아니니라

＊본 절에서 '성소'와 '참 장막'은 그리스도께서 중보 사역을 하시는 하늘 처소를 가리킨다(롬 8:34 참조). 한편 예수 그리스도는 사람이 손으로 지은 지상의 장막과는 다른(히 9:11, 24 참조), 주께서 직접 세우신 하늘 처소에서 성도들을 위해 중보 사역을 하고 계신다.

memo

20. 성소라 일컫는 '첫 장막 안에 있는 것'이 아닌 것은?
① 등잔대 ② 상 ③ 언약궤 ④ 진설병

21. '둘째 휘장 뒤에 있는 장막'을 일컫는 말은?
① 지성소 ② 성소 ③ 등대 ④ 언약궤

22. 히브리서에서, 언약궤 안에 있는 것이 아닌 것은?
① 언약의 돌판들 ② 아론의 싹난 지팡이
③ 영광의 그룹들 ④ 만나를 담은 금 항아리

23. 대제사장은 1년에 몇 번 둘째 장막에 들어가는가?
① 한 번 ② 두 번 ③ 세 번 ④ 네 번

20. ③ (히 9:1-2) 첫 언약에도 섬기는 예법과 세상에 속한 성소가 있더라 예비한 첫 장막이 있고 그 안에 등잔대와 상과 진설병이 있으니 이는 성소라 일컫고
* 성소 안에는 등잔대와 상과 진설병 외에도 금 향단이 있다(출 40:4-5 참조).

21. ① (히 9:3) 또 둘째 휘장 뒤에 있는 장막을 지성소라 일컫나니

22. ③ (히 9:4) 금 향로와 사면을 금으로 싼 언약궤가 있고 그 안에 만나를 담은 금 항아리와 아론의 싹난 지팡이와 언약의 돌판들이 있고
* '언약궤' 안에는 십계명이 기록된 돌판이 들어 있었기 때문에 일명 '증거궤'로도 불렸다. 한편 구약성경에 의하면 언약궤 안에는 십계명이 기록된 두 돌판만 들어 있고 만나를 담은 금 항아리와 아론의 싹난 지팡이는 언약궤 앞에 보관되어 있었다(출 16:33-34; 민 17:10 참조). 따라서 본 절의 언약궤 안에 '만나를 담은 금 항아리와 아론의 싹난 지팡이와 언약의 돌판들이 있다'는 말은 히브리서 저자가 유대 랍비의 전승을 따라 기록한 것으로 보인다.

23. ① (히 9:7) 오직 둘째 장막은 대제사장이 홀로 일 년에 한 번 들어가되 자기와 백성의 허물을 위하여 드리는 피 없이는 아니하나니
* 본 절에서 '둘째 장막'은 지성소를 가리킨다(히 9:3 참조).

memo

24. '황소와 염소의 피'가 능히 죄를 없이 하지 못함에도 불구하고 해마다 드리는 이유는?
    ① 죄를 기억하게 하기 위함이다
    ② 율법의 규정을 지키기 위함이다
    ③ 하나님 은혜에 감사하기 위함이다
    ④ 이스라엘의 관습을 지키기 위함이다

25. 다음 (　　) 안에 들어갈 말은?
    "우리는 뒤로 물러가 멸망할 자가 아니요 오직 영혼을 구원함에 이르는 (　　)을 가진 자니라"
    ① 믿음　　② 소망　　③ 사랑　　④ 담대함

26. 히브리서 11장에 기록된 '믿음의 선진'이 아닌 사람은?
    ① 아담　　② 아벨　　③ 에녹　　④ 모세

24. ① (히 10:3-4) 그러나 이 제사들에는 해마다 죄를 기억하게 하는 것이 있나니 이는 황소와 염소의 피가 능히 죄를 없이 하지 못함이라
* 구약의 율법에 따른 제사는 죄를 깨닫게 해 주는 역할만 할 뿐(민 5:15 참조) 죄 사함을 주지는 못했다.

25. ① (히 10:39 참조)

26. ①

히브리서 11장에 기록된 믿음의 선진들

아벨	히 11:4	여호수아	히 11:30
에녹	히 11:5	라합	히 11:31
노아	히 11:7	기드온	히 11:32
아브라함	히 11:8-10, 17-19	바락	히 11:32
사라	히 11:11-12	삼손	히 11:32
이삭	히 11:20	입다	히 11:32
야곱	히 11:21	다윗	히 11:32
요셉	히 11:22	사무엘	히 11:32
모세의 부모	히 11:23	선지자들	히 11:32
모세	히 11:24-29		

memo

27. 히브리서 11장에 기록된 '믿음의 선진들'에 포함된 여인은?
① 사라와 라합 ② 레아와 라헬
③ 요게벳과 리브가 ④ 한나와 드보라

28. 하나님의 백성과 함께 고난 받기를 잠시 죄악의 낙을 누리는 것보다 더 좋아한 사람은?
① 야곱 ② 요셉 ③ 모세 ④ 여호수아

29. 다음 (   ) 안에 들어갈 말은?
"너희가 (   )와 싸우되 아직 피흘리기까지는 대항하지 아니하고"
① 마귀 ② 원수 ③ 육체 ④ 죄

30. 히브리서 12장에서, 예수 그리스도의 피는 '누구'의 피보다 더 나은 것을 말하는가?
① 야훼의 종들 ② 선지자들
③ 아벨 ④ 여인

27. ① (히 11:11–31) 믿음으로 사라 자신도 나이가 많아 단산하였으나 잉태할 수 있는 힘을 얻었으니 이는 약속하신 이를 미쁘신 줄 알았음이라 … 믿음으로 기생 라합은 정탐꾼을 평안히 영접하였으므로 순종하지 아니한 자와 함께 멸망하지 아니하였도다

28. ③ (히 11:24–25) 믿음으로 모세는 장성하여 바로의 공주의 아들이라 칭함 받기를 거절하고 도리어 하나님의 백성과 함께 고난 받기를 잠시 죄악의 낙을 누리는 것보다 더 좋아하고

29. ④ (히 12:4 참조)
본 절은 성도의 영적 투쟁을 격투에 비유하고 있다. 한편 '피흘리기까지는 대항하지 아니하고'는 격투사들이 경기장에서 피흘리기까지 싸우듯이 성도들도 죄와 싸우되 죽기까지 싸워야 하는데 본서의 수신자들은 아직 거기까지는 미치지 못하였음을 가리킨다.

30. ③ (히 12:24) 새 언약의 중보자이신 예수와 및 아벨의 피보다 더 나은 것을 말하는 뿌린 피니라
* 본 절에서 '아벨의 피'는 아벨의 죽음을 가리킨다(창 4:10–12 참조). 한편 아벨의 피는 자신의 억울한 죽음에 대하여 복수해 달라고 호소하지만 그리스도의 피는 원수의 죄까지 용서해 달라고 호소하기 때문에 그리스도의 피가 아벨의 피보다 더 나은 것이다.

memo

31\. 다음 (   ) 안에 들어갈 말은?

"우리 하나님은 소멸하는 (   )이심이라"

① 영　　② 불　　③ 말씀　　④ 능력

32\. 예수님은 '자기 피로써 백성을 거룩하게 하려고' 어디에서 고난을 받으셨는가?

① 법정　　② 공회　　③ 성문 밖　　④ 성문 안

33\. 히브리서에서, 하나님의 이름을 증언하는 입술의 열매는?

① 감사의 제사　　② 찬송의 제사

③ 기쁨의 제사　　④ 선행의 제사

31. ② (히 12:29 참조)

* 본 절은 신 4:24을 인용한 말씀이다. 한편 '불'은 하나님의 심판을 상징한다(히 10:27 참조).

32. ③ (히 13:12) 그러므로 예수도 자기 피로써 백성을 거룩하게 하려고 성문 밖에서 고난을 받으셨느니라

* 본 절에서 '성문 밖에서 고난을 받으셨다'는 말은 예수님이 예루살렘 성문 밖에서 십자가에 달려 돌아가신 것을 가리킨다.

33. ② (히 13:15) 그러므로 우리는 예수로 말미암아 항상 찬송의 제사를 하나님께 드리자 이는 그 이름을 증언하는 입술의 열매니라

memo

주관식

1. "또 천사들에 관하여는 그는 그의 천사들을 (   )으로, 그의 사역자들을 (   )으로 삼으시느니라 하셨으되"

2. "그가 (   )을 받아 고난을 당하셨은즉 (   ) 받는 자들을 능히 도우실 수 있느니라"

3. "그러므로 함께 하늘의 부르심을 받은 거룩한 형제들아 우리가 믿는 도리의 (   )이시며 (   )이신 예수를 깊이 생각하라"

4. "또한 (   )는 장래에 말할 것을 증언하기 위하여 하나님의 온 집에서 종으로서 신실하였고 (   )는 하나님의 집을 맡은 아들로서 그와 같이 하셨으니 우리가 소망의 확신과 자랑을 끝까지 굳게 잡고 있으면 (   )는 그의 집이라"

1. 바람, 불꽃 (히 1:7 참조)

* 본 절에서 '바람'과 '불꽃'은 능동적 의지를 발휘하지 못하고 하나님의 도구로만 쓰임 받는 존재임을 나타낸다. 한편 본 절은 시 104:4을 인용한 것으로, 천사들은 하나님의 아들로서 천지 만물을 주관하시고 다스리시는 그리스도와는 비교가 안 되는 것을 가리킨다.

2. 시험, 시험 (히 2:18 참조)

* 본 절에서 '시험'은 하나님께서 주시는 시험(test)이 아니라 사탄의 유혹(temptation)을 가리킨다.

3. 사도, 대제사장 (히 3:1 참조)

* 본 절에서 '믿는 도리'는 신앙고백이나 복음의 진리를 의미한다. 또한 '사도'는 '보냄을 받은 자'라는 뜻으로, 모세가 하나님의 보냄을 받아 이스라엘 백성을 애굽에서 이끌어 낸 것처럼 그리스도께서 자기 백성을 죄와 사망에서 구원할 자이심을 표현한 것이다. 그리고 '대제사장'은 그리스도께서 하나님과 인간 사이에서 영원한 중보자 역할을 하고 계심을 나타내는 칭호이다.

4. 모세, 그리스도, 우리 (히 3:5-6 참조)

* 본 절에서 '우리는 그의 집이라'는 말은 그리스도를 믿는 자는 하나님의 나라에서 영생을 누리게 되는 것을 가리킨다.

memo

5. “오직 오늘이라 일컫는 동안에 매일 피차 권면하여 너희 중에 누구든지 (　　)의 유혹으로 완고하게 되지 않도록 하라”

6. “하나님의 말씀은 살아 있고 활력이 있어 좌우에 날선 어떤 검보다도 예리하여 (　　)과 (　　)과 및 (　　)과 (　　)를 찔러 쪼개기까지 하며 또 마음의 생각과 뜻을 판단하나니”

7. “그러므로 우리에게 (　　　)이 계시니 승천하신 이 곧 하나님의 아들 예수시라 우리가 믿는 도리를 굳게 잡을지어다”

8. “우리에게 있는 대제사장은 우리의 연약함을 동정하지 못하실 이가 아니요 모든 일에 우리와 똑같이 시험을 받으신 이로되 (　　)는 없으시니라”

9. “그러므로 우리는 긍휼하심을 받고 때를 따라 돕는 은혜를 얻기 위하여 (　　　) 앞에 담대히 나아갈 것이니라”

5. **죄** (히 3:13 참조)
 * 본 절에서 ‘오늘이라 일컫는 동안’은 ‘현재로서의 오늘’ 또는 ‘바로 지금 이 순간’을 의미한다.
6. **혼, 영, 관절, 골수** (히 4:12 참조)
7. **큰 대제사장** (히 4:14 참조)
 * 본 절에서 ‘큰 대제사장’은 구약 시대 아론 계통의 대제사장보다 예수 그리스도가 더 우월한 대제사장이신 것을 가리킨다.
8. **죄** (히 4:15 참조)
9. **은혜의 보좌** (히 4:16 참조)

memo

10. 예수 그리스도는 '누구'의 반차를 따르는 제사장인가?

11. "이는 젖을 먹는 자마다 (　　　　)니 의의 말씀을 경험하지 못한 자요 단단한 음식은 (　　　　)의 것이니 그들은 지각을 사용함으로 연단을 받아 선악을 분별하는 자들이니라"

12. 하나님은 자신의 뜻이 변하지 아니함을 충분히 나타내시기 위해 '무엇'으로 보증하셨는가?

13. "우리가 이 소망을 가지고 있는 것은 (　　　　) 같아서 튼튼하고 견고하여 휘장 안에 들어 가나니"

10. **멜기세덱** (히 5:5–6) 그리스도께서 대제사장 되심도 스스로 영광을 취하심이 아니요 … 또한 이와 같이 다른 데서 말씀하시되 네가 영원히 멜기세덱의 반차를 따르는 제사장이라 하셨으니

* 본 절에서 "네가 영원히 멜기세덱의 반차를 따르는 제사장이라 하셨으니"는 시 110:4를 인용한 것으로, 그리스도께서 제사장직뿐만 아니라 왕직까지 겸하실 것을 예언한 말씀이다. 한편 '멜기세덱'은 아브라함에게서 십일조를 받은 지극히 높으신 하나님의 제사장으로서(창 14:18–20 참조), 큰 대제사장이신 예수 그리스도를 예표한다. 또한 '멜기세덱의 반차를 따르는' 이란 말은 그리스도가 멜기세덱 계열의 제사장이라는 말이 아니라 멜기세덱과 같은 성격의 제사장이라는 의미인데, 이는 그리스도께서 아론 계통의 제사장들보다 더 우월하신 분이심을 가리킨다.

11. **어린 아이, 장성한 자** (히 5:13–14 참조)

* 본 절은 젖을 먹는 어린 아이와 같이 영적으로 미성숙한 사람은 선악을 분별할 수 없지만, 단단한 음식을 먹을 수 있는 장성한 자와 같이 영적으로 성숙한 사람은 선악을 분별할 수 있다는 것을 가리킨다.

12. **맹세** (히 6:17) 하나님은 약속을 기업으로 받는 자들에게 그 뜻이 변하지 아니함을 충분히 나타내시려고 그 일을 맹세로 보증하셨나니

* 본 절은 하나님 자신이 약속의 주체가 되는 동시에 자기 자신을 '약속을 보증하는 중보자'로 세우셨다는 의미이다(히 6:13 참조).

13. **영혼의 닻** (히 6:19 참조)

* 본 절은 성도의 삶을 험한 바다를 항해하는 배에 비유하고 있다. 세상이라는 험한 바다는 성도라는 배를 침몰시키려고 수시로 풍랑을 일으키지만 성도는 하나님께서 주신 언약의 소망의 닻을 의지해 파선당하지 않고 목적지에 다다를 수 있는 것이다. 한편 '영혼의 닻'은 성도의 궁극적인 구원의 약속을 의미한다.

memo

14. "레위 족보에 들지 아니한 멜기세덱은 아브라함에게서 십분의 일을 취하고 약속을 받은 그를 위하여 복을 빌었나니 논란의 여지 없이 (   )가 (   )에게서 축복을 받느니라"

15. "또 예수께서 제사장이 되신 것은 (   ) 없이 된 것이 아니니 (그들은 (   ) 없이 제사장이 되었으되 오직 예수는 자기에게 말씀하신 이로 말미암아 (   )로 되신 것이라 주께서 (   )하시고 뉘우치지 아니하시리니 네가 영원히 제사장이라 하셨도다)"

16. 히브리서에서, 예수 그리스도가 얻으신 아름다운 직분은?

17. "그들의 잘못을 지적하여 말씀하시되 주께서 이르시되 볼지어다 날이 이르리니 내가 이스라엘 집과 유다 집과 더불어 (   )을 맺으리라"

14. 낮은 자, 높은 자 (히 7:6-7 참조)

* 본 절에서 '낮은 자가 높은 자에게서 축복을 받는다'는 말은 하나님의 제사장인 멜기세덱(히 7:1 참조)이 하나님께로부터 약속을 받은 아브라함보다 더 우월한 존재라는 것을 가리킨다.

15. 맹세, 맹세, 맹세, 맹세 (히 7:20-21 참조)

* 본 절은 멜기세덱의 반차를 따르는 그리스도의 제사장직은 레위 지파의 제사장직과는 달리 영원불변한 것임을 가리킨다. 한편 구약 시대 아론의 자손들은 율법의 의식법과 규정에 따라 세습적으로 제사장직을 승계했다. 그러나 그리스도는 하나님께서 하신 맹세에 의해 제사장이 되셨다. 따라서 그리스도의 제사장직은 변하거나 폐하여지지 않고 영원히 유지되는 것이다

16. 더 좋은 언약의 중보자 (히 8:6) 그러나 이제 그는 더 아름다운 직분을 얻으셨으니 그는 더 좋은 약속으로 세우신 더 좋은 언약의 중보자시라

* 본 절에서 '더 좋은 약속'과 '더 좋은 언약'은 같은 의미로서 하나님의 '새 언약'을 가리킨다. 한편 '더 좋은 언약의 중보자'란 예수님이 하나님의 새 언약의 보증이 되어 성도들을 위해 친히 하나님께 간구하는 중보자이심을 가리킨다(히 7:22 참조).

17. 새 언약 (히 8:8 참조)

* 본 절에서 '날'은 그리스도의 초림으로 시작된 신약 시대를 가리키며, '이스라엘 집과 유다 집'은 영적인 이스라엘 백성 전체를 의미한다. 한편 '새 언약'은 그리스도의 구속 사역을 통해 1차 성취되었으며 궁극적으로는 성도들이 하나님의 나라에서 그리스도와 함께 영생을 누리게 될 때 성취된다.

memo

18. "염소와 송아지의 피로 하지 아니하고 오직 (　　　)의 피로 영원한 속죄를 이루사 단번에 성소에 들어가셨느니라"

19. "율법을 따라 거의 모든 물건이 (　　　　)로써 정결하게 되나니 (　　　　)이 없은즉 사함이 없느니라"

20. 히브리서 9장 27절을 쓰시오.

21. "그러므로 형제들아 우리가 예수의 피를 힘입어 성소에 들어갈 (　　　)을 얻었나니"

22. 성소와 지성소 사이에 있는 '휘장'은 무엇을 상징하는가?

23. 히브리서 10장 24-25절을 쓰시오.

24. 히브리서 11장 1절을 쓰시오.

18. **자기** (히 9:12 참조)
19. **피, 피흘림** (히 9:22 참조)
20. **한번 죽는 것은 사람에게 정해진 것이요 그 후에는 심판이 있으리니**
21. **담력** (히 10:19 참조)
22. **예수 그리스도의 육체** (히 10:19-20) 그러므로 형제들아 우리가 예수의 피를 힘입어 성소에 들어갈 담력을 얻었나니 그 길은 우리를 위하여 휘장 가운데로 열어 놓으신 새로운 살 길이요 휘장은 곧 그의 육체니라
23. **서로 돌아보아 사랑과 선행을 격려하며 모이기를 폐하는 어떤 사람들의 습관과 같이 하지 말고 오직 권하여 그 날이 가까움을 볼수록 더욱 그리하자**
24. **믿음은 바라는 것들의 실상이요 보이지 않는 것들의 증거니**

memo

25. 히브리서 11장 6절을 쓰시오.

26. “믿음의 주요 또 온전하게 하시는 이인 (　　　)를 바라보자 그는 그 앞에 있는 기쁨을 위하여 (　　　)를 참으사 부끄러움을 개의치 아니하시더니 하나님 보좌 우편에 앉으셨느니라”

27. “(　　　)는 다 받는 것이거늘 너희에게 없으면 사생자요 친아들이 아니니라”

28. “모든 사람과 더불어 (　　　)과 (　　　)을 따르라 이것이 없이는 아무도 주를 보지 못하리라”

29. “형제 사랑하기를 계속하고 (　　　) 대접하기를 잊지 말라 이로써 부지중에 (　　　)을 대접한 이들이 있었느니라”

30. “모든 사람은 (　　　)을 귀히 여기고 (　　　)를 더럽히지 않게 하라 음행하는 자들과 간음하는 자들을 하나님이 심판하시리라”

31. 히브리서 13장 8절을 쓰시오.

25. 믿음이 없이는 하나님을 기쁘시게 하지 못하나니 하나님께 나아가는 자는 반드시 그가 계신 것과 또한 그가 자기를 찾는 자들에게 상 주시는 이심을 믿어야 할지니라
26. 예수, 십자가 (히 12:2 참조)
27. 징계 (히 12:8 참조)
28. 화평함, 거룩함 (히 12:14 참조)
29. 손님, 천사들 (히 13:1–2 참조)
* 본 절에서 ‘부지중에 천사들을 대접한 이들’이란 아브라함(창 18:1–5 참조)과 롯(창 19:1–3 참조)을 가리키는 것으로 보인다.
30. 결혼, 침소 (히 13:4 참조)
31. 예수 그리스도는 어제나 오늘이나 영원토록 동일하시니라

야고보서 James

연대 및 저자 A.D. 46–49년경 예수님의 동생 야고보가 기록한 것으로 추정된다.

중심 내용 본서는 믿음과 행함의 관계를 다루고 있다. 즉, 예수 그리스도를 믿음으로 구원받은 그리스도인들이 어떻게 살아야 하는지에 대해 다루고 있다.

특징

1. 구원받은 성도가 어떻게 행하여야 하는지 말하고 있다.
2. 말의 중요성을 강조하며 '신약의 잠언'이라 불린다.
3. 사회의 부조리에 대해 아모스서와 같은 관점을 가지고 있다.

내용 분해

1. 시험받을 때의 자세(1:1–18)

2. 믿음과 행함(1:19–2:26)

3. 말의 중요성과 위로부터 난 지혜(3:1–18)

4. 교회 공동체에 주는 교훈(4:1–17)

5. 여러 가지 권면(5:1–20)

memo

객관식

1. 야고보서와 관계없는 것은?
   ① 말의 중요성을 강조하며 '신약의 잠언'이라 불린다
   ② 그리스도의 재림에 대한 열망이 잘 나타나 있다
   ③ 구원받은 성도가 어떻게 행하여야 하는지 말하고 있다
   ④ 사회의 부조리에 대해 아모스서와 같은 관점을 가지고 있다

2. 야고보서가 기록된 연대로 추정되는 때는?
   ① A.D. 36-39년경 ② A.D. 46-49년경
   ③ A.D. 56-59년경 ④ A.D. 66-69년경

3. 야고보서의 수신자는?
   ① 아시아에 있는 성도들 ② 비두니아에 있는 성도들
   ③ 흩어져 있는 열두 지파 ④ 갑바도기아에 있는 성도들

4. 야고보서에서, 의심하는 자는 무엇과 같다고 했는가?
   ① 스쳐 지나가는 바람
   ② 바람에 밀려 떠도는 구름
   ③ 바람처럼 떠도는 소문
   ④ 바람에 밀려 요동하는 바다 물결

1. ② 야고보서는 믿음과 행함의 관계를 다루고 있다. 즉, 예수 그리스도를 믿음으로 구원받은 그리스도인들이 어떻게 살아야 하는지에 대해 다루고 있다. 또한 구원받은 성도가 어떻게 행하여야 하는지 말하고, 말의 중요성을 강조한다. 한편 '신약의 잠언'이라 불리는 본서는 사회의 부조리에 대해서는 아모스서와 같은 관점을 가지고 있다.
2. ② 야고보서는 A.D. 46-49년경 기록된 것으로 추정된다.
3. ③ (약 1:1) 하나님과 주 예수 그리스도의 종 야고보는 흩어져 있는 열두 지파에게 문안하노라
   * 본 절에서 '흩어져 있는 열두 지파'는 초대 교회 당시 큰 박해로 인해 팔레스틴을 제외한 세계 각지에 흩어져 있던 '디아스포라' 유대인(행 8:1 참조)과 본래 이방 지역에 거주하다가 개종한 유대인 성도들을 가리킨다.
4. ④ (약 1:6) 오직 믿음으로 구하고 조금도 의심하지 말라 의심하는 자는 마치 바람에 밀려 요동하는 바다 물결 같으니

memo

5. 야고보서에서, '사람이 시험을 받는' 이유는?
   ① 교만하기 때문이다
   ② 욕심에 끌려 미혹되기 때문이다
   ③ 의심하기 때문이다
   ④ 영적인 분별력이 부족하기 때문이다

6. 야고보서에서, 말씀을 듣기만 하고 행하지 않는 자를 표현한 말은?
   ① 하나님을 속이는 자 ② 남을 속이는 자
   ③ 자신을 속이는 자 ④ 어리석은 자

7. 야고보서에서 말하는 '최고의 법'은 무엇인가?
   ① 하나님을 가까이 하라
   ② 네 부모를 공경하라
   ③ 사람을 차별하여 대하지 말라
   ④ 네 이웃 사랑하기를 네 몸과 같이 하라

8. 야고보서에서, 라합은 '무엇으로' 의롭다 하심을 받았는가?
   ① 믿음으로 ② 행함으로 ③ 은혜로 ④ 지혜로

5. ② (약 1:14) 오직 각 사람이 시험을 받는 것은 자기 욕심에 끌려 미혹됨이니
   * 본 절은 성도가 시험에 빠지게 되는 직접적인 원인은 자신의 '욕심' 때문이라는 것을 의미한다.
6. ③ (약 1:22) 너희는 말씀을 행하는 자가 되고 듣기만 하여 자신을 속이는 자가 되지 말라
7. ④ (약 2:8-9) 너희가 만일 성경에 기록된 대로 네 이웃 사랑하기를 네 몸과 같이 하라 하신 최고의 법을 지키면 잘하는 것이거니와 만일 너희가 사람을 차별하여 대하면 죄를 짓는 것이니 율법이 너희를 범법자로 정죄하리라
   * 본 절은 '사람을 차별하는 것'은 하찮은 일이 아니라 하나님의 최고의 법을 거스르는 중대한 범죄인 것을 의미한다.
8. ② (약 2:25) 또 이와 같이 기생 라합이 사자들을 접대하여 다른 길로 나가게 할 때에 행함으로 의롭다 하심을 받은 것이 아니냐

memo

9. 야고보서에서 말하는 '온전한 사람'이란?

① 말씀에 순종하는 자 ② 말에 실수가 없는 자
③ 이웃을 사랑하는 자 ④ 행위에 실수가 없는 자

10. 야고보서 3장에서, '혀'에 대한 비유가 아닌 것은?

① 배 ② 키 ③ 불 ④ 독

11. 야고보서에서, 위로부터 난 지혜가 아닌 것은?

① 성결 ② 화평 ③ 관용 ④ 분별

12. 야고보서에서, 화평하게 하는 자들이 거두는 열매는?

① 의의 열매 ② 사랑의 열매
③ 평강의 열매 ④ 성령의 열매

9. ② (약 3:2) 우리가 다 실수가 많으니 만일 말에 실수가 없는 자라면 곧 온전한 사람이라 능히 온 몸도 굴레 씌우리라

10. ①

* 키(3:4-5 참조), 불(3:5-6 참조), 독(3:8 참조)

혀에 대한 비유

키	약 3:4	죽이는 독이 가득한 것	약 3:8
불	약 3:5-6	단물과 쓴물을 내는 샘	약 3:11
불의의 세계	약 3:6	다른 열매 맺는 나무	약 3:12
쉬지 아니하는 악	약 3:8		

* 약 3:6에서 혀를 '불의의 세계'로 표현한 것은 혀가 인격을 파괴할 수 있는 매우 위험한 것이며 불의를 드러내는 것이기 때문이다.

11. ④ (약 3:17) 오직 위로부터 난 지혜는 첫째 성결하고 다음에 화평하고 관용하고 양순하며 긍휼과 선한 열매가 가득하고 편견과 거짓이 없나니

12. ① (약 3:18) 화평하게 하는 자들은 화평으로 심어 의의 열매를 거두느니라

memo

13. 야고보서에서, 하나님은 어떤 자에게 은혜를 주시는가?

① 겸손한 자　　② 온유한 자

③ 거룩한 자　　④ 화평하게 하는 자

14. 야고보서에서 말하는 '생명'이란?

① 스쳐 지나가는 바람

② 잠깐 보이다가 없어지는 안개

③ 쉬 없어지는 아침 구름

④ 아침 햇살에 쉬 사라지는 이슬

15. 다음 (　　) 안에 들어갈 말은?

"보라 인내하는 자를 우리가 복되다 하나니 너희가 (　　)의 인내를 들었고 주께서 주신 결말을 보았거니와 주는 가장 자비하시고 긍휼히 여기시는 이시니라"

① 노아　　② 다윗　　③ 욥　　④ 아브라함

13. ① (약 4:6) 그러나 더욱 큰 은혜를 주시나니 그러므로 일렀으되 하나님이 교만한 자를 물리치시고 겸손한 자에게 은혜를 주신다 하였느니라

14. ② (약 4:14) 내일 일을 너희가 알지 못하는도다 너희 생명이 무엇이냐 너희는 잠깐 보이다가 없어지는 안개니라

15. ③ (약 5:11 참조)

memo

16. 야고보서에 나타난 '맹세에 대한 교훈'이 아닌 것은?
    ① 하늘로 맹세하지 말라
    ② 아무 것으로도 맹세하지 말라
    ③ 땅으로 맹세하지 말라
    ④ 야훼의 사심으로 맹세하지 말라

17. 다음 (　　) 안에 들어갈 말은?
    "(　　)의 기도는 병든 자를 구원하리니 주께서 그를 일으키시리라 혹시 죄를 범하였을지라도 사하심을 받으리라"
    ① 믿음　② 의인　③ 성도　④ 중보자

18. 다음 (　　) 안에 들어갈 말은?
    "(　　)는 우리와 성정이 같은 사람이로되 그가 비가 오지 않기를 간절히 기도한즉 삼 년 육 개월 동안 땅에 비가 오지 아니하고"
    ① 모세　② 엘리야　③ 엘리사　④ 히스기야

16. ④ (약 5:12) 내 형제들아 무엇보다도 맹세하지 말지니 하늘로나 땅으로나 아무 다른 것으로도 맹세하지 말고 오직 너희가 그렇다고 생각하는 것은 그렇다 하고 아니라고 생각하는 것은 아니라 하여 정죄 받음을 면하라
17. ① (약 5:15 참조)
18. ② (약 5:17 참조)

memo

주관식

1. "내 형제들아 너희가 여러 가지 시험을 당하거든 온전히 (　　　) 여기라"

2. "낮은 형제는 자기의 (　　　)을 자랑하고 부한 자는 자기의 (　　　)을 자랑할지니 이는 그가 풀의 꽃과 같이 지나감이라"

3. 야고보서에서, 주께서 '시험을 참고 시련을 견디어 낸 자'에게 약속하신 것은?

4. 야고보서 1장 15절을 쓰시오.

5. "내 사랑하는 형제들아 너희가 알지니 사람마다 (　　　)는 속히 하고 (　　　)는 더디 하며 (　　　)도 더디 하라"

1. **기쁘게** (약 1:2 참조)
2. **높음, 낮아짐** (약 1:9–10 참조)
   * 본 절은 성도가 시험을 당해 모든 재물을 잃고 낮아지는 경우에도 그리스도인으로서 갖는 신령한 지위에 만족하며 도리어 기뻐할 것을 권면하는 말이다. 한편 '낮아짐'이란 그리스도를 위하여 당한 박해와 고난으로 인해 물질적으로나 사회적으로 어려움에 처한 것을 가리키며, '높음'이란 그리스도로 말미암아 하나님의 자녀가 된 승귀를 나타낸다. 또한 '부한 자는 자기의 낮아짐을 자랑할지니'라는 말은 육적으로 부한 자들은 믿음 때문에 낮아져서 겸손하게 된 것을 자랑하라는 의미이다.
3. **생명의 면류관** (약 1:12) 시험을 참는 자는 복이 있나니 이는 시련을 견디어 낸 자가 주께서 자기를 사랑하는 자들에게 약속하신 생명의 면류관을 얻을 것이기 때문이라
   * 본 절에서 '생명의 면류관'은 성도들이 천국에서 누리게 될 영광을 가리킨다.
4. **욕심이 잉태한즉 죄를 낳고 죄가 장성한즉 사망을 낳느니라**
5. **듣기, 말하기, 성내기** (약 1:19 참조)

memo

6. “네가 하나님은 한 분이신 줄을 믿느냐 잘하는도다 ( )도 믿고 떠느니라”

7. “영혼 없는 몸이 죽은 것 같이 ( )이 없는 믿음은 죽은 것이니라”

8. 야고보서에서, ‘구하여도 받지 못하는’ 이유는?

9. “그런즉 너희는 하나님께 ( )할지어다 마귀를 ( )하라 그리하면 너희를 피하리라”

10. “너희 중에 고난 당하는 자가 있느냐 그는 ( )할 것이요 즐거워하는 자가 있느냐 그는 ( )할지니라 너희 중에 병든 자가 있느냐 그는 교회의 ( )들을 청할 것이요 그들은 주의 이름으로 ( )을 바르며 그를 위하여 ( )할지니라”

11. “그러므로 너희 죄를 서로 고백하며 병이 낫기를 위하여 서로 기도하라 ( )의 간구는 역사하는 힘이 큼이니라”

6. **귀신들** (약 2:19 참조)
   * 귀신들도 하나님이 한 분이신 것을 믿으며(막 1:24 참조), 하나님의 권위에 두려움을 느낀다(막 5:7 참조). 그러나 이 같은 귀신의 믿음은 하나님에 대한 지식에 불과하다.
7. **행함** (약 2:26 참조)
8. **정욕으로 쓰려고 잘못 구하기 때문이다** (약 4:3) 구하여도 받지 못함은 정욕으로 쓰려고 잘못 구하기 때문이라
9. **복종, 대적** (약 4:7 참조)
10. **기도, 찬송, 장로, 기름, 기도** (약 5:13-14 참조)
   * 고대 사회에서는 치료의 효과를 얻기 위해 기름을 바르는 관습이 있었는데(사 1:6; 눅 10:34 참조), 본 절에서의 ‘기름’은 하나님의 은혜를 상징하는 것으로 볼 수 있다.
11. **의인** (약 5:16 참조)

베드로전서 1 Perter

연대 및 저자 A.D. 60–64년경 베드로가 기록한 것으로 추정된다.

중심 내용 본서는 소아시아에 흩어져 있는 성도들이 현재 받고 있는 고난과 장차 받게 될지 모르는 고난을 이겨 낼 수 있도록 격려하는 내용을 다루고 있다.

특징

1. 짧은 서신이지만 중요한 교리 내용을 풍부하게 담고 있다.
2. '고난 중의 산 소망'을 중점적으로 다루고 있다.
3. 다른 서신서에 비해 구약의 예언이 많이 언급되어 있다.

내용 분해

1. 성도의 구원(1:1–12)
2. 성도의 성화(1:13–2:12)
3. 성도의 사회적 의무(2:13–3:12)
4. 성도의 고난에 대한 격려와 권면(3:13–5:14)

memo

객관식

1. 베드로전서와 관계없는 것은?
   ① 하나님의 은혜와 더불어 실천적인 면을 강조하고 있다
   ② 짧은 서신이지만 중요한 교리 내용을 풍부하게 담고 있다
   ③ '고난 중의 산 소망'을 중점적으로 다루고 있다
   ④ 다른 서신서에 비해 구약의 예언이 많이 언급되어 있다

2. 베드로전서가 기록된 연대로 추정되는 때는?
   ① A.D. 30-34년경 ② A.D. 40-44년경
   ③ A.D. 50-54년경 ④ A.D. 60-64년경

3. 베드로전서의 수신지가 아닌 곳은?
   ① 본도 ② 갈라디아 ③ 갑바도기아 ④ 드로아

4. 베드로전서에서, 하나님의 심판 기준은?
   ① 각 사람의 중심 ② 각 사람의 외모
   ③ 각 사람의 믿음 ④ 각 사람의 행위

1. ① 베드로전서는 소아시아에 흩어져 있는 성도들이 현재 받고 있는 고난과 장차 받게 될지 모르는 고난을 이겨 낼 수 있도록 격려하는 내용을 다루고 있다. 또한 짧은 서신이지만 중요한 교리 내용을 풍부하게 담고 있고, '고난 중의 산 소망'을 중점적으로 다루고 있으며, 다른 서신서에 비해 구약의 예언이 많이 언급되어 있다.

2. ④ 베드로전서는 A.D. 60-64년경 기록된 것으로 추정된다.

3. ④ (벧전 1:1-2) 예수 그리스도의 사도 베드로는 본도, 갈라디아, 갑바도기아, 아시아와 비두니아에 흩어진 나그네 곧 하나님 아버지의 … 택하심을 받은 자들에게 편지하노니 은혜와 평강이 너희에게 더욱 많을지어다

4. ④ (벧전 1:17) 외모로 보시지 않고 각 사람의 행위대로 심판하시는 이를 너희가 아버지라 부른즉 너희가 나그네로 있을 때를 두려움으로 지내라

* 본 절은 행위를 통하여 구원받는다는 것이 아니라 구원받은 사람이 하나님의 자녀답게 거룩한 삶을 살아야 함을 강조한 말이다.

memo

5. 베드로전서에서, 모든 육체는 풀과 같고 그 모든 영광은 '무엇'과 같다고 하였는가?
① 아침 안개 ② 아침 이슬 ③ 풀의 꽃 ④ 저녁 노을

6. 베드로전서에서, '보배로운 산 돌'이 가리키는 것은?
① 예수 그리스도 ② 베드로
③ 바울 ④ 성도

7. 베드로전서에서, 성도의 신분을 표현한 말이 아닌 것은?
① 택하신 족속 ② 하나님의 자녀
③ 거룩한 나라 ④ 왕 같은 제사장들

8. 베드로전서 2장에서 언급한 '고난의 종류'가 아닌 것은?
① 부당하게 받는 고난 ② 죄가 있어 받는 고난
③ 자원하여 받는 고난 ④ 선을 행함으로 받는 고난

5. ③ (벧전 1:24) 그러므로 모든 육체는 풀과 같고 그 모든 영광은 풀의 꽃과 같으니 풀은 마르고 꽃은 떨어지되
6. ① (벧전 2:4-5) 사람에게는 버린 바가 되었으나 하나님께는 택하심을 입은 보배로운 산 돌이신 예수께 나아가 너희도 산 돌 같이 신령한 집으로 세워지고 예수 그리스도로 말미암아 하나님이 기쁘게 받으실 신령한 제사를 드릴 거룩한 제사장이 될지니라
* 본 절에서 '보배로운 산 돌'은 예수 그리스도를 가리키고, '산 돌'과 '신령한 집', 즉 '성전'은 성도를 가리킨다.
7. ② (벧전 2:9) 그러나 너희는 택하신 족속이요 왕 같은 제사장들이요 거룩한 나라요 그의 소유가 된 백성이니 이는 너희를 어두운 데서 불러 내어 그의 기이한 빛에 들어가게 하신 이의 아름다운 덕을 선포하게 하려 하심이라
* 본 절에서 '왕 같은 제사장들'은 출 19:6을 인용한 것으로 '왕인 동시에 제사장'을 의미한다. 즉, 그리스도인은 왕이신 그리스도와의 연합을 통해 그리스도와 함께 만국을 다스리며, 제사장으로서 하나님을 섬기는 자임을 뜻한다. 한편 '거룩한 나라' 역시 출 19:6을 인용한 것으로 그리스도인을 가리킨다.
8. ③ (벧전 2:19-20) 부당하게 고난을 받아도 하나님을 생각함으로 슬픔을 참으면 이는 아름다우나 죄가 있어 매를 맞고 참으면 무슨 칭찬이 있으리요 그러나 선을 행함으로 고난을 받고 참으면 이는 하나님 앞에 아름다우니라

memo

9. 다음 (　　) 안에 들어갈 말은?

"그들은 전에 노아의 날 방주를 준비할 동안 하나님이 오래 참고 기다리실 때에 복종하지 아니하던 자들이라 방주에서 물로 말미암아 구원을 얻은 자가 몇 명뿐이니 겨우 (　　) 명이라"

① 일곱　② 여덟　③ 아홉　④ 열

10. 베드로전서에서, 만물의 마지막이 가까이 왔을 때 행할 일이 아닌 것은?

① 정신을 차리고 근신하여 기도해야 한다

② 서로 나누어 주기를 잊지 말아야 한다

③ 무엇보다도 뜨겁게 서로 사랑해야 한다

④ 서로 대접하기를 원망 없이 해야 한다

11. 베드로전서에서, 허다한 죄를 덮는 것은?

① 믿음　② 소망　③ 사랑　④ 용서

9. ② (벧전 3:20 참조)

10. ②

만물의 마지막이 가까이 왔을 때 행할 일

정신을 차리고 근신하여 기도해야 한다	벧전 4:7
무엇보다도 뜨겁게 서로 사랑해야 한다	벧전 4:8
서로 대접하기를 원망 없이 해야 한다	벧전 4:9
선한 청지기 같이 서로 봉사해야 한다	벧전 4:10

11. ③ (벧전 4:8) 무엇보다도 뜨겁게 서로 사랑할지니 사랑은 허다한 죄를 덮느니라

memo

12. 베드로전서에서, 장로가 하나님의 양 무리를 칠 때 가져야 할 자세가 아닌 것은?
① 억지로 하지 말고 자원함으로 해야 한다
② 더러운 이득을 위하여 하지 말고 기꺼이 해야 한다
③ 외모로 판단하지 말고 공의롭게 판단해야 한다
④ 주장하는 자세를 하지 말고 양 무리의 본이 되어야 한다

13. 베드로전서에서, 하나님이 '겸손한 자들'에게 주시는 것은?
① 복 ② 구원 ③ 평강 ④ 은혜

14. 다음 (   ) 안에 들어갈 말은?
"그러므로 하나님의 능하신 손 아래에서 (   )하라 때가 되면 너희를 높이시리라"
① 사랑 ② 순종 ③ 겸손 ④ 회개

15. 다음 (   ) 안에 들어갈 말은?
"너희 (   )를 다 주께 맡기라 이는 그가 너희를 돌보심이라"
① 보화 ② 소유 ③ 원수 ④ 염려

16. 베드로전서를 대필한 사람은?
① 더디오 ② 실루아노 ③ 마가 요한 ④ 아킵보

12. ③ (벧전 5:1-3) 장로들에게 권하노니 … 하나님의 양 무리를 치되 억지로 하지 말고 하나님의 뜻을 따라 자원함으로 하며 더러운 이득을 위하여 하지 말고 기꺼이 하며 맡은 자들에게 주장하는 자세를 하지 말고 양 무리의 본이 되라
* 본 절에서, '맡은 자들'은 성도들을 가리킨다.

13. ④ (벧전 5:5) 젊은 자들아 이와 같이 장로들에게 순종하고 다 서로 겸손으로 허리를 동이라 하나님은 교만한 자를 대적하시되 겸손한 자들에게는 은혜를 주시느니라

14. ③ (벧전 5:6 참조)

15. ④ (벧전 5:7 참조)

16. ② (벧전 5:12) 내가 신실한 형제로 아는 실루아노로 말미암아 너희에게 간단히 써서 권하고 이것이 하나님의 참된 은혜임을 증언하노니 너희는 이 은혜에 굳게 서라
* 본 절에서 '실루아노'는 '실라'라고도 불렸으며(행 15:22; 17:10; 18:5 참조), 바울의 제2차 전도 여행 때 동행했던 사람이다(행 15:22-33; 15:40; 18:5 참조). 한편 벧전 5:12-14은 베드로의 친필인 것으로 보인다.

memo

주관식

1. "우리 주 예수 그리스도의 아버지 하나님을 찬송하리로다 그의 많으신 긍휼대로 예수 그리스도를 죽은 자 가운데서 부활하게 하심으로 말미암아 우리를 거듭나게 하사 (   )이 있게 하시며"

2. "오직 너희를 부르신 (   ) 이처럼 너희도 모든 행실에 (   ) 자가 되라"

3. "너희가 알거니와 너희 조상이 물려 준 헛된 행실에서 대속함을 받은 것은 은이나 금 같이 없어질 것으로 된 것이 아니요 오직 흠 없고 점 없는 어린 양 같은 그리스도의 보배로운 (   )로 된 것이니라"

4. "너희가 거듭난 것은 썩어질 씨로 된 것이 아니요 썩지 아니할 씨로 된 것이니 살아 있고 항상 있는 (   )으로 되었느니라"

1. **산 소망** (벧전 1:3 참조)
   * 베드로는 '산', 즉 '살아 있는'이라는 형용사(벧전 1:23; 2:4-5; 4:5 참조)와 '소망'이라는 단어를 즐겨 사용했다(벧전 1:21; 3:5, 15 참조). 따라서 베드로전서는 일명 '소망의 서신'이라고 불린다.
2. **거룩한, 거룩한** (벧전 1:15 참조)
3. **피** (벧전 1:18-19 참조)
4. **하나님의 말씀** (벧전 1:23 참조)

memo

5. "그러므로 모든 악독과 모든 기만과 외식과 시기와 모든 비방하는 말을 버리고 갓난 아기들 같이 순전하고 (   )을 사모하라 이는 그로 말미암아 너희로 구원에 이르도록 자라게 하려 함이라"

6. "그러므로 믿는 너희에게는 보배이나 믿지 아니하는 자에게는 건축자들이 버린 그 돌이 모퉁이의 (   )이 되고"

7. "악을 악으로, 욕을 욕으로 갚지 말고 도리어 (   )을 빌라 이를 위하여 너희가 부르심을 받았으니 이는 (   )을 이어받게 하려 하심이라"

8. 베드로전서 3장에서, '물' 곧 '침례'가 의미하는 것은?

9. "만일 누가 말하려면 (   )을 하는 것 같이 하고 누가 봉사하려면 (   )으로 하는 것 같이 하라 이는 범사에 예수 그리스도로 말미암아 하나님이 영광을 받으시게 하려 함이니 그에게 영광과 권능이 세세에 무궁하도록 있느니라 아멘"

5. **신령한 젖** (벧전 2:1-2 참조)
   * 본 절에서 '순전하고 신령한 젖'은 가감이 없는 순수한 하나님의 말씀을 가리킨다.
6. **머릿돌** (벧전 2:7 참조)
   * 본 절은 시 118:22을 인용한 것으로, 자칭 건축자들이라 일컫는 유대 종교 지도자들은 산 돌이신 예수 그리스도를 버렸지만 도리어 그리스도는 그를 믿는 자들의 머릿돌이 되신 것을 가리킨다.
7. **복, 복** (벧전 3:9 참조)
8. **구원하는 표** (벧전 3:21) 물은 예수 그리스도께서 부활하심으로 말미암아 이제 너희를 구원하는 표니 곧 침례라 이는 육체의 더러운 것을 제하여 버림이 아니요 하나님을 향한 선한 양심의 간구니라
   * 노아 홍수 때의 '물'은 '침례'를 상징한다. 한편 '침례'는 우리의 옛 사람이 그리스도와 함께 죽고 다시 사는 '중생의 표'이다(롬 6:3-11 참조). 따라서 침례는 성도가 그리스도와 연합된 것에 대한 외적 증거라고 할 수 있다.
9. **하나님의 말씀, 하나님이 공급하시는 힘** (벧전 4:11 참조)

memo

10. “사랑하는 자들아 너희를 연단하려고 오는 (   )을 이상한 일 당하는 것 같이 이상히 여기지 말고 오히려 너희가 그리스도의 고난에 참여하는 것으로 즐거워하라 이는 그의 영광을 나타내실 때에 너희로 즐거워하고 기뻐하게 하려 함이라”

11. 베드로전서 5장 8–9절을 쓰시오.

12. 베드로가 ‘내 아들’이라고 소개한 사람은?

10. **불 시험** (벧전 4:12–13 참조)
* 본 절에서 ‘불 시험’은 성도의 믿음을 시험하는 온갖 박해와 고난을 은유적으로 표현한 것으로 볼 수 있다. 한편 ‘이상히 여기지 말라’는 것은 성도에게 있어서 시련을 당하는 것은 이상한 것이 아니라 정상적인 일이라는 의미이다.

11. **근신하라 깨어라 너희 대적 마귀가 우는 사자 같이 두루 다니며 삼킬 자를 찾나니 너희는 믿음을 굳건하게 하여 그를 대적하라 이는 세상에 있는 너희 형제들도 동일한 고난을 당하는 줄을 앎이라**

12. **마가 요한** (벧전 5:13) 택하심을 함께 받은 바벨론에 있는 교회가 너희에게 문안하고 내 아들 마가도 그리하느니라
* 본 절에서 ‘바벨론’은 세상을 상징하는 은유적 표현으로서 로마를 지칭하는 상징적 표현으로 볼 수 있다. 한편 베드로가 마가를 ‘내 아들’이라고 한 것은 바울이 디모데를 아들이라고 부른 것과 마찬가지로(딤전 1:2; 딤후 1:2 참조) ‘영적 아들’이라는 의미이다. 마가는 바나바의 조카이며(골 4:10 참조), 본명은 마가 요한이다(행 12:12, 25 참조).

베드로후서 2 Perter

연대 및 저자

A.D. 64–68년경 베드로가 기록한 것으로 추정된다.

중심 내용

본서는 교회 안의 배교와 거짓 교사들의 왜곡된 가르침에 대해 경고하며 영적 성장을 통해 이를 극복할 것을 권면하는 내용을 담고 있다.

특징

1. 거짓 교사들에게 심판이 있을 것을 강조하고 있다.
2. 진리를 분별할 수 있는 지식을 강조하고 있다.
3. 그리스도의 재림을 소망하며 깨어 있을 것을 권면하고 있다.

내용 분해

1. 그리스도인의 성숙(1:1–21)

2. 거짓 교사들에 대한 경고(2:1–22)

3. 그리스도 재림의 확실성(3:1–18)

memo

객관식

1. 베드로후서와 관계없는 것은?

① 거짓 교사들에게 심판이 있을 것을 강조하고 있다
② 짧지만 중요한 교리 내용을 풍부하게 담고 있다
③ 진리를 분별할 수 있는 지식을 강조하고 있다
④ 그리스도의 재림을 소망하며 깨어 있을 것을 권면하고 있다

2. 베드로후서가 기록된 연대로 추정되는 때는?

① A.D. 34-38년경 ② A.D. 44-48년경
③ A.D. 54-58년경 ④ A.D. 64-68년경

3. 다음 ( ) 안에 들어갈 말은?

"하나님과 우리 주 예수를 ( )으로 은혜와 평강이 너희에게 더욱 많을지어다"

① 믿음 ② 사랑함 ③ 찬양함 ④ 앎

1. ② 베드로후서는 교회 안의 배교와 거짓 교사들의 왜곡된 가르침에 대해 경고하고 영적 성장을 통해 이를 극복할 것을 권면하고 있다. 또한 거짓 교사들에게 심판이 있을 것을 강조하며, 진리를 분별할 수 있는 지식을 강조하고, 그리스도의 재림을 소망하며 깨어 있을 것을 권면하고 있다.
2. ④ 베드로후서는 A.D. 64-68년경 기록된 것으로 추정된다.
3. ④ (벧후 1:2 참조)

* 본 절에서 '앎'은 '완전한 지식'을 의미하는 말로, 이는 영지주의자들이 주장하는 감각적 지식과 구별하기 위해 사용한 말이다.

memo

4. 다음 (　　) 안에 들어갈 말은?
"사랑하는 자들아 주께는 하루가 (　　　) 같고 (　　　)이 하루 같다는 이 한 가지를 잊지 말라"
① 십 년　② 백 년　③ 천 년　④ 만 년

5. 베드로후서에서, 그리스도의 재림이 지연되고 있는 이유는?
① 하나님의 정하신 때가 차지 않았기 때문이다
② 사람들의 죄악이 세상에 가득하기 때문이다
③ 아무도 멸망하지 않고 다 회개하도록 하기 위함이다
④ 그리스도인들이 성숙한 믿음을 갖도록 하기 위함이다

6. 베드로후서에서, 그리스도의 재림 때 나타나는 현상이 아닌 것은?
① 주의 날이 도둑 같이 온다
② 하늘이 큰 소리로 떠나간다
③ 물질이 뜨거운 불에 풀어진다
④ 땅과 그 중에 있는 모든 일이 감추어진다

4. ③ (벧후 3:8 참조)
* 본 절은 시 90:4를 반영한 것으로, 하나님의 시간 개념에 비추어 볼 때 인간의 천 년은 하나님의 하루에 불과하므로 그리스도의 재림이 없다거나 시한부 종말론을 주장하는 거짓 교사들의 미혹에 빠지지 말라는 것이다.

5. ③ (벧후 3:9) 주의 약속은 어떤 이들이 더디다고 생각하는 것 같이 더딘 것이 아니라 오직 주께서는 너희를 대하여 오래 참으사 아무도 멸망하지 아니하고 다 회개하기에 이르기를 원하시느니라
* 본 절에서 '주의 약속'이란 주님께서 승천하신 뒤에 속히 오시겠다고 하신 재림의 약속을 가리킨다(마 24:32-34; 계 22:12, 20 참조). 한편 '아무도 멸망하지 아니하고 다 회개하기에 이르기를 원하신다'는 것은 모든 사람이 구원에 이르기를 원하시는 하나님의 마음을 표현한 것이다.

6. ④ (벧후 3:10) 그러나 주의 날이 도둑 같이 오리니 그 날에는 하늘이 큰 소리로 떠나가고 물질이 뜨거운 불에 풀어지고 땅과 그 중에 있는 모든 일이 드러나리로다
* 본 절에서 '주의 날'은 주님께서 재림하시는 날을 가리킨다. 한편 '하늘이 큰 소리로 떠나가고 물질이 뜨거운 불에 풀어진다'는 것은 그리스도의 재림과 함께 세상 끝날에 일어날 대폭발적인 사건들 중 하나로서 우주에 대변동이 있을 것을 가리키며, '땅과 그 중에 있는 모든 일이 드러난다'는 것은 땅도 하늘과 마찬가지로 불심판을 받을 것을 의미한다.

memo

주관식

1. "이로써 그 보배롭고 지극히 큰 약속을 우리에게 주사 이 약속으로 말미암아 너희가 정욕 때문에 세상에서 썩어질 것을 피하여 (   )에 참여하는 자가 되게 하려 하셨느니라"

2. 베드로후서에서, 신성한 성품에 참여하는 자가 힘써야 할 8가지 덕목은?

3. "먼저 알 것은 성경의 모든 (   )은 사사로이 풀 것이 아니니"

4. "예언은 언제든지 사람의 뜻으로 낸 것이 아니요 오직 (   )의 감동하심을 받은 사람들이 하나님께 받아 말한 것임이라"

5. "하나님이 범죄한 (   )을 용서하지 아니하시고 지옥에 던져 어두운 구덩이에 두어 심판 때까지 지키게 하셨으며"

1. **신성한 성품** (벧후 1:4 참조)
   * 본 절에서 '신성한 성품'이란 하나님의 성품을 가리킨다.
2. **믿음, 덕, 지식, 절제, 인내, 경건, 형제 우애, 사랑** (벧후 1:4-7) 너희가 정욕 때문에 세상에서 썩어질 것을 피하여 신성한 성품에 참여하는 자가 되게 하려 하셨느니라 그러므로 너희가 더욱 힘써 너희 믿음에 덕을, 덕에 지식을, 지식에 절제를, 절제에 인내를, 인내에 경건을, 경건에 형제 우애를, 형제 우애에 사랑을 더하라
3. **예언** (벧후 1:20 참조)
4. **성령** (벧후 1:21 참조)
5. **천사들** (벧후 2:4 참조)
   * 본 절에서 '범죄한 천사들'은 교만과 불순종으로 말미암아 타락한 천사(사 14:12-14; 유 1:6 참조), 즉 '마귀'를 가리킨다.

memo

6. “옛 세상을 용서하지 아니하시고 오직 의를 전파하는 (   )와 그 일곱 식구를 보존하시고 경건하지 아니한 자들의 세상에 홍수를 내리셨으며”

7. “(   )를 안 후에 받은 거룩한 명령을 저버리는 것보다 알지 못하는 것이 도리어 그들에게 나으니라”

8. “참된 속담에 이르기를 (   )가 그 토하였던 것에 돌아가고 (   )가 씻었다가 더러운 구덩이에 도로 누웠다 하는 말이 그들에게 응하였도다”

9. “하나님의 날이 임하기를 바라보고 간절히 사모하라 그 날에 하늘이 불에 타서 풀어지고 물질이 뜨거운 불에 녹아지려니와 우리는 그의 약속대로 의가 있는 곳인 (   )과 (   )을 바라보도다”

10. “오직 우리 주 곧 구주 예수 그리스도의 (   )와 그를 아는 (   )에서 자라 가라 영광이 이제와 영원한 날까지 그에게 있을지어다”

6. **노아** (벧후 2:5 참조)
7. **의의 도** (벧후 2:21 참조)
   * 본 절에서 ‘의의 도’는 ‘복음’을 가리킨다. 한편 ‘알지 못하는 것이 도리어 낫다’는 말은 어차피 멸망에 이를 것이면 복음의 진리를 알지 못하고 멸망에 이르는 것이 낫다는 의미이다. 왜냐하면 복음의 진리를 알고 난 후에 타락한 자는 영생을 얻을 기회를 상실할 뿐만 아니라(히 6:6; 10:26 참조) 심판의 날에 가장 무서운 형벌을 받게 되기 때문이다(히 10:26-29; 벧후 2:10 참조).
8. **개, 돼지** (벧후 2:22 참조)
   * 본 절은 잠 26:11의 속담을 인용하여 ‘복음을 받아들였다가 배교한 자들’을 경계하도록 권면한 말이다.
9. **새 하늘, 새 땅** (벧후 3:12-13 참조)
   * 본 절에서, ‘하나님의 날’은 ‘그리스도의 재림의 날’을 가리킨다. 한편 ‘그 날에 하늘이 불에 타서 풀어지고 물질이 뜨거운 불에 녹아진다’는 것은 그리스도께서 재림하실 때 온 세상이 불로써 심판을 받아 사라지게 될 것을 가리킨다(벧후 3:10 참조).
10. **은혜, 지식** (벧후 3:18 참조)
   * 본 절은 그리스도인들이 구원받은 후에도 그리스도의 은혜와 그에 대한 지식 안에서 계속 성장하여 거짓 교사들의 미혹에 빠지지 말아야 할 것을 가리킨다.

요한 1서 1 John

연대 및 저자 A.D. 90–95년경 사도 요한이 기록한 것으로 추정된다.

중심 내용 본서는 거짓된 가르침의 위험성을 경고하며 하나님과의 참된 교제를 통해 이웃에게 사랑을 실천할 것을 권하는 내용을 담고 있다.

특징

1. 하나님과의 참된 교제를 강조하고 있다.
2. 사랑의 실천을 강조하고 있다.
3. 하나님의 성품을 잘 묘사하고 있다.

내용 분해

1. 하나님과의 참된 교제(1:1–2:11)

2. 하나님과의 교제 시 유의할 점(2:12–29)

3. 하나님과 교제하는 성도의 삶(3:1–4:21)

4. 하나님과의 교제의 결과(5:1–21)

memo

객관식

1. 요한일서와 관계없는 것은?
   ① 하나님과의 참된 교제를 강조하고 있다
   ② 구약의 예언이 많이 언급되어 있다
   ③ 사랑의 실천을 강조하고 있다
   ④ 하나님의 성품을 잘 묘사하고 있다

2. 요한일서가 기록된 연대로 추정되는 때는?
   ① A.D. 60–65년경 ② A.D. 70–75년경
   ③ A.D. 80–85년경 ④ A.D. 90–95년경

3. 요한일서에서, 사도 요한이 '생명의 말씀'에 관하여 언급한 내용이 아닌 것은?
   ① 귀로 들었다 ② 눈으로 보았다
   ③ 입으로 말했다 ④ 손으로 만졌다

1. ② 요한일서는 거짓된 가르침의 위험성을 경고하며 하나님과의 참된 교제를 통해 이웃에게 사랑을 실천할 것을 권하고 있다. 또한 빛, 의로우심, 사랑, 영, 생명 등 하나님의 성품을 잘 묘사하고 있다.
2. ④ 요한일서는 A.D. 90–95년경 기록된 것으로 추정된다.
3. ③ (요일 1:1) 태초부터 있는 생명의 말씀에 관하여는 우리가 들은 바요 눈으로 본 바요 자세히 보고 우리의 손으로 만진 바라
   * 본 절에서 '태초'는 요 1:1과 병행된 표현으로서 생명의 말씀이 영원 전에 선재하였음을 나타내며, 여기서 '생명의 말씀'은 예수 그리스도를 가리킨다. 한편 사도 요한은 '들은 바요', '본 바요', '만진 바라'는 표현을 통해 생명의 말씀이신 그리스도께서 성육신하셔서 역사 속에 현현하신 하나님을 드러내셨으며 그의 사역과 설교를 통해 복음을 전파하셨음을 강조하였다.

memo

4. 요한일서에서, 사도 요한이 '보고 들은 바를' 전하는 목적은 무엇인가?
   ① 그들과 사귐이 있게 하기 위함이다
   ② 그들의 믿음을 성장시키기 위함이다
   ③ 그들의 죄악을 깨닫게 하기 위함이다
   ④ 거짓된 가르침을 경계하기 위함이다

5. 다음 (　　) 안에 들어갈 말은?
   "그가 (　　) 가운데 계신 것 같이 우리도 (　　) 가운데 행하면 우리가 서로 사귐이 있고 그 아들 예수의 피가 우리를 모든 죄에서 깨끗하게 하실 것이요"
   ① 사랑　　② 말씀　　③ 소망　　④ 빛

6. 요한일서에서, 우리가 '예수 그리스도를 알고 있다는 증거'는 무엇인가?
   ① 죄를 자백하는 것이다
   ② 이웃을 사랑하는 것이다
   ③ 부르짖어 기도하는 것이다
   ④ 예수 그리스도의 계명을 지키는 것이다

4. ① (요일 1:3) 우리가 보고 들은 바를 너희에게도 전함은 너희로 우리와 사귐이 있게 하려 함이니 우리의 사귐은 아버지와 그의 아들 예수 그리스도와 더불어 누림이라
   * 본 절은 사도들의 복음 증거 목적이 먼저 인간과 하나님 사이에 단절된 교제를 그리스도로 말미암아 회복시키고, 사람들 간의 교제를 바르고 견고하게 하기 위한 것임을 보여 준다.
5. ④ (요일 1:7 참조)
6. ④ (요일 2:3) 우리가 그의 계명을 지키면 이로써 우리가 그를 아는 줄로 알 것이요

memo

7. 요한일서에서, 적그리스도에 대한 설명으로 맞지 않은 것은?
① 거짓말하는 자
② 예수께서 그리스도이심을 부인하는 자
③ 예수께서 영으로 오신 것을 부인하는 자
④ 하나님과 예수 그리스도를 부인하는 자

8. 요한일서에서, 하나님의 아들이 나타나신 이유는?
① 천국 복음을 전파하려 하심이다
② 마귀의 일을 멸하려 하심이다
③ 믿는 자에게 평안을 주려 하심이다
④ 종노릇하는 자들을 놓아 주려 하심이다

9. 다음 (　　) 안에 들어갈 말은?
"우리는 형제를 (　　)함으로 사망에서 옮겨 생명으로 들어간 줄을 알거니와 (　　)하지 아니하는 자는 사망에 머물러 있느니라"
① 사랑　　② 존경　　③ 용서　　④ 위로

10. 요한일서에서, '하나님께 속한 영'을 분별하는 방법은?
① 예수 그리스도께서 하신 말씀을 믿는지 여부
② 예수 그리스도께서 행하신 일을 믿는지 여부
③ 예수 그리스도께서 영으로 오신 것을 시인하는지 여부
④ 예수 그리스도께서 육체로 오신 것을 시인하는지 여부

7. ③ (요일 2:22) 거짓말하는 자가 누구냐 예수께서 그리스도이심을 부인하는 자가 아니냐 아버지와 아들을 부인하는 그가 적그리스도니
* 본 절에서 '거짓말'은 근본적인 거짓말, 즉 예수께서 그리스도이심을 부인하는 것을 가리킨다.

8. ② (요일 3:8) 죄를 짓는 자는 마귀에게 속하나니 마귀는 처음부터 범죄함이라 하나님의 아들이 나타나신 것은 마귀의 일을 멸하려 하심이라

9. ① (요일 3:14 참조)

10. ④ (요일 4:1-2) 사랑하는 자들아 영을 다 믿지 말고 오직 영들이 하나님께 속하였나 분별하라 … 너희가 하나님의 영을 알지니 곧 예수 그리스도께서 육체로 오신 것을 시인하는 영마다 하나님께 속한 것이요

memo

11. 다음 (　　) 안에 들어갈 말은?

"(　　)은 여기 있으니 우리가 하나님을 사랑한 것이 아니요 하나님이 우리를 사랑하사 우리 죄를 속하기 위하여 화목 제물로 그 아들을 보내셨음이라"

① 사랑　② 영생　③ 소망　④ 생명

12. 요한일서에서, 두려움을 내쫓는 것은?

① 온전한 믿음　② 온전한 소망
③ 온전한 사랑　④ 온전한 마음

13. 요한일서에서, 하나님을 사랑하는 것과 같은 일은 무엇인가?

① 복음을 전파하는 것이다　② 범사에 감사하는 것이다
③ 계명들을 지키는 것이다　④ 죽도록 충성하는 것이다

14. 요한일서에서, 우리는 '무엇으로' 세상을 이길 수 있는가?

① 천국을 바라는 소망
② 예수께서 하나님의 아들이심을 믿는 믿음
③ 하나님과 이웃을 사랑하는 사랑
④ 예수 그리스도의 말씀

11. ① (요일 4:10 참조)

12. ③ (요일 4:18) 사랑 안에 두려움이 없고 온전한 사랑이 두려움을 내쫓나니 두려움에는 형벌이 있음이라 두려워하는 자는 사랑 안에서 온전히 이루지 못하였느니라

13. ③ (요일 5:3) 하나님을 사랑하는 것은 이것이니 우리가 그의 계명들을 지키는 것이라 그의 계명들은 무거운 것이 아니로다

* '하나님을 사랑하는 것'과 '그의 계명들을 지키는 것'은 별개의 일이 아니라 하나의 일이다.

14. ② (요일 5:4-5) 무릇 하나님께로부터 난 자마다 세상을 이기느니라 세상을 이기는 승리는 이것이니 우리의 믿음이니라 예수께서 하나님의 아들이심을 믿는 자가 아니면 세상을 이기는 자가 누구냐

memo

15. 요한일서에서, 예수 그리스도를 증언하는 '세 가지'에 속하지 않는 것은?
① 성령 ② 물 ③ 불 ④ 피

16. 다음 ( ) 안에 들어갈 말은?
"아들이 있는 자에게는 ( )이 있고 하나님의 아들이 없는 자에게는 ( )이 없느니라"
① 믿음 ② 소망 ③ 사랑 ④ 생명

17. 요한일서를 기록한 목적은?
① 그리스도를 믿는 자에게 영생이 있음을 알게 하려 함이다
② 그리스도를 믿는 자에게 사랑이 있음을 알게 하려 함이다
③ 그리스도를 믿는 자에게 믿음이 있음을 알게 하려 함이다
④ 그리스도를 믿는 자에게 소망이 있음을 알게 하려 함이다

18. 다음 ( ) 안에 들어갈 말은?
"그를 향하여 우리가 가진 바 담대함이 이것이니 그의 ( )대로 무엇을 구하면 들으심이라"
① 말씀 ② 약속 ③ 뜻 ④ 소원

15. ③ (요일 5:7–8) 증언하는 이가 셋이니 성령과 물과 피라 또한 이 셋은 합하여 하나이니라
* '물과 피'가 예수 그리스도의 인성과 구주 되심을 증거하는 객관적 사실이라면, 성령은 성도의 마음속에서 증거하시는 주관적 증거이다. 한편 예수님은 성령이 자신에 대해 증거하실 것이라고 말씀하셨는데(요 15:26; 16:13–14 참조), 이 말씀대로 성령은 성도 안에 내재하셔서(고전 3:16; 6:19 참조) 하나님의 자녀들에게 그리스도의 구주 되심을 증거하신다.

16. ④ (요일 5:12 참조)

17. ① (요일 5:13) 내가 하나님의 아들의 이름을 믿는 너희에게 이것을 쓰는 것은 너희로 하여금 너희에게 영생이 있음을 알게 하려 함이라

18. ③ (요일 5:14 참조)

memo

19. 다음 (　　　) 안에 들어갈 말은?

"누구든지 형제가 (　　　)에 이르지 아니하는 죄 범하는 것을 보거든 구하라 그리하면 (　　　)에 이르지 아니하는 범죄자들을 위하여 그에게 생명을 주시리라 (　　　)에 이르는 죄가 있으니 이에 관하여 나는 구하라 하지 않노라 모든 불의가 죄로되 (　　　)에 이르지 아니하는 죄도 있도다"

① 심판　　② 재앙　　③ 저주　　④ 사망

19. ④ (요일 5:16-17 참조)

memo

주관식

1. "만일 우리가 (　　　)가 없다고 말하면 스스로 속이고 또 진리가 우리 속에 있지 아니할 것이요"

2. 요한일서 1장 9절을 쓰시오.

3. "만일 우리가 범죄하지 아니하였다 하면 (　　　)을 거짓말하는 이로 만드는 것이니 또한 그의 말씀이 우리 속에 있지 아니하니라"

4. 우리가 죄를 범했을 때 하나님 앞에서 우리의 대언자가 되시는 분은?

5. "그는 우리 죄를 위한 (　　　　　)이니 우리만 위할 뿐 아니요 (　　　　)의 죄를 위하심이라"

1. **죄** (요일 1:8 참조)
2. **만일 우리가 우리 죄를 자백하면 그는 미쁘시고 의로우사 우리 죄를 사하시며 우리를 모든 불의에서 깨끗하게 하실 것이요**
3. **하나님** (요일 1:10 참조)
4. **예수 그리스도** (요일 2:1) 나의 자녀들아 내가 이것을 너희에게 씀은 너희로 죄를 범하지 않게 하려 함이라 만일 누가 죄를 범하여도 아버지 앞에서 우리에게 대언자가 있으니 곧 의로우신 예수 그리스도시라
5. **화목 제물, 온 세상** (요일 2:2 참조)

memo

6. "이는 세상에 있는 모든 것이 (   )의 정욕과 (   )의 정욕과 (   )의 자랑이니 다 아버지께로부터 온 것이 아니요 세상으로부터 온 것이라"

7. "죄를 짓는 자마다 불법을 행하나니 죄는 (   )이라"

8. "예수를 시인하지 아니하는 영마다 하나님께 속한 것이 아니니 이것이 곧 (   )의 영이니라 오리라 한 말을 너희가 들었거니와 지금 벌써 세상에 있느니라"

9. 요한일서 4장 18절을 쓰시오.

10. 요한일서에서, 하나님을 사랑하는 자는 또한 '누구'를 사랑해야 하는가?

11. "무릇 하나님께로부터 난 자마다 (   )을 이기느니라 세상을 이기는 승리는 이것이니 우리의 (   )이니라"

6. **육신, 안목, 이생** (요일 2:16 참조)
7. **불법** (요일 3:4 참조)
8. **적그리스도** (요일 4:3 참조)
9. **사랑 안에 두려움이 없고 온전한 사랑이 두려움을 내쫓나니 두려움에는 형벌이 있음이라 두려워하는 자는 사랑 안에서 온전히 이루지 못하였느니라**
10. **형제** (요일 4:21) 우리가 이 계명을 주께 받았나니 하나님을 사랑하는 자는 또한 그 형제를 사랑할지니라
11. **세상, 믿음** (요일 5:4 참조)

memo

12. “하나님께로부터 난 자는 다 범죄하지 아니하는 줄을 우리가 아노라 하나님께로부터 나신 자가 그를 지키시매 (   )가 그를 만지지도 못하느니라”

12. **악한 자** (요일 5:18 참조)

* 본 절에서 ‘하나님께로부터 난 자’는 성도를 가리키며, ‘범죄’는 사망에 이르는 죄를 가리킨다. 또한 ‘하나님께로부터 나신 자’는 그리스도를 가리키고, ‘악한 자’는 ‘마귀’를 가리킨다. 따라서 본 절은 그리스도께서 성도를 지키시기 때문에 성도는 하나님과 단절되는 죄를 짓지 않는다는 의미이다.

요한 2서 2 John

연대 및 저자

A.D. 90–95년경 사도 요한이 기록한 것으로 추정된다.

중심 내용

본서는 예수 그리스도의 성육신을 부인하는 거짓 교사들을 경계하고 하나님과 이웃 사랑을 실천할 것을 권하는 내용을 담고 있다.

특징

1. 전형적인 편지 형식으로 기록되었다.
2. 진리, 사랑, 계명 등의 용어를 반복적으로 사용하고 있다.
3. 예수 그리스도를 '아버지의 아들'로 부르고 있다.

내용 분해

1. 진리와 사랑 가운데 거하도록 권함(1:1–6)

2. 적그리스도에 대한 경계(1:7–13)

memo

객관식

1. 요한이서와 관계없는 것은?
   ① 전형적인 편지 형식으로 기록되었다
   ② 그리스도와 교회와의 관계를 말하고 있다
   ③ 진리, 사랑, 계명 등의 용어를 반복적으로 사용하고 있다
   ④ 예수 그리스도를 '아버지의 아들'로 부르고 있다

2. 요한이서가 기록된 연대로 추정되는 때는?
   ① A.D. 60-65년경　② A.D. 70-75년경
   ③ A.D. 80-85년경　④ A.D. 90-95년경

3. 수신자가 부녀와 그의 자녀들인 서신서는?
   ① 요한일서　② 요한이서　③ 요한삼서　④ 유다서

4. 다음 (　　　　) 안에 들어갈 말은?
   "은혜와 긍휼과 평강이 하나님 아버지와 (　　　　) 예수 그리스도께로부터 진리와 사랑 가운데서 우리와 함께 있으리라"
   ① 우리 주　② 하나님의 아들
   ③ 만유의 주　④ 아버지의 아들

1. ② 요한이서는 예수 그리스도의 성육신을 부인하는 거짓 교사들을 경계하고 하나님과 이웃 사랑을 실천할 것을 권하는 내용을 다루고 있다. 또한 전형적인 편지 형식으로 기록되었고, 진리, 사랑, 계명 등의 용어를 반복적으로 사용하고 있으며, 예수 그리스도를 '아버지의 아들'로 부르고 있다.
2. ④ 요한이서는 A.D. 90-95년경 기록된 것으로 추정된다.
3. ② (요이 1:1) 장로인 나는 택하심을 받은 부녀와 그의 자녀들에게 편지하노니 내가 참으로 사랑하는 자요 나뿐 아니라 진리를 아는 모든 자도 그리하는 것은
   * 본 절에서 '택하심을 받은 부녀'는 '교회'를 가리키고, '그의 자녀'는 성도들을 가리키는 것으로 보인다.
4. ④ (요이 1:3 참조)

memo

5. 요한이서에서, 사도 요한은 '누구'를 보고 심히 기뻐하였는가?
① 진리를 행하는 자 ② 하나님을 의지하는 자
③ 복음을 전하는 자 ④ 주를 기쁘시게 하는 자

6. 요한이서에서 말하는 '적그리스도'는?
① 예수 그리스도의 죽으심을 부인하는 자
② 예수 그리스도의 부활을 부인하는 자
③ 예수 그리스도께서 영으로 오심을 부인하는 자
④ 예수 그리스도께서 육체로 오심을 부인하는 자

7. 요한이서에서, 그리스도의 교훈을 가지지 않고 나아오는 자들을 어떻게 대해야 하는가?
① 그리스도의 교훈으로 책망해야 한다
② 그리스도의 교훈으로 가르쳐야 한다
③ 집에 들이지도 말고 인사도 하지 말아야 한다
④ 교회에 들이지도 말고 인사도 하지 말아야 한다

5. ① (요이 1:4) 너의 자녀들 중에 우리가 아버지께 받은 계명대로 진리를 행하는 자를 내가 보니 심히 기쁘도다
＊본 절에서 '진리를 행하는 자'는 이단들의 가르침에 미혹되지 않고 복음의 진리 안에서 이웃 사랑을 실천하는 자를 가리킨다.
6. ④ (요이 1:7) 미혹하는 자가 세상에 많이 나왔나니 이는 예수 그리스도께서 육체로 오심을 부인하는 자라 이런 자가 미혹하는 자요 적그리스도니
7. ③ (요이 1:10) 누구든지 이 교훈을 가지지 않고 너희에게 나아가거든 그를 집에 들이지도 말고 인사도 하지 말라

memo

주관식

1. "또 (   )은 이것이니 우리가 그 계명을 따라 행하는 것이요 계명은 이것이니 너희가 처음부터 들은 바와 같이 그 가운데서 행하라 하심이라"

2. "누구든지 이 교훈을 가지지 않고 너희에게 나아가거든 그를 집에 들이지도 말고 인사도 하지 말라 그에게 인사하는 자는 그 악한 일에 (   )하는 자임이라"

3. 요한이서는 모두 몇 장으로 기록되어 있는가?

1. **사랑** (요이 1:6 참조)
2. **참여** (요이 1:10–11 참조)
3. 1장

요한 3서 3 John

연대 및 저자

A.D. 90–95년경 사도 요한이 기록한 것으로 추정된다.

중심 내용

본서는 하나님의 말씀 안에 거함으로 진리를 따라 살 것을 권하는 내용을 담고 있다.

특징

1. 가이오에게 보낸 개인적인 서신이다.
2. 예수 그리스도에 대한 직접적인 언급이 없다.
3. 진리를 거스르는 디오드레베에 대해 구체적으로 언급하고 있다.

내용 분해

1. 가이오에 대한 칭찬과 격려(1:1–8)

2. 디오드레베에 대한 책망과 경고(1:9–11)

3. 데메드리오 천거(1:12–15)

memo

객관식

1. 요한삼서와 관계없는 것은?
   ① 가이오에게 보낸 개인적인 서신이다
   ② 하나님과의 참된 교제를 강조하고 있다
   ③ 예수 그리스도에 대한 직접적인 언급이 없다
   ④ 진리를 거스르는 디오드레베에 대해 구체적으로 언급하고 있다

2. 요한삼서가 기록된 연대로 추정되는 때는?
   ① A.D. 70-75년경 ② A.D. 80-85년경
   ③ A.D. 90-95년경 ④ A.D. 100-105년경

3. 요한삼서의 수신자는?
   ① 가이오 ② 디오드레베
   ③ 데메드리오 ④ 데오빌로

1. ② 요한삼서는 하나님의 말씀 안에 거함으로 진리를 따라 살 것을 권하는 내용을 담고 있다. 또한 가이오에게 보낸 개인적인 서신으로, 그리스도에 대한 직접적인 언급이 없으며, 진리를 거스르는 디오드레베에 대해 구체적으로 언급하고 있다.
2. ③ 요한삼서는 A.D. 90-95년경 기록된 것으로 추정된다.
3. ① (요삼 1:1) 장로인 나는 사랑하는 가이오 곧 내가 참으로 사랑하는 자에게 편지하노라
   * 신약성경에서 '가이오'는 마게도냐 사람 가이오(행 19:29 참조), 더베 사람 가이오(행 20:4 참조), 고린도의 가이오(고전 1:14 참조) 등이 있다. 그중 더베의 가이오가 사도 요한에 의해 버가모의 첫 감독으로 임명된 것으로 보아, 본 절의 가이오는 사도 바울의 제3차 선교 여행 때 그리스로부터 마게도냐를 지나 드로아까지 동행한 더베의 가이오로 보인다.

memo

4. 요한삼서에서, 사도 요한이 심히 기뻐한 이유는?
① 가이오가 진리 안에서 행한다는 말을 들었기 때문이다
② 가이오가 고난을 두려워하지 않는다는 말을 들었기 때문이다
③ 디오드레베가 진리 안에서 행한다는 말을 들었기 때문이다
④ 디오드레베가 고난을 두려워하지 않는다는 말을 들었기 때문이다

5. 요한삼서에서, 디오드레베에 대한 설명으로 맞지 않는 것은?
① 으뜸되기를 좋아하였다
② 악한 말로 사도 요한과 순회 전도자들을 비방했다
③ 순회 전도자들을 맞아들이지 않았다
④ 거짓 교사들을 교회에 끌어들였다

6. 요한삼서에서, 뭇 사람이 인정하고 사도 요한도 칭찬한 사람은?
① 디오드레베 ② 데메드리오 ③ 데오빌로 ④ 더디오

7. 요한삼서에 등장하는 인물이 아닌 사람은?
① 가이오 ② 디오드레베 ③ 더디오 ④ 데메드리오

4. ① (요삼 1:1-3) 장로인 나는 사랑하는 가이오 곧 내가 참으로 사랑하는 자에게 편지하노라 … 형제들이 와서 네게 있는 진리를 증언하되 네가 진리 안에서 행한다 하니 내가 심히 기뻐하노라
* 본 절은 사도 요한이 '가이오가 거짓 교사들의 위협에도 불구하고 진리를 지키고 복음 안에서 행한다'는 말을 듣고 기뻐한 것을 가리킨다.

5. ④ (요삼 1:9-10) 으뜸되기를 좋아하는 디오드레베가 우리를 맞아들이지 아니하니 … 그가 악한 말로 우리를 비방하고도 오히려 부족하여 형제들을 맞아들이지도 아니하고 맞아들이고자 하는 자를 금하여 교회에서 내쫓는도다
* 본 절은 교회에서 으뜸되기를 좋아한 디오드레베가 사도 요한이 보낸 편지를 무시하고 순회전도자들을 받아들이지 않았을 뿐만 아니라 성도들에게도 받아들이지 못하게 한 것을 가리킨다.

6. ② (요삼 1:12) 데메드리오는 뭇 사람에게도, 진리에게서도 증거를 받았으매 우리도 증언하노니 너는 우리의 증언이 참된 줄을 아느니라
* '데메드리오'가 누구인지는 알 수 없지만 디오드레베와는 대조적으로 선을 행한 자로서 그의 선한 행위는 뭇 사람이 인정하였으며, 진리에 합당하였고, 사도 요한도 칭찬할 만한 것이었다.

7. ③
* 요한삼서에 등장하는 인물은 가이오, 디오드레베, 데메드리오이다(요삼 1:1, 9, 12 참조).

memo

주관식

1. 요한삼서 1장 2절을 쓰시오.

2. “사랑하는 자여 악한 것을 본받지 말고 선한 것을 본받으라 (　　　)는 하나님께 속하고 (　　　)는 하나님을 뵈옵지 못하였느니라”

1. 사랑하는 자여 네 영혼이 잘됨 같이 네가 범사에 잘되고 강건하기를 내가 간구하노라
2. 선을 행하는 자, 악을 행하는 자 (요삼 1:11 참조)

유다서 Jude

연대 및 저자

A.D. 70–80년경 예수님의 동생 유다가 기록한 것으로 추정된다.

중심 내용

본서는 교회에 들어온 거짓 교사들을 통해 이단 사상에 빠질 위험이 있는 성도들에게 믿음과 진리를 지킬 것을 권면하는 내용을 담고 있다.

특징

1. 짧지만 서신의 형식을 잘 갖추고 있으며 내용이 논리 정연하다.
2. 내용과 문체가 베드로후서 2장과 유사하다.
3. 위경인 '모세의 승천기'와 '에녹 1서'를 인용하고 있다.

내용 분해

1. 거짓 교사들에 대한 경고(1:1–16)

2. 성도들을 향한 권면(1:17–25)

memo

객관식

1. 유다서와 관계없는 것은?
   ① 내용과 문체가 베드로후서 2장과 유사하다
   ② 위경인 '모세의 승천기'와 '에녹 1서'를 인용하고 있다
   ③ 예수 그리스도를 '아버지의 아들'로 부르고 있다
   ④ 짧지만 서신의 형식을 잘 갖추고 있으며 내용이 논리 정연하다

2. 유다서가 기록된 연대로 추정되는 때는?
   ① A.D. 60–70년경 ② A.D. 70–80년경
   ③ A.D. 80–90년경 ④ A.D. 90–100년경

3. 유다서에서, 영원한 불의 형벌을 받음으로 '거울이 된' 두 도시는?
   ① 두로와 시돈 ② 두로와 고라신
   ③ 소돔과 고모라 ④ 고라신과 벳새다

4. 천사장 미가엘은 '무엇'에 관하여 마귀와 다투어 변론하였는가?
   ① 에녹의 시체 ② 모세의 시체
   ③ 엘리야의 시체 ④ 예수 그리스도의 시체

1. ③ 유다서는 교회에 들어온 거짓 교사들을 통해 이단 사상에 빠질 위험이 있는 성도들에게 믿음과 진리를 지킬 것을 권면하는 내용을 담고 있다. 또한 짧지만 서신의 형식을 잘 갖추고 있으며, 내용이 논리 정연하고, 내용과 문체가 베드로후서 2장과 유사하며, 위경인 '모세의 승천기'와 '에녹 1서'를 인용하고 있다.
2. ② 유다서는 A.D. 70–80년경 기록된 것으로 추정된다.
3. ③ (유 1:7) 소돔과 고모라와 그 이웃 도시들도 그들과 같은 행동으로 음란하며 다른 육체를 따라 가다가 영원한 불의 형벌을 받음으로 거울이 되었느니라
4. ② (유 1:9) 천사장 미가엘이 모세의 시체에 관하여 마귀와 다투어 변론할 때에 감히 비방하는 판결을 내리지 못하고 다만 말하되 주께서 너를 꾸짖으시기를 원하노라 하였거늘
   * 본 절은 '위경'인 '모세의 승천기'에서 인용한 것이다. '모세의 승천기'에 의하면, 모세가 죽자 하나님의 명을 받은 천사장 미가엘이 모세의 시체를 치우려 할 때 사탄이 나타나 모세가 살인자라는 이유로(출 2:11–12 참조) 시체의 소유권이 자신에게 있음을 주장하면서 미가엘과 논쟁을 벌였다. 이때 미가엘은 하나님의 명을 받았으므로 그것을 훼방하는 사탄을 심판할 능력이 있었으나 사탄에 대한 심판을 하나님께 맡겼다. 따라서 본 절은 거짓 교사들이 하나님의 주권과 영광을 거스르는 것은 큰 죄악임을 나타낸다.

memo

5. 유다서에서, 거짓 교사들의 악행을 말하기 위해 '예로 든 사람'이 아닌 자는?
① 가인 ② 발람 ③ 고라 ④ 다단

6. 유다서에서, '거짓 교사들의 특징'에 대한 묘사가 아닌 것은?
① 바람에 불려가는 물 없는 구름
② 죽고 또 죽어 뿌리까지 뽑힌 열매 없는 가을 나무
③ 물 없는 샘이요 광풍에 밀려 가는 안개
④ 영원히 예비된 캄캄한 흑암으로 돌아갈 유리하는 별들

7. 신약의 서신서 중에 위경을 인용하고 있는 책은?
① 골로새서 ② 빌레몬서 ③ 요한이서 ④ 유다서

8. 다음 중 1장으로 구성된 책이 아닌 것은?
① 요한일서 ② 요한이서 ③ 요한삼서 ④ 유다서

5. ④ (유 1:11) 화 있을진저 이 사람들이여, 가인의 길에 행하였으며 삯을 위하여 발람의 어그러진 길로 몰려 갔으며 고라의 패역을 따라 멸망을 받았도다

6. ③

거짓 교사들의 특징에 대한 묘사

애찬에 암초	유 1:12
자기 몸만 기르는 목자	유 1:12
바람에 불려가는 물 없는 구름	유 1:12
죽고 또 죽어 뿌리까지 뽑힌 열매 없는 가을 나무	유 1:12
자기 수치의 거품을 뿜는 바다의 거친 물결	유 1:13
영원히 예비된 캄캄한 흑암으로 돌아갈 유리하는 별들	유 1:13

7. ④

* 유다서는 위경인 '모세의 승천기'(유 1:9 참조)와 '에녹 1서'(유 1:14-15 참조)를 인용하고 있다.

8. ①

memo

주관식

1. “(　　　　)의 종이요 (　　)의 형제인 유다는 부르심을 받은 자 곧 하나님 아버지 안에서 사랑을 얻고 예수 그리스도를 위하여 지키심을 받은 자들에게 편지하노라”

2 “또 자기 지위를 지키지 아니하고 자기 처소를 떠난 (　　　)을 큰 날의 심판까지 영원한 결박으로 흑암에 가두셨으며”

3. “사랑하는 자들아 너희는 너희의 지극히 거룩한 (　　) 위에 자신을 세우며 성령으로 (　　)하며 하나님의 (　　) 안에서 자신을 지키며 영생에 이르도록 우리 주 예수 그리스도의 (　　　)을 기다리라”

1. 예수 그리스도, 야고보 (유 1:1 참조)

* 본 절에서 유다가 자신을 ‘예수 그리스도의 종’이라고 한 것은 자신이 예수 그리스도에게 완전히 복종하는 자임을 밝힌 것이다. 또 자신을 ‘야고보의 형제’라고 말한 것은 자신이 당시 예루살렘 교회의 위대한 지도자인 야고보의 형제라는 사실을 밝힘으로써 자신의 권위를 강조할 뿐만 아니라 자신이 주의 형제(마 13:55; 막 6:3 참조)라는 사실을 말하고자 한 것으로 보인다.

2. 천사들 (유 1:6 참조)

* 본 절은 교만과 불순종으로 말미암아 자신의 위치를 망각하고 타락한 천사들(사 14:12–14 참조)에 대한 하나님의 심판을 가리킨다. 이들은 본래 하나님으로부터 많은 특권을 받고 하나님의 영광의 빛을 누렸으나 본래의 소명을 잊어버리고 하나님을 반역했기 때문에 하나님의 마지막 심판 때까지 결박되어 지옥에 던져진 것이다.

3. 믿음, 기도, 사랑, 긍휼 (유 1:20–21 참조)

예언서

요한계시록

요한계시록 Revelation

연대 및 저자

A.D. 95–96년경 사도 요한이 기록한 것으로 추정된다.

중심 내용

본서는 사도 요한이 로마 제국의 박해를 받고 있는 소아시아 일곱 교회에 보낸 편지와 예수 그리스도의 재림과 종말에 대한 내용을 담고 있다.

특징

1. 신약성경 중 유일한 예언서이다.
2. 숫자와 상징을 많이 사용한 묵시문학 형태의 편지이다.
3. 재림하실 예수 그리스도의 사역에 초점을 맞추고 있다.

내용 분해

1. 사도 요한이 본 것(1:1–20)

1) 문안 인사(1:1–8)
2) 예수 그리스도에 관한 계시(1:9–20)

2. 이제 있는 일 – 교회 시대(2:1–3:22)

3. 장차 될 일(4:1–22:21)

1) 교회의 휴거와 인봉한 책(4:1–5:14)
2) 7년 환난 시대 – 전 3년 반(6:1–10:11)
3) 7년 환난 시대 – 후 3년 반(11:1–19:21)
4) 천년 왕국과 흰 보좌 심판(20:1–15)
5) 새 하늘과 새 땅(21:1–22:21)

memo

객관식

1. 신약성경의 예언서에 해당되는 책은?
   ① 로마서 ② 히브리서 ③ 유다서 ④ 요한계시록

2. 요한계시록과 관계없는 것은?
   ① 신약성경 중 유일한 예언서이다
   ② 진리를 분별할 수 있는 지식을 강조하고 있다
   ③ 숫자와 상징을 많이 사용한 묵시문학 형태의 편지이다
   ④ 재림하실 예수 그리스도의 사역에 초점을 맞추고 있다

3. 요한계시록이 기록된 연대로 추정되는 때는?
   ① A.D. 65–66년경 ② A.D. 75–76년경
   ③ A.D. 85–86년경 ④ A.D. 95–96년경

4. 요한계시록을 기록한 사람은?
   ① 사도 바울 ② 침례 요한 ③ 사도 요한 ④ 마가 요한

1. ④ 신약성경의 예언서는 요한계시록이다.
2. ② 요한계시록은 사도 요한이 로마 제국의 박해를 받고 있는 소아시아 일곱 교회에 보낸 편지와 예수 그리스도의 재림과 종말에 대한 내용을 다루고 있다. 또한 신약성경 중 유일한 예언서이고, 숫자와 상징을 많이 사용한 묵시문학 형태의 편지이며, 재림하실 예수 그리스도의 사역에 초점을 맞추고 있다.
3. ④ 요한계시록은 A.D. 95–96년경 기록된 것으로 추정된다.
4. ③ (계 1:1) 예수 그리스도의 계시라 이는 하나님이 그에게 주사 반드시 속히 일어날 일들을 그 종들에게 보이시려고 그의 천사를 그 종 요한에게 보내어 알게 하신 것이라
   * 본 절에서 '그 종들'은 '모든 하나님의 백성'을 가리키며, '요한'은 요한복음과 요한일 · 이 · 삼서를 기록한 '사도 요한'을 가리킨다.

memo

5. 요한계시록은 '어디'에 있는 교회들에게 보낸 편지인가?
① 마게도냐 ② 아시아 ③ 그레데 ④ 구브로

6. 사도 요한이 예수 그리스도의 계시를 받은 곳은?
① 그레데 섬 ② 구브로 섬 ③ 밧모 섬 ④ 멜리데 섬

7. 사도 요한이 예수 그리스도의 계시를 써서 보내야 할 '일곱 교회'에 해당되지 않는 것은?
① 에베소 교회 ② 데살로니가 교회
③ 버가모 교회 ④ 라오디게아 교회

5. ② (계 1:4) 요한은 아시아에 있는 일곱 교회에 편지하노니 이제도 계시고 전에도 계셨고 장차 오실 이시며 그의 보좌 앞에 있는 일곱 영과
6. ③ (계 1:9) 나 요한은 너희 형제요 예수의 환난과 나라와 참음에 동참하는 자라 하나님의 말씀과 예수를 증언하였음으로 말미암아 밧모라 하는 섬에 있었더니
7. ② (계 1:11) 이르되 네가 보는 것을 두루마리에 써서 에베소, 서머나, 버가모, 두아디라, 사데, 빌라델비아, 라오디게아 등 일곱 교회에 보내라 하시기로

memo

8. 요한계시록 1장에서, 사도 요한이 본 '예수 그리스도에 대한 묘사'가 잘못된 것은?

① 눈은 불꽃 같음　　② 발에 끌리는 옷을 입음
③ 허리에 금띠를 띰　　④ 오른손에 일곱 별이 있음

9. 요한계시록 1장에서, 예수님이 가지신 열쇠는?

① 생명과 천국의 열쇠　　② 유황불 못의 열쇠
③ 사망과 음부의 열쇠　　④ 새 하늘과 새 땅의 열쇠

10. 요한계시록에서, 예수님이 사도 요한에게 기록하라고 하신 것이 아닌 것은?

① 과거의 일　　② 지금 있는 일
③ 장차 될 일　　④ 사도 요한이 본 것

11. 요한계시록에서, 처음 사랑을 버림으로 책망 받은 교회는?

① 에베소 교회　　② 두아디라 교회
③ 버가모 교회　　④ 빌라델비아 교회

8. ③

사도 요한이 본 예수 그리스도

발에 끌리는 옷을 입음	계 1:13
가슴에 금띠를 띰	계 1:13
머리와 털의 희기가 흰 양털 같고 눈 같음	계 1:14
눈은 불꽃 같음	계 1:14
발은 풀무불에 단련한 빛난 주석 같음	계 1:15
음성은 많은 물 소리와 같음	계 1:15
오른손에 일곱 별이 있음	계 1:16
입에서 좌우에 날선 검이 나옴	계 1:16
얼굴은 해가 힘있게 비치는 것 같음	계 1:16

9. ③ (계 1:18) 곧 살아 있는 자라 내가 전에 죽었었노라 볼지어다 이제 세세토록 살아 있어 사망과 음부의 열쇠를 가졌노니
　＊본 절은 예수님이 '심판하는 권세'를 가지고 계신 것을 의미한다.

10. ① (계 1:19) 그러므로 네가 본 것과 지금 있는 일과 장차 될 일을 기록하라

11. ① (계 2:1-4) 에베소 교회의 사자에게 편지하라 … 너를 책망할 것이 있나니 너의 처음 사랑을 버렸느니라

memo

12. 니골라 당의 행위를 미워한 교회는?

① 사데 교회 ② 버가모 교회

③ 에베소 교회 ④ 라오디게아 교회

13. 자칭 유대인이라 하는 사탄의 회당을 통해 환난을 당한 교회는?

① 에베소 교회 ② 서머나 교회

③ 버가모 교회 ④ 빌라델비아 교회

14. 마귀의 시험으로 십 일 동안 환난을 받게 될 교회는?

① 버가모 교회 ② 두아디라 교회

③ 서머나 교회 ④ 라오디게아 교회

15. 예수님이 '서머나 교회의 이기는 자'에게 약속하신 것은?

① 새벽 별을 준다

② 하나님 성전에 기둥이 되게 한다

③ 만국을 다스리는 권세를 준다

④ 생명의 관을 주고 둘째 사망의 해를 받지 않게 한다

12. ③ (계 2:1-6) 에베소 교회의 사자에게 편지하라 … 네가 니골라 당의 행위를 미워하는도다 나도 이것을 미워하노라

* '니골라'는 '백성을 이김'이라는 뜻을 가지고 있는데 구약성경에 기록된 '발람'(민 22-24장; 31:16 참조) 역시 이와 동일한 의미를 지니고 있다. 따라서 니골라 당은 발람의 교훈을 따른 자들을 가리키는 것으로 보인다. 한편 니골라 당의 가르침은 '우상의 제물을 먹게 하고 행음을 하게 하는 것'이었다(계 2:14-15 참조).

13. ② (계 2:8-9) 서머나 교회의 사자에게 편지하라 … 네 환난과 궁핍을 알거니와 실상은 네가 부요한 자니라 자칭 유대인이라 하는 자들의 비방도 알거니와 실상은 유대인이 아니요 사탄의 회당이라

* 본 절에서 '자칭 유대인'이란 혈통상 아브라함의 자손이기 때문에 하나님의 선민이 된 것을 자랑하는 유대인들을 가리킨다(마 3:9; 요 8:33 참조).

14. ③ (계 2:8-10) 서머나 교회의 사자에게 편지하라 … 마귀가 장차 너희 가운데에서 몇 사람을 옥에 던져 시험을 받게 하리니 너희가 십 일 동안 환난을 받으리라

* 본 절에서 '십 일 동안 환난을 받는다'는 것은, 성도들이 세상에서 받는 고난은 하나님 나라에서 영원히 누리게 될 영광과 비교할 수 없다는 것을 의미한다(롬 8:18 참조).

15. ④ (계 2:8-11) 서머나 교회의 사자에게 편지하라 … 죽도록 충성하라 그리하면 내가 생명의 관을 네게 주리라 … 이기는 자는 둘째 사망의 해를 받지 아니하리라

* 본 절에서 '둘째 사망의 해'란 예수 그리스도를 믿지 않는 자들이 '불못에 던져지는 것'을 가리킨다(계 20:14-15 참조).

memo

16. 예수님이 '좌우에 날선 검을 가지신 이'로 나타나신 교회는?
① 에베소 교회 ② 서머나 교회
③ 사데 교회 ④ 버가모 교회

17. 버가모 교회에 속한 예수 그리스도의 충성된 증인으로서 순교한 사람은?
① 안디바 ② 폴리캅 ③ 이세벨 ④ 발람

18. 요한계시록에 기록된 일곱 교회 중 책망 없이 칭찬만 받은 교회는?
① 에베소 교회와 두아디라 교회
② 사데 교회와 빌라델비아 교회
③ 서머나 교회와 빌라델비아 교회
④ 버가모 교회와 라오디게아 교회

19. 요한계시록에서, 나중 행위가 처음 것보다 많았던 교회는?
① 버가모 교회 ② 두아디라 교회
③ 서머나 교회 ④ 라오디게아 교회

16. ④ (계 2:12) 버가모 교회의 사자에게 편지하라 좌우에 날선 검을 가지신 이가 이르시되
* 본 절은 예수님이 발람과 니골라 당의 교훈을 따라 악을 행하는 버가모 교회에 심판의 칼을 가진 모습으로 나타나신 것을 의미한다.

17. ① (계 2:12-13) 버가모 교회의 사자에게 편지하라 … 내 충성된 증인 안디바가 너희 가운데 곧 사탄이 사는 곳에서 죽임을 당할 때에도 나를 믿는 믿음을 저버리지 아니하였도다
* 본 절에서 '사탄의 사는 곳'이란 버가모가 이방신과 황제 숭배의 중심지였다는 사실을 가리키는 것으로 보인다.

18. ③
* 요한계시록에 기록된 일곱 교회 중 서머나 교회와 빌라델비아 교회는 책망 없이 칭찬만 받은 교회이다(계 2:8-11; 3:7-13 참조).

19. ② (계 2:18-19) 두아디라 교회의 사자에게 편지하라 … 내가 네 사업과 사랑과 믿음과 섬김과 인내를 아노니 네 나중 행위가 처음 것보다 많도다
* 본 절은 두아디라 교회 성도들의 믿음이 점점 성숙하여 많은 열매를 맺은 것을 가리킨다.

memo

20. 자칭 선지자라 하는 이세벨을 용납하여 책망 받은 교회는?
① 에베소 교회 ② 빌라델비아 교회
③ 서머나 교회 ④ 두아디라 교회

21. 행위가 온전하지 못하여 '살았다 하는 이름은 가졌으나 죽은 자'라고 책망 받은 교회는?
① 사데 교회 ② 빌라델비아 교회
③ 버가모 교회 ④ 라오디게아 교회

22. 작은 능력을 가지고서도 말씀을 지키며 '주님의 이름을 배반하지 않은' 교회는?
① 사데 교회 ② 빌라델비아 교회
③ 두아디라 교회 ④ 라오디게아 교회

20. ④ (계 2:18-20) 두아디라 교회의 사자에게 편지하라 … 네게 책망할 일이 있노라 자칭 선지자라 하는 여자 이세벨을 네가 용납함이니 그가 내 종들을 가르쳐 꾀어 행음하게 하고 우상의 제물을 먹게 하는도다
* '이세벨'은 시돈 왕의 딸로서 이스라엘 왕 '아합'의 왕비가 되어 이스라엘 백성들로 하여금 바알 신을 숭배하게 한 여자이다(왕상 16:30-32 참조). 한편 사도 요한은 두아디라 교회에 가만히 들어와 자칭 선지자라 하며 성도들을 미혹시킨 이방 신전의 여사제들을 '이세벨'이라 칭한 것으로 보인다.

21. ① (계 3:1-2) 사데 교회의 사자에게 편지하라 … 네가 살았다 하는 이름은 가졌으나 죽은 자로다 … 하나님 앞에 네 행위의 온전한 것을 찾지 못하였노니

22. ② (계 3:7-8) 빌라델비아 교회의 사자에게 편지하라 … 내가 네 행위를 아노니 네가 작은 능력을 가지고서도 내 말을 지키며 내 이름을 배반하지 아니하였도다

memo

23. 예수님이 '빌라델비아 교회'에 하신 약속이 아닌 것은?
① 시험의 때를 면하게 한다
② 하나님 성전에 기둥이 되게 한다
③ 만국을 다스리는 권세를 준다
④ 새 예루살렘의 이름과 주님의 새 이름을 기록해 준다

24. '미지근하여 뜨겁지도 아니하고 차지도 아니하여' 책망 받은 교회는?
① 서머나 교회 ② 빌라델비아 교회
③ 버가모 교회 ④ 라오디게아 교회

25. 예수님이 "볼지어다 내가 문 밖에 서서 두드리노니 누구든지 내 음성을 듣고 문을 열면 내가 그에게로 들어가 그와 더불어 먹고 그는 나와 더불어 먹으리라"고 말씀하신 교회는?
① 에베소 교회 ② 라오디게아 교회
③ 버가모 교회 ④ 빌라델비아 교회

23. ③

예수님이 빌라델비아 교회에 하신 약속

시험의 때를 면하게 한다	계 3:10
하나님 성전에 기둥이 되게 한다	계 3:12
새 예루살렘의 이름과 주님의 새 이름을 기록해 준다	계 3:12

24. ④ (계 3:14-16) 라오디게아 교회의 사자에게 편지하라 … 네가 이같이 미지근하여 뜨겁지도 아니하고 차지도 아니하니 내 입에서 너를 토하여 버리리라

25. ② (계 3:14-20) 라오디게아 교회의 사자에게 편지하라 … 볼지어다 내가 문 밖에 서서 두드리노니 누구든지 내 음성을 듣고 문을 열면 내가 그에게로 들어가 그와 더불어 먹고 그는 나와 더불어 먹으리라

memo

26. 예수님이 칭찬은 하지 않고 책망만 하신 교회는?
① 에베소 교회　　② 라오디게아 교회
③ 버가모 교회　　④ 빌라델비아 교회

27. 사도 요한이 본 '하늘 보좌들 위에'는 누가 앉아 있었는가?
① 천사들　② 제사장들　③ 장로들　④ 성도들

28. 하늘 보좌 가운데와 보좌 주위에 있는 네 생물의 형상이 아닌 것은?
① 사자　② 송아지　③ 양　④ 사람

29. 사도 요한이 본 네 생물들은 '밤낮 쉬지 않고' 무엇을 했는가?
① 기도　② 찬양　③ 일　④ 참소

26. ②
* 예수님이 칭찬은 하지 않고 책망만 하신 교회는 라오디게아 교회이다(계 3:14-22 참조).

27. ③ (계 4:4) 그 보좌들 위에 이십사 장로들이 흰 옷을 입고 머리에 금관을 쓰고 앉았더라
* 본 절에서 '이십사 장로들'은 신구약 모든 교회를 대표하는 자들을 가리키는 것으로 볼 수 있다.

28. ③ (계 4:6-7) 보좌 가운데와 보좌 주위에 네 생물이 있는데 앞뒤에 눈들이 가득하더라 그 첫째 생물은 사자 같고 그 둘째 생물은 송아지 같고 그 셋째 생물은 얼굴이 사람 같고 그 넷째 생물은 날아가는 독수리 같은데
* 본 절의 '네 생물'에 대한 묘사는 겔 1:10을 반영한 것으로 '사자'는 왕권을, '송아지'는 힘을, '사람'은 지혜를, '독수리'는 신속함을 상징하는 것으로 볼 수 있다.

29. ② (계 4:8) 네 생물은 각각 여섯 날개를 가졌고 그 안과 주위에는 눈들이 가득하더라 그들이 밤낮 쉬지 않고 이르기를 거룩하다 거룩하다 거룩하다 주 하나님 곧 전능하신 이여 전에도 계셨고 이제도 계시고 장차 오실 이시라 하고
* 본 절에서 네 생물이 각각 '여섯 날개'를 가졌다는 것은 하나님의 뜻과 섭리를 신속하게 성취하는 것을 상징하며(시 18:10; 겔 10:16 참조), '그 안과 주위에는 눈들이 가득하다'는 것은 완전한 통찰력을 상징한다. 한편 '거룩하다'를 3번 반복한 것은 최상급의 찬양을 의미한다. 즉, 네 생물은 하나님의 무한한 거룩성을 찬양한 것이다(사 6:3 참조).

memo

30. 두루마리와 일곱 인을 떼기에 합당한 자는?
① 하나님 ② 천사 ③ 사도 요한 ④ 어린 양

31. 요한계시록에서, 금 대접에 가득한 '향'이 의미하는 것은?
① 성도의 기도 ② 성도의 찬양
③ 성도의 헌신 ④ 성도의 구제

32. 어린 양이 일곱 인 중 첫째 인을 떼실 때 나온 것은?
① 검은 말 ② 흰 말 ③ 청황색 말 ④ 붉은 말

33. 어린 양이 셋째 인을 떼실 때 검은 말 탄 자가 손에 가진 것은?
① 칼 ② 활 ③ 저울 ④ 깃발

30. ④ (계 5:4-7) 그 두루마리를 펴거나 보거나 하기에 합당한 자가 보이지 아니하기로 내가 크게 울었더니 … 유대 지파의 사자 다윗의 뿌리가 이겼으니 그 두루마리와 그 일곱 인을 떼시리라 … 그 어린 양이 나아와서 보좌에 앉으신 이의 오른손에서 두루마리를 취하시니라

* 본 절에서 '유대 지파의 사자'란 메시아가 유다 지파에서 나올 것을 가리키며(창 49:10 참조), '다윗의 뿌리'는 예수 그리스도께서 육신으로는 다윗의 혈통을 통해 오셨지만 그 근본 본체는 하나님이신 것을 의미한다(사 11:1, 10; 마 1:1 참조).

31. ① (계 5:8) 그 두루마리를 취하시매 네 생물과 이십사 장로들이 그 어린 양 앞에 엎드려 각각 거문고와 향이 가득한 금 대접을 가졌으니 이 향은 성도의 기도들이라

32. ② (계 6:1-2) 내가 보매 어린 양이 일곱 인 중의 하나를 떼시는데 … 내가 보니 흰 말이 있는데 그 탄 자가 활을 가졌고 면류관을 받고 나아가서 이기고 또 이기려고 하더라

* 그리스도께서 종말 직전에 세상에 내리시는 재앙은 일곱 인 재앙으로 구성되어 있으며, 일곱 인 재앙 중 일곱 번째 인 재앙 안에는 일곱 나팔 재앙이 들어 있고, 또 일곱 나팔 재앙 중 일곱 번째 나팔 재앙 안에는 일곱 대접 재앙이 들어 있다. 한편 '일곱 인'이란 하나님의 계시가 적혀 있는 두루마리 책에 봉해진 인을 가리키며(계 5:1 참조), 어린 양이 그 인을 떼신다는 것은 책 속에 기록된 계시의 내용을 집행하기 시작한 것을 의미한다. 한편 '흰 말을 탄 자'는 누구를 가리키는지 확실히 알 수 없으나 장차 나타나게 될 어떤 정복자를 가리키는 것으로 보이며, '활'은 상대를 무찌르는 능력을 상징한다(슥 9:13 참조).

33. ③ (계 6:5) 셋째 인을 떼실 때에 내가 들으니 셋째 생물이 말하되 오라 하기로 내가 보니 검은 말이 나오는데 그 탄 자가 손에 저울을 가졌더라

* 셋째 인의 재앙은 기근을 의미한다. 한편 '저울'은 양식의 무게를 다는 데 쓰는 기구인데, 검은 말을 탄 자가 손에 저울을 가졌다는 것은 큰 흉년과 기근이 닥쳤을 때 배급해 줄 곡식의 무게를 달기 위한 것으로 볼 수 있다.

memo

34. 어린 양이 넷째 인을 떼실 때 나온 청황색 말 탄 자의 이름은?
① 전쟁 ② 기근 ③ 환난 ④ 사망

35. 죽임을 당한 영혼들이 제단 아래에서 하나님께 호소한 것은 몇째 인을 뗄 때인가?
① 셋째 ② 넷째 ③ 다섯째 ④ 여섯째

36. 어린 양이 '여섯째 인'을 떼실 때 일어나는 현상이 아닌 것은?
① 큰 지진이 난다 ② 별들이 땅에 떨어진다
③ 하늘이 떠나간다 ④ 모든 섬과 바다가 사라진다

34. ④ (계 6:7–8) 넷째 인을 떼실 때에 내가 넷째 생물의 음성을 들으니 말하되 오라 하기로 내가 보매 청황색 말이 나오는데 그 탄 자의 이름은 사망이니 음부가 그 뒤를 따르더라 그들이 땅 사분의 일의 권세를 얻어 검과 흉년과 사망과 땅의 짐승들로써 죽이더라

* 본 절에서 '청황색 말'은 공포와 질병으로 인한 사망을 상징하며, 사망 뒤에 음부가 따른다는 것은 공포와 질병의 심판으로 죽임을 당한 후 영벌의 심판이 기다리는 것을 의미한다. 한편 '땅 사분의 일의 권세를 얻는다'는 것은 온 세상에 임하게 될 환난이 아직은 제한적인 것임을 의미한다.

35. ③ (계 6:9–10) 다섯째 인을 떼실 때에 … 죽임을 당한 영혼들이 제단 아래에 있어 큰 소리로 불러 이르되 거룩하고 참되신 대주재여 … 우리 피를 갚아 주지 아니하시기를 어느 때까지 하시려 하나이까 하니

* 본 절은 복음을 전하다 죽임을 당한 순교자들이 하나님께 그들이 흘린 무죄한 피에 대해 보응해 달라고 호소한 것을 가리킨다. 한편 하나님께서는 정해진 순교자 수가 다 차면 죽임을 당한 영혼들의 호소를 들어주겠다고 하셨다(계 6:11 참조).

36. ④

어린 양이 여섯째 인을 떼실 때 일어나는 현상

큰 지진이 난다	계 6:12
해가 검어지고 달이 피같이 된다	계 6:12
별들이 땅에 떨어진다	계 6:13
하늘이 떠나간다	계 6:14
산과 섬이 제 자리에서 옮겨진다	계 6:14
모든 사람이 굴과 산들의 바위 틈에 숨는다	계 6:15
사람들이 산과 바위에게 자신들 위에 떨어져 죽게 해 달라고 호소한다	계 6:16

memo

37. 사도 요한이 들은 '하나님의 인침을 받은 자'의 수는?
① 124,000 ② 134,000 ③ 144,000 ④ 154,000

38. 요한계시록 7장에서, 인침을 받지 않은 지파는?
① 유다 지파 ② 아셀 지파 ③ 갓 지파 ④ 단 지파

39. '구원하심이 보좌에 앉으신 하나님과 어린 양에게 있다'고 찬양한 자들은?
① 순교자들 ② 흰 옷을 입은 큰 무리
③ 네 생물들 ④ 흰 옷을 입은 이십사 장로들

40. 요한계시록에서, 큰 환난에서 나오는 자들이 '무엇'에 옷을 씻어 희게 하였는가?
① 어린 양의 피 ② 실로암 못물
③ 요단 강물 ④ 표백하는 자의 잿물

37. ③ (계 7:4) 내가 인침을 받은 자의 수를 들으니 이스라엘 자손의 각 지파 중에서 인침을 받은 자들이 십사만 사천이니
＊본 절에서 '십사만 사천'이란 하나님의 백성으로서 구원받은 모든 사람을 지칭하는 상징적인 숫자이다.

38. ④

인침 받은 지파

유다 지파	계 7:5	시므온 지파	계 7:7
르우벤 지파	계 7:5	레위 지파	계 7:7
갓 지파	계 7:5	잇사갈 지파	계 7:7
아셀 지파	계 7:6	스불론 지파	계 7:8
납달리 지파	계 7:6	요셉 지파	계 7:8
므낫세 지파	계 7:6	베냐민 지파	계 7:8

＊단 지파가 누락된 이유는 단 지파가 이스라엘 지파 중에서 처음으로 우상을 숭배했기 때문이거나(삿 18장 참조), 적그리스도가 단 지파에서 나올 것이라는 유대인들의 전통적인 사상 때문인 것으로 보인다.

39. ② (계 7:9-10) 아무도 능히 셀 수 없는 큰 무리가 나와 흰 옷을 입고 손에 종려 가지를 들고 보좌 앞과 어린 양 앞에 서서 큰 소리로 외쳐 이르되 구원하심이 보좌에 앉으신 우리 하나님과 어린 양에게 있도다 하니
＊본 절에서 '흰 옷을 입은 큰 무리'는 예수 그리스도의 피로 구속함을 입은 자들을 가리킨다.

40. ① (계 7:14) 내가 말하기를 내 주여 당신이 아시나이다 하니 그가 나에게 이르되 이는 큰 환난에서 나오는 자들인데 어린 양의 피에 그 옷을 씻어 희게 하였느니라
＊'큰 환난'이란 말세에 있을 대환난을 의미한다(단 12:1; 막 13:19 참조).

memo

41. 어린 양이 '몇째 인'을 떼실 때에 하늘이 반 시간쯤 고요하였는가?

① 넷째 인 ② 다섯째 인 ③ 여섯째 인 ④ 일곱째 인

42. 천사가 금향로를 보좌 앞 금 제단에 드릴 때 향연과 함께 하나님 앞으로 올라간 것은?

① 성도의 찬양 ② 성도의 기업
③ 성도의 기도 ④ 성도의 영혼

43. 첫째 천사가 나팔을 불자 일어난 현상이 아닌 것은?

① 수목의 삼분의 일이 타 버렸다
② 땅의 삼분의 일이 타 버렸다
③ 강물의 삼분의 일이 피로 변했다
④ 피 섞인 우박과 불이 나와서 땅에 쏟아졌다

41. ④ (계 8:1) 일곱째 인을 떼실 때에 하늘이 반 시간쯤 고요하더니
* '하늘이 반 시간쯤 고요하다'는 것은 앞으로 일어날 일곱 나팔의 재앙을 암시하는 것으로 그 환난을 앞두고 잠시 고요해진 순간을 가리킨다. 한편 '반 시간쯤'이란 비교적 짧은 시간을 의미한다.

42. ③ (계 8:3-4) 또 다른 천사가 와서 제단 곁에 서서 금 향로를 가지고 많은 향을 받았으니 이는 모든 성도의 기도와 합하여 보좌 앞 금 제단에 드리고자 함이라 향연이 성도의 기도와 함께 천사의 손으로부터 하나님 앞으로 올라가는지라
* '향'은 성도의 기도를 상징하는데(계 5:8 참조), 본 절에서는 향의 연기가 위로 올라가는 것같이 성도의 기도가 하나님께 상달되는 것을 상징적으로 표현하기 위해 향연이 성도의 기도와 함께 하나님께로 올라간다고 묘사한 것이다.

43. ③ (계 8:7) 첫째 천사가 나팔을 부니 피 섞인 우박과 불이 나와서 땅에 쏟아지매 땅의 삼분의 일이 타 버리고 수목의 삼분의 일도 타 버리고 각종 푸른 풀도 타 버렸더라
* 일곱 나팔 재앙 중 처음 네 재앙은 사람들이 회개하도록 하기 위해 자연을 파괴하는 심판이고, 나머지 세 재앙은 재앙으로 자연이 파괴되어도 회개하지 않는 사람들의 생명을 직접 위협하는 심판이다. 그러나 최후의 심판은 아니며, 징계를 통해 경고하는 심판이다.

memo

44. 몇째 천사가 나팔을 불 때 사람들이 죽고 싶어도 죽지 못하는가?
① 셋째 ② 넷째 ③ 다섯째 ④ 여섯째

45. 요한계시록 9장에서, 사탄이 무저갱을 열자 무엇이 나왔는가?
① 짐승 ② 횃불 ③ 물과 불 ④ 연기와 황충

46. 황충이 하나님의 인침을 받지 아니한 사람들을 '얼마 동안' 괴롭게 하는가?
① 3달 ② 4달 ③ 5달 ④ 6달

47. 몇째 천사가 나팔을 불 때 '유브라데에 결박한 네 천사를 놓아 주라' 하였는가?
① 넷째 ② 다섯째 ③ 여섯째 ④ 일곱째

44. ③ (계 9:1–6) 다섯째 천사가 나팔을 불매 … 사람들이 죽기를 구하여도 죽지 못하고 죽고 싶으나 죽음이 그들을 피하리로다

45. ④ (계 9:2–3) 그가 무저갱을 여니 그 구멍에서 큰 화덕의 연기 같은 연기가 올라오매 해와 공기가 그 구멍의 연기로 말미암아 어두워지며 또 황충이 연기 가운데로부터 땅 위에 나오매 그들이 땅에 있는 전갈의 권세와 같은 권세를 받았더라

* 사탄이 하나님으로부터 받은 열쇠로 무저갱의 문을 열었을 때 올라온 '연기'는 말세에 있을 사탄의 악한 영향력을 의미하며, '황충'은 악한 인류를 파멸하기 위한 하나님의 심판의 도구를 가리킨다. 한편 황충이 전갈의 권세와 같은 권세를 받았다는 것은 황충의 권세가 사람들에게 치명적인 영향을 끼칠 수 있음을 보여 준다.

46. ③ (계 9:4–5) 그들에게 이르시되 … 이마에 하나님의 인침을 받지 아니한 사람들만 해하라 하시더라 그러나 그들을 죽이지는 못하게 하시고 다섯 달 동안 괴롭게만 하게 하시는데 그 괴롭게 함은 전갈이 사람을 쏠 때에 괴롭게 함과 같더라

* 본 절에서 '이마에 하나님의 인침을 받지 아니한 사람들'은 예수 그리스도를 믿지 않는 불신자들을 가리킨다. 한편 '다섯 달 동안'이란 하나님께서 정하신 일정 기간을 의미한다.

47. ③ (계 9:13–15) 여섯째 천사가 나팔을 불매 … 큰 강 유브라데에 결박한 네 천사를 놓아 주라 하매 네 천사가 놓였으니 그들은 그 년 월 일 시에 이르러 사람 삼분의 일을 죽이기로 준비된 자들이더라

* 본 절에서 '네 천사'는 자연을 관리하고 다스리는 천사(계 7:1 참조)가 아니라 사람의 삼분의 일을 죽이기 위해 하나님께서 준비해 놓으신 천사로서, 때가 찰 때까지 결박시켜 놓은 악한 천사를 가리킨다.

memo

48. 여섯째 천사가 나팔을 불 때 '유브라데 강에서 풀려난 네 천사가 이끄는 마병대의 수'는?

① 이만 만　② 삼만 만　③ 사만 만　④ 오만 만

49. 여섯째 천사가 나팔을 불 때 '머리가 사자같은 말들의 입에서 나온 것'이 아닌 것은?

① 물　② 불　③ 연기　④ 유황

50. 사도 요한이 먹으니 '입에는 꿀 같이 다나 먹은 후에 배에서는 쓴' 것은?

① 무교병　② 팥죽

③ 포도주　④ 작은 두루마리

48. ① (계 9:14-16) 큰 강 유브라데에 결박한 네 천사를 놓아 주라 하매 네 천사가 놓였으니 그들은 … 사람 삼분의 일을 죽이기로 준비된 자들이더라 마병대의 수는 이만 만이니 내가 그들의 수를 들었노라

* 본 절에서 '이만 만'은 헤아릴 수 없을 만큼 많은 수를 가리킨다. 이로 보아 여섯째 나팔 재앙은 전세계적으로 일어날 무시무시한 전쟁으로 여겨진다.

49. ① (계 9:17-18) 말들의 머리는 사자 머리 같고 그 입에서는 불과 연기와 유황이 나오더라 이 세 재앙 곧 자기들의 입에서 나오는 불과 연기와 유황으로 말미암아 사람 삼분의 일이 죽임을 당하니라

* '말'은 일반적으로 기동력을 상징하고, 사자는 '용맹성'과 '파괴력'을 상징한다. 따라서 '말들의 머리는 사자 머리 같다'는 것은 상대를 신속하게 제압하고 정복하는 능력을 가지고 있다는 것을 의미한다.

50. ④ (계 10:10) 내가 천사의 손에서 작은 두루마리를 갖다 먹어 버리니 내 입에는 꿀 같이 다나 먹은 후에 내 배에서는 쓰게 되더라

* '입에는 꿀 같이 다나 먹은 후에 배에서는 쓰게 되었다'는 것은 사도 요한이 천사의 손에서 두루마리를 받았을 때는 기뻤으나 두루마리에 기록된 대환난과 최후의 심판에 대한 내용을 보고 근심하게 된 것을 가리킨다.

memo

51. 사도 요한이 본 환상에서, 이방인들이 거룩한 성을 짓밟은 기간은?
① 41달 ② 42달 ③ 43달 ④ 44달

52. 권세를 받은 두 증인이 굵은 베옷을 입고 예언하는 기간은?
① 1,260일 ② 1,360일 ③ 1,460일 ④ 1,560일

53. 주 앞에 서 있는 '두 감람나무와 두 촛대'가 가리키는 것은?
① 두 천사 ② 두 선지자 ③ 두 제사장 ④ 두 증인

51. ② (계 11:2) 성전 바깥 마당은 측량하지 말고 그냥 두라 이것은 이방인에게 주었은즉 그들이 거룩한 성을 마흔두 달 동안 짓밟으리라

* 본 절에서 '성전 바깥 마당'은 '이방인의 뜰'을 가리킨다. 따라서 '성전 바깥 마당은 측량하지 말라'는 것은, 참된 믿음을 소유하지 않은 그리스도인은 하나님께서 보호하지 않으신다는 의미이다. 한편 '거룩한 성'은 예루살렘 성을 가리키는데, 여기서는 '교회'를 의미한다(계 21:2 참조). 또한 '마흔두 달'은 다니엘서 7, 9장을 반영한 것으로 1,260일(계 11:3; 12:6 참조), '한 때와 두 때와 반 때'(단 7:25; 12:7; 계 12:14 참조)와 동일한 기간을 나타낸다. 따라서 '마흔두 달'은 악의 세력이 교회를 박해하는 기간인 동시에 하나님께서 자기 백성을 보호하시는 기간을 의미한다.

52. ① (계 11:3) 내가 나의 두 증인에게 권세를 주리니 그들이 굵은 베옷을 입고 천이백육십 일을 예언하리라

* 본 절에서 '두 증인'은 모세와 엘리야의 신앙을 이어받은 사람들을 상징한다. 그리고 '굵은 베옷'은 슬픈 일을 당했거나 회개할 때 입는 옷인데(왕상 21:27; 사 22:12 참조), 여기서는 최후 심판을 예언하는 증인들이 사람들에게 회개를 촉구함과 동시에 사람들의 죄에 대한 연대 책임을 진다는 의미에서 베옷을 입은 것이다. 한편 '1,260일'은 7년 대환난기 중 전 3년 반의 기간을 가리킨다.

53. ④ (계 11:3-4) 내가 나의 두 증인에게 권세를 주리니 그들이 굵은 베옷을 입고 천이백육십 일을 예언하리라 그들은 이 땅의 주 앞에 서 있는 두 감람나무와 두 촛대니

* 본 절에서 '두 증인'을 '두 감람나무와 두 촛대'로 묘사한 이유는 죄악된 세상에서 기름을 태워 빛을 발하는 것과 같은 선지자적 사명을 감당하게 될 것임을 나타내기 위함인 것으로 보인다.

memo

54. 두 증인이 하늘로 올라갈 때 '큰 지진이 나서 죽은 사람'은 몇 명 인가?

① 3천 명 ② 5천 명 ③ 7천 명 ④ 9천 명

55. 몇째 천사가 나팔을 불 때 '세상 나라가 그리스도의 나라가 되어 그리스도께서 세세토록 왕 노릇 하신다'고 하였는가?

① 넷째 ② 다섯째 ③ 여섯째 ④ 일곱째

56. 일곱째 천사가 나팔을 불 때 '하나님의 성전이 열리면서' 보인 것은?

① 언약궤 ② 분향단 ③ 등잔대 ④ 물두멍

54. ③ (계 11:12-13) 하늘로부터 큰 음성이 있어 이리로 올라오라 함을 그들이 듣고 구름을 타고 하늘로 올라가니 … 그 때에 큰 지진이 나서 성 십분의 일이 무너지고 지진에 죽은 사람이 칠천이라

* 본 절에서 '지진'은 하나님의 심판과 징계를 상징하는 것으로(계 6:12 참조), 두 증인을 죽인 자들에 대해 하나님께서 진노하시고 심판하신 것을 의미한다.

55. ④ (계 11:15) 일곱째 천사가 나팔을 불매 하늘에 큰 음성들이 나서 이르되 세상 나라가 우리 주와 그의 그리스도의 나라가 되어 그가 세세토록 왕 노릇 하시리로다 하니

* 본 절에서 '세상 나라가 우리 주와 그의 그리스도의 나라가 된다'는 것은 주님께서 죄로 물든 세상을 심판하시고 새로운 하나님 나라를 건설하신다는 의미이다.

56. ① (계 11:19) 이에 하늘에 있는 하나님의 성전이 열리니 성전 안에 하나님의 언약궤가 보이며 또 번개와 음성들과 우레와 지진과 큰 우박이 있더라

* 하늘 성전의 문이 열리면서 언약궤가 보인 것은 하나님의 최후 심판에 대한 언약이 반드시 성취될 것임을 나타낸다. 한편 '번개와 음성들과 우레와 지진과 큰 우박'은 하나님의 심판을 예고하는 것들이다(계 8:5 참조).

memo

57. 요한계시록 12장에서, '해를 옷 입은 여자'에 대한 묘사가 아닌 것은?
① 발 아래에는 달이 있다
② 손 안에는 화살이 있다
③ 머리에는 열두 별의 관을 썼다
④ 아이를 배어 해산하게 되매 아파서 애를 쓰며 부르짖었다

58. 사도 요한이 본 하늘의 이적 중 '한 큰 붉은 용'의 모습이 아닌 것은?
① 머리가 일곱이다
② 뿔이 열이다
③ 발이 여섯이다
④ 여러 머리에 일곱 왕관이 있다

57. ② (계 12:1-2) 하늘에 큰 이적이 보이니 해를 옷 입은 한 여자가 있는데 그 발 아래에는 달이 있고 그 머리에는 열두 별의 관을 썼더라 이 여자가 아이를 배어 해산하게 되매 아파서 애를 쓰며 부르짖더라

* 본 절에서 '해를 옷 입은 한 여자'는 '교회'를 의미한다. 한편 여자가 '해를 옷 입었다'는 것은 교회가 하나님의 영광을 입고 있는 것을 나타내며, '발 아래에는 달이 있다'는 것은 교회가 변치 않는 하나님의 언약 백성이라는 것을 나타내고, '머리에는 열두 별의 관을 썼다'는 것은 하나님의 언약 백성의 승리를 나타내는 것으로 볼 수 있다. 따라서 본 절은 메시아가 사탄의 권세를 깨뜨리고 승리하셨으므로 하나님의 백성들이 환난을 당할지라도 궁극적으로는 승리할 것을 의미한다.

58. ③ (계 12:3) 하늘에 또 다른 이적이 보이니 보라 한 큰 붉은 용이 있어 머리가 일곱이요 뿔이 열이라 그 여러 머리에 일곱 왕관이 있는데

* 본 절에서 '큰 붉은 용'은 옛 뱀, 마귀, 사탄이라고도 불리는 타락한 천사를 가리키는데(계 20:2-3 참조), '붉은 용'으로 묘사한 것은 불같은 잔인성과 파괴의 속성을 가진 것을 의미한다. 한편 용이 일곱 머리에 일곱 왕관을 쓴 것은 사탄이 하나님의 용인 하에 세상을 지배하는 왕의 권력을 소유하고 있는 것을 나타낸다(계 13:1 참조). 또한 '뿔'은 힘을 상징하는 것으로 사탄의 파괴력을 나타낸다.

memo

59. 다음 (   ) 안에 들어갈 말은?

"여자가 아들을 낳으니 이는 장차 철장으로 만국을 다스릴 남자라 그 아이를 하나님 앞과 그 보좌 앞으로 올려가더라 그 여자가 광야로 도망하매 거기서 (   ) 동안 그를 양육하기 위하여 하나님께서 예비하신 곳이 있더라"

① 천이백육십 일　　② 천삼백육십 일
③ 천사백육십 일　　④ 천오백육십 일

60. 하늘에서 일어난 전쟁에서 용과 더불어 싸운 자는?

① 미가엘　② 가브리엘　③ 루시퍼　④ 어린 양

61. 요한계시록에서, 사탄을 가리키는 말이 아닌 것은?

① 큰 용　② 옛 뱀　③ 마귀　④ 전갈

62. 요한계시록 12장에서, 여자가 광야로 가서 뱀의 낯을 피하여 양육 받는 기간은?

① 한 때　② 두 때　③ 반 때　④ 세 때 반

59. ① (계 12:5-6 참조)

* 본 절에서 '여자가 낳은 아들'은 그리스도를 가리키며, '철장으로 만국을 다스린다'는 것은 그리스도께서 모든 피조물을 통치하실 왕권을 소유하고 계신다는 것을 의미하고, '보좌 앞으로 올려간다'는 것은 그리스도의 승천을 의미한다. 한편 '천이백육십 일'은 7년 환난기 중 절반의 기간을 의미하는데, 여기서는 하나님께서 성도들을 피난시켜 양육하시는 기간을 가리킨다.

60. ① (계 12:7-8) 하늘에 전쟁이 있으니 미가엘과 그의 사자들이 용과 더불어 싸울새 용과 그의 사자들도 싸우나 이기지 못하여 다시 하늘에서 그들이 있을 곳을 얻지 못한지라

* '용', 즉 사탄은 악한 천사의 우두머리로서 자기 세력을 이끌고 선한 천사의 우두머리인 미가엘이 이끄는 세력과 싸우다 패배하여 그의 졸개들과 함께 땅으로 내쫓기게 되었다(계 12:9 참조).

61. ④ (계 12:9) 큰 용이 내쫓기니 옛 뱀 곧 마귀라고도 하고 사탄이라고도 하며 온 천하를 꾀는 자라 그가 땅으로 내쫓기니 그의 사자들도 그와 함께 내쫓기니라

62. ④ (계 12:14) 그 여자가 큰 독수리의 두 날개를 받아 광야 자기 곳으로 날아가 거기서 그 뱀의 낯을 피하여 한 때와 두 때와 반 때를 양육 받으매

* 본 절에서 '한 때와 두 때와 반 때', 즉 '세 때 반'은 7년 환난기 중 전 3년 반을 가리킨다. 한편 이 기간은 하늘 전쟁에서 패배한 사탄이 앙심을 품고 교회를 박해하려고 하지만 하나님께서 보호하시며 양육하시는 기간이다.

memo

63. 요한계시록 13장에서, 누가 '바다에서 나온 짐승'에게 경배하는가?
① 땅에서 나온 짐승을 따르는 자들
② 강에서 나온 짐승을 따르는 자들
③ 어린 양의 생명책에 이름이 기록되지 못한 자들
④ 이스라엘 각 지파 중에서 인침을 받은 144,000명

64. 요한계시록 13장에서, 짐승이 일할 권세를 받은 기간은?
① 41달 ② 42달 ③ 43달 ④ 44달

65. 어린 양 같이 두 뿔이 있고 용처럼 말하는 짐승이 '어디에' 표를 받게 하였는가?
① 오른손이나 턱 ② 왼손이나 턱
③ 오른손이나 이마 ④ 왼손이나 이마

63. ③ (계 13:1-8) 내가 보니 바다에서 한 짐승이 나오는데 … 죽임을 당한 어린 양의 생명책에 창세 이후로 이름이 기록되지 못하고 이 땅에 사는 자들은 다 그 짐승에게 경배하리라
* 본 절에서 '바다에서 나온 한 짐승'은 그리스도의 재림 직전에 일어나 적그리스도 세력을 장악하여 하나님을 대적하는 자이거나, 그의 세력을 가리키는 것으로 보인다.

64. ② (계 13:5) 또 짐승이 과장되고 신성 모독을 말하는 입을 받고 또 마흔두 달 동안 일할 권세를 받으니라
* 본 절에서 '마흔두 달'은 7년 환난기 중 후 3년 반을 의미하는 것으로 보인다.

65. ③ (계 13:11-16) 또 다른 짐승이 땅에서 올라오니 어린 양 같이 두 뿔이 있고 용처럼 말을 하더라 … 그가 모든 자 곧 작은 자나 큰 자나 부자나 가난한 자나 자유인이나 종들에게 그 오른손에나 이마에 표를 받게 하고
* 본 절에서 '짐승이 어린 양 같이 두 뿔이 있는 것'은 짐승이 어린 양 예수 그리스도로 위장한 것을 가리킨다. 한편 짐승이 사람들에게 오른손이나 이마에 표를 받게 한 것은 사람들이 자신을 전인격적으로 추종하게 하는 것을 의미한다.

memo

66. '속량함을 받아 새 노래를 부른 성도'는 몇 명인가?

① 114,000명 ② 124,000명
③ 134,000명 ④ 144,000명

67. 요한계시록 14장에서, 구름 위에 앉으신 인자와 같은 이가 손에 가진 것은?

① 예리한 검 ② 인장 반지와 끈
③ 예리한 낫 ④ 금사슬과 은사슬

68. 다음 ( ) 안에 들어갈 말은?

"천사가 낫을 땅에 휘둘러 땅의 포도를 거두어 하나님의 진노의 큰 포도주 틀에 던지매 성 밖에서 그 틀이 밟히니 틀에서 피가 나서 말 굴레에까지 닿았고 ( )에 퍼졌더라"

① 천삼백 스다디온 ② 천사백 스다디온
③ 천오백 스다디온 ④ 천육백 스다디온

66. ④ (계 14:3) 그들이 보좌 앞과 네 생물과 장로들 앞에서 새 노래를 부르니 땅에서 속량함을 받은 십사만 사천 밖에는 능히 이 노래를 배울 자가 없더라

67. ③ (계 14:14) 또 내가 보니 흰 구름이 있고 구름 위에 인자와 같은 이가 앉으셨는데 그 머리에는 금 면류관이 있고 그 손에는 예리한 낫을 가졌더라

* 본 절에서 '구름 위에 인자가 앉으셨다'는 것은 장차 심판의 주로 재림하실 그리스도의 위엄과 영광스러운 모습을 나타낸다. 한편 '손에는 예리한 낫을 가졌다'는 것은 그리스도께서 최후의 심판을 집행하는 심판주로서 마치 농부가 곡식을 추수하듯 심판의 낫을 휘두르실 것을 의미한다.

68. ④ (계 14:19-20 참조)

* '성 밖에서 하나님의 진노의 포도주 틀에 던져져 밟힌다'는 것은 악인들이 구원받은 성도들의 회중에 들지 못하고 하나님의 영원한 형벌을 받게 될 것을 가리킨다. 한편 '천육백'은 땅의 수인 4와 세상의 만수인 10을 곱한 40의 제곱수로 세상적 만수를 의미한다. 따라서 피가 '천육백 스다디온에 퍼졌다'는 말은 하나님의 심판이 온 세상 사람들에게 임할 것을 의미한다.

memo

69. 네 생물 중의 하나가 일곱 천사들에게 준 '일곱 금 대접 안에 담긴 것'은?
① 성도의 기도 ② 하나님의 진노
③ 성도의 행실 ④ 하나님의 영광

70. 요한계시록 16장에서, 개구리 같은 세 더러운 영이 나온 곳이 아닌 것은?
① 용의 입 ② 음녀의 입
③ 짐승의 입 ④ 거짓 선지자의 입

71. 요한계시록 16장에서, 세 더러운 영이 왕들을 모은 곳은?
① 아마겟돈 ② 곡과 마곡
③ 싯딤 골짜기 ④ 에스골 골짜기

72. 요한계시록 17장에서, '열 뿔'이 의미하는 것은?
① 열 나라 ② 열 음녀 ③ 열 왕 ④ 열 가지 심판

69. ② (계 15:7) 네 생물 중의 하나가 영원토록 살아 계신 하나님의 진노를 가득히 담은 금 대접 일곱을 그 일곱 천사들에게 주니

* 본 절에서 '네 생물'은 하나님의 수종자들을 가리킨다. 한편 네 생물 중 하나가 하나님과 일곱 천사들의 중간에 서서 하나님의 진노를 가득히 담은 대접을 전달한 것은 하나님의 심판을 보좌한 것을 의미한다.

70. ② (계 16:13) 또 내가 보매 개구리 같은 세 더러운 영이 용의 입과 짐승의 입과 거짓 선지자의 입에서 나오니

* 본 절에서 '용과 짐승과 거짓 선지자'의 입에서 나온 '개구리 같은 세 더러운 영'은 세상에 존재하는 모든 악의 연합체를 가리킨다. 한편 이 '귀신의 영'은 세상의 왕들을 미혹하여 하나님의 군대와 싸우도록 간계를 부릴 것이다(계 16:14 참조).

71. ① (계 16:16) 세 영이 히브리어로 아마겟돈이라 하는 곳으로 왕들을 모으더라

* 본 절에서 '세 영'은 '용과 짐승과 거짓 선지자'의 입에서 나온 '개구리 같은 세 더러운 영'을 가리킨다(계 16:13 참조). 이 '세 더러운 영'이 세상을 파괴하기 위해 세상 왕들을 모으는데, 그곳이 바로 '아마겟돈'이다. 한편 '아마겟돈'은 하나님께서 악의 세력과 대결하여 패배시킬 최후의 큰 전쟁터를 의미하는 것으로 볼 수 있다(계 19:11-21 참조).

72. ③ (계 17:12) 네가 보던 열 뿔은 열 왕이니 아직 나라를 얻지 못하였으나 다만 짐승과 더불어 임금처럼 한동안 권세를 받으리라

* '뿔'은 '권세'를 상징하고 '왕'은 권력을 지닌 지배자를 가리킨다. 한편 이들은 짐승의 동료이자 후원자들로서 장차 짐승에게 복종하게 될 세상 모든 나라의 권세를 상징한다.

memo

73. 요한계시록 17장에서, '음녀가 앉아 있는 물'이 의미하는 것이 아닌 것은?

① 열국 ② 왕 ③ 백성 ④ 방언들

74. 요한계시록에서, '큰 성 바벨론의 멸망'에 관하여 기록하고 있는 장은?

① 16장 ② 17장 ③ 18장 ④ 19장

75. 요한계시록 18장에서, 불에 타 '멸망하는 바벨론을 보고 울며 애통한 자들'에 해당되지 않는 자들은?

① 땅의 상인들
② 거짓 선지자들
③ 음행하고 사치하던 땅의 왕들
④ 선장과 선객들과 선원들과 바다에서 일하는 자들

73. ② (계 17:15) 또 천사가 내게 말하되 네가 본 바 음녀가 앉아 있는 물은 백성과 무리와 열국과 방언들이니라
＊본 절에서 '백성과 무리와 열국과 방언들'은 세상 모든 사람들을 가리킨다. 한편 '음녀가 물 위에 앉아 있다'는 것은 음녀 바벨론이 세상 사람들에게 영향력을 행사하는 것을 가리킨다.

74. ③ (계 18:2-3) 무너졌도다 무너졌도다 큰 성 바벨론이여 … 그 음행의 진노의 포도주로 말미암아 만국이 무너졌으며 또 땅의 왕들이 그와 더불어 음행하였으며 땅의 상인들도 그 사치의 세력으로 치부하였도다 하더라

75. ②

바벨론의 멸망을 보고 애통한 자들

바벨론과 함께 음행하고 사치하던 땅의 왕들	계 18:9
땅의 상인들	계 18:11
선장과 선객들과 선원들과 바다에서 일하는 자들	계 18:17

＊멸망한 바벨론을 보고 울며 애통한 사람들은 바벨론과 함께 음행하던 권세자들(계 18:9-10 참조)과 바벨론의 사회 풍조에 힘입어 부를 축적한 상인들(계 18:11, 15 참조), 그리고 물품을 운송해 주고 돈을 벌던 선주와 뱃사람들이다(계 18:17-19 참조).

memo

76. 요한계시록에서 '할렐루야'가 나오는 유일한 장은?

① 18장　② 19장　③ 20장　④ 21장

77. 요한계시록 19장에서, '백마를 탄 자'에 대한 설명이 아닌 것은?

① 그 이름은 충신과 진실이다

② 공의로 심판하며 싸우신다

③ 가슴과 허리에 금띠를 띠었다

④ 하나님의 말씀이라 칭하는 피 뿌린 옷을 입었다

78. 천사가 사탄을 잡아 무저갱에 던져 넣어 두는 기간은?

① 십 년　② 백 년　③ 천 년　④ 만 년

76. ② (계 19:1, 3, 4, 6 참조)

77. ③

다시 오시는 예수 그리스도의 모습

백마를 탔다	계 19:11
그 이름은 충신과 진실이다	계 19:11
공의로 심판하며 싸우신다	계 19:11
눈은 불꽃 같다	계 19:12
머리에 많은 관들이 있는데 그중 하나에는 자기만 아는 이름이 있다	계 19:12
하나님의 말씀이라 칭하는 피 뿌린 옷을 입었다	계 19:13
세마포 옷을 입고 백마를 탄 하늘 군대들을 거느리고 계신다	계 19:14
입에서 예리한 검이 나와 만국을 치고 철장으로 다스린다	계 19:15
친히 하나님의 맹렬한 진노의 포도주 틀을 밟는다	계 19:15
옷과 다리에 만왕의 왕이요 만주의 주라는 이름이 쓰여 있다	계 19:16

* '백마를 탄 자'는 다시 오시는 예수 그리스도를 가리킨다.

78. ③ (계 20:1-3) 천사가 … 용을 잡으니 곧 옛 뱀이요 마귀요 사탄이라 잡아서 천 년 동안 결박하여 무저갱에 던져 넣어 잠그고 그 위에 인봉하여 천 년이 차도록 다시는 만국을 미혹하지 못하게 하였는데 그 후에는 반드시 잠깐 놓이리라

* '용', '옛 뱀', '마귀'는 모두 타락한 천사인 사탄(사 14:12-14; 요 8:44 참조)을 지칭하는 말이다. 한편 사탄이 감금된 무저갱 위에 인봉했다는 것은 예수 그리스도 외에는 그 문을 열 권세를 가진 자가 없다는 의미이다.

memo

79. 요한계시록에서 '천년왕국'에 관한 기록이 나오는 장은?
① 19장 ② 20장 ③ 21장 ④ 22장

80. 다음 ( ) 안에 들어갈 말은?
"사망과 음부도 ( )에 던져지니 이것은 둘째 사망 곧 ( )이라 누구든지 생명책에 기록되지 못한 자는 ( )에 던져지더라"
① 풀무 불 ② 지옥 ③ 무저갱 ④ 불못

81. '새 하늘과 새 땅'이 언급되어 있는 성경과 장은?
① 다니엘 11장 ② 요한계시록 20장
③ 다니엘 12장 ④ 요한계시록 21장

82. '둘째 사망에 이르는 자들'에 해당되지 않는 자들은?
① 두려워하는 자들 ② 믿지 아니하는 자들
③ 염려하는 자들 ④ 거짓말하는 자들

79. ② (계 20:4-6 참조)
80. ④ (계 20:14-15 참조)
81. ④ (계 21:1) 또 내가 새 하늘과 새 땅을 보니 처음 하늘과 처음 땅이 없어졌고 바다도 다시 있지 않더라
82. ③ (계 21:8) 그러나 두려워하는 자들과 믿지 아니하는 자들과 흉악한 자들과 살인자들과 음행하는 자들과 점술가들과 우상 숭배자들과 거짓말하는 모든 자들은 불과 유황으로 타는 못에 던져지리니 이것이 둘째 사망이라
* '첫째 사망'은 육체적 죽음을 가리키고, '둘째 사망'은 불신자들이 영원한 형벌에 처하게 되는 것을 의미한다.

memo

83. 천사가 사도 요한에게 보여 준 '거룩한 성 예루살렘의 성곽'에 있는 문은 몇 개인가?
① 7개 ② 10개 ③ 12개 ④ 24개

84. '거룩한 성 예루살렘 성곽'의 열두 기초석 위에는 누구의 이름이 쓰여 있는가?
① 어린 양 ② 어린 양의 열두 사도
③ 이십사 장로 ④ 이스라엘 자손 열두 지파

85. '새 예루살렘 성'의 길이와 너비와 높이는?
① 12,000 스다디온 ② 13,000 스다디온
③ 14,000 스다디온 ④ 15,000 스다디온

83. ③ (계 21:10-12) 성령으로 나를 데리고 … 거룩한 성 예루살렘을 보이니 … 크고 높은 성곽이 있고 열두 문이 있는데 문에 열두 천사가 있고 그 문들 위에 이름을 썼으니 이스라엘 자손 열두 지파의 이름들이라
* 본 절에서 '거룩한 성 예루살렘'은 '새 예루살렘'을 가리킨다(계 21:2 참조). 한편 '열두 문'은 천국으로 들어가는 입구를 상징하며, '문에 열두 천사가 있다'는 것은 성도들만 문으로 들어갈 수 있도록 지키고 있는 것을 가리키고, '그 문들 위에 이스라엘 자손 열두 지파의 이름들을 썼다'는 것은 영적 이스라엘 자손, 즉 성도들이 천국에 들어갈 것을 보여 준다.

84. ② (계 21:14) 그 성의 성곽에는 열두 기초석이 있고 그 위에는 어린 양의 열두 사도의 열두 이름이 있더라
* 본 절은 성도들의 교회 공동체가 열두 사도의 증거를 통해 세워졌다는 것을 의미한다(엡 2:20 참조). 한편 성벽의 기초석에는 열두 사도의 이름이 쓰여 있고 열두 문에는 열두 지파의 이름이 쓰여 있는 것(계 21:12 참조)은 구약과 신약의 교회가 하나의 통일된 교회 공동체라는 것을 나타낸다.

85. ① (계 21:16) 그 성은 네모가 반듯하여 길이와 너비가 같은지라 그 갈대 자로 그 성을 측량하니 만 이천 스다디온이요 길이와 너비와 높이가 같더라
* 성의 형태가 '네모반듯하다'는 것은 하나님께서 택하신 성도들의 공동체가 거룩하고 흠이 없는 것을 가리키며, 성의 '길이와 너비와 높이가 같다'는 것은 성이 완전하다는 것을 의미한다.

memo

86. 요한계시록에서, 사도 요한이 본 '생명나무'의 특징이 아닌 것은?
① 생명수 강 좌우에 있다
② 열두 가지 열매를 맺는다
③ 해마다 그 열매를 맺는다
④ 나무 잎사귀들은 만국을 치료하기 위하여 있다

87. 다음 ( ) 안에 들어갈 말은?
"보라 내가 속히 오리니 이 두루마리의 예언의 말씀을 ( )는 복이 있으리라 하더라"
① 듣는 자 ② 믿는 자 ③ 깨달은 자 ④ 지키는 자

88. 다음 ( ) 안에 들어갈 말은?
"보라 내가 속히 오리니 내가 줄 상이 내게 있어 각 사람에게 그가 ( ) 갚아 주리라"
① 행한 대로 ② 소원한 대로
③ 말한 대로 ④ 생각한 대로

86. ③ (계 22:1-2) 또 그가 수정 같이 맑은 생명수의 강을 내게 보이니 … 강 좌우에 생명나무가 있어 열두 가지 열매를 맺되 달마다 그 열매를 맺고 그 나무 잎사귀들은 만국을 치료하기 위하여 있더라
87. ④ (계 22:7 참조)
88. ① (계 22:12 참조)

memo

89. 요한계시록에서, 예수님이 '자신을 소개한 칭호'가 아닌 것은?
① 다윗의 뿌리 ② 광명한 새벽 별
③ 다윗의 자손 ④ 두루마기 빠는 자

90. 요한계시록의 마지막 장 마지막 절에 기록된 말씀은?
① 내가 진실로 속히 오리라
② 아멘 주 예수여 오시옵소서
③ 보라 내가 속히 오리니 행한 대로 갚아 주리라
④ 주 예수의 은혜가 모든 자들에게 있을지어다 아멘

89. ④ (계 22:16) 나 예수는 교회들을 위하여 내 사자를 보내어 이것들을 너희에게 증언하게 하였노라 나는 다윗의 뿌리요 자손이니 곧 광명한 새벽 별이라 하시더라
90. ④ (계 22:21) 주 예수의 은혜가 모든 자들에게 있을지어다 아멘

memo

주관식

1. 요한계시록은 누구의 계시인가?

2. "이 예언의 말씀을 ( ) 자와 ( ) 자와 그 가운데에 기록한 것을 ( ) 자는 복이 있나니 때가 가까움이라"

3. "주 하나님이 이르시되 나는 ( )와 ( )라 이제도 있고 전에도 있었고 장차 올 자요 전능한 자라 하시더라"

4. 요한계시록에서, 사도 요한이 '나팔 소리 같은 큰 음성을 들은' 날은?

5. "네가 본 것은 내 오른손의 일곱 별의 비밀과 또 일곱 금 촛대라 일곱 별은 ( )요 일곱 촛대는 ( )니라"

1. **예수 그리스도** (계 1:1) 예수 그리스도의 계시라 이는 하나님이 그에게 주사 반드시 속히 일어날 일들을 그 종들에게 보이시려고 그의 천사를 그 종 요한에게 보내어 알게 하신 것이라
2. **읽는, 듣는, 지키는** (계 1:3 참조)
3. **알파, 오메가** (계 1:8 참조)
   * '알파와 오메가'는 '처음과 끝', '시작과 나중', '전체와 완전함'을 의미하는데, 여기서는 하나님을 지칭하는 말로 사용되었다.
4. **주의 날** (계 1:10) 주의 날에 내가 성령에 감동되어 내 뒤에서 나는 나팔 소리 같은 큰 음성을 들으니
   * 본 절에서 '주의 날'은 '안식 후 첫날', 즉 '주일'을 가리킨다(마 28:1 막 16:2 참조). 한편 초대 교회 성도들은 점차적으로 유대인의 안식일 대신 주일을 거룩한 날로 지켰는데 사도 요한도 주일을 거룩하게 지키는 중에 성령에 감동되어 주님의 음성을 들은 것으로 보인다.
5. **일곱 교회의 사자, 일곱 교회** (계 1:20 참조)
   * 본 절에서 '일곱 교회의 사자'는 '교회를 지키는 천사'를 가리킨다. 한편 촛대로 상징된 '일곱 교회'는 1차적으로는 소아시아의 일곱 교회를 가리키지만, 본질적으로는 하나님이 자기 피로 사신 모든 교회를 가리킨다(행 20:28 참조).

memo

6. "너는 장차 받을 고난을 두려워하지 말라 볼지어다 마귀가 장차 너희 가운데에서 몇 사람을 옥에 던져 시험을 받게 하리니 너희가 십 일 동안 환난을 받으리라 네가 죽도록 충성하라 그리하면 내가 (　　　　　)을 네게 주리라"

7. "나는 부자라 부요하여 부족한 것이 없다"고 말한 교회는?

8. 요한계시록 3장 20절을 쓰시오.

9. "(　　) 있는 자는 성령이 교회들에게 하시는 말씀을 들을지어다"

10. 사도 요한이 성령에 감동되어 본 '하늘 보좌'에 둘려 있던 보좌는 몇 개인가?

6. **생명의 관** (계 2:10 참조)
7. **라오디게아 교회** (계 3:14-17) 라오디게아 교회의 사자에게 편지하라 … 네가 말하기를 나는 부자라 부요하여 부족한 것이 없다 하나 네 곤고한 것과 가련한 것과 가난한 것과 눈 먼 것과 벌거벗은 것을 알지 못하는도다
8. **볼지어다 내가 문 밖에 서서 두드리노니 누구든지 내 음성을 듣고 문을 열면 내가 그에게로 들어가 그와 더불어 먹고 그는 나와 더불어 먹으리라**
9. **귀** (계 3:22 참조)
   * 본 절에서 '귀'는 '신령한 귀'를 가리키며, '귀 있는 자는 들을지어다'라는 말은 예수님이 자주 사용하신 표현으로서(마 11:15; 막 4:9; 눅 8:8 참조) '듣는 자는 성령의 감동하심을 입어 그 뜻을 깨달으라'는 의미이다.
10. **24개** (계 4:4) 또 보좌에 둘려 이십사 보좌들이 있고 그 보좌들 위에 이십사 장로들이 흰 옷을 입고 머리에 금관을 쓰고 앉았더라

memo

11. “내가 보매 보좌에 앉으신 이의 오른손에 두루마리가 있으니 안팎으로 썼고 (   )으로 봉하였더라”

12. 셋째 천사가 나팔을 불자 강들과 물샘에 떨어진 별의 이름은?

13. 다섯째 천사가 나팔을 불자 ‘하늘에서 땅에 떨어진 별 하나가 받은 것’은?

14. “그들에게 왕이 있으니 무저갱의 사자라 히브리어로는 그 이름이 (   )이요 헬라어로는 그 이름이 (   )이더라”

11. 일곱 인 (계 5:1 참조)

* 두루마리를 ‘일곱 인으로 봉하였다’는 것은 종말에 관한 하나님의 비밀이 예수 그리스도에 의해 개봉되기까지는 철저하게 감추어져 있는 것을 가리킨다. 한편 봉한 인의 수가 ‘일곱’이라는 것은 하나님의 심판이 완전하고 정확하게 이루어질 것을 의미한다.

12. 쓴 쑥 (계 8:10–11) 셋째 천사가 나팔을 부니 횃불 같이 타는 큰 별이 하늘에서 떨어져 강들의 삼분의 일과 여러 물샘에 떨어지니 이 별 이름은 쓴 쑥이라 물의 삼분의 일이 쓴 쑥이 되매 그 물이 쓴 물이 되므로 많은 사람이 죽더라

* ‘쓴 쑥’은 구약성경에서 슬픔과 고통의 상징으로 사용되었으며(잠 5:3–4; 애 3:19 참조), 우상 숭배에 대한 징계로 이해되었다(신 29:18; 렘 23:15 참조). 한편 이 재앙은 하나님께서 점점 더 심한 재난을 통해 사람들이 회개하도록 하는 것을 보여 준다.

13. 무저갱의 열쇠 (계 9:1) 다섯째 천사가 나팔을 불매 내가 보니 하늘에서 땅에 떨어진 별 하나가 있는데 그가 무저갱의 열쇠를 받았더라

* ‘하늘에서 떨어진 별’은 사탄을 가리키며(사 14:12; 눅 10:18 참조), ‘무저갱’은 적그리스도가 이 세상에 나타나기 전에 있던 곳으로(계 11:7 참조) 천년왕국 때에 사탄이 갇혀 있는 곳이다(계 20:1–3 참조). 한편 사탄이 무저갱의 열쇠를 받았다는 것은 말세의 어느 때에 사탄이 갇힌 상태에서 벗어나 자유롭게 활동하며 악행을 저지를 것을 의미한다.

14. 아바돈, 아볼루온 (계 9:11 참조)

* 본 절에서 ‘무저갱의 사자’는 사탄을 가리키며, 그 이름인 ‘아바돈’은 ‘파괴’ 또는 ‘멸망’을 의미하고(욥 26:6; 잠 15:11 참조) ‘아볼루온’은 ‘파괴자’ 또는 ‘살인자’를 의미한다. 즉, 인간을 해하는 황충(계 9:3–10)의 우두머리는 사탄으로서 그의 이름은 파괴자요, 살인자이다(요 8:44 참조).

memo

15. “누구든지 이 표를 가진 자 외에는 (　　　)를 못하게 하니 이 표는 곧 짐승의 이름이나 그 이름의 수라 지혜가 여기 있으니 총명한 자는 그 짐승의 수를 세어 보라 그것은 사람의 수니 그의 수는 (　　　)이니라”

16. “또 다른 천사 곧 둘째가 그 뒤를 따라 말하되 무너졌도다 무너졌도다 큰 성 (　　　)이여 모든 나라에게 그의 음행으로 말미암아 진노의 포도주를 먹이던 자로다 하더라”

17. “또 내가 들으니 하늘에서 음성이 나서 이르되 기록하라 지금 이후로 주 안에서 죽는 자들은 (　　　)이 있도다 하시매 성령이 이르시되 그러하다 그들이 수고를 그치고 쉬리니 이는 그들의 행한 일이 따름이라 하시더라”

15. 매매, 육백육십육 (계 13:17-18 참조)

* '매매를 못하게' 한 것은 그리스도인들이 세상 권세를 잡은 짐승에 의해 사회적으로나 경제적으로 제재를 받는 것을 의미한다. 한편 짐승에게 경배하는 자들에게는 짐승의 수 '666'이 표로 주어지는데, 이 표는 그가 짐승, 즉 적그리스도에게 속하였음을 나타낸다.

16. 바벨론 (계 14:8 참조)

* 본 절에서 '큰 성'은 무저갱에서 올라온 짐승이 권세를 잡았던 성(계 11:7-8 참조)을 가리키고, '바벨론'은 하나님을 대적하고 교회를 박해하는 권세를 의미한다. 또한 '음행'은 영적 음행을 가리키고, '진노의 포도주'는 하나님의 심판을 의미한다.

17. 복 (계 14:13 참조)

* 본 절은 예수 그리스도를 믿고 죽은 자들은 복이 있다는 의미이다. 한편 '지금 이후로 주 안에서 죽는 자들은 복이 있다'는 말은 최후의 심판이 가까운 때에 극심한 박해를 받으면서도 신앙을 저버리지 않고 주 안에서 죽는 자들이 복이 있다는 것을 강조한 것으로 보인다.

memo

18. "또 일곱 대접을 가진 일곱 천사 중 하나가 와서 내게 말하여 이르되 이리로 오라 많은 물 위에 앉은 (   )가 받을 심판을 네게 보이리라"

19. "그 여자는 자주 빛과 붉은 빛 옷을 입고 금과 보석과 진주로 꾸미고 손에 금 잔을 가졌는데 가증한 물건과 그의 음행의 더러운 것들이 가득하더라 그의 이마에 이름이 기록되었으니 (   )이라, (   )이라, 땅의 음녀들과 가증한 것들의 어미라 하였더라"

20. 요한계시록 17장에서, 큰 음녀는 '누구'의 피에 취했는가?

21. 요한계시록 17장 18절에서, 사도 요한이 본 '여자'는 누구라고 했는가?

18. 큰 음녀 (계 17:1 참조)

* 본 절에서 '많은 물'은 온 세상과 세상 사람들을 의미하며, '큰 음녀'는 바벨론을 의미하는데 여기서는 하나님을 대적하며 우상숭배를 하는 세상의 권력이나 근원을 의미한다. 따라서 '큰 음녀가 물 위에 앉아 있다'는 것은 음녀가 세상 사람들에게 큰 영향력을 행사하는 것을 가리킨다.

19. 비밀, 큰 바벨론 (계 17:4–5 참조)

* 본 절에서 '비밀'은 하나님을 대적하고 하나님의 백성을 박해하는 음녀의 특성을 나타낸다. 한편 음녀인 '큰 바벨론'은 세상 사람들로 하여금 우상을 숭배하게 하고 범죄하게 하는 일을 한다.

20. 성도들과 예수의 증인들 (계 17:6) 또 내가 보매 이 여자가 성도들의 피와 예수의 증인들의 피에 취한지라 내가 그 여자를 보고 놀랍게 여기고 크게 놀랍게 여기니

* 본 절에서 '성도들'은 '예수의 증인들'을 포함한 하나님의 자녀를 의미하고, '예수의 증인들'은 특별히 복음을 전하다 순교한 사람들을 가리킨다. 한편 '피에 취했다'는 것은 하나님을 대적하는 세상 권력이 성도들을 박해하고 죽인 것을 의미한다.

21. 땅의 왕들을 다스리는 큰 성 (계 17:18) 또 네가 본 그 여자는 땅의 왕들을 다스리는 큰 성이라 하더라

* 본 절에서 '여자'는 세상을 다스리는 '큰 성 바벨론'이다(계 14:8 참조). 한편 '바벨론'은 하나님을 대적하는 사탄의 세력을 가리키는데(계 16:19 참조), '큰 성'이라고 묘사한 것은 이 세력이 그 시대에 가장 영향력 있는 대도시를 배경으로 역사하기 때문이다.

memo

22. 요한계시록에서, '세마포 옷'이 뜻하는 것은?

23. 요한계시록 19장에서, 백마를 탄 자의 이름은?

24. 백마를 탄 자가 입은 피 뿌린 옷의 이름은?

25. 백마를 탄 자의 옷과 다리에 쓴 이름은?

22. **성도들의 옳은 행실** (계 19:8) 그에게 빛나고 깨끗한 세마포 옷을 입도록 허락하셨으니 이 세마포 옷은 성도들의 옳은 행실이로다 하더라

23. **충신과 진실** (계 19:11) 또 내가 하늘이 열린 것을 보니 보라 백마와 그것을 탄 자가 있으니 그 이름은 충신과 진실이라 그가 공의로 심판하며 싸우더라

* '충신'은 '신실한 자', '충성된 자'란 뜻이고, '진실'은 '참된 자', '진정한 자'란 뜻이다. 따라서 '충신과 진실'이라는 이름은 그리스도께서 '하나님의 뜻대로 신실하게 행하는 자로서 참된 구주가 되신다'는 의미이다.

24. **하나님의 말씀** (계 19:11-13) 백마와 그것을 탄 자가 있으니 … 그가 피 뿌린 옷을 입었는데 그 이름은 하나님의 말씀이라 칭하더라

* 본 절에서 '하나님의 말씀'이란 재림하시는 그리스도께서 말씀으로 세상을 심판하실 것을 의미한다(요 12:48 참조).

25. **만왕의 왕, 만주의 주** (계 19:11-16) 백마와 그것을 탄 자가 있으니 … 그 옷과 그 다리에 이름을 쓴 것이 있으니 만왕의 왕이요 만주의 주라 하였더라

* 백마를 타고 계신 예수 그리스도께서 입으신 옷은 전투용 승마복으로서 외투와 다리를 덮는 덮개로 구성되어 있을 것이다. 따라서 '그 옷과 그 다리에 이름을 쓴 것이 있다'는 것은 누구든지 볼 수 있도록 외투와 다리 덮개에 이름이 새겨져 있는 것을 가리킨다. 한편 '만왕의 왕이요 만주의 주'라는 칭호는 종말에 대적자들을 멸망시키고 온 세상을 통치하시는 예수 그리스도의 절대 권력을 나타낸다.

memo

26. 요한계시록 19장에서, 짐승과 거짓 선지자들을 던져 넣는 곳은?

27. "또 그들을 미혹하는 마귀가 (   )에 던져지니 거기는 그 짐승과 거짓 선지자도 있어 세세토록 밤낮 괴로움을 받으리라"

28. "또 내가 보니 죽은 자들이 큰 자나 작은 자나 그 보좌 앞에 서 있는데 책들이 펴 있고 또 다른 책이 펴졌으니 곧 (   )이라 죽은 자들이 자기 (   )를 따라 책들에 기록된 대로 심판을 받으니"

29. "또 내가 새 하늘과 새 땅을 보니 처음 (   )과 처음 (   )이 없어졌고 (   )도 다시 있지 않더라"

30. "나는 알파와 오메가요 처음과 마지막이요 (   )과 (   )이라"

26. **유황불 붙는 못** (계 19:20) 짐승이 잡히고 그 앞에서 표적을 행하던 거짓 선지자도 함께 잡혔으니 이는 짐승의 표를 받고 그의 우상에게 경배하던 자들을 표적으로 미혹하던 자라 이 둘이 산 채로 유황불 붙는 못에 던져지고
   * '유황불 붙는 못'은 악한 영들이 일시적으로 갇혀 있는 장소인 무저갱(계 9:1-2; 11:7 참조)과는 다른 '영원한 형벌'의 장소인데 마귀, 즉 사탄은 그곳에 던져져서 세세토록 괴로움을 받게 되는 것이다.

27. **불과 유황 못** (계 20:10 참조)
28. **생명책, 행위** (계 20:12 참조)
   * 본 절에서 '생명책'은 하나님의 나라에 들어갈 사람들의 이름이 기록된 책을 가리킨다(계 3:5; 13:8; 17:8 참조). 한편 '자기 행위를 따라 책들에 기록된 대로 심판을 받는다'는 것은 불신자는 자신의 행위를 따라 사망의 심판을 받고, 성도는 자신의 행위를 따라 상급의 심판을 받는 것을 가리킨다.

29. **하늘, 땅, 바다** (계 21:1 참조)
30. **시작, 마침** (계22:13 참조)

memo

31. "내가 이 두루마리의 예언의 말씀을 듣는 모든 사람에게 증언하노니 만일 누구든지 이것들 외에 더하면 하나님이 이 두루마리에 기록된 (   )을 그에게 더하실 것이요"

32. 요한계시록에 기록된 예수님의 마지막 말씀은?

33. 요한계시록의 마지막 장은 몇 장이며 몇 절로 기록되어 있는가?

31. **재앙들** (계 22:18 참조)
32. **내가 진실로 속히 오리라** (계 22:20) 이것들을 증언하신 이가 이르시되 내가 진실로 속히 오리라 하시거늘 아멘 주 예수여 오시옵소서
33. **22장 21절**

SPEEDY & DEEP 성경문제집 신약

초판 1쇄 발행 2017년 7월 14일
2쇄 발행 2023년 1월 25일

지은이 순복음영산신학원

발행인 이영훈
펴낸곳 교회성장연구소
주 간 김호성
편집인 김형근
편집장 박인순
기획·편집 강지은
디자인 김한희

등 록 제 12-177호
주 소 서울특별시 영등포구 은행로 59 4층
전 화 02-2036-7936
팩 스 02-2036-7910
홈페이지 www.pastor21.net

ISBN | 978-89-8304-268-2 03230
ISBN | 978-89-8304-269-9 04230 (세트)

"무슨 일을 하든지 마음을 다하여 주께 하듯 하라"(골 3:23)

교회성장연구소는 모든 한국 교회가 건강한 교회 성장을 이루어 하나님 나라에 영광을 돌리는 일꾼으로 성장하는 것을 목적으로, 목회자의 사역은 물론 성도들의 영적 성장을 도울 수 있는 필독서를 출간하고 있다. 주를 섬기는 사명감을 바탕으로 모든 사역의 시작과 끝을 기도로 임하며 사람 중심이 아닌 하나님 중심으로 경영한다. "무슨 일을 하든지 마음을 다하여 주께 하듯 하라"는 말씀을 늘 마음에 새겨 하나님께서 주신 사명을 기쁨으로 감당한다.